实用文写作例文评析

（第二版）

蓝天　何华　主编

黑龍江大學出版社
HEILONGJIANG UNIVERSITY PRESS
哈尔滨

图书在版编目（CIP）数据

实用文写作例文评析 / 蓝天，何华主编．-- 2 版
．-- 哈尔滨 : 黑龙江大学出版社，2024.8
ISBN 978-7-5686-1078-0

Ⅰ．①实… Ⅱ．①蓝… ②何… Ⅲ．①汉语－应用文
－写作－高等职业教育－教材 Ⅳ．①H152.3

中国国家版本馆 CIP 数据核字（2023）第 257377 号

实用文写作例文评析（第二版）
SHIYONGWEN XIEZUO LIWEN PINGXI（DI-ER BAN）
蓝天　何华　主编

责任编辑　陈连生　邱　实
出版发行　黑龙江大学出版社
地　　址　哈尔滨市南岗区学府三道街 36 号
印　　刷　哈尔滨市石桥印务有限公司
开　　本　720 毫米 ×1000 毫米　1/16
印　　张　24.25
字　　数　397 千
版　　次　2024 年 8 月第 2 版　2008 年 8 月第 1 版
印　　次　2024 年 8 月第 1 次印刷
书　　号　ISBN 978-7-5686-1078-0
定　　价　29.00 元

前言

PREFACE

实用文写作的教学如果仅停留在理论学习阶段，学生是无法真正掌握写作技巧、提高自身写作能力的。本书编写的出发点是要通过对相关例文的评析，使学生在掌握实用文写作相关理论的同时，接触更多实际写作范本，开拓视野，学习他人的写作经验，提升自己的写作能力。

本书的编写有三方面的特点：一是从实际出发，将每一种文体划分为不同类型，既突出文体的共性，又体现不同环境中文体使用时的差异性；二是选择的例文较新，多为近年来不同部门出台的各种文件及不同媒体发表的相关文章，有助于学生及时了解实用文写作的最新动向；三是例文评析点面结合，重点分析每篇例文的写作特色，对其中存在的不足提出了有针对性的修改意见。

本书是为配合实用文写作教学而编写的，既可作为各类大中专院校实用文写作教学的辅助教材，也可供机关、团体、企事业单位文职人员学习和参考。

本书由广东开放大学文化传播与设计学院的蓝天、何华老师主编并统稿。书中内容撰写的具体分工是：第一章、第二章、第三章蓝天，第四章、第五章、第六章何华。

本书的编写得到了广东开放大学教务部和文化传播与设计学院的大力支持，在此表示衷心感谢。此外，本书在编写过程中参考了诸多同类著述，受益匪浅，限于体例不便一一注明著述和例文出处，在此对著述者和例文作者一并表示真诚的谢意。

由于编写仓促，加上编者水平所限，书中难免有不当、疏漏之处，期望得到各位专家及读者的批评指正。

编　者

2024 年于广州

目录

CONTENTS

第一章 公文写作基础理论与例文评析

第一节 公文写作的基础理论

一、公文写作的思维特点

在各类写作过程中，最重要的是“思”。不同的文体，其表现出的思维特点各异。文学创作的主要思维方式是形象思维，思维的形态呈现高度的创造性特征。学术性文章的主要思维方式是逻辑思维，思维的形态则有明显的科学性特征。

公文写作的思维方式主要有以下几种：一是针对性思维；二是程式化思维；三是被动性思维；四是逻辑性思维。

（一）针对性思维

公文写作具有针对性思维特点。所谓针对性思维，即指作者围绕想要处理的具体事件，或想要解决的具体问题而展开的思维。一件事发生了，一个问题出现了，必须要处理、要解决，这就是针对性思维的基本动力。这种思维方式不同于文学创作中的思维。在文学创作中，作者主要是有感情要抒发，思维的驱动力来自内部，因此文学创作中的思维活动被我们称为主体化思维。主体化思维的最终目的是抒发感情、创造美的形式，以审美为目的。而针对性思维的最终目的是认识事物、处理事件、解决问题。

（二）程式化思维

文章写作都有一定的创造性，但创造性有强有弱。公文写作是一种创造性较弱的写作行为，跟文学创作大不相同。

文学创作主要以创造性思维的方式进行。“文似看山不喜平。”在文学创作中，人物形象的塑造，故事情节的构筑，社会环境的设置，结构形态的安排，写作手法的运用，表达方式的选择，语言风格的设计，都必须有独到之处。而且，在以上各个环节中，作者既不能重复别人，也不能重复自己。文学创作拒绝程式化。

公文写作也要求有独到见解，但并不刻意求新求异。在结构、表达、语言、风格等方面，都不要求标新立异，出于其内容权威性的需要，而更多地要求按照既定的程式来展开。

（三）被动性思维

被动性思维是一种站在他人的立场上，设身处地，替他人思考的思维方式，因为公文的作者是机关单位的“代言人”。被动性思维具有下列特征：

第一，公文作者的写作是根据领导和领导机关的指令或授权完成的，要求能准确传达领导或领导机关的意图。思维的目的、方向、内容，都不是作者的主动选择。

第二，公文作者的思维，被限制在一个特定的范围之内。在内容上，公文作者的思维必须无条件地遵循领导或领导机关的规定行进。

第三，公文作者的个性化思维只能在公文结构的组织上、表达方式的选择上、遣词造句上有一定的体现。

（四）逻辑性思维

公文写作主要用逻辑性思维。

公文写作首先要注意概念的准确性。公文写作务必要对概念进行仔细的辨析，准确把握其内涵和外延，做到正确地运用概念。

公文写作还要注意判断的准确性。任何一个判断，都有可能是真的，也有可能是假的。在公文中，判断是否准确不仅影响到公文本身的质量，而且有可能影响到事务能否得到妥善的处理，问题能否得到真正的解决。

公文写作还要大量运用推理。要保证推理结论的正确，必须遵守两个条件：一是前提真实，二是形式正确。一些常用的推理方式，如演绎推理、归纳推理、类比推理等，在公文写作中都被大量运用。

二、公文写作的语言

（一）庄重

公文要通过叙事说理以达到沟通情况、布置工作、请示汇报问题的目的，因而在语言风格上必然要庄重严肃、朴实直率，不浮夸，不矫饰，特别忌讳描写、夸张和渲染。

例如，某县一份粮库检查报告中写道：

蜘蛛布满八卦阵，麻雀嬉戏闹纷纷，蛀虫散步悠悠然，老鼠快活如神仙。

【评析】

这段话，运用了比喻、拟人、排比等修辞手法，写得非常形象生动，又押韵，然而却违背了公文事务语体的基本要求，过于夸饰，这在公文中很不合适。

可改为：

由于管理不善，蜘蛛、蛀虫比比皆是，老鼠满地跑，麻雀到处飞。

这才比较符合公文语言平实的风格。

有的人写公文时，为表现个人的语言风格，常常使用一种杂文笔调，使人感觉很不严肃，这更与公文的语言风格大相径庭。

例如，某单位秘书曾起草一份复函：

贵单位《关于协商处理××宅基地纠纷问题的函》收悉，读后令人诧异莫名，惊诧之余不禁发问：自新中国成立以来，该宅基地就一直是我单位的“神圣领土”，何来纠纷之说？如今你单位故意挑起争端，企图趁乱侵占我单位的“领土”，对于你单位这种无耻的侵略行径，我单位广大干部群众感到无比愤慨！大家一致表示，一定要与你们斗争到底，无论你们耍什么花招，我们都乐意奉陪。

【评析】

这份复函的语言表述，带有浓重的个人色彩和油滑味道，与公文事务语体所要求的庄重、严谨背道而驰。

要使语言庄重，就得使用规范化的书面语言，避免使用通俗口语。

例如：

结伙斗殴，寻衅滋事。

【评析】

此句，如果改用同义口语“成群结队打架，找碴儿闹事”，就显得不够庄重。

正因如此，公文中称结为夫妻的男方为“丈夫”，而不称为“老公”“老头子”“男人”“当家的”等等；称女方为“妻子”，而不称为“媳妇”“婆娘”“老婆”“女人”“屋里的”“家里的”等等；称双方的关系为“夫妻关系”，而不称为“两口子关系”“两公婆关系”等等。

（二）简明

1. 简明的基本要求

所谓“简”，就是简要，指语言简而不陋、要而不繁；所谓“明”，就是明确，指语言明白易懂、准确无误。公文语言简明的基本要求如下。

（1）词语精练

写入公文的字、词，每个词有每个词的作用，每个词有每个词的分量，力求言简意赅，切忌重复和啰唆。

例如，1950 年《中华人民共和国婚姻法》中的条款：

夫对于其妻所抚养与前夫所生的子女或妻对于其夫所抚养与前妻所生的子女，不得虐待或歧视。

1980 年《中华人民共和国婚姻法》中的条款：

继父母与继子女间，不得虐待或歧视。

【评析】

1980 年颁布的《中华人民共和国婚姻法》中，使用专用名词“继父母”和“继子女”代替了 1950 年颁布的《中华人民共和国婚姻法》中关于这一概念的繁复表述，并将单向的“……对于……”改成了互相的“……与……间”。这样一来，不但文字数量大大减少，语意也更加周密了。

（2）句式简洁

使句式简洁的方法有二：

①使用“的”字短语。“的”字短语相当于一个名词的作用，具有很强的概括性，而且省略了中心词，使句式简省。

例如：

明知自己的行为会发生危害社会的结果，并且希望或者放任这种结果发生，因而构成犯罪的，是故意犯罪。(《中华人民共和国刑法》第十四条)

【评析】

例文中“因而构成犯罪的”中的“的”字短语省略了中心词“行为”，概括说明什么是“故意犯罪”，既简洁，又严密。

②使用成分共用句。

例如：

社会治安问题是社会各种矛盾的综合反映，必须动员和组织全社会的力量，运用政治的、法律的、行政的、经济的、文化的、教育的等多种手段进行综合治理，从根本上预防和减少违法犯罪……(《全国人民代表大会常务委员会关于加强社会治安综合治理的决定》)

【评析】

例文中“等多种手段”作为中心词，其定语是由六个名词充当的，把六个意思凝聚在一个成分里，就使得句子紧凑、简洁。

(3) 语意简明

公文的语言既要“简”，又要“明”。

有一种使语意简明的方法——增删法。即：若“简”而不“明”，就增加若干词语使语意明了；若“明”而不“简”，就删除若干词语使语意简洁。

2. 公文中语言不简明的现象主要有以下几种：

(1) 词语缺失，表意不全

例如：

《县人民政府关于提请县本级预备费安排意见的议案》(公文标题)

【评析】

此标题，“提请”是“提出请求”的意思。这里由于缺少关键词“审议”，致使题意含糊不清。

可改为：

《县人民政府关于提请审议县本级预备费安排意见的议案》

(2) 词语重复，啰嗦不清

例如：

凡在我市所有从事营业性公路客、货运输的全部单位和个人，都应持工商营业执照和机动车行驶证，于××××年×月×日前到车籍所在地的市、县交通运输管理部门办理营运登记手续。

【评析】

例文中“所有”“全部”与“凡”重复，“所在地”的“地”也属多余，均应删去。

3. 评改以下不符合简明要求的公文标题

(1)《关于请求将王××同志聘任为高级工程师的报告》

【评析】

①错用文种，请求批准事项应用“请示”；

②事由部分的“请求”与文种请示表意重复，应删除。

可改为：

《关于聘任王××同志为高级工程师的请示》

(2)《××人民政府批转农业局关于进一步做好“三农”工作的报告》

【评析】

①批转下级机关的报告，应用“通知”行文；

②应在原公文（被批转的公文）的发文机关前面加上“市”字，以表明其所属。

可改为：

《××市人民政府批转市农业局关于进一步做好“三农”工作的报告的通知》

(3)《××党支部××××年下半年政治学习工作要点》

【评析】

①“政治学习”不是“工作”，因而“政治学习”不能与“工作”搭配；

②“工作”若指政治工作，则与“政治学习”为两个不同事项；

③ 从“下半年”的时限可以看出，该计划属短期安排，因而应选用

文种“安排”。

可改为：

《××党支部20××年下半年政治学习安排》或《××党支部20××年下半年政治工作要点》

(4)《××市工业公司关于我公司拟在20××年下半年组建中心化验室需要增添部分仪器设备请批准从××费中开支的请示》

【评析】

①词语重复：“我公司”与发文机关重复，“请”与文种重复；

②词语多余，如“部分”“需要”等；

③啰唆不清：“在20××年下半年”“请批准从××费中开支”等都不必写在标题中。

可改为：

《××市工业公司关于组建中心化验室增购仪器设备所需经费的请示》

(三) 严谨

所谓严谨，就是要使语言不含糊费解，不产生歧义，且遣词造句符合语法，语句排列依据逻辑顺序。

1. 严谨的基本要求

(1) 语意确定

公文是让收文者阅后办理的，因而其语言不允许出现漏洞，不能使人看后感到无所适从。

例如：

一份公文说：“城镇居民家庭，人均月收入×××元以下的，列为困难户，享受本次困难补助金；人均月收入×××元以上的，本次暂不作为困难户对待。”

【评析】

上述语言表述不严密，如果某家恰好人均月收入×××元，就无所归属了。

可改为：

人均月收入×××元以下（含×××元）的……人均月收入超过×××元的……

一些人写公文喜欢在中心词前加一些限制性定语，以为这样句子表意就确定了，其实未必。

例如：

某单位开展节支增收活动，发了一份“通知”，称：“凡未经有关领导批准的不合理的项目一律不准上马。”

【评析】

这句话由于多了“不合理的”几个字，导致歧义：经过批准的不合理的项目能否上马？未经批准的合理的项目能否上马？如果删去“不合理的”，句子表意便确定了。

（2）用词准确

词是用来表达概念的，用词不准，就会导致概念的表达含糊不清，语言的内涵不明晰。因此，用词准确是使内涵明确的一个重要条件，尤其是内容重要的公文，更要特别注意用词的准确性。

2. 公文写作在用词严谨方面，要注意以下几点

（1）慎用表意模糊不清的词语

例如：“似乎”“大概”“差不多”“将近”“左右”“一定数量”等。

（2）分清词语表意上的细微差别

在表达同一个意思时，可有几个意义相近的词语供选择，要特别注意词语表意上的细微差别。

例如：

台湾是中华人民共和国的神圣领土的一部分。完成统一祖国的大业是包括台湾同胞在内的全中国人民的神圣职责。（《中华人民共和国宪法》）

【评析】

例文中“中华人民共和国”“祖国”“中国”三个词语所指相同，但在上文的表述中却不能互换，因为三者之间的含义存在着差别：

“中国”含义广泛、笼统，不包含我国各个历史时期国体上的差异，而“中华人民共和国”却正是突出国体的名称。“祖国”与“中华人民共和国”或“中国”也有区别。“祖国”仅限于国内人民或侨居国外的华人使用，且带有亲切的感情色彩；“中华人民共和国”或“中国”则通用于全世界，也不像“祖国”那样具有鲜明的感情色彩。

（3）正确区分表达不同类型的概念的词语

在公文写作中，应当特别注意区分的是表达集合概念与表达非集合概念的词语。

集合概念是以事物的集合体为反映对象的概念，如“森林”。非集合概念是以事物的个体为反映对象的概念，如“树”。其区别就在于是否以集合体为反映对象。在公文写作中如果不注意区分使用这两种不同类型的词语，就会造成语意的模糊。

例如：

××单位的一些人在风景区随意捕猎鸟类，致使鸟类资源减少。

【评析】

这里“鸟类”就是一个表达集合概念的词，“一些人”所捕猎的应该是“鸟”，而“鸟”是个表达非集合概念的词。可见这里把表达集合概念的词与表达非集合概念的词用混了。

3. 公文语言不严谨的现象，常见的有以下几种

（1）相互矛盾

例如：

《××市药品监督管理局关于市药材公司抬价抢购、以次充好、以假充真、销售中草药违反物价政策的处理决定》（公文标题）

【评析】

这个公文标题事由将不同类的现象并置，不但表意互相矛盾，出现逻辑错误，而且使用了标点符号，违背了公文标题写作的基本要求。

可改为：

《××市药品监督管理局关于市药材公司在中草药购销中严重违法行为的处理决定》

（2）子项兼容

公文中为了明确概念的外延，常常要对概念进行划分，以便突出和强调某些子项（被划分的概念为母项，划分后所得到的概念为子项）。而概念的划分，要特别注意两点：一是划分的根据必须一致；二是划分的子项必须相互排斥。否则就会犯子项兼容的错误，而使语意纠缠不清。

例如：

新建了大量的住房、楼房和砖瓦房。

【评析】

住房是按房子的用途划分出来的，楼房是按房子的形式划分出来的，而砖瓦房却是按房子的质料划分出来的，因此，住房、楼房、砖瓦房等子项间形成了一种相互交叉、相互兼容的关系，亦即住房中有楼房和砖瓦房，砖瓦房中有住房和楼房，楼房中有砖瓦房和住房。具有交叉、兼容关系的概念是不能在同一层级上并列使用的，因此这里“住房”“楼房”“砖瓦房”三个概念只能留一个。

（3）表述缺漏

公文写作中，凡是该具体的地方就要写得具体，否则就会显得空泛笼统，不够周详；凡是该高度概括的，就要用更具概括性、更含抽象意义的词语，否则就会挂一漏万，不够周全。

例如：

所有车辆，都不得进入人行道。

【评析】

“车辆”包括机动车和人力车两类，每类又包括若干种车，这里笼统地说“所有车辆”，就显得太空泛、太不周严了。连自行车、手推车都不准进入人行道，人们就会感到无所适从、无法遵守。

例如：

《关于禁止在住宅内养狗、饲养公鸡和放养母鸡的通告》（公文标题）

【评析】

该公文标题中“养狗、饲养公鸡和放养母鸡”太具体，反而造成表意的不周严：养狗、养鸡不可以，养猪、养鸭或养鹅行不行？

可改为：

《关于禁止在住宅区内喂养家畜家禽的通告》

4. 评改以下不符合严谨要求的公文标题

（1）《××市市场监督管理局关于市药材公司抬价抢购、以次充好、以假充真、销售中草药违反物价政策的处理报告》

【评析】

①“以次充好、以假充真”是假冒伪劣的问题，与“违反物价政策”

无关联；

②事由概括性不强，表述啰唆；

③上行“报告”标题中不冠以发文机关，去掉“××市市场监督管理局”。

可改为：

《关于市药材公司在中草药购销中严重违法行为处理情况的报告》

(2)《××省教育厅关于加快和深化普通高校教育体制改革若干问题的试行意见》

【评析】

①事由中的谓语与其后的宾语“若干问题”搭配不当，“加快和深化”的宾语应是“普通高校教育体制改革”，而不能是“若干问题”。

②“意见”本属于导向性和参考性文书，不具强制性，在“意见”之前再加上“试行”实属多余。

可改为：

《××省教育厅关于加快和深化普通高校教育体制改革的意见》或《××省教育厅关于处理好加快和深化普通高校教育体制改革的若干问题的意见》

5. 例文评改

关于建议单独组织机电、双电专业班四、五级工等级考核的报告

××市人力资源和社会保障局：

我校从20××年起试办机电一体化和电子、电工复合专业班，并自编教学大纲，进行理论教学和实习教学。现在两个班的课程都已基本结束。鉴于目前人力资源和社会保障部尚未颁布复合工种考核等级标准，因此我校这两个班不打算参加全市的单一工种的等级考核。建议由市人力资源和社会保障局所属技工考核办公室另行组织复合工种四、五级工等级考核。

妥否，请批准。

××技工学校

二〇××年×月××日

【评析】

①误用文种。此文主要发文目的是请求主管部门批准主请事项，而不是提出建议，应使用“请示”行文；

②现在“建议”的功能已转至“意见”，而“报告”本身无此项功能；

③正文同标题中的专业名称不一致；

④“并自编教学大纲，进行理论教学和实习教学”，与请示事项无关联，应删去，且“实习教学”也不合语言规范；

⑤结语不严谨。

可改为：

关于单独组织我校机电和双电两个专业班四、五级工等级考核的请示

××市人力资源和社会保障局：

我校从20××年起试办机电一体化和“双电”（电子、电工）复合专业班。现两个班的课程都已基本结束。鉴于目前人力资源和社会保障部尚未颁布复合工种考核等级标准，我市目前亦无复合工种等级考核，故我校这两个班拟不参加全市单一工种等级考核。建议由市人力资源和社会保障局所属技工考核办公室单独组织我校机电和双电两个复合专业班进行复合工种四、五级工等级考核。

请审核批准。

××技工学校

20××年×月××日

第二节　不同文体公文例文评析

一、决定的类型及写作

决定主要用于重要事项或重大行动的决定和奖惩性决定，重要事项的决定主要是指指挥性或部署性决定和周知性决定。

（一）指挥性决定的写作

主要是对重大事项或重大行动做出的带有原则性和方向性的决定。其篇幅比较长，内容全面，一般由决定理由、决定事项、执行要求三部分组成。决定理由要充分，简明扼要，陈述性强，逻辑性强，政策性强；决定事项和决定的执行要求可以分开写，也可以结合在一起写，可以分成几部分按照意义、内容、要求、安排来分段写，也可以从不同的几个方面分条来写。应注意结构的完整性、条理性。

【例文 1-1】

中共四川省委关于深入推进
新型工业化加快建设现代化产业体系的决定

（2023 年 6 月 19 日中国共产党四川省第十二届委员会第三次全体会议通过）

党的二十大对推进新型工业化和建设现代化产业体系作出战略部署，习近平总书记对四川产业发展寄予殷切期望、提出明确要求。深入推进新型工业化、加快建设现代化产业体系，是推动高质量发展、写好中国式现代化四川篇章的重大任务。中共四川省委十二届三次全体会议对此进行了研究，作出如下决定。

一、加快建设服务国家全局体现四川特色的现代化产业体系

新型工业化是现代化的必由之路，现代化产业体系是实现经济现代化的重要标志。当前，全球新一轮科技革命和产业变革深入发展，我国正加快由制造大国向制造强国迈进。四川是全国经济大省和国家战略大后方，正处于工业化中期向中后期转型推进的关键阶段，必须把推进新型工业化摆在全局工作的突出位置，加快产业体系优化升级，为全面建设社会主义现代化四川奠定坚实基础。

（一）总体要求。以习近平新时代中国特色社会主义思想为指导，全面贯彻党的二十大精神，深入学习贯彻习近平总书记对四川工作系列重要指示精神，完整、准确、全面贯彻新发展理念，服务和融入新发展格局，牢牢把握高质量发展这个首要任务，以成渝地区双城经济圈建设为总牵引，深入实施“四化同步、城乡融合、五区共兴”发展战略，发挥新型工

业化主导作用，推进产业智能化、绿色化、融合化发展，着力“扬优势、锻长板，促创新、增动能，建集群、强主体”，建设现代化的工业、农业、服务业和基础设施，构建以实体经济为支撑的现代化产业体系，加快向现代化经济强省全面跃升。

（二）主攻方向。锚定发展特色优势产业和战略性新兴产业这一主攻方向，聚焦聚力实体经济攻坚突破，加快形成现代化产业体系的主体支撑。突出高质量发展主题，更好统筹产业发展质量、规模和效益，实现质的有效提升和量的合理增长；突出工业当先、制造为重，大力实施制造强省战略，推动韧链强群融合发展，加快形成现代化工业发展新格局；突出发挥军工大省优势，大力推动军民科技协同创新，推进军民融合高技术产业基地做优做强，蹚出一条军民深度融合发展的路子；突出创新驱动引领，一头抓国家战略科技力量建设，一头抓产业技术创新和全社会创新创造，提高产业链供应链韧性和安全水平，打造产业备份基地；突出能源、矿产等战略性资源科学开发利用，依托重点骨干企业培育特色优势产业，着力把资源优势转化为发展优势；突出产业开放合作，积极融入国内国际双循环，服务国家建设具有完整性、先进性、安全性的现代化产业体系。

（三）发展目标。到2027年，制造强省建设取得新成效，制造业增加值占比明显提高，战略性新兴产业增加值占规模以上工业增加值比重达到30%，培育电子信息、装备制造、特色消费品等世界级产业集群成效明显。创新发展取得新突破，企业研发经费投入强度显著提升，高新技术产业营业收入占规模以上工业比重超过40%。转型升级取得新进展，数字经济规模占地区生产总值比重达到45%，绿色低碳优势产业营业收入占规模以上工业比重达到30%，产业创新力、竞争力明显提升。融合发展迈出新步伐，粮食和重要农产品供给保障能力稳步提高，农业大省金字招牌进一步擦亮，服务业发展迈上新台阶，现代服务业与先进制造业、现代农业融合程度明显提高。

到2035年，制造强省、农业强省、服务业强省基本建成，形成一批深度融入国内国际双循环、具有全球竞争力的产业集群，三次产业发展能级和综合实力全面跃升，现代化产业体系总体形成，与全国同步基本实现新型工业化。

二、坚定不移推进工业兴省制造强省

（四）实施优势产业提质倍增行动。坚持一手抓传统产业转型升级、一手抓新兴产业培育壮大，打好产业基础高级化、产业链现代化攻坚战，打造国家级乃至世界级先进制造业集群，培育形成六大万亿级产业。

——电子信息产业……

——装备制造产业……

——食品轻纺产业……

——能源化工产业……

——先进材料产业……

——医药健康产业……

（五）培育壮大战略性新兴产业。在实施优势产业提质倍增行动中，突出抓好战略性新兴产业，推动新领域新赛道产业争先竞速发展。

——人工智能。统筹数据、算力、算法，大力推动人工智能芯片等核心硬件、开源开发框架等关键软件创新发展，积极攻克超大规模预训练模型、生成式人工智能等关键技术，推动应用场景建设，建设国家新一代人工智能创新发展试验区。

——生物技术。加快基因治疗、细胞免疫治疗等临床急需的生物药研发，推进新型疫苗、基因检测、靶向制剂、合成生物等产品创制。推动动物基因工程疫苗、生物兽药等技术的创制与产业化，培育高产、优质、多抗农作物和畜禽新品种。

——卫星网络。建设天基智能卫星互联网基础设施，支持火箭发动机、商业火箭和卫星制造，研发大型地理信息系统、高性能遥感数据自动化处理等软件，拓宽商业卫星在轨服务和卫星数据信息服务，发展空天信息产业，推动北斗规模应用、卫星互联网和卫星遥感应用示范。

——新能源与智能网联汽车。加快布局新能源汽车整车制造，大力培育核心企业，提高关键部件综合配套能力，壮大电机、电控、车载智能控制系统等细分领域。推动“车能路云”融合发展，拓展应用场景，有序开放路权，加大示范应用推广力度。

——无人机。研制具有世界一流水平的无人机及系列产品，建设高效运行的无人机管控体系和飞行服务系统，打造全国无人机产业高地。加强在大型物流、电力巡检、治安防控、应急救灾、农林植保、河湖管护等领域应用推广。

推动未来产业加速孵化，在第六代移动通信技术（6G）、量子科技、太赫兹、元宇宙、深空深地、未来交通、生物芯片、生命科学、先进核能等领域谋划布局，加速培育和发展未来产业。建设未来产业科技园。

（六）加快产业数字化转型……

（七）推进产业绿色化发展……

三、推动三次产业高质量融合发展

（八）促进现代服务业同先进制造业深度融合……

（九）推动农业产业全链条升级……

（十）支持市场主体做大做强……

（十一）高质量建设现代产业园区……

四、纵深推进创新驱动引领产业发展

（十二）加快产业技术创新转化……

（十三）建设高能级创新平台……

（十四）强化教育人才基础支撑……

五、强化现代化产业体系建设支撑保障

（十五）建设现代化基础设施体系……

（十六）完善产业发展支持政策……

（十七）增强改革开放动力活力……

（十八）加强产业发展组织领导。加强党的全面领导，建立定期分析研判和专题研究制度。建立省领导负责、省直有关部门分别牵头的优势产业推进机制，以“清单制+责任制”推进目标任务落实。统筹全省“一盘棋”和调动各地积极性，加强重点产业区域布局的省级统筹，引导资源要素向优势产业、优势项目、优势区域集中，坚决遏制“两高一低”项目盲目上马，避免同质化无序竞争和低水平重复建设。健全市县党政“一把手”抓产业发展工作机制。构建新型工业化统计监测体系，完善产业安全监管体系。鲜明正确用人导向，树立和践行正确政绩观，注重在产业发展主战场培养、检验和选拔干部。加强纪律作风建设，强化监督检查，加强宣传引导，营造大抓产业、大兴产业浓厚氛围。

（来源：2023年7月3日《四川日报》）

【评析】

决定是党和行政机关通用的公文之一。本篇为有关重大问题的部署的决定，特点主要体现在具体措施和方法上，因为这是一个非常现实的问题，单凭理论的解释和阐述较难产生很好的实际结果。

文章的结构清晰，重点突出，详略得当。

开头说明做出此决定的背景，指出了推进新型工业化和建设现代化产业体系对“推动高质量发展、写好中国式现代化四川篇章”的重要性，由此过渡到主旨：作出深入推进新型工业化加快建设现代化产业体系的决定。

本文的主体分两大部分，一是推进新型工业化的目标和指导方针。二是推进新型工业化的主要政策措施。体现了公文写作中“提出问题”和“解决问题”的逻辑规律。

文章内容全面缜密，条首观点句语意凝练，条文式结构层次分明，措辞严谨、准确，增强了本文的逻辑力量。

（二）周知性决定的写作

周知性决定一般正文简短，直接说明决定理由。决定事项虽然只有一项，但因为其影响大，所以使用决定这一郑重的文种来写，以显示发文机关的权威。因此要求必须把事件的范围、时间、地点和过程说清楚。

【例文1-2】

全国人民代表大会常务委员会关于设立全国生态日的决定

（2023年6月28日第十四届全国人民代表大会常务委员会第三次会议通过）

生态文明建设是关乎中华民族永续发展的根本大计。保护生态环境就是保护生产力，改善生态环境就是发展生产力。党的十八大以来，在习近平生态文明思想指引下，我国生态环境保护发生历史性、转折性、全局性变化，生态文明建设取得举世瞩目成就，给人民群众带来强烈的获得感和幸福感，有力推动人与自然和谐共生成为全党全社会的共同认识，“绿水青山就是金山银山”成为全国各族人民的共同理念，绿色循环低碳发展成为各地区各部门的共同行动。为了更好学习宣传贯彻习近平生态文明思想，深化习近平生态文明思想的大众化传播，提高全社会生态文明意识，增强全民生态环境保护的思想自觉和行动自觉，久久为功、持续发力，以钉钉子精神推动生态文明建设不断取得新成效，第十四届全国人民代表大会常务委员会第三次会议决定：

将8月15日设立为全国生态日。国家通过多种形式开展生态文明宣传教育活动。

（来源：中国政府网）

【评析】

这是一份周知性决定。该决定的标题由发文机关（全国人民代表大会常务委员会）、事由（设立全国生态日）和文种（决定）构成。正文行文的内容具体明白，层次清楚。

本文先在第一段说明了发布该决定的背景："党的十八大以来，在习近平生态文明思想指引下，我国生态环境保护发生历史性、转折性、全局性变化……"。接着，又说明了发布该决定的目的，即"为了更好学习宣传贯彻习近平生态文明思想，深化习近平生态文明思想的大众化传播，……以钉钉子精神推动生态文明建设不断取得新成效"。最后，在第二段陈述该决定的内容："将8月15日设立为全国生态日。国家通过多种形式开展生态文明宣传教育活动。"

这篇决定的篇幅较短，语言简练，语气有力，体现了周知性决定郑重、严肃的写作特点。

（三）奖惩性决定的写作

奖惩性决定包括对个人的奖惩和对集体的奖惩，正文由事件介绍、定性、奖惩事项、号召与要求等部分组成。在奖励的重要程度上仅次于命令，但在惩戒上则是最重的。

【例文1-3】

关于表彰20××年度全区先进建筑企业的决定

各镇、乡人民政府，区政府直属各单位：

随着经济发展和改革开放的不断深入，我区各建筑施工企业立足本地，积极开拓外地市场，在规范管理、提高工程质量上狠下功夫，涌现了一批生产规模大、经济效益好、建筑质量上乘、安全工作业绩突出，能积极开拓外地市场，自觉遵守建筑市场管理规定的先进建筑施工企业。为激励先进，区政府决定对××市××建筑安装工程公司、××建筑工程有限公司、××建筑安装工程有限责任公司、××建筑工程有限公司四家先进建筑施工企业予以表彰。

希望受表彰的企业，再接再厉，再创佳绩。同时要求全区建筑企业以先进为榜样，大胆改革，科学管理，负重奋进，为推进我区建筑业发展多做贡献。

××市××区人民政府

二〇××年×月××日

【评析】

这是一份由基层政府发布的、对某一范围的先进单位进行表彰的决定。正文的内容简短，但决定文种的写作要素齐全。首先，就企业的总体情况予以说明，将所要表彰的企业放入一个范围大的层面上。接着写涌现出的先进建筑施工企业的先进之处：生产规模大、经济效益好、建筑质量上乘、安全工作业绩突出，能积极开拓外地市场，自觉遵守建筑市场管理规定。用“为激励先进”说明奖励的目的。最后将要表彰的企业单位一一列出。因为表彰对象数量有限，所以没有采用“附件”的形式，使表彰决定的事项更加突出。第二段是对受到表彰的企业提出的希望和对全区建筑企业提出的要求，使表彰决定的文外意义更加鲜明。

【例文 1-4】

关于对我校教师××给予除名处理的决定

××，男，现年 41 岁，研究生学历，博士学位，教授职称，我校经济学院教师。近期，××因“一稿多投”等问题在学术界及互联网上受到广泛而激烈的批评，对我校声誉造成极为恶劣的影响。为严肃校纪，挽回××学术腐败行为对我校造成的声誉损失，经学校研究，决定对××做公开除名处理。

××大学

二〇××年×月××日

【评析】

这是某高校制作的一份对某教师予以除名的决定。处分决定的写作与表彰决定的写作在结构上不同，表彰性的决定重在介绍事迹的经过，对涉及的人无须做基本情况的说明。处分决定则不然，如果不介绍涉及的人和事，就搞不清被处分的人性别、职务、身份等有关的内容。

本处分决定的结构包括三部分：一是受处分人的基本情况，包括姓名、性别、年龄、学历、职务、职称、身份等。二是当事人受处分的原因，即发生的违反规定的行为。因违反的是某种性质的行为，所以这里采用了概述的写法，时间和行为都使用了模糊词语，如“近期”“等”“广泛”“激烈”“恶劣”等。三是处分的内容，即受到单位所规定的何种处分。这里是用“为”字句表示目的，用“经学校研究”表示处理的严肃性和合法性，“对××做公开除名处理”是处分内容。

对有关个人的处分，尤其是开除的处分，一般写到处分内容即可结束。因为，处分决定不像表彰决定具有示范意义，不号召大家向当事人学习。给予处分是最后的结果，再写就会画蛇添足。

二、公告的类型及写作

公告分为重要事项的公告和法定事项的公告。这两种的区别在于前者是事关国家行政机关或某部门的重大事项，而后者是指按照法律或法规的规定必须向外宣布的事项。

（一）法定事项的公告

【例文 1-5】

中华人民共和国全国人民代表大会公告

第七号

第十四届全国人民代表大会第一次会议于 2023 年 3 月 11 日选举张军为中华人民共和国最高人民法院院长。

现予公告。

中华人民共和国第十四届全国人民代表大会第一次会议主席团

2023 年 3 月 11 日于北京

（来源：中国政府网）

【评析】

这是一份宣布法定事项的公告，根据宪法的规定，最高人民法院院长必须由人大选举产生并用公告的形式对外公布。

本公告的结构由两部分组成，一是公告的缘由，即发出公告的依据，一般在这里要说明依法生效的会议和时间。二是公告内容，即宣布的重大事项。本文是指会议选举产生的结果："张军为中华人民共和国最高人民法院院长。"注意公告的结尾，尤其是重大事项的对外公告在落款处必须写明会议的次数、时间和地点，不能只标注发文机关。

（二）重要事项公告

【例文 1-6】

中华人民共和国工业和信息化部公告

2023 年第 20 号

为规范食盐定点生产企业和食盐定点批发企业生产经营行为，推动食盐行业高质量发展，将《食盐定点生产企业和食盐定点批发企业规范条件》《食盐定点生产企业和食盐定点批发企业规范条件管理办法》（工业和信息化部 2018 年第 19 号公告）修订为《食盐定点企业规范条件》《食盐定点企业规范管理办法》，现予公告。

附件：

1. 食盐定点企业规范条件
2. 食盐定点企业规范管理办法

工业和信息化部

2023 年 9 月 9 日

（来源：中华人民共和国工业和信息化部网站）

【评析】

这是工业和信息化部就规范食盐定点生产和批发企业经营行为、推动食盐行业高质量发展的重要事项向全国发布的公告，这类公告的写作有严格的规范和要求。

该公告由三部分组成。一是发出公告的目的，写作应坚持简洁的原则，不做具体的、过多的解释，即“为规范食盐定点生产企业和食盐定点批发企业生产经营行为，推动食盐行业高质量发展”。二是公告的内容，即发出的重要信息：“将《食盐定点生产企业和食盐定点批发企业规范条件》《食盐定点生产企业和食盐定点批发企业规范条件管理办法》（工业和信息化部 2018 年第 19 号公告）修订为《食盐定点企业规范条件》《食盐定点企业规范管理办法》。”需要说明的是，必须把信息的内容说得明确和清楚，如果一句话不能精准概括，可采用附件的形式注明。三是公告内容涉及的要求，有的无要求，有的有要求，只需提出程序性或原则性的要求即可。

【例文 1–7】

安徽省交通运输厅关于
公布公路养护作业单位资质许可决定的公告

根据《中华人民共和国行政许可法》《公路养护作业单位资质管理办法》（交通运输部令 2021 年第 22 号）等有关规定，我厅对近期申请公路养护作业单位资质许可的企业进行审查。现将决定准予许可公路养护作业企业资质的单位名单予以公布。

安徽省交通运输厅

2023 年 8 月 15 日

准予许可公路养护作业单位资质的企业名单（略）

（来源：安徽省交通运输厅网站）

【评析】

由于级别不同，这里的发布公告的缘由是有关的法律和法规依据。“《中华人民共和国行政许可法》《公路养护作业单位资质管理办法》（交通运输部令 2021 年第 22 号）等有关规定”，这是公告内容的依据。公告的内容是宣布准予许可公路养护作业企业资质的单位名单。结尾采用的是特定的结语。

【例文 1-8】

复旦大学校庆公告

第 1 号

98 年前，沪上一群爱国师生的义举造就了一所大学，这就是复旦大学，近百年来，革命斗争风起云涌，国家建设日新月异，百年风雨将复旦育成国内名校，江南学术重镇，复旦的崛起是新中国高等教育发展的缩影。

2005 年，复旦大学将迎来百年华诞，在此我们向全体复旦师生员工、全体校董、海内外校友和社会各界友好人士发布公告如下：

1. 学校确定以弘扬传统、凝聚人心、彰显风范、再造辉煌为百年校庆的基本标准，以百年校庆为契机，加快发展，为实现创建世界一流大学的目标而努力奋斗。

2. 学校已于 2002 年 5 月正式启动百年校庆筹备工作，成立百年校庆领导小组，设立校庆办公室，还将组建百年校庆顾问委员会和筹备委员会。

3. 学校已初步拟定百年校庆方案，并开始以修史扩馆、校史出版、校园建设、宣传庆典和筹备资金等五个系列实施具体运作。

4. 为建设永久性的复旦史陈列馆，我们向全体复旦人、海内外校友和社会各界征集有价值的校史资料与文物，征集包括一个世纪以来各个时期的重要文件、文稿、文字、图片、字画、题词、录音、录像、奖品、奖状、纪念品、校徽、校标、教具、仪器、模型、专著、论文、借书证、毕业文凭以及学校领导、校董、教授的聘任书和科教先进人物的获奖证书等。

5. 学校向为复旦发展给予无私捐赠的海内外校友、各企事业单位、团体和个人表示衷心的感谢并致以崇高的敬意，希望继续为复旦的发展、为母校百年校庆给予关心、支持和捐助。

6. 学校将在 2005 年 5 月举行建校一百周年盛大庆典，我们热忱欢迎海内外校友届时相聚母校，共襄盛典。

特此公告

复旦大学百年校庆筹备委员会

二〇〇三年×月×日

【评析】

著名的高等学校举行百年校庆是一次盛典，用公告的形式向国内外发布是符合公告的使用范围的。这类校庆公告的写作方式较为灵活，各具特色。

这份校庆公告的结构与一般公告的结构一致。开头段介绍学校的成立时间和发展定位，使接受者产生感性而深刻的印象。第二段切入主题，说明百年校庆的时间和需要对“师生员工、全体校董、海内外校友和社会各界友好人士”公开告知的重要事项。公告的事项采用分条的形式，分别按校庆的基调（标准）、机构筹备、校庆方案、校史资料征集、感谢与希望和举行盛典的时间、诚邀等顺序写出，把有关校庆的主要事项都做了简明而具体的介绍。

因为此公告是第 1 号，后面还会有第 2 号、第 3 号等，所以内容各有侧重，公告的内容就应该点到为止。

校庆公告的结构写作借鉴：写明校庆的时间，概述校庆的意义或重要性，对以往关心、支持者的感谢和表达希望继续支持的诚意，对校友和支持者的诚邀。

三、通告的类型及写作

通告的结构由缘由、事项、结语组成。通告的缘由一般比较直接，陈述性语言较多；通告事项或是一件事或为几项要求；通告有专用结语，也可无结语。

（一）应当遵守的通告

【例文 1-9】

葫芦岛市人民政府关于加强家禽屠宰管理的通告

为加强家禽屠宰检疫检验管理，保证上市肉品质量，改善城市及周边环境，防止禽流感及其他禽类传染病对人民生命安全的威胁，市政府决定对市区内家禽屠宰销售管理存在的混乱局面进行彻底整治。现就有关事宜通告如下：

一、从2004年7月20日起，市区内家禽上市实行定点屠宰、集中检疫、统一纳税、分散经营管理。

二、市政府确定具有家禽屠宰法定资格的“葫芦岛市天天食业有限责任公司”为市内连山、龙港两区定点家禽屠宰加工厂，严禁在连山、龙港城区内市场上宰杀。

三、家禽屠宰加工厂要依法经营，保证质量，并根据市场供需情况，满足市区消费者需要。

四、为满足部分消费者的需要和尊重少数民族饮食习惯，活禽仅限在连山福康路市场、化工市场、石油三区市场和龙港南大楼早市、龙湾新区一号早市销售，但必须持有产地检疫合格证明。

五、鲜（冻）白条鸡、鸭、鹅及其产品无卫生许可证、动物产品检疫合格、经营者健康证明及工商营业执照合法手续的，严禁在市内连山、龙港区销售；城市周边分散的家禽屠宰场未取得法定屠宰资格的，一律取缔；未经检疫上市经营的，依法惩处；经技术检疫认定的病害鸡、鸭、鹅及其产品，依据有关规定进行强制无害化处理。

六、工商行政管理、动物检疫、环保、卫生、公安等行政执法部门要密切配合，按照各自职责加大检查、检疫力度，积极做好家禽屠宰管理工作。

七、本通告自发布之日起施行。

此通告

二〇〇四年七月二十日

【评析】

这是一则要求相关单位和人员遵守执行的通告。正文的写作由三部分组成。第一部分为发布通告的目的，用“为”字领起通告目的，“市政府决定”句概要说明应遵守的事项，“现就”句承上启下，引出通告具体内容；第二部分是通告事项，是采用分条的形式来写的，分别从管理的总要求、法定资格单位名单、特殊情况的处理方式、惩处无资格单位、相关部门加强执法检查、实施日期等几个方面逐一进行规范和明确要求，条理清楚，文意贯通，表述具体；第三部分是专门的结尾句，但一般不使用“此通告”，而用“特此通告”更合适。

【例文 1-10】

××市人民政府关于统一行使行政复议职责有关事项的通告

为贯彻落实中央全面依法治国委员会《行政复议体制改革方案》《××省贯彻落实〈行政复议体制改革方案〉的实施意见》和《××市行政复议体制改革实施方案》有关要求，市、区两级人民政府将统一行使本级行政复议职责。现将有关事项通告如下：

一、自 2021 年 10 月 1 日起，除实行垂直领导的行政机关、税务和国家安全机关外，市、各区政府只保留一个行政复议机关，由本级政府统一行使行政复议职责。各部门不再行使行政复议职责。此前，市政府各部门已经收到的行政复议申请和已经受理的行政复议案件，由该部门继续办理终结。

二、市政府统一管辖以各区政府、市各部门及其派出机构、法律法规授权的组织、市政府派出机关、国家级经济技术开发区和高新技术产业开发区管委会、市公安局交通警察支队高速公路大队、机动大队为被申请人的行政复议案件。

三、江北新区管委会统一管辖以其所属的职能部门、街道办事处、辖区内公安派出所、交警大队为被申请人的行政复议案件。

四、区政府统一管辖以区各部门、街道办事处、镇政府、区政府派出机构、法律法规规章授权的组织、省级经济技术开发区和高新技术产业开发区管委会、辖区内公安派出所、交警大队为被申请人的行政复议案件。

五、市、区司法行政部门作为本级人民政府的行政复议机构，负责依法办理本级人民政府行政复议事项。

六、自2021年10月1日起，市、区各部门收到公民、法人或者其他组织提出的行政复议申请，应当引导行政复议申请人直接向有管辖权的人民政府行政复议机构提出申请，或者自收到该行政复议申请之日起2个工作日内，转送有管辖权的人民政府行政复议机构办理，并告知行政复议申请人。有管辖权的行政复议机构收到行政复议申请当天视为收到行政复议申请之日。

七、自2021年10月1日起，市、区各部门作出行政行为，在告知行政相对人行政复议救济权利时，明确指引其向本级人民政府申请行政复议。

八、各级有关部门要加强行政复议体制改革宣传，方便人民群众找准行政复议机关，通过行政复议途径依法合理解决利益诉求。

九、《中华人民共和国行政复议法》修订后另有规定的，从其规定。

十、××市人民政府行政复议机构为××市司法局，地址：××市××区××路××号。××市人民政府行政复议中心，地址：××市××区××路××号××大学一楼。向××市人民政府邮寄递交行政复议申请的，可邮寄至上述地址之一，并在信封上注明“行政复议申请”字样；向××市人民政府当面递交行政复议申请的，可到××市××区××路××号××大学一楼公共法律服务中心行政复议专席，联系电话：025-××××××××。

十一、市、区人民政府、江北新区管委会行政复议机构地址及咨询联系电话如下：（略）

××市人民政府

××××年×月××日

【评析】

本通告针对行使行政复议职责的过程中可能出现的问题，用通告的形式提出应该遵守的程序和要求。

本通告分两部分，第一部分是写明发布通告的目的和根据，点出主旨，并过渡到通告的具体内容。第二部分是通告的具体要求，整个通告的条目与一般的法规条目相似，结构严谨，体现了逻辑性，而且具有很强的指导性和可操作性，是一篇相对规范的公文。

（二）应当周知的通告

【例文 1-11】

××市人民政府关于全部免征农业税的通告

××发〔20××〕4 号

为了进一步贯彻“多予、少取、放活”和“工业反哺农业、支持农村”的方针，切实减轻农民负担，调动农民生产积极性，促进农民收入持续增长和农村经济快速发展，市政府决定，从 20××年起，全市全部免征农业税。为使广大干部群众了解政策，支持改革，加强监督，确保各项措施落到实处，现将有关事项通告如下：

一、从 20××年起，对在我市行政区域内从事农业生产的农民、农场职工、各类经济组织和个人全部免征农业税及附加。

二、全部免征农业税及附加后，各区县（自治县、市）乡（镇）和村级组织减少的收入，由国家和市级财政给予转移支付补助。

三、各级政府要高度重视，切实加强组织领导，不折不扣地把这一惠及广大农民的政策落到实处，把党中央、国务院和市委、市政府对广大农民的关怀带给千家万户，成为推动农村经济发展的强大动力。要强化舆论宣传，让全市农民群众尽快了解和掌握政策，做到家喻户晓、人人皆知。要强化政策督查，坚决杜绝各种乱收费、变相乱收费的行为，对违反政策规定的单位和个人要严肃查处。

希望全市广大农民不辜负党中央、国务院的关怀和市委、市政府的殷切希望，抓住机遇，乘势而上，搞好生产，增加收入，为促进农业农村经济发展、加快全面建成小康社会作出更大贡献。

特此公告

××市人民政府

××××年×月××日

【评析】

本文属周知性公告，由于免征农业税是增加农民收入的一件大事，应该让所在辖区的广大农民周知，因此用通告宣布。该通告的写作结构由三部分构成：第一段，发布通告的目的和通告主题，在说明目的上采用了引用的修辞手法，是方针性的要求，然后从调动农民积极性、促进农民收入增长和农村经济快速发展的角度说明直接性的目的，并提出了通告的事项："从20××年起，全市全部免征农业税"。"为使广大干部群众了解政策，支持改革，加强监督，确保各项措施落到实处，现将有关事项通告如下……"这是承前启后的主旨句，既是前面的结果，也是提出通告内容的基础。第二、三、四段是通告的具体内容。

第一段概括了通告的主旨，通过主体部分的三个条款拓展和深化了缘由部分主旨句的内涵。第一条，明确全部免征农业税及附加的区域和对象，使主旨更加准确。第二条，明确全部免征后各级政府和组织减少的收入的补偿形式："由国家和市级财政给予转移支付补助"。第三条，阐述免征农业税的重大意义并强调要加大宣传和监督的力度。第五段是对广大农民提出的希望。本文结语错误，误用了公告的结语，应改为"特此通告"。

存在的不足：第三条议论过多，与第一条和第二条的内容篇幅上比例失衡，可以把第三条改为重点提出监督和处分。对于免征农业税的认识和要求，可以放在最后一段并与提出的希望衔接起来。

修改如下：

××市人民政府关于全部免征农业税的通告

为了进一步贯彻"多予、少取、放活"和"工业反哺农业、支持农村"的方针，切实减轻农民负担，调动农民生产积极性，促进农民收入持续增长和农村经济快速发展，市政府决定，从20××年起，全市全部免征农业税。为使广大干部群众了解政策，支持改革，加强监督，确保各项措施落到实处，现将有关事项通告如下：

一、从20××年起，对在我市行政区域内从事农业生产的农民、农场职工、各类经济组织和个人全部免征农业税及附加。

二、全部免征农业税及附加后，各区县（自治县、市）乡（镇）和村级组织减少的收入，由国家和市级财政给予转移支付补助。

三、各区县（自治县、市）乡（镇）对免征农业税要强化舆论宣传，让全市农民群众尽快了解和掌握政策，做到家喻户晓、人人皆知。要强化政策督查，坚决杜绝各种乱收费、变相乱收费的行为，对违反政策规定的单位和个人要严肃查处。

各级政府要高度重视，切实加强组织领导，不折不扣地把这一惠及广大农民的政策落到实处，把党中央、国务院和市委、市政府对广大农民的关怀带给千家万户，成为推动农村经济发展的强大动力。

希望全市广大农民不辜负党中央、国务院的关怀和市委、市政府的殷切希望，抓住机遇，乘势而上，搞好生产，增加收入，为促进农业农村经济发展、加快全面建成小康社会做出更大贡献。

特此通告

××市人民政府

二〇××年×月××日

四、通知的类型及写作

通知从其功用和性质角度分，有转发性通知、批转性通知、发布性通知、指示性通知、任免性通知、事项性通知。

（一）转发性通知

一般由转发上级机关的公文标题和转发要求两部分构成。此类通知有的正文只有一两句话，目的是引出所要转发的公文；也有的另外加一段，说明被转发公文的重要性或提出具体要求。但要注意被转发的发文机关是上级机关、平级机关还是无隶属关系的机关。

【例文 1-12】

××省人民政府办公厅

转发省林业厅等部门《关于切实加强林地保护管理工作的报告》的通知

各市人民政府、行署，各县（市）人民政府，各大企业，各高等院校，省政府各部门：

省政府同意省林业厅、省计委《关于切实加强林地保护管理工作的报告》，现转发给你们，请与国务院的有关通知（国办发〔20××〕××号）一并贯彻执行。

附件：《关于切实加强林地保护管理工作的报告》

××省人民政府（印章）

二〇××年×月××日

【评析】

本文为省政府办公厅转发的省林业厅等部门所写报告的转发性通知，文件的制作者是省政府所属的林业厅、省计委等部门，它们与省政府办公厅之间是平行机关，但由于省林业厅等机关无权向省政府的各个市级政府、行署及各县政府发布报告行文，所以只有通过省政府办公厅的转发才能要求执行。正文的结构简单，首先代表省政府表明态度："同意省林业厅、省计委《关于切实加强林地保护管理工作的报告》"。这是通知的内容，然后提出要求："请与国务院的有关通知（国办发〔20××〕××号）一并贯彻执行"。

注意标题的拟写：转发的原件一般是上级通知，如果连续出现对通知的转发，那标题就会出现重复啰唆的现象，所以一定要注意尽量避免"关于通知的通知的通知"问题的出现。有两种写法值得借鉴：一是采用摘要法，无论转发的通知有几层，只要把关于事由的主要词语摘录出来就可以，但需要在事由之前加上"贯彻"或"贯彻落实"等字样，然后写明发文单位和被转发的单位，最后说明文种，这个文种包含着上级的文种，也是转发单位的文种，一举多得；二是进行适当的修饰，发挥"的"字作用，减少"关于"和"通知"的重复出现。

【例文 1-13】

××县委办、政府办
关于转发市委办公厅、市政府办公厅
《关于转发省委办公厅、省政府办公厅
（关于转发中共中央办公厅、国务院办公厅
〈关于 2004 年元旦、春节期间不搞相互走访和拜年活动的通知〉
的通知）的通知》的通知

经过摘要法可改为：

××县委办、政府办
关于贯彻中办、国办和省、市委办公厅、政府办公厅
20××年元旦春节期间不搞走访、拜年活动的通知

【例文 1-14】

转发中共××委教育工委、××教育厅
关于做好20××年元旦春节期间有关工作的通知

各学院党委、党总支、直属党支部、党委各部门，纪委、工会、团委，各院、部、处、室、馆、中心、集团：

20××年春节即将来临。为了做好春节期间的各项工作，确保广大师生员工过个欢乐、祥和、安定的节日，中共××委教育工委、××教育厅发出《关于做好20××年元旦春节期间有关工作的通知》，现转发给你们，请遵照执行。

特此通知

附件：关于做好20××年元旦春节期间有关工作的通知

××大学党委办公室
××大学校长办公室
二〇××年×月××日

【评析】

这个例文强调了转发文件内容所指的特定背景是“20××年春节即将来临”，然后使用了一个目的句：“为了做好春节期间的各项工作，确保广大师生员工过个欢乐、祥和、安定的节日”。接着，把被转发单位放在了通知标题的前面，突出了发文单位的特殊性和解决问题的普遍性。接下来，用“你们”指代执行对象，最后提出了要求：“请遵照执行”。如果采用前两个例文的形式，则缺乏发文的特定性和该文解决问题的普遍性。

（二）批转性通知

批转性通知的发文机关一定是有隶属关系的上级机关，由上级机关针对下级机关所制定的具有普遍意义或能解决共性问题的方法，通过上级的批转下发到各级单位去执行。文件的制作者是下级的职能部门，而发文单位为上级的主要机关，所发的文件具有指导性的意义。其结构与转发性通知类似。

【例文 1-15】

国务院批转住建部等部门关于进一步加强城市生活垃圾处理工作意见的通知

各省、自治区、直辖市人民政府，国务院各部委、各直属机构：

国务院同意住建部、生态环境部、国家发改委、教育部、科技部、工业和信息化部、国家监委、财政部、人社部、自然资源部、农业农村部、商务部、国家卫健委、税务总局、广电总局、中央宣传部《关于进一步加强城市生活垃圾处理工作的意见》，现转发给你们，请认真贯彻执行。

国务院

二〇一一年四月十九日

（来源：中国政府网）

【评析】

本例文是较为典型的批转性通知，具有此类公文写作的模式。首先，表明对制作单位所写公文的态度："同意"。然后明确执行对象，并提出要求："请认真贯彻执行"。通知提出的要求是具有高度的权威性和严肃性的。

（三）发布性通知

包括发布规章和规定。行政机关制定的规章或规定，发布时，需要使用通知的形式，以便明确执行的单位和提出要求。发布性通知的结构简单，只要写明所颁布的规章或规定名称，提出实施时间或执行要求即可。

【例文 1-16】

工业和信息化部 国家标准化管理委员会
关于印发《工业领域数据安全标准体系建设指南（2023 版）》的通知
工信部联科〔2023〕250 号

各省、自治区、直辖市及计划单列市、新疆生产建设兵团工业和信息化主管部门、通信管理局、市场监管局（厅、委），有关行业协会、中央企业、标准化技术组织、标准化专业机构：

为切实发挥标准对推动工业领域数据安全的技术引领和规范指导，工业和信息化部、国家标准化管理委员会依据《中华人民共和国数据安全法》《工业和信息化领域数据安全管理办法（试行）》等法律法规和政策文件要求，组织编制了《工业领域数据安全标准体系建设指南（2023版）》。现印发给你们，请结合本地区、本行业、本领域实际，在标准化工作中贯彻执行。

附件：《工业领域数据安全标准体系建设指南（2023版）》.pdf

工业和信息化部

国家标准化管理委员会

2023年12月19日

（来源：中华人民共和国工业和信息化部网站）

【评析】

根据上级的有关规定，制定具体的实施措施并指导相应部门去执行，这时就可以使用颁发性通知，与使用印发类通知相比，更突出了制定办法的权威性和业务职能性，严肃性强一些。

这种通知类型的结构：制定办法的依据，制定的内容，执行要求（可以是普遍性要求，也可以是具体的要求）。本通知提出了对执行过程中经验和问题的报送要求，比较具体。颁发类型的通知必须有附件才能体现通知的主要内容，其发布内容的核心在附件中。

（四）指示性通知

指示性通知一般是针对重大问题或普遍性问题发文的，带有一定的原则性和指导性。指示性通知的结构由工作背景、工作内容、工作要求三个方面组成。工作背景主要包括发生的问题是什么，危害性有哪些。工作内容是指示性通知的重点，一般分几个方面或几条说明，有的是并列式的，有的是递进式的。同指示一样，主要说明解决问题的原则和指导性意见是什么，不做具体的安排，具有宏观指导的作用。工作要求一般与工作内容是相连在一起的，既说明原则，又提出执行要求，也有专门提出执行要求的。

【例文 1-17】

教育部关于全面实施学校美育浸润行动的通知

教体艺〔2023〕5 号

各省、自治区、直辖市教育厅（教委），新疆生产建设兵团教育局，部属各高等学校、部省合建各高等学校：

为深入学习贯彻党的二十大精神，进一步加强学校美育工作，强化学校美育的育人功能，教育部决定全面实施学校美育浸润行动。现将有关事项通知如下。

一、指导思想

以习近平新时代中国特色社会主义思想为指导，全面贯彻党的教育方针，落实立德树人根本任务，大力发展素质教育，以社会主义核心价值观为引领，弘扬中华美育精神，坚定文化自信，以浸润作为美育工作的目标和路径，将美育融入教育教学活动各环节，潜移默化地彰显育人实效，实现提升审美素养、陶冶情操、温润心灵、激发创新创造活力的功能，培养德智体美劳全面发展的社会主义建设者和接班人。

二、主要任务和目标

以美育浸润学生，全面提升学生文化理解、审美感知、艺术表现、创意实践等核心素养，丰富学生的精神文化生活，让学生身心更加愉悦，活力更加彰显，人格更加健全。以美育浸润教师，发挥教师职业的美育功能，提升全员美育意识和美育素养，塑造人格魅力，涵养美育情怀。以美育浸润学校，打造昂扬向上、文明高雅、充满活力的校园文化，建设时时、处处、人人的美育育人环境。

到 2027 年，美育课程教育教学质量全面提升，常态化学生全员艺术展演展示机制基本建立，跨学科优质美育资源体系初步建成，面向师范类专业学生开设美育课程实现全覆盖，艺术学科骨干教师培训全面开展，建设一批学校美育名师工作室，培育一批国家级示范性学生艺术团，涌现一批美育特色鲜明的示范区示范校。再用三到五年时间，优质均衡的美育更加普及，学生审美和人文素养普遍提高，教师美育素养显著提升，学校美育氛围更加浓厚，学校美育工作体制机制更加健全，成效明显增强。通过持续努力，推动形成全覆盖、多样化、高质量的具有中国特色的现代化学校美育体系。

三、工作举措

（一）美育教学改革深化行动

构建完善艺术学科与其他学科协同推进的美育课程体系，遵循美育特点，突出价值塑造。充分发挥艺术课程在学校美育中的主渠道作用，深入挖掘各学科蕴含的美育价值与功能，强化教学与实践的有机统一，健全课程教学实施监测与反馈改进机制。

大力推进艺术教育教学改革。严格按照各学段课程标准开齐开足上好艺术相关课程，尊重教育规律和人才成长规律，强化课程实施的综合性，夯实课程基础，创新教学方法，丰富课程资源，提高教学质量。打造艺术课程活力课堂，激发学生积极性，提高参与度，展现学生自信和风采。义务教育阶段学校积极提供多样化、个性化的艺术选修课程和课后服务，帮助学生通过在校学习掌握1—2项艺术专项特长，满足学生兴趣特长发展需要。做好艺术教材编审选用，配发义务教育阶段艺术教材，遴选推荐一批优质美育课后读物。完善艺术人才培养模式，加强艺术特长学生一体化选拔和培养，拓宽艺术人才成长通道，鼓励有条件的地方开展试点，统筹区域内艺术教育资源，为在校生提供实践教学支撑。

充分发挥相关学科的美育功能。加强美育与德育、智育、体育、劳动教育的融合，挖掘和运用各学科蕴含的品德美、社会美、科学美、健康美、勤劳美、自然美等丰富美育资源，分学科推动制定美育教学指引。遴选征集跨学科、专业的美育教学、教研、教改优秀成果，推进成果转化。

（二）教师美育素养提升行动

配齐配好美育教师，加强师德师风建设。强化各学科教师的美育意识和美育素养，将美育纳入教育系统领导干部和教师培训计划，广泛开展面向教育行政人员、学校领导的专题培训和面向艺术骨干教师的专业培训。开展艺术学科教师素质与能力监测，提升教学与专业能力。抓好教师源头培养，将美育课程纳入师范类专业学生人文素养课程，将美育素养有关内容纳入教师资格考试，办好全国艺术教育类专业学生和教师教学基本功展示。建设国家、省、市、县各级学校美育名师工作室，构建名师和骨干教师学习成长共同体。加强美育科学研究，进一步发挥全国高校和中小学美育教学指导委员会的作用，建设一批美育高端智库和高水平研究平台。鼓励改革和创新教师评价办法，激发美育教师工作积极性。

（三）艺术实践活动普及行动

完善面向人人的常态化学校艺术展演机制，让每名学生都有展示的机会和平台。广泛开展班级、年级、院系、校级等群体性展示交流，学校每学期至少举办一次全员参与的展演展示活动。省、市、县级每年举办学生艺术展演，提高全国大、中小学生艺术展演活动覆盖面和参与度。推广普及高雅艺术进校园活动，做好校园精品剧目校际展示。创新开展集审美赋能、创意实践、人文升华的社会实践活动，多途径多渠道宣传校园优秀展演节目和作品。规范管理、正确引导各类学生艺术实践活动，避免锦标意识和功利化倾向。

（四）校园美育文化营造行动

营造向真向善向美向上的校园文化氛围，把美育融入校园生活全方位。持续开展中华优秀传统文化艺术传承学校和传承基地建设，制定完善建设标准，推出一批典型案例和文化资源。鼓励学校建设丰富多样的艺术社团，加强国家级示范性大中小学生艺术团建设，建立国家重大演出与学校社团的活动交流机制。充分利用校内各种平台，特别是橱窗、展示屏、校园广播、电视台、校园网等打造校园文化艺术展示空间。加强美育实践活动场地保障，支持学校根据实际建设小型美术馆、博物馆、展览厅、音乐厅、剧场等。鼓励地方开展美育示范区和示范学校建设，总结推广典型经验。

（五）美育评价机制优化行动

深化美育评价改革，发挥评价的牵引和导向作用，探索多元化教育评价方式，开展增值性评价、过程性评价、体验性评价、表现性评价、应用性评价，重在关注学生个体成长，尊重和保护学生的兴趣爱好和个性特点，全面考查学生发现美、感受美、表现美、鉴赏美、创造美的能力。中小学依据课程标准组织实施全员艺术素质测评，鼓励拓展测评内容和方法，完善初、高中艺术科目学业水平考试，将美育评价纳入学生综合素质档案；高校落实本科学生修满公共艺术课程至少 2 个学分的基本要求，注重与专业人才培养相结合，强化审美素养和创新意识的评价。实施学校美育工作自评和年度报告制度，探索具有中国特色的学校美育评价制度。

（六）乡村美育提质发展行动

探索以县域为基点、市域为统筹、省域为指导，完善全面提高乡村美育质量的工作机制，因地制宜推进县域内优秀美育教师流动授课、优质美育课堂资源共享，促进学校美育优质均衡发展。建立高校与中小学、城乡学校之间“手拉手”相互学习交流和帮扶机制，探索高校艺术社团和乡村学校双向交流机制。鼓励美育名师进乡村、乡村学生进城市艺术场馆，开展城乡中小学生美育主题研学实践活动。多形式搭建乡村学生专场展演平台，鼓励利用乡村学校少年宫等开展学生个性化艺术展示。加强乡村学校美育教师培养培训，持续实施乡村教师公费定向培养项目。支持艺术院校参与城乡规划和乡村振兴，助力增强城乡审美韵味、文化品位。

（七）美育智慧教育赋能行动

以数字技术赋能学校美育，依托国家智慧教育公共服务平台和地方平台，开发教育教学、展演展示、互动体验等优质美育数字教育资源，持续更新上线美育精品课程和教学成果。促进数字技术与中华优秀传统文化的融合，探索运用云展览、数字文博、虚拟演出、全息技术等促进中华文明的传承创新。鼓励有条件的地方探索利用传感技术、大数据、物联网、人工智能、虚拟现实等活化教学内容、创新教学方式、丰富艺术体验、改进评价过程。

（八）社会美育资源整合行动

发掘在地文化，利用公共文化资源提供充足保障，推进有条件的地区、学校与公共文化艺术场馆、文艺院团交流合作与双向互动，推动基本公共文化服务项目和各类社会资源为学校美育教学、实践活动服务，搭建平台引导学生走进艺术场馆。强化家庭、学校、社会协同，鼓励开展家校共建和社会服务。将艺术作为中外人文交流的重要内容，推动引进来、走出去相结合的交流模式，开展多层次多样化的中外学生艺术夏令营、冬令营等，支持打造一批具有区域和国际影响力的学校美育展演展示活动，促进美育成果互鉴和文化创新。

四、组织实施

（一）加强组织领导。各地教育部门要将学校美育浸润行动纳入重要议事日程，完善制度保障，制定细化实施方案，狠抓工作落实；要加强统筹协调，健全与宣传、文化旅游等部门的协同推进机制，形成工作合力；要强化督导评估，将其作为学校评价考核的重要内容。教育部将采取适当形式督导各地实施推进情况和开展成效。各级各类学校要将美育浸润行动纳入年度工作计划，明确责任分工，健全工作机制，务实创新，增强工作实效。鼓励高校建立健全美育工作专门机构和部门，加强公共艺术教育教学和管理。

（二）强化条件保障。各地要加大投入力度支持学校美育工作，统筹相关经费保障学校美育浸润行动的实施。鼓励高校单独设立美育专项经费，中小学加大经费投入力度，多措并举保障学校美育综合改革。各级各类学校要保障基本的艺术场地设施和器材器具，鼓励学校引进校外社会资源，满足学生开展美育教学和实践的多样化需求。

（三）加强宣传推广。各地各校要不断探索创新深化学校美育浸润行动的有效途径，加大宣传推广力度，广泛凝聚社会共识，营造共同关注和支持学校美育的良好环境和浓厚氛围。各地教育部门要及时总结凝练本地区典型经验和实施成效，编制年度报告。教育部将组织编制并发布全国年度发展报告。

教育部

2023年12月20日

（来源：中华人民共和国教育部网站）

【评析】

对于加强学校美育工作、强化学校美育的育人功能，教育部专门发布了这样一个指示性通知，就指导各高等学校实施美育浸润行动做出了明确的规定，提出了标准性的指导意见。

首先，这篇通知说明了全面实施学校美育浸润行动的指导思想、主要任务和目标。其次，从八个方面依次提出实施学校美育浸润行动的具体工作举措。最后，从三个方面陈述了组织实施这项行动的具体要求：第一，加强组织领导；第二，强化条件保障；第三，加强宣传推广。

正文的各项条款保持了段落的独立性和完整性，互不夹缠，体现出内容的清晰条理和系统性。

（五）任免性通知

任免性通知的结构一般是由任免依据和任免事项两部分组成，应该注意的是先任后免的写作顺序。

【例文 1-18】

××市教育局
关于王××同志任职的通知

××学校：

局党委决定：任命王××同志为××学校副校长。

××市教育局

××××年×月×日

【评析】

这是单一人员的任命通知，结构比较完整，有主送机关，有任命依据和任命职务。

【例文 1-19】

××市人民政府关于××等职务任免的通知

市人民政府决定：

××任市人民政府市长助理；

免去××市人民政府市长助理职务；

××任市人民政府办公厅主任；

免去××市人民政府办公厅主任职务；

免去××市房产管理局副局长、××市住房制度改革委员会办公室副主任（正局级）职务；

免去××市土地管理局副局长职务；

免去××高新技术产业开发区管委会副主任、××集团总公司副总经理职务。

××市人民政府

××××年×月×日

【评析】

该通知简洁明了，任免人员的姓名与职务明确，在任免的顺序上，先任后免，结构上采取并列写法。

这是一则有任有免的通知，有任免依据，任免事项。任免性通知的写作要求是无论是一个人还是不同的人都是先任后免，先说明任职的事项，再说明免职的事项，对于不同人员，需要分段列出。任免性通知必须准确写明任免的单位和职务，有的还要说明任免人员担任职务的级别。

除了国家的重要领导人的任免外，一般人员的任免通常是使用通知来宣布的。

（六）事项性通知

事项性通知又称事务性通知，包括的内容相当广泛。主要的特点是大多为单一的某一件事，或具体的某种工作，侧重要求怎样落实和执行，非常具体、可行，实效性很强。事项性通知的结构由缘由、事项、要求组成，最常见的是会议通知，会议通知的写作具有一定的代表性。

【例文 1-20】

××市教育局
关于启用市公关学校印章的通知

各县（区）教育局，各中等专业学校，各直属单位：

为适应公共关系事业的发展，××市公共关系学校经省教委×教中字〔2006〕23 号文件批准成立，从即日起启用印章，特通知。

附件：印模

××市教育局

二〇××年×月××日

【评析】

本通知先简要交代启用新的印章的缘由，然后再通知相关事由，并注明新印章开始使用的具体时间。

这是一则事务性通知，用于发布启用印章的具体事项，有明确的主送机关，对启用公章的因由，只是用一句目的句来综括，不做具体说明。然后说明生效的依据及启用日期。最后用专用语结尾，正文之后有附件是必须标出的，否则不符合要求。

【例文 1-21】

××省人大常委会办公厅
关于召开省×届人大常委会第×次会议的通知

各位委员，各有关单位：

经主任会议研究，省×届人大常委会第×次会议于20××年×月××日在××召开。会期五天。现将有关事项通知如下：

一、会议议程：（一）传达×届全国人大常委会第×次会议精神；（二）审议《××省无线电管理条例（草案）》；（三）听取省政府关于我省20××年国民经济计划执行情况的汇报；（四）听取省政府关于我省20××年财政预算执行情况的汇报；（五）听取省政府关于财政预算部分变更的汇报；（六）听取省政府关于物价情况的汇报；（七）审查批准《××市城镇绿化管理条例》；（八）审查批准《××市市容环境卫生管理条例》；（九）审查批准《××市环境保护条例》；（十）审查批准《××市城市园林绿化管理条例》；（十一）其他。

二、参加会议人员：省人大常委会组成人员，省人民政府、省高级人民法院、省人民检察院领导一人，省政府办公厅、省财政厅、省物价局负责人，各市人大常委会和××地区办事处主任或主持日常工作的副主任，省人大常委会各厅、委、室负责人。

三、参加会议地点：省××宾馆。

2月21日报到。请各单位将出席、列席会议人员名单及到达车次于2月15日前报省人大常委会办公厅（联系电话：××××××××）。

××省人大常委会办公厅

二〇××年×月×日

【评析】

会议通知是事项性通知中最基本、最常见的一种。简单的会议通知写法相对容易，只要说明会议的时间、地点、参加人员即可，但要写好一篇内容复杂的会议通知是需要费一番功夫的。

这则会议通知内容事项较多，所以需要合理安排结构。开头段说明召开会议的缘由，并写明了会议的时间、地点和会期。通知的主体用分条的形式列出，分别包括会议的议程、参会人员、会议地点、会议的要求。会议议程部分又采用了分条的形式，把会议的主要内容逐一明确交代，使参加会议的代表有所准备，突出了会议内容的针对性。参加会议的人员因为层次不同，所以要求也不同，有的只明确了参加的范围，有的是明确了人员，但总体上可以看出对参加会议的人员是做了界定的，如“领导一人”“负责人”“主任”“副主任”等。最后一条写明了会议地点和报到的时间、地点，参加人员名单上报时间、具体到达的时间、车次和联系单位、电话及联系人。

五、通报的类型及写作

根据内容不同，通报可分为表彰性通报、批评性通报和情况通报三种。

（一）表彰性通报

表彰性通报是介绍先进人物或单位的经验或事迹，树立典型，号召大家学习的通报。其内容按表彰对象的不同可分为先进人物的表彰、先进单位的表彰。

表彰先进人物的写作：概括人物的主要事迹及事迹的意义，公布表彰奖励内容，提出希望、要求。

表彰先进单位的写作：概括单位的情况和主要事实，概括其经验和意义，公布表彰方式，提出希望、号召。

【例文 1-22】

关于表彰抗震救灾先进典型××同志的通报

各县、区委，市委各部、室、委，市直各单位党组（党委）：

×月××日××时××分，××省××区发生地震。灾情发生后，按照省委、省政府的统一部署，我省迅速组建救援队、新闻报道组火速奔赴灾区开展工作。我市××区委办公室××同志被借调参加这次抗震救灾的报道工作，与中国新闻社××分社记者团一起，以高度的历史使命感、政治责任感和丰富的工作经验，深入开展采访报道工作，出色地完成了各项任务。为鼓励先进，激励全市广大党员干部弘扬抗震救灾精神，立足本职、爱岗敬业、埋头苦干、无私奉献，现对××同志予以通报表彰。

××同志19××年×月出生，19××年×月参加工作，19××年加入中国共产党，现任××市××区委办公室××科科长。

灾情发生后，××同志坚决服从组织安排，听从统一调度。××同志在承担图片摄影报道任务的同时，还主动承担了车辆驾驶、后勤服务等多项工作，由于灾情严重、通信中断，××同志冒着生命危险多次往返于灾区和××市之间，及时将灾区新闻传递到北京总社、安徽分社。

（略）

××同志是我市在志愿抗震救灾工作中涌现出的先进典型，全市各级党组织和广大干部群众要向××同志学习，学习他胸怀祖国、心系灾区的崇高品质，学习他忘我工作的拼搏精神，学习他不怕牺牲的英雄气概。要以先进典型为榜样，大力弘扬“万众一心、众志成城，不畏艰险、百折不挠，以人为本、尊重科学”的抗震救灾精神，把抗震救灾精神与当前正在开展的“××”活动结合起来，转化为立足岗位、联系实际、干好本职工作、推动科学发展、促进社会和谐的强大力量，进一步切实转变作风，激发工作热情，万众一心，顽强拼搏，为实现经济社会又好又快发展而努力奋斗。

中共××市委办公室

20××年×月××日

【评析】

这是一则对先进人物事迹的表彰通报，正文包含三部分内容。

通报开头是一段类似新闻的导语，简要介绍整个事件的经过，交代出了需要表彰的人物和事迹，夹叙夹议中表明通报单位态度。

第二部分具体介绍先进人物及事件，在对整个事件的叙述过程中，重点突出先进人物的行为，以表现先进人物的高尚品质。

第三部分主要是发出号召，号召全市各级党组织和广大干部群众向先进人物学习，并详细说明学习内容：“学习他胸怀祖国、心系灾区的崇高品质，学习他忘我工作的拼搏精神，学习他不怕牺牲的英雄气概。”在这一部分的最后强调以先进人物的行为为标准，同时又有对待工作的一般性要求，这样就使得学习有了目标。

【例文 1-23】

关于表扬上海市司法鉴定行业先进团队和先进个人的通报

沪司发〔2022〕61 号

各区局，市局相关部门，市司法鉴定协会，各司法鉴定机构：

近年来，本市司法鉴定行业坚持以习近平新时代中国特色社会主义思想为指导，深入贯彻落实习近平法治思想，坚持以人民为中心，为解决诉讼涉及的专门性问题，帮助司法机关查明案件事实、维护社会稳定、促进经济发展做出了积极贡献。

为表彰先进、弘扬正气，进一步强化本市司法鉴定行业职业认同感和荣誉感，提升责任感和使命感，现决定对近年来在本市司法鉴定工作中表现突出的 8 个先进团队和 20 名先进个人进行通报表扬。希望受到表扬的团队和个人珍惜荣誉、再接再厉，进一步发挥示范带头作用，在今后的工作中再创佳绩。全市各司法鉴定机构和司法鉴定从业人员要以被表扬的团队和个人为榜样，进一步提高政治站位，坚持服务为民，强化履职能力，以实际行动全力推动党的二十大精神落实落地，奋楫争先、比学赶超，向全社会展现行业良好形象，推动全市司法鉴定工作再上新台阶。

特此通报。

附件：上海市司法鉴定行业先进团队和先进个人名单

上海市司法局

2022 年 11 月 18 日

（来源：上海市人民政府网站）

【评析】

该通报的写作结构包括两部分，首段主要说明该表彰通报发布的背景。第二段先说明了表彰先进团队和先进个人的原因：“为表彰先进、弘扬正气，进一步强化本市司法鉴定行业职业认同感和荣誉感，提升责任感和使命感。”之后便说明了该通报的核心内容：“现决定对近年来在本市司法鉴定工作中表现突出的8个先进团队和20名先进个人进行通报表扬。”最后对被表彰的团队和个人提出希望和要求，同时也对全市各司法鉴定机构和司法鉴定从业人员提出要求。

（二）批评性通报

批评性通报是用来批评、处分错误行为，以示警惩，要求被通报者和受文者吸取教训的通报。批评性通报有批评错误和批评事故两个类型。

批评错误的通报：概述错误事实，评价错误性质，分析致错原因，指明违反的法令和政策，提出处理的意见，提出告诫，重申有关要求。

批评事故的通报：概述事故发生的基本情况，包括时间、地点、经过和结果、原因，总结其教训，有针对性地提出要求和防范措施。

【例文1-24】

教育部办公厅关于近期几起商业广告进校园事件有关情况的通报

教基厅函〔2019〕9号

各省、自治区、直辖市教育厅（教委），新疆生产建设兵团教育局：

自2018年10月我部部署严禁商业广告、商业活动进入中小学校和幼儿园工作以来，各地各校认真开展排查，严格审批“进校园”活动，切实加强校园日常监管，杜绝商业行为侵蚀校园，取得了积极进展。但是，由于个别学校和地区思想不重视、活动组织不严密、学校管理不规范、日常监管不到位、全面排查不彻底，在近期仍然发生了商业广告、商业活动进入中小学校和幼儿园事件。如：2019年1月，山东省菏泽市郓城县丁里长镇王集小学为表彰优秀学生发放了印有“山东梁堤头眼科”广告字样的奖状；2019年1月，四川省南充市南部县第二小学发放了含有服装广告的学生综合素质报告书；2018年11月，湖北省孝感市云梦县中影国际城工作人员，在校（园）领导同意的情况下，进入城关第二小学、云梦县实验幼儿园进行了商业赠票和宣传。山东、四川、湖北等地教育行政部门已对相关单位和人员进行严肃查处和问责。

为坚决禁止商业广告、商业活动进入中小学校和幼儿园，确保校园一方净土，现对山东、四川、湖北三起事件予以通报并再次强调以下要求。

一、切实提高思想认识。各地教育行政部门要全面落实全国教育大会精神，对近期发生的几起商业广告进校园事件进行深入剖析，不断增强校长教师政治意识、责任意识、法治意识。要将《教育部办公厅关于严禁商业广告、商业活动进入中小学校和幼儿园的紧急通知》（教基厅函〔2018〕77号）和本通报传达到每所学校、每名校长、每名教师，切实做到人人皆知、人人重视。全体中小学、幼儿园校（园）长和教师必须带着责任、带着感情、带着情怀做好中小学和幼儿园教育教学管理工作，把智慧和力量聚焦到落实立德树人根本任务上来，以德立身、以德立学、以德施教、以德育德，切实履行守护"校园净土"责任，坚决杜绝各类商业广告、商业活动进入校园。

二、牢固树起风险防范屏障。各地教育行政部门要在全面排查的基础上，对区域内所有中小学校、幼儿园排查整改情况进行"回头看"，确保不走过场、不留死角、不存隐患。要对所有进入中小学校、幼儿园或组织中小学生、在园幼儿参加的活动，向学校、学生发放的试卷、奖状、校服、教科书、教辅材料、文具教具等，以及进入校园的APP进行严格排查，特别要防范外部人员借各类活动制作、夹带、发放带有商业广告的物品。

三、构建学校管理长效机制。各地教育行政部门要通过警示教育大会、专题培训、专项督导等形式，切实提高教育系统防范风险的意识和能力，对潜在的各类风险点要明确责任人，严密活动组织，规范学校管理，强化日常监管。要完善各类"进校园"活动和进入校园APP的备案审核制度，按照"凡进必审""谁选用谁负责""谁主管谁负责"原则，对主题、形式、内容、方案、举办单位、参加人员、宣传物品等进行严格把关，并安排专人负责监管。对于各类进入校园或组织中小学生、在园幼儿参加的活动，须由县级及以上教育行政部门进行审批。对于再次出现类似事件的地方和学校，要予以严肃处理。

教育部办公厅

2019年2月25日

（来源：中国政府网）

【评析】

这是一则批评性的通报，对于写作此类通报有借鉴作用。

通报先概述了商业广告进校园事件发生的原因、时间、地点等具体情况，并说明了几起事件的处理结果："山东、四川、湖北等地教育行政部门已对相关单位和人员进行严肃查处和问责。"整段内容简短、清晰，包含的信息较为完整。

该批评性通报的核心是通过通报负面事件，警醒各级相关单位关注类似的事件，并提出针对防范此类事件的要求。在这篇通报里，要求主要包括三项内容：第一，要求各地教育行政部门全面落实全国教育大会精神，切实提高思想认识；第二，要求各地教育行政部门牢固树起风险防范屏障；第三，要求构建学校管理长效机制。

【例文 1-25】

××县人民政府

关于对××××年畜禽养殖小区建设落后乡镇进行批评的通报

×政文〔××××〕21号

各乡、镇人民政府，县政府各部门：

××××年，我县紧紧抓住国家和省、市出台一系列优惠政策，扶持畜牧业发展的历史机遇，强力推进畜禽养殖小区建设，县政府《关于进一步加快畜牧业发展的意见》（×政文〔××××〕80号）明确要求，各乡镇每年至少建成一个标准化养殖小区，重点乡镇建成2个以上，以此促进畜牧业发展上规模、上水平。一部分乡镇对此项工作高度重视，真抓实干，全县××××年新建各类畜禽养殖小区25个，实现了畜牧业发展的新突破。

但也有一部分乡镇对畜禽养殖小区建设认识不足，重视不够，措施不力，致使该项工作被动落后，没有完成既定的任务。特别是××、××、××等12个乡镇没有建成一个标准化养殖小区。为此，经县政府研究，特对上述乡镇提出批评。

希望受到批评的乡镇要认真反思，查找问题，汲取教训，在××××年的畜牧工作中，要以实施"双百工程"（即建成标准化养殖小区总数达到 100 个，新建规模养殖场 100 个）为契机，狠抓标准化养殖小区建设，努力完成目标任务，为我县争创全省生猪调出大县和畜牧大县作出应有的贡献。同时希望其他乡镇和单位，要以受到批评的乡镇为戒，对县政府部署的各项工作任务，都要采取切实有效的措施，认真抓好落实，努力推动各项工作再上新台阶，确保实现县委提出的“三年跨入全市先进行列”的目标。

××县人民政府办公室

××××年××月××日

【评析】

这是针对一些乡镇发出的批评性通报，与表彰性通报写作结构不同。本文开头先说明该县针对推进畜禽养殖小区建设的一系列要求，如“各乡镇每年至少建成一个标准化养殖小区，重点乡镇建成 2 个以上，以此促进畜牧业发展上规模、上水平”，表明该县对此事十分重视。

第二段采用列举法，对个别乡镇没有建成标准化养殖小区提出通报批评，简练、概括，突出了主题。

本文并没有停留在通报批评上。在最后一段，本文对受到批评的乡镇提出了要求，希望这些乡镇能够“认真反思，查找问题，汲取教训”。同时，也表明了希望其他未受到批评的乡镇和单位能够引以为戒的观点。

（三）情况通报

情况通报是在一定范围内传达重要情况和动向，以指导面上工作为目的的通报。其基本内容包括两部分：一是基本情况的陈述（包括对基本情况的认识）；二是贯彻落实的具体意见或要求。一般采用分条的形式。

【例文 1-26】

国家乡村振兴局 2022 年第三季度政府网站抽查情况的通报

按照《国务院办公厅关于印发政府网站发展指引的通知》《国务院办公厅秘书局关于印发政府网站与政务新媒体检查指标、监管工作年度考核指标的通知》有关要求，国家乡村振兴局组织开展了 2022 年第三季度网站运维情况抽查工作。现将有关情况通报如下。

一、抽查情况

2022年第三季度（截至9月22日）我局官方网站共发布信息865条，主要包括中央新闻157条，振兴要闻109条，局领导活动36条，国家政策24条，帮扶政策14条，全面振兴61条，巩固拓展34条，乡村动态81条，工作动态225条，调查研究21条，信息公开19条，全国疫情动态84条等内容。对照检查指标，我们在网站安全保障、网站可用性、信息更新情况、个人信息发布等方面进行抽查。从抽查结果看，国家乡村振兴局官方网站达到合格标准。

二、其他工作举措

（一）对照《国务院办公厅秘书局关于印发政府网站与政务新媒体检查指标、监管工作年度考核指标的通知》要求，我们对网站的栏目、功能、内容、安全等方面进行了全面检查和完善，确保相关指标合格。

（二）加强网站安全监管和预警工作，建立信息发布审查制度，落实专人读网制度，及时发现和解决各类问题，确保网站安全稳定运行。

下一步，我们将按照国务院办公厅关于政府网站检查指标要求，进一步完善我局官方网站有关功能，抓好管理与考核工作，强化日常监测，发现问题及时进行整改，确保政府网站安全稳定运行。

国家乡村振兴局综合司

2022年10月8日

（来源：国家乡村振兴局网站）

【评析】

这是一份简短的情况通报，有明确的主送机关和落款、时间，是针对国家乡村振兴局2022年第三季度网站运维情况抽查工作而发的。

通报的第一部分介绍了抽查情况，主要采用数字说明的方法，介绍国家乡村振兴局官方网站发布信息的大致情况，说明抽查的内容，并在段尾进行总结："从抽查结果看，国家乡村振兴局官方网站达到合格标准。"通报的第二部分为其他工作举措，主要为下一步的工作计划。

情况通报重在情况的介绍，说明存在的问题并提出一定的要求。复杂的情况通报还要提出具体的要求，并以列条的形式表现。通报的目的是总结现状，提出新的要求。

六、议案的类型与写作

新中国成立后，国家很长时间都未把议案列为正式文种，在人民代表大会上提出的“建议”，此前一直称为“提案”，到1983年第五届人大五次会议才把人民代表大会的“提案”改为“议案”。各级政协会议和企业职工代表大会的建议则仍使用“提案”。1993年议案正式列入国家行政公文，成为新增加的一个行政公文文种。

议案分为法规性议案、重大事项议案、任免议案。

（一）法规性议案

各级政府制定本辖区的一些重要法规、条例须报同级人大审议。如《国务院关于提请审议中华人民共和国劳动法的议案》。

【例文1-27】

××市人民政府关于提请审议《国土空间规划条例（草案）》的议案

市人民代表大会常务委员会：

为深入学习贯彻落实党的二十大精神，认真落实中央和省、市委有关决策部署，进一步提高国土空间治理水平，促进××市高质量发展，市政府有关部门起草了《国土空间规划条例（草案）》。该草案经市政府同意，现提请市人民代表大会常务委员会审议。

附件：《国土空间规划条例（草案）》

××市人民政府市长　张××

20××年×月××日

【评析】

这个议案采用段篇合一的结构形式，先说明制定该条例的目的，然后说明制定该条例的部门，最后提出请求审议的要求。简洁通俗，形式规范，符合议案的写作格式和写作要求。

（二）重大事项议案

包括重大外交事项和关系国计民生的大事，如《国务院关于提请审议兴建长江三峡工程的议案》。

【例文 1-28】

国务院关于提请审议《中华人民共和国劳动法（草案）》的议案

国函〔1994〕11 号

全国人民代表大会常务委员会：

为了适应建立社会主义市场经济体制的需要，推动劳动制度改革，保护劳动者的合法权益，确立、维护和发展用人单位与劳动者之间稳定和谐的劳动关系，促进经济发展和社会进步，劳动部会同有关部门草拟了《中华人民共和国劳动法（草案）》。这个草案已经国务院常务会议讨论通过，现提请审议。

国务院总理　李鹏

一九九四年二月十八日

（来源：《中华人民共和国国务院公报》1994 年第 16 期）

【评析】

拟定和颁布《中华人民共和国劳动法》是国家发展进程中的重大事件，须由全国最高权力机关全国人大审议，本议案是由国务院提请的。议案对《中华人民共和国劳动法》的意义做了阐述，使审议议案的相关人员对该项工作有一定的了解和认识。

在议案的写作中要注意，议案的法定作者是提议案部门的主要负责人，要以该负责人的名义签署。

（三）任免议案

国家主要机构的负责人或驻外机构的人员任免，须由政府向人大提请审议批准。

【例文 1-29】

关于提请审议×××同志职务任命的议案

市人大常委会：

根据市委组织部《关于×××同志任职的通知》（台组干〔20××〕××

号)，经市政府研究同意：×××同志拟任台山市人社局局长。

请审议决定。

台山市人民政府市长　×××

二〇××年×月××日

【评析】

这则议案是市政府对某个人进行行政任命后，按照法定程序，报请同级人大批准。内容包括发文依据、申请批准事项。简单明了。

七、报告的类型及写作

适用于向上级机关汇报工作，反映情况，答复上级机关的询问。根据其用途，报告分为工作报告（分综合报告和专题报告）、情况报告、答复报告。

（一）综合报告

综合报告的结构有两种，一是纵式结构，即把有关的工作概括为基本情况、主要成绩、经验和体会、存在的问题和今后的努力方向。这种写法遵循事物发展的基本规律和人们认识的思维方式。二是横式结构，即按工作的轻重和职能的不同将综合材料分为几个不同的部分。纵式结构使人们从纵向上对工作情况有一个较深的认识，横式结构则容易从横向上有一个清楚的认识。

【例文 1-30】

国务院关于数字经济发展情况的报告

——2022 年 10 月 28 日在第十三届全国人民代表大会常务委员会第三十七次会议上

全国人民代表大会常务委员会：

按照全国人大常委会监督工作计划安排，受国务院委托，现就数字经济发展情况报告如下，请审议。

党的二十大对加快建设数字中国作出重要部署。习近平总书记强调，要站在统筹中华民族伟大复兴战略全局和世界百年未有之大变局的高度，统筹国内国际两个大局、发展安全两件大事，充分发挥海量数据和丰富应用场景优势，促进数字技术和实体经济深度融合，赋能传统产业转型升级，催生新产业新业态新模式，不断做强做优做大我国数字经济。李克强总理指出，要加快数字化发展，打造数字经济新优势，协同推进数字产业化和产业数字化转型，加快数字社会建设步伐，提高数字政府建设水平，营造良好数字生态，建设数字中国。栗战书委员长对相关工作作出重要批示，韩正副总理等国务院领导同志提出明确要求。发展改革委会同有关方面认真贯彻落实党中央、国务院决策部署，牵头建立数字经济发展部际联席会议制度，扎实做好数字经济发展各项工作。

一、我国数字经济发展成效显著

党的十八大以来，我国深入实施网络强国战略、国家大数据战略，先后印发数字经济发展战略、“十四五”数字经济发展规划，有关部门认真落实各项部署，加快推进数字产业化和产业数字化，推动数字经济蓬勃发展。十年来，我国数字经济取得了举世瞩目的发展成就，总体规模连续多年位居世界第二，对经济社会发展的引领支撑作用日益凸显。

（一）数字基础设施实现跨越式发展。统筹谋划新型基础设施建设布局，加快推动高速泛在、天地一体、云网融合、智能敏捷、绿色低碳、安全可控的智能化综合性数字基础设施建设。一是信息通信网络建设规模全球领先。深入实施“宽带中国”战略，建成了全球最大的光纤和移动宽带网络，光缆线路长度从2012年的1 479万公里增加到2021年的5 481万公里，增长2.7倍。截至2022年7月，我国已许可的5G中低频段频谱资源共计770MHz，许可的中低频段频率资源总量位居世界前列，累计建成开通5G基站达196.8万个。网络基础设施全面向IPv6演进升级，IPv6活跃用户数达6.97亿。深入实施工业互联网创新发展战略，网络、平台、安全体系以及工业互联网标识解析体系基本建成。二是信息通信服务能力大幅提升。我国移动通信实现从“3G突破”到“4G同步”再到“5G引领”的跨越，6G领域的愿景需求研究、关键技术研发、国际交流合作加快。互联网普及率从2012年的42.1%提高到2021年的73%，上网人数达10.32亿人，移动电话用户总数达16.43亿户，其中5G移动电话用户达3.55亿户，约占全球的四分之三。面向中小企业连续4年推进宽带和专线降费，让利超过7 000亿元。相比2012年，宽带网络平均下载速率提高近40倍，移动网络单位流量平均资费降幅超95%。三是算力基础设施达到世界领先水平。全国一体化大数据中心体系基本构建，“东数西算”工程加快实施。截至2022年6月，我国数据中心机架总规模超过590万标准机架，建成153家国家绿色数据中心，行业内先进绿色中心电能使用效率降至1.1左右，达到世界领先水平。建成一批国家新一代人工智能公共算力开放创新平台，以低成本算力服务支撑中小企业发展需求。

（二）数字产业创新能力加快提升。深入实施创新驱动发展战略，推进关键核心技术攻关，加快锻造长板、补齐短板，构建自主可控产业生态。一是关键核心技术取得突破。数字技术研发投入逐年上升，量子计算原型机、类脑计算芯片、碳基集成电路等基础前沿领域取得原创性突破，人工智能、区块链、物联网等新兴领域形成一批自主底层软硬件平台和开源社区，关键产品技术创新能力大幅提升，初步形成规模化应用效应。二是产业创新活力不断提升。产业创新能力取得突破性进展，2021年我国数字经济核心产业发明专利授权量达27.6万件，占同期全社会发明专利授权量的39.6%。关键数字技术中人工智能、物联网、量子信息领域发明专利授权量居世界首位。不断发挥金融支持数字经济发展作用，深化股票发行注册制改革，2021年至2022年6月，近150家数字经济相关企业在主板、科创板、创业板完成首发上市，募集资金近3 000亿元。持续扩大数字经济产业中长期贷款投放，截至2022年6月末，计算机、通信和其他电子设备制造业中长期贷款余额1.48万亿元。三是数字产业快速成长。数字经济核心产业规模加快增长，全国软件业务收入从2012年2.5万亿元增长到2021年9.6万亿元，年均增速达16.1%。截至2021年，我国工业互联网核心产业规模超过1万亿元，大数据产业规模达1.3万亿元，并成为全球增速最快的云计算市场之一，2012年以来年均增速超过30%。

（三）产业数字化转型提档加速。深入推进企业“上云用数赋智”，加快推动工业互联网、数字商务、智慧农业发展，促进传统产业全方位、全链条转型升级。一是制造业数字化转型持续深化。信息化和工业化融合不断走深向实，企业数字技术应用水平显著提升。截至2022年6月底，我国工业企业关键工序数控化率、数字化研发设计工具普及率分别达55.7%、

75.1%，比2012年分别提升31.1个和26.3个百分点。截至2022年7月底，“5G+工业互联网”建设项目超过3 100个，形成一系列新场景、新模式、新业态。全国具备行业、区域影响力的工业互联网平台超过150个，重点平台工业设备连接数超过7 900万台套，服务工业企业超过160万家，助力制造业降本增效。智能制造工程深入实施，通过智能化改造，110家智能制造示范工厂的生产效率平均提升32%，资源综合利用率平均提升22%，产品研发周期平均缩短28%，运营成本平均下降19%，产品不良率平均下降24%。二是服务业数字化水平显著提高。全国网络零售市场规模连续9年居于世界首位，从2012年的1.31万亿元增长到2021年的13.1万亿元，年均增速达29.15%。近年来，我国电子商务交易额保持快速增长，由2012年的8万亿元增长至2021年的42.3万亿元，年均增长20.3%。电子商务、移动支付规模全球领先，网约车、网上外卖、数字文化、智慧旅游等市场规模不断扩大。三是农业数字化转型稳步推进。2021年，农作物耕种收综合机械化率超过72%，农机应用北斗终端超过60万台套，产品溯源、智能灌溉、智能温室、精准施肥等智慧农业新模式得到广泛推广，大幅提高了农业生产效率。

（四）公共服务数字化深入推进。加快推进数字政府建设，不断提升数字化公共服务水平。

（略）

（五）网络安全保障和数字经济治理水平持续提升。

（略）

（六）数字经济国际合作行稳致远。

（略）

成绩来之不易，经验弥足珍贵。十年来的成绩，根本在于以习近平同志为核心的党中央的坚强领导，有习近平新时代中国特色社会主义思想的科学指引，习近平总书记的系列重要指示批示，为推动数字经济发展指明了方向，提供了根本遵循；在于中国特色社会主义制度的优越性和先进性，为我国从工业经济向数字经济时代迈进提供了前提和基础；在于充分发挥集中力量办大事的制度优势，为提高数字技术基础研发能力，打好关键核心技术攻坚战提供了条件和可能；在于依托超大规模市场和完备产业体系优势，为数字技术快速大规模应用和迭代升级，新业态新模式蓬勃发展创造了机会和空间。十年来的探索，深化了我们对数字经济发展趋势和规律的认识，只有正确处理好国内和国际、发展和安全、政府和市场的关系，牢牢牵住数字关键核心技术自主创新这个“牛鼻子”，不断推进数字技术与实体经济深度融合，赋能传统产业转型升级，催生新产业新业态新模式，才能为数字经济发展注入源源不断的动力。十年来的实践，坚定了我们推动数字经济发展的信心，只要坚决贯彻落实党中央决策部署，勇于进取、攻坚克难、奋发作为，完全有能力有条件战胜任何艰难险阻、应对各种风险挑战，不断做强做优做大我国数字经济。

二、当前面临的总体形势

当今世界正经历百年未有之大变局，我国数字经济发展的内外部环境正在发生深刻变化，既有错综复杂国际环境带来的新矛盾新挑战，也有我国社会主要矛盾变化带来的新特征新要求。

放眼全球，新一轮科技革命和产业变革深入发展，互联网、大数据、云计算、人工智能、区块链等数字技术创新活跃，数据作为关键生产要素的价值日益凸显，深入渗透到经济社会各领域全过程，数字化转型深入推进，传统产业加速向智能化、绿色化、融合化方向转型升级，新产业、新业态、新模式蓬勃发展，推动生产方式、生活方式发生深刻变化，数字经济成为重组全球要素资源、重塑全球经济结构、改变全球竞争格局的关键力量。世界主要国家都在加紧布局数字经济发展，制定战略规划、加大研发投入，力图打造未来竞争新优势。

立足国内，党的二十大擘画了以中国式现代化全面推进中华民族伟大复兴的使命任务，明确了未来五年是全面建设社会主义现代化国家开局起步的关键时期，作出了加快构建新发展格局，着力推动高质量发展的重要部署，对推进数字技术创新、深化数字化转型、建设数字中国提出了更高要求。我国网民数量、数据资源、数字化应用场景全球领先，人民日益增长的美好生活需要还将催生更大规模、更加多元的内需市场，将为数字经济发展创造无限可能。还要看到，我国数字经济发展的外部环境也在发生深刻变化，个别国家为维护自身科技垄断和霸权地位，遏制打压我国数字技术和数字产业创新发展，我们必须把数字技术的命脉牢牢掌握在自己手中，在科技自立自强上取得更大进展，才能不断提高我国发展的竞争力和持续性，在日趋激烈的国际竞争中把握主动、赢得未来。

与此同时，我国数字经济还存在大而不强、快而不优等问题，突出表现在四个方面：一是关键领域创新能力不足。在操作系统、工业软件、高端芯片、基础材料等领域，技术研发和工艺制造水平落后于国际先进水平。二是传统产业数字化发展相对较慢。农业、工业等传统产业数字化还需深化，部分企业数字化转型存在“不愿”“不敢”“不会”的困境，中小企业数字化转型相对滞后。三是数字鸿沟亟待弥合。不同行业、不同区域、不同群体的数字化基础不同，发展差异明显，甚至有进一步扩大的趋势。四是数字经济治理体系还需完善。适应数字经济发展的规则制度体系有待健全，数据要素基础制度体系尚在建设，既能激发活力又能保障安全的平台经济治理体系需要完善，与相关法律法规配套的各类实施细则亟待出台，数字经济国际治理参与度需进一步提升。跨部门协同、多方参与的治理机制还需完善，治理能力仍需持续提高。

“十四五”时期是我国全面建成小康社会、实现第一个百年奋斗目标之后，乘势而上开启全面建设社会主义现代化国家新征程、向第二个百年奋斗目标进军的第一个五年。面向未来，我们要保持战略定力，充分发挥我国社会主义制度优势、新型举国体制优势、超大规模市场优势，强化目标导向和问题导向，牢牢抓住数字技术发展主动权，把握新一轮科技革命和产业变革发展先机，大力发展数字经济。

三、下一步工作安排

以习近平新时代中国特色社会主义思想为指导，深入贯彻党的二十大精神，按照党中央、国务院决策部署和全国人大常委会审议意见要求，统筹国内和国际、发展和安全，坚持科技自立自强，以数据为关键要素，以推动数字技术与实体经济深度融合为主线，以协同推进数字产业化和产业数字化，赋能传统产业转型升级为重点，以加强数字基础设施建设为基础，以完善数字经济治理体系为保障，不断做强做优做大我国数字经济。到2025年，数字经济迈向全面扩展期，数字化创新引领发展能力大幅提升，智能化水平明显增强，数字技术与实体经济深度融合取得显著成效，具有国际竞争力的数字产业集群初步形成，数字经济治理体系更加完善，我国数字经济竞争力和影响力稳步提升。展望2035年，数字经济迈向繁荣成熟期，力争形成统一公平、竞争有序、成熟完备的数字经济现代市场体系，数字经济发展基础、产业体系发展水平位居世界前列。

（一）集中力量推进关键核心技术攻关，牢牢掌握数字经济发展自主权。以国家战略需求为导向，瞄准全球数字技术基础前沿领域和关键核心技术重大问题，积聚力量进行原创性引领性数字技术攻关。加大集成电路、新型显示、关键软件、人工智能、大数据、云计算等重点领域核心技术创新力度。着力提升基础软硬件、核心电子元器件、关键基础材料和智能制造装备的供给水平，加快锻造长板、补齐短板。打造原创技术策源地，强化原创技术供给，建设新型创新主体，培育创新生态体系。推动数字技术成果转化，以数字技术与各领域融合应用为导向，优化创新成果快速转化机制，打造安全可靠、系统完备的产业发展生态。

（二）适度超前部署数字基础设施建设，筑牢数字经济发展根基。完善信息通信网络建设，深入实施新型基础设施建设专项，持续推动5G网络规模化部署和融合应用，积极培育垂直行业应用场景，建设面向重点区域和重点行业的人工智能基础设施，优化IPv6性能和服务能力。加快建设空间信息基础设施，系统推进北斗产业化重大工程，推进构建民商统筹、集约高效的卫星遥感系统，加强民用遥感卫星应用，建设高低协同的卫星通信系统，推动卫星互联网加快发展。统筹布局绿色智能的数据与算力基础设施，推进“东数西算”工程，建设完善全国一体化大数据中心体系，加快国家绿色数据中心建设。全面发展融合基础设施，加强工业互联网新型基础设施建设，推动车联网部署应用，加快交通、能源、民生、文化、环境等领域基础设施数字化改造。

（三）大力推动数字产业创新发展，打造具有国际竞争力的产业体系。聚焦人工智能、先进计算等重点领域，培育一批掌握关键核心技术、具有国际竞争力的生态主导型企业。加强面向多元化应用场景的技术融合和产品创新，打好关键核心技术攻坚战，提升产业链关键环节竞争力，保障产业链供应链稳定。不断培育壮大云计算、大数据、区块链、工业软件等数字产业，探索建设中国特色的开源生态。推动数字产业集群化发展，高质量建设中国软件名城、名园，提升软件产业集聚度，打造世界级数字经济产业集群。充分激发市场活力，支持互联网企业不断加强技术创新，提升核心竞争力，鼓励平台企业依托市场、技术、数据等优势，赋能实体经济，支持平台企业不断提升国际化发展水平。

（四）加快深化产业数字化转型，释放数字对经济发展的放大、叠加、倍增作用。

（略）

（五）持续提升数字公共服务水平，不断满足人民美好生活需要。

（略）

（六）不断完善数字经济治理体系，推动数字经济规范健康持续发展。

（略）

（七）全面加强网络安全和数据安全保护，筑牢数字安全屏障。

（略）

（八）积极参与数字经济国际合作，推动构建网络空间命运共同体。

（略）

委员长、各位副委员长、秘书长、各位委员，我们将在以习近平同志为核心的党中央坚强领导下，增强“四个意识”，坚定“四个自信”，做到“两个维护”，切实把思想认识行动统一到习近平总书记重要讲话和指示批示精神上来，坚定不移贯彻落实党中央、国务院决策部署，按照本次会议审议提出的意见，积极采取有效举措，不断做强做优做大我国数字经济，为推动我国经济高质量发展提供有力支撑。

（来源：中国人大网）

【评析】

本文从标题上看是专题报告，从内容上看，又属于综合报告。报告内容重在介绍我国数字经济的发展情况，这是报告文种中比较常见的一种写法。本文在写法上具有典型的参考价值。

报告开头首先说明我国发展数字经济的背景。报告的第一部分从六个方面，以一系列数字材料介绍了目前我国数字经济的发展成效，总括和表明我国目前所取得的此项成绩的显著性。这种写法有助于报告审议者全面了解和掌握该项工作的情况，形成较为深刻的印象。之后，报告介绍了我国数字经济面临的总体形势，并从四个方面陈述了我国数字经济目前存在的问题。报告从问题引出我国发展数字经济的下一步工作安排，采用并列的横向结构，从八个方面介绍具体的做法和措施，每个方面都包含独立的概括性陈述句和具体内容，详略得当，逻辑严密。最后，报告以今后工作的努力方向结尾，这种写作方式有助于体现报告的连续性和报告者工作态度的坚定性。

（二）专题报告

专题报告的写法同综合报告的写法基本相同，此处不再赘述。

【例文 1-31】

市金融服务局关于2021年度优化营商环境工作情况的报告

市委市政府优化营商环境领导小组：

2021年，在市委市政府优化营商环境领导小组的正确领导下，我局认真贯彻落实习近平总书记对我省重要讲话重要指示精神，及中央、省、市重点工作部署，加大政策供给，加大服务力度，持续优化营商环境，有效支持了实体经济发展。具体情况报告如下：

一、完善金融政策体系

（一）围绕落实中央1号文件，巩固脱贫攻坚成果，联合省人民银行、省银保监局、省证监局、市农业农村局等部门，制定并发布了《关于加强金融支持“三农”工作的指导意见》，引导和鼓励金融机构重点支持备春耕、乡村振兴、“三农”产业发展。

（二）结合金融产业和实体经济的发展需要，学习借鉴外地经验，制定了《哈尔滨市进一步促进金融业发展的若干政策（试行）》，谋划我市促进金融发展政策23条，鼓励在哈金融机构进一步增强信贷服务有效性，加大金融产品研发和推广，简化企业融资流程，提高企业融资的可获得性。

（三）为进一步支持市场主体有效应对疫情影响，缓解企业生产经营困难，实现“六保”“六稳”目标任务，参与《哈尔滨市人民政府印发哈尔滨市关于应对疫情影响进一步支持中小微企业和个体工商户稳定生产经营若干政策的通知》（哈政规〔2021〕14号）的起草工作，牵头谋划3条金融支持政策，进一步引导在哈金融资源支持我市中小微企业应对疫情。

二、破解企业金融服务难题

（一）积极推进我为企业办实事活动。一是组织多种形式的政金企对接会。联合市国资委、市工信委，先后举办了市属国有企业会、全市中小企业银企对接会。谋划了哈尔滨政金企精准对接系列活动。参加活动企业累计超700家。二是深入基层驻企服务。积极参与“哈营面对面活动”，全年对接服务30余家重点企业，协助解决有关融资问题40余个，涉及融资总规模近10亿元。三是积极参加冰城问政节目，配合栏目组组织巴彦、木兰、通河等专场活动，协助相关县金融工作部门协调解决企业融资问题20余个。

（二）加快哈尔滨金融综合服务平台上线运行。哈尔滨综合金融服务平台及大数据企业征信系统已完成前期开发和市政府部分数据的接入工作，近期将上线运营，并全程参与《哈尔滨市人民政府印发哈尔滨市关于应对疫情影响进一步支持中小微企业和个体工商户稳定生产经营若干政策的通知》（哈政规〔2021〕14号）等相关政策兑现工作。

（三）继续推动金融服务队工作。指导国家开发银行省分行制定2021年金融服务队工作方案，引导金融服务向县域和重点产业园区延伸。对接全市产业牵头部门，梳理“4+4”现代产业体系重点企业300余家，重点推进金融机构与企业全面对接。

（四）深化普惠金融服务。一是深化“银税互动”工作。重点推动银税数据直连，各银行机构积极创新“银税互动”信贷产品，加大信用贷款投放力度。有效帮助实体企业节约融资成本，有力支持守信优质实体企业发展。二是推动抵质押类信贷创新。实现不动产抵押与动产抵押登记网上办，市不动产登记交易事务中心大力构建多层次、多维度不动产登记网上办事大厅。推进“互联网+不动产抵押登记”，一次即可完成不动产抵押贷款申请、审批和抵押登记取证。截至2021年11月末，全市金融机构普惠小微贷款余额674.4亿元，同比增长20.2%，增速连续12个月在17%以上；比年初增加104.8亿元，同比多增13.7亿元。

三、提升对俄金融服务和产业招商

（一）加大对俄金融服务力度。一是引导金融机构创新对俄金融的融资产品和服务，进一步服务实体经济。推动了哈尔滨银行协助新区顺利实现建龙集团、综保集团、中林集团等涉俄重点项目业务落地，累计对涉俄项目授信超50亿元，并推进哈尔滨银行落地自贸区首笔跨境人民币FDI（国际直接投资）业务和对俄卢布ODI（对外直接投资）业务，对俄结算服务中心获选自贸区省级创新实践案例。二是积极推动自贸区金融机构完善跨境人民币结算功能。推动哈尔滨银行在自贸区设立对俄结算服务中心，获批并上线了CIPS（人民币跨境支付系统），成为境内唯一一家依托对俄金融特色获得该项资格的商业银行。对俄及跨境金融服务能力进一步增强。整合对俄跨境结算、跨境融资、跨境电商在线支付、中俄本币现钞跨境调运等服务功能，积极为涉俄企业提供融资服务，帮助自贸区内进出口贸易企业解决融资难问题，积极提升对俄、跨境中小微企业融资服务能力。

（二）推进金融产业项目招商。组织实施金融产业赴上海招商活动。推动举办我市与上海金融界代表座谈会暨企业路演推介会议；与交通银行对接，共同谋划供水集团磨盘山供水工程债务重组、交银保险、交易租赁等机构来哈设立分支机构等方面事项并加强合作，并谋划我市与交通银行签署战略合作协议，开展拜会交通银行总行并签署战略合作协议等系列活动；在保险产业方面，传海副市长带队拜会太平洋保险公司总部，落实与太平洋保险公司达成的合作意向，对接太平洋保险人寿保险公司黑龙江分公司，梳理、推进年度重点合作项目。组织实施供水集团磨盘山供水工程债务重组工作，促成交通银行与供水集团就磨盘山供水工程项目签署合作协议，合同总额24.8亿元。

四、持续深化“放管服”改革工作

（一）全面实行网上办理。按照我市“最多跑一次”的要求，我局将小额贷款公司全部8项审批事项和融资担保公司“分立与合并”事项在市政府网站公示，实现了审批事项100%网上办理，全程透明服务。

（二）优化审批流程。全面对标先进地区相关审批事项流程，倒逼优化办事流程，缩短办事时间，精简审批材料，压缩办理时限，将省金融局规定的15个工作日压缩至7个工作日完成审批事项，切实提升部门政务服务效率。

（三）实现全面依法公开和服务流程有效衔接。实现行政权力，审批事项、法规依据、审批对象、审批内容、审批程序、监督投诉电话、审批结果依法公开。在“一把手走流程”工作中，紧盯服务群众和企业的“最后一公里”，找准群众最关注、最急需解决的问题，勇于拓展思路，推动流程再造和《哈尔滨市推动“办好一件事”改革全力打造冰城E（易）服圈工作实施方案》为切入点，把融资担保公司备案事项列入“为群众办好一件事”，提升服务质量，按相关规定完成“一件事”事项链清单报送服务提升，促进整顿作风优化环境向纵深发展。

五、开展“双随机、一公开”市场检查

（一）检查准备情况。认真落实市场监管局关于转发《关于印发〈黑龙江省市场监管领域部门联合抽查事项清单（第二版）〉及制定、录入年度部门联查计划的通知》的通知（哈市监函〔2021〕71号）要求，以及黑龙江省地方金融监督管理局关于小额贷款公司、融资担保公司和典当行“双随机、一公开”检查的通知要求，一是及时下发文件。分别下发了《关于印发〈2021年度哈尔滨市融资担保公司“双随机、一公开”检查工作方案〉的通知》（哈金发〔2021〕20号）、关于印发《2021年度哈尔滨市小额贷款公司“双随机、一公开”检查工作方案》的通知（哈金发〔2021〕23号）、关于印发《2021年度哈尔滨市典当公司“双随机、一公开”检查工作方案》的通知（哈金发〔2021〕24号）。二是更新检查“一单、两库”。按照黑龙江省事中事后监管系统，我局在2020年“双随机、一公开”检查的基础上，对系统中小额贷款公司、融资担保公司和典当行监管名单中重新进行了梳理，由省局按照监管要求，把小额贷款公司、融资担保公司和典当行录入随机抽查事项清单，并将纳入“监管名单”的108家小额贷款公司、48家融资担保公司和84家典当行核对后录入市场主体名录库，重新将考试合格取得执法证号的执法人员录入随机抽出的执法库。三是制定联查和本部门抽查计划。按照省地方金融监管局小额贷款公司、融资担保公司和典当行2021年度“双随机、一公开”检查的通知要求，我局及时统一制订本系统（领域）全市联查和本部门单独组织的抽查计划，并将联查计划及本部门抽查计划及时上报联席会议办公室报备，统一录入黑龙江省事中事后监管平台公示。

（二）市场监管领域部门联合“双随机、一公开”监管工作情况。从黑龙江事中事后监管系统事项清单中分别从48家担保公司中按不低于20%比例分别随机抽出12家（含省局抽查哈尔滨新区3家）从108家小额贷款公司按不低于20%随机抽取22家和在84家典当行不低于20%中共抽取17家，一共随机抽出51家部门联查单位，在市市场监管部门和公安部门（典当行由公安部门配合）配合下，组成51个部门联查检查组，在第三方专业中介机构参与下，出动204人次，利用约1个月时间进行检查，目前检查已经全部结束，并根据检查结果录入黑龙江事中事后监管系统，进行录入和公示。

（三）市场监管领域本部门“双随机、一公开”监管工作情况。根据省局对小额贷款公司、融资担保公司和典当行本部门检查的要求，经征求省局意见，分别从名录库的融资担保公司和典当行中抽出7家和4家作为2021年本部门检查对象，分别由局组成11个检查组，出动44人次，在第三方专业中介机构参与下，从7月中旬开始至10月完成了本部门现场检查任务，检查结束后将检查结果录入网上系统进行公示。

（四）企业信用风险分类管理、失信联合惩戒等工作开展情况。对于“双随机、一公开”检查结束后，结合地方金融组织风险情况，将主要存在问题的涉嫌抽逃出资，列入异常名录等列入失信联合惩戒范围。

（五）深入开展“非现场数据监管”。“非现场数据监管”方面，开发并启用了小额贷款公司和融资担保公司非现场监管数据报送系统，按月度、季度和年度收集两类机构经营数据报送省局，形成年度分析报告上报省局。对非现场监管发现异常问题，聘请第三方会计师事务所等专业机构协助实施现场监管制度，进一步增强非现场检查分析报告的深度和广度，不断提升甄别违规行为的效率和效果。

哈尔滨市金融服务局

2021年12月30日

（来源：哈尔滨市人民政府网站）

【评析】

这是一则专题报告，是哈尔滨市金融服务局向市委市政府优化营商环境领导小组就2021年度优化营商环境工作情况进行的汇报。

本文主要分为两部分，开头一段是第一部分，概括工作情况，说明报告的依据。本文的第二部分为其余所有段落，是本篇报告的重点和主体，主要从五个方面共十七点进行详细说明，包括完善金融政策体系、破解企业金融服务难题、提升对俄金融服务和产业招商、持续深化“放管服”改革工作、开展“双随机、一公开”市场检查。

本文善用小标题和主旨句，条理清晰，逻辑严密，是一篇比较典型的专题报告。

（三）情况报告

情况报告是下级向上级报告最近发生的临时情况和突发事件的报告，结构上一般由以下三部分构成：介绍情况或事件的经过；分析事件产生的主、客观原因及对相关人员的处分；采取的措施和今后的防范安排。

【例文 1-32】

××区人民政府关于××区××街燃气爆燃事故的报告

市人民政府：

20××年×月××日 15 时 31 分，于××区××街发生一起因地下燃气管道断裂，引起燃气泄漏的爆燃事故，20 时 25 分××燃气公司确定官网漏点位置，开始抢修作业，于当日 23 时完成对断裂管道南北两端的封堵。事故造成 10 人轻伤，5 人轻微伤，部分建筑物受损，直接经济损失约 349.3 万元。

经调查，事故发生路段燃气管道断裂处下侧存在早期腐蚀裂纹区，抵抗外力能力下降。事发路段从 20××年×月起，附近工地重载货车每日由南向北通行此路段，燃气管道腐蚀区域受到超过极限载荷外力时，以早期腐蚀裂纹区为开裂源，以脆性开裂的方式快速扩展，形成贯穿壁厚的二次裂纹，导致燃气泄漏。燃气泄漏后，经××街东侧人行道地下土壤缝隙进行扩散，至东侧 4.7 米临街商铺内地下热力管沟，与空气混合达到爆炸极限，遇火源发生爆燃。因此，此次事故是一起因地下老旧燃气管道腐蚀老化受外力作用发生断裂后，燃气泄漏遇明火引发爆燃的一般生产安全责任事故。

××燃气公司是发生断裂燃气管线的产权单位，安全风险防范化解工作落实不到位，未及时发现并消除事发燃气管道腐蚀严重的事故隐患，对事故发生负有责任，建议由××市应急管理局给予罚款20万元。对事故发生负有责任的××燃气公司官网输配分公司经理张××、副经理王×，××区城乡建设局局长陈××，××区城市建设管理局局长刘××等4人，建议由纪检监察机关依法依纪处理。

今后，我们要厘清所承担的城镇燃气监管内容和执法权限，加强城镇燃气管理队伍建设，增强工作人员业务能力和工作执行力，严格落实全市城镇燃气安全隐患大排查、大整治、大宣传行动的工作要求，确保辖区内城镇燃气运行使用安全。同时，健全落实安全风险辨识管控和隐患排查治理双重预防机制建设，压实行业部门安全监管责任，聚焦城市运行安全关键领域，定期研判安全风险，及时消除隐患，坚决防止各类事故发生。

××区人民政府

20××年×月××日

【评析】

作为反映突发事件情况的报告，本文首先介绍了事故发生的基本情况，自然、明白、突出。接着，本文剖析了此次事故发生的原因和性质，并对事故责任方和责任人给出处理建议。最后，本文对今后要采取的措施和防范安排进行了说明。

本文结构完整，重点突出，层次分明，是一篇比较典型的情况报告。

（四）答复报告

该类型报告属被动行文，是针对上级机关就某项工作或某一问题的询问发文，有问有答，有针对性。一般从领导重视、组织落实、分工协作、专人负责等几个方面来写，写作格式上一般采用条列式。

【例文1-33】

关于治理水质污染问题的报告

××市人民政府：

前接××政发〔2004〕106号函，询问我县水质污染原因及治理问题，现将有关情况报告如下：

我县水质现污染较严重，其主要原因：一是公众环境保护意识差，一些居民随意向河道坑塘倾倒垃圾；二是我县市政基础设施薄弱，无污水处理厂，居民生活污水直接排入大环境；三是近几年，我县“三业”发展较快，其废水杂物直接排入护城河及坑塘，造成水质严重污染；四是县纸厂停产治理后，虽有污水处理系统，但运行费用高，工程设计落后，不能做到不间断达标排放。

解决水质污染问题的根本途径：其一，建设污水处理厂，目前，县政府正在积极筹备之中。其二，加大宣传力度，提高全民环保意识，减少污水无序排放。其三，加大环保监督检查力度，确保排污企业治污设施正常运行，达标排放，促进水质好转。其四，环保部门依法行政，严格执法，从源头把关，减少各种污染。

专此报告

二〇〇四年四月二十九日

【评析】

这则答复报告，是根据上级机关关于水质污染治理问题的询问而做出的答复。第一段，简叙来文询问的事项，说明发文依据，然后用承启语句过渡到正文。第二段、第三段是按照上级的所问而做出的答复。先说水质污染较重，后从四个方面说明了造成污染的原因。回答简洁，符合事实，但过于简略，没有具体的原因分析和有力的数字说明。解决的根本途径也是从四个方面进行答复的，是针对前面提到的原因而寻找措施的，但只是谈到了想法，而缺少具体可行的措施和步骤。结尾使用了专门的结语。

答复报告写作的重点，一是要具有鲜明的针对性，问什么答什么；二是应该强调答复内容的具体措施和安排，不是简单的做出回答。既要有针对性又要有完整的体系，这才是答复报告写作的重点。

八、批复的类型及写作

“批复”这一文种名称最早见于1948年华北人民政府的《办事通则》，1951年有关文件规定中的“批复”包含对“报告”和“请示”的答复，1957年以后，就成为针对“请示”的“批复”了。

批复的正文内容包括：批复依据，先引叙来文，包括来文的日期、标题、发文字号，必要时简述来文的请示事项；批复内容，这是批复的主体，应针对请示事项，表明同意与否的态度，有时需说明理由；结尾用语，一般只写“此复”或“特此批复”并另起一行，表示全文的结束，也可以不用结语。

（一）肯定性批复

批复是针对请示的内容做出的答复，肯定性批复就是同意请示的事项，并提出一些要求。

【例文 1-34】

国务院关于同意将福建省莆田市列为国家历史文化名城的批复

国函〔2023〕107号

福建省人民政府：

你省关于申报莆田市为国家历史文化名城的请示收悉。现批复如下：

一、同意将莆田市列为国家历史文化名城。莆田市历史悠久、文化厚重，历史文化遗存丰富，传统格局和历史风貌保存较好，地域文化特色鲜明，具有重要的历史文化价值。

二、你省及莆田市人民政府要以习近平新时代中国特色社会主义思想为指导，全面贯彻党的二十大精神，按照党中央、国务院决策部署，落实《中华人民共和国文物保护法》《历史文化名城名镇名村保护条例》要求，深入研究发掘历史文化资源的内涵与价值，明确保护的原则和重点，强化历史文化资源的保护利用，传承弘扬中华优秀传统文化，讲好中国故事。编制实施好莆田市历史文化名城保护规划和文物保护等专项规划，制定并严格实施保护管理规定，明确各类保护对象的清单以及保护内容、要求和责任。正确处理城市建设与历史文化资源保护的关系，加强地下文物保护，制定“先考古、后出让”配套政策，重视保护城市格局和风貌管控，加强整体性保护、系统性保护；保护修复历史文化街区，补足配套基础设施和公共服务设施短板，不断提升人居环境品质；加强不可移动文物和历史建筑修缮保护，推动文物保护单位开放利用，充分发挥不可移动文物和历史建筑的使用价值。不得改变与名城相互依存的自然景观和环境，不得进行任何与名城环境和风貌不相协调的建设活动，不得损坏或者擅自迁移、拆除不可移动文物和历史建筑。进一步强化责任落实，对不履职尽责、保护不力，造成名城历史文化价值受到严重影响的行为，依法依规加大监督问责力度。

三、你省与住房城乡建设部、国家文物局要加强对莆田市国家历史文化名城保护工作的指导、监督和检查。

国务院

2023 年 9 月 30 日

（来源：中国政府网）

【评析】

批复是针对请示的答复，所以在写法上有基本的固定格式。正文分两部分，先是表明发文依据，包括来文的时间、标题，并以“悉”或“收悉”表示结果。根据国务院有关公文写作的规定，引用公文标题时，应在其后注明发文字号，然后是具体的答复。

这里先是表明态度：同意将莆田市列为国家历史文化名城。再提出明确的要求：编制实施好莆田市历史文化名城保护规划和文物保护等专项规划，制定并严格实施保护管理规定，明确各类保护对象的清单以及保护内容、要求和责任。上述内容代表了上级机关对批复内容的政策性和指导性，也是符合法律规定的。所以批复不能简单用同意或不同意的方式来写，必须提出明确的要求，这是负责任的表现。

（二）指示性批复

有些批复的内容不是简单的同意或不同意，而是对请示的内容做出具体的指示，希望相关部门遵照执行。

【例文 1-35】

河北省发展和改革委员会
关于委托河北省石油化工建设工程质量监督站行政执法的批复

河北省石油化工建设工程质量监督站：

《河北省石油化工建设工程质量监督站关于申请行政执法的请示》（冀

油化质监字〔2004〕3号）收悉。根据《中华人民共和国建筑法》、《建设工程质量管理条例》（国务院令第279号）和《河北省行政执法和行政执法监督规定》（省政府令〔2003〕10号），经研究，批复如下：

一、委托执法事项

委托你站以我委名义，依法对本省行政区域内的化工、石油专业建设工程质量具体实施监督管理。

二、委托执法权限

1. 对有关建设工程质量的法律、法规和强制性标准执行情况进行监督检查。在履行监督检查职责时，有权要求被检查的单位提供有关工程质量的文件和资料；进入被检查单位的施工现场进行检查；发现有影响工程质量的问题时，责令改正。

2. 负责建设单位提供的化工、石油建设工程竣工验收报告和规划、公安消防、环保等部门出具的认可文件或者准许使用文件的备案工作。

3. 发现建设单位在自行组织的化工、石油建设工程竣工验收过程中有违反国家有关建设工程质量管理规定行为的，责令停止使用，重新组织竣工验收。

4. 负责各市发展和改革委员会应向我委报告的化工、石油建设工程质量事故的报告工作。接到工程质量事故报告后要立即向我委报告。

5. 受理单位和个人对化工、石油建设工程的质量事故、质量缺陷进行的检举、控告、投诉。

6. 依照法律、法规、规章的规定，对有违法行为的单位和个人向我委提出行政处罚的建议，按我委规定程序做出行政处罚决定后实施。

7. 法律、法规、规章规定应由我委负责的化工、石油专业建设工程质量监督管理的其他权限。

三、委托执法期限

遇机构调整，法律、法规、规章修订和其他特殊情况，重新明确委托事项。

四、要求

1. 本文委托事项及权限不得以你站名义行使，否则，由此引起的后果由你站承担行政和法律责任。

2. 你站接受委托后，应当严格按照有关法律法规规章的规定，建立健全内部工作制度，搞好外部工作衔接，坚持依法行政，认真履行职责，定期向我委报告行政执法情况，并接受我委的监督、检查和考核。

河北省发展和改革委员会

二○○四年三月三日

【评析】

这则批复的篇幅较长，是因为批复的事项不是单纯的同意或不同意，而是需要在行文中把比较具体的内容解释清楚，所以该文的正文内容就显得丰富。开头先引叙来文，说明发文依据，并引用一些法律规定来说明批复意见的法定性和严肃性。主体是从四个方面来分别说明的，包括委托执法事项、委托执法权限、委托执法期限和要求，这其中又以第二个方面为重点。因为权限是委托执法的重点，必须做出明确而严格的规定，这样，才能体现批复的内容不仅仅是原则性的说明，更是需要具体明确的约束。这一部分是明确权限，也是提出权限的界定范围，比较全面，具有很强的操作性。

（三）否定性批复

对不同意的请示事项，在批复意见中要简要地说明不同意的理由，让请示单位能够理解、接受。

【例文 1-36】

××县人民政府关于××乡人民政府兴建砖瓦厂的批复

××乡人民政府：

你乡 20××年 3 月 15 日《关于兴建砖瓦厂的请示》收悉。经研究，现答复如下。

近年来，农村盖房使用砖瓦量确实明显增加，因此各地纷纷兴建了砖瓦厂。据调查，我县已经有 75%的农户盖了新房；约 23%的农户近年内不拟盖新房，砖瓦需求量相对趋于缓和。其余拟盖房户所需砖瓦的数量，我县现有砖瓦厂完全可以满足。因此，凡申报新建砖瓦厂的请示一律不予同意，以免供过于求，出现新的问题。

特此批复。

××县人民政府

20××年3月25日

【评析】

这则批复是否定性的答复，但写作结构与肯定批复是一样的，先是引叙来文，说明发文依据，然后表述具体批复意见，说明批复意见的事实根据和上级意见，得出结论：凡申报新建砖瓦厂的请示一律不予同意，以免供过于求，出现新的问题。

这种写法对于否定性的批复具有借鉴作用。

九、意见的类型与写作

过去很长的一段时间里，在实际工作中，党政机关和社会团体经常使用“意见”来对重要问题提出见解，但“意见”一直未列为正式文种，1996年《中国共产党机关公文处理条例》第一次把“意见”列入其中，2000年的《国家行政公文处理办法》中取消了“指示”，增加了“意见”。《国务院办公厅关于实施〈国家行政机关公文处理办法〉涉及几个具体问题的处理意见》中对“意见”又做出了特殊解释，“‘意见’可以用于上行文、下行文和平行文。作为上行文，应按请示性公文的程序和要求办理。”在2012年起施行的《党政机关公文处理工作条例》中，“意见”是公文文种之一。

（一）贯彻执行类意见

贯彻执行类意见是上级单位就某方面工作要求下级贯彻执行而发布的下行公文，如《国务院关于进一步做好退耕还林还草试点工作的若干意见》《中共中央国务院关于进一步加强和改进未成年人思想道德建设的若干意见》。

【例文 1-37】

教育部　国家语委
关于加强高等学校服务国家通用语言文字高质量推广普及的若干意见

教语用〔2022〕2号

各省、自治区、直辖市教育厅（教委），新疆生产建设兵团教育局，部属各高等学校、部省合建各高等学校：

学校是语言文字工作的基础阵地，高等学校在其中发挥着重要作用。长期以来特别是党的十八大以来，高等学校语言文字工作取得了长足进展，但也存在着从更高站位推广普及国家通用语言文字发挥作用不够充分，大学生语言文字应用能力不足，语言文字科学研究不能完全适应社会语言生活新发展，学校语言文字工作体制机制不够健全等问题。为贯彻落实党的二十大精神，深入贯彻《国务院办公厅关于全面加强新时代语言文字工作的意见》，进一步加强高等学校语言文字工作，充分发挥高等学校在服务国家通用语言文字高质量推广普及中的作用，现提出如下意见。

一、总体要求

以习近平新时代中国特色社会主义思想为指导，深入贯彻落实党的二十大精神，全面落实习近平总书记关于教育的重要论述和关于语言文化的重要指示批示精神，立足服务铸牢中华民族共同体意识，坚持服务国家发展大局和人民群众需求、坚持立德树人根本任务、坚持特色示范引领、坚持数字化赋能和创新驱动，聚焦高质量推广普及国家通用语言文字，将语言文字工作与高校人才培养、科学研究、社会服务、文化传承创新和国际交流合作等有机融合，更好服务教育和语言文字事业高质量发展，为教育强国和文化强国建设贡献力量。

二、全面加强国家通用语言文字教育教学

（一）提高大学生语言文字应用能力。学生应具有“一种能力两种意识”（即语言文字应用能力和自觉规范使用国家通用语言文字的意识、自觉传承弘扬中华优秀语言文化的意识），高校要将其纳入学校人才培养方案，明确语言文字应用能力及标准并纳入毕业要求。强化学生口语表达、书面写作、汉字书写、经典诗文和书法赏析能力培养，促进语言文字规范使用。支持高校开设大学语文、应用文写作、口语表达、经典诵读等语言文化相关课程。加强语言政策和语言国情教育。强化语言文明教育，引导学生养成良好语言习惯，自觉抵制庸俗暴戾语言。加大普通话培训测试力度，为毕业生就业从事相关职业达到国家规定的普通话水平提供支持。

（二）提升教师语言文字教育教学能力。教师应熟悉党和国家语言文字方针政策及相关法律法规，熟练掌握相关语言文字规范标准，自觉落实国家通用语言文字作为教育教学基本用语用字的法定要求，具有坚定的文化自信，将推广普及国家通用语言文字与传承弘扬中华优秀语言文化有机融入课程思政。落实国家关于高校教师任职资格的普通话等级要求，鼓励具有副教授以上职称或博士学位的教师参加普通话水平测试并达到二级乙等及以上水平。鼓励教师积极参与语言文化类国家统编及相关规划教材、一流课程与教学成果的申报与建设。将参与推广普及国家通用语言文字作为教师社会服务考核的重要内容。分层分类开展培训，提升教师队伍语言文化素养。

（三）加强学校语言文字规范化和校园文化环境建设。将语言文字规范化要求纳入课堂教学质量监控、教材审查和学位论文抽检范围。除国家另有规定外，学位论文应当使用国家通用语言文字撰写。加快推进学校语言文字工作达标建设，2025 年前须完成达标建设任务。充分发挥环境育人功能，加强校园语言文化环境建设，突出国家通用语言文字主体地位，弘扬社会主义核心价值观。将语言文字规范化建设纳入文明校园创建内容。建设书香校园，打造校园语言文字品牌活动，实现“一校一品牌”。加强语言文化类学生社团建设。

三、主动融入推普助力乡村振兴和文化强国建设

（四）服务全面推进乡村振兴。鼓励高校积极参与实施国家通用语言文字普及提升工程和推普助力乡村振兴计划，助力扎实推动乡村产业、人才、文化、生态、组织振兴。因校制宜、整合资源，面向农村和民族地区教师、青壮年劳动力、基层干部等重点领域人群和社会大众，开展国家通

用语言文字能力提升、“普通话+职业技能”等培训。积极参与经典润乡土计划，服务区域经济发展和乡土文化传承，发挥学科专业优势，发掘整理地方特色语言文化资源，探索语言技术、语言生态、语言经济助力乡村产业发展、乡村文化振兴和建设宜居宜业和美乡村的特色模式。

（五）传承弘扬中华优秀语言文化。加强中华优秀语言文化的研究阐释、教育传承及创新传播，推动中华优秀传统文化创造性转化、创新性发展。传承经典诗文、书法、篆刻、曲艺等优秀语言文化，创建语言文化推广项目品牌。加强线上线下、开放共享的语言文化类优质课程与名师讲座建设。深入实施中华经典诵读工程，积极参与诵写讲师资队伍、经典诵读课程和教材体系建设，积极开展节庆日诵读活动。实施中华思想文化术语传播工程，积极参与思想术语的整理、译写、研究及传承教育。积极参与和支持古文字与中华文明传承发展工程建设，加强古文字研究相关人才培养和学科建设，举办古文字知识宣传教育活动。

（六）增进与港澳台语言文化交流。支持开展粤港澳大湾区语言服务和科学研究，为港澳地区开展普通话教育、普通话水平测试、经典文化传播等提供支持服务。鼓励与港澳地区高校建立国家通用语言文字教育合作机制。加强与港澳台地区在中华优秀传统文化、中文信息技术、语言文字科学研究和人才培养等方面的交流合作。

（七）深化语言文化国际交流合作。立足学校特色和区位优势，加强与国外高校、研究机构、国际组织的语言文字交流合作。鼓励有条件的高校参与建立海外普通话培训测试机构。提倡学术成果中文首发，提倡以学校为主举办的国际学术交流活动和国际学术会议将中文作为主要语言。鼓励参与语言文字国际标准化工作，支持有关专家在国际组织机构担任职务、发挥作用。

四、积极探索推普服务社会应用和人民群众需求新手段

（八）增加国家通用语言文字服务社会供给。建好建强现有高校普通话水平测试站点，新建一批测试站点，主动面向社会人员开展普通话水平测试。加强国家通用语言文字宣传推广和语言志愿服务、应急语言服务、特殊人群语言服务等。探索与中小学、幼儿园、地方政府、社区街道等建

立长效合作机制，积极开展国家通用语言文字教育教学质量提升结对帮扶、社会应用监测等活动。充分利用新媒体平台，加强国家通用语言文字知识普及和政策宣传，满足社会大众提高生活品质的语言文化新需求。

（九）推动语言文字科学研究聚焦社会应用。加强有组织科研，推动语言文字与人工智能、大数据、云计算等相关学科的深度融合，在语言文字信息技术关键领域有所突破。落实国家语委“十四五”科研规划，提升语言文字科研创新力、服务力和影响力。打造一批语言文字类一流学科与科研成果。以国家语言文字推广基地、国家语委研究基地为引领，建设一批语言文字应用研究高地、决策咨询智库。引导高校围绕国家通用语言文字普及质量提升、推普与铸牢中华民族共同体意识关系、网络空间语言新现象、社会领域应用新需求、面向区域协调发展的语言服务等重大问题开展研究，重点从法理、学理、事理角度做好推广国家通用语言文字政策的研究阐释。推动语言文字科研成果向教育教学、决策咨询、社会应用等方面转化。

（十）探索数字化赋能推普新举措。创新数字化智能化推普新模式，提升国家通用语言文字学习使用效能。鼓励高校语言文字科研成果与教育数字产业之间的转化、融合、赋能。积极建设国家通用语言文字数字化资源、教学和科研平台。支持全球中文学习平台和国家语言资源服务平台建设。鼓励建设特色鲜明的语言资源库、语言博物馆，逐步实现与中国语言文字数字（网络）博物馆、地方文化馆和科技馆等的互联互通。

五、创新高校语言文字工作体制机制

（十一）强化组织领导。学校党委、行政要加强对语言文字工作的领导，将语言文字工作纳入学校党委会或校长办公会议事日程。建立健全“党委领导、行政主导、语委统筹、部门（院系）协同、全员参与”的管理体制。成立由校领导任主任、行政管理部门牵头、有关职能部门和部门（院系）负责人以及专家任委员的语言文字工作委员会。将语言文字工作经费纳入学校年度预算，给予人员、设施条件等保障。各级教育行政部门要加强统筹协调，在政策、经费、项目等方面给予支持。

（十二）推进队伍建设。加强语言文字工作专兼职干部、普通话水平测试员队伍建设，定期开展培（轮）训。整合不同专业的人才资源，建立一支能力突出、经验丰富的国家通用语言文字推广团队。建立由教学、科研、管理人员组成的语言文字专家库。鼓励举办高校语言文字工作论坛、国家语言文字推广基地联盟会议等，促进经验交流和人才培养。

（十三）加强制度保障。逐步建立高校语言文字工作报告制度，按照学校隶属关系向上级教育行政部门报送年度报告（部省合建高校同时报教育部及省级教育行政部门），相关内容作为学校人才培养质量报告组成部分。各级教育行政部门将高校语言文字工作纳入教育督导，强化结果应用。健全考核评价机制和激励机制，依法依规表彰为语言文字事业发展作出突出贡献的组织和个人。

教育部

国家语委

2022 年 11 月 18 日

（来源：中国政府网）

【评析】

本意见有着较强的针对性，它根据现实的需要，针对如何加强高等学校服务国家通用语言文字高质量推广普及这一问题提出见解或处理意见。本意见又具有较强的指示性，它就高等学校高质量推广普及通用语言文字提出了具体的指导意见。

本文在开头部分先说明了高等学校语言文字工作目前存在的问题和进一步加强高等学校语言文字工作的原因。本文主要分为两个部分。本文的第一部分阐述了高等学校推广普及通用语言文字的总体要求。本文的第二部分是对高等学校推广普及通用语言文字的指导意见，包括四个方面共十三点意见，从语言文字的教育教学、乡村振兴和文化强国建设、探索推普服务社会应用、创新高校语言文字工作体制机制等方面全方位地进行说明，具有一定的规范性和原则性。

（二）请求批准或转发类意见

过去对批转或转发的公文，使用时做法非常不一致，有用“请示”的，有用“报告”的，现在凡是需要上级批转或转发的公文一律用“意见”。

【例文 1-38】

关于依法公开制售假冒伪劣商品和侵犯知识产权行政处罚案件信息的意见（试行）

全国打击侵犯知识产权和制售假冒伪劣商品工作领导小组

为规范公开制售假冒伪劣商品和侵犯知识产权行政处罚案件（以下简称假冒伪劣和侵权行政处罚案件）信息，保护消费者权益，提高执法公信力，维护公平竞争的市场秩序，促进质量提升和产业升级，制定本意见。

一、总体要求

（一）行政执法机关原则上应当主动、及时公开适用一般程序查办的假冒伪劣和侵权行政处罚案件相关信息，接受人民群众监督。

（二）行政执法机关公开假冒伪劣和侵权行政处罚案件相关信息，应当遵守《中华人民共和国行政处罚法》、《中华人民共和国政府信息公开条例》（以下简称《政府信息公开条例》）等法律法规规定。

二、公开的内容

（三）公开的假冒伪劣和侵权行政处罚案件信息主要是指行政处罚决定书载明的内容和依照法律、法规应当公开的其他信息，一般应当包括：行政处罚决定书文号；被处罚的自然人姓名，被处罚的企业或其他组织的名称、法定代表人姓名；违反法律、法规或规章的主要事实；行政处罚的种类和依据；行政处罚的履行方式和期限；作出处罚决定的行政执法机关名称和日期。

（四）行政处罚决定因行政复议或行政诉讼发生变更或撤销的，应当及时公开相关信息。

（五）行政执法机关应当按照有关规定及时移送涉嫌犯罪的案件；对作出行政处罚决定后移送的案件，要公开行政处罚结果信息。

（六）对公民、法人或其他组织申请公开的假冒伪劣和侵权行政处罚案件相关信息，按照《政府信息公开条例》和相关法律法规的规定办理。

三、公开的权限

（七）县级以上人民政府行政执法机关负责本机关假冒伪劣和侵权行

政处罚案件的信息公开工作。

（八）实行垂直管理的行政执法机关自行确定本系统假冒伪劣和侵权行政处罚案件信息公开工作的机构层级。

四、公开的程序和方式

（九）对属于主动公开范围的假冒伪劣和侵权行政处罚案件信息，自行政执法机关作出处罚决定或处罚决定变更之日起20个工作日内予以公开。对食品药品、卫生器材、农业生产资料等事关人民群众健康和安全领域的假冒伪劣和侵权行政处罚案件信息，应根据相关法律、法规的规定，及时予以公开。法律、法规对公开的期限另有规定的，从其规定。

（十）行政执法机关应当主要通过政府网站主动公开假冒伪劣和侵权行政处罚案件信息，也可以选择公告栏、新闻发布会以及报刊、广播、电视等便于公众知晓的方式予以公开。

（十一）有关部门要将公开的假冒伪劣和侵权行政处罚案件信息作为社会征信系统的重要内容，方便社会公众查询。

五、规范和管理

（十二）行政执法机关要建立健全假冒伪劣和侵权行政处罚案件信息公开管理制度，并指定专门机构负责假冒伪劣和侵权行政处罚案件信息公开日常工作。

（十三）行政执法机关要建立健全假冒伪劣和侵权行政处罚案件信息公开的内部审核机制。

（十四）行政执法机关应当建立健全假冒伪劣和侵权行政处罚案件信息公开协调机制。涉及其他行政机关的，应当在公开前沟通、确认，保证所公开的信息准确一致。

（十五）行政执法机关应当建立健全假冒伪劣和侵权行政处罚案件信息公开的档案管理制度。

（十六）行政执法机关公开假冒伪劣和侵权行政处罚案件信息，不得涉及商业秘密以及自然人住所、肖像、电话号码、财产状况等个人隐私。但是，经权利人同意公开或者行政执法机关认为不公开可能对公共利益造成重大影响的，可以予以公开，并将决定公开的内容和理由书面通知权利人。

（十七）行政执法机关公开假冒伪劣和侵权行政处罚案件信息，不得泄露国家秘密，损害国家政治、经济安全，影响社会稳定。因上述理由决定不予公开相关信息的，应当写明理由并报上级机关批准。

（十八）行政执法机关应当制定相关配套措施，加强基层执法队伍培训，提高执法水平，有序推进假冒伪劣和侵权行政处罚案件信息公开工作。

六、监督和保障

（十九）各级人民政府要将假冒伪劣和侵权行政处罚案件信息公开工作纳入政府信息公开工作的监督检查内容，建立健全考核制度和责任追究制度，定期进行考核。要加强政策解读和舆论引导，做好相关宣传教育工作。

（二十）行政执法机关要严格履行假冒伪劣和侵权行政处罚案件信息公开的责任与义务。上级机关和监察机关要加强监督指导，对不履行信息公开义务、不及时公开或更新信息内容、违规收取费用等行为，责令改正并追究责任。

（二十一）承担假冒伪劣和侵权行政处罚案件信息公开工作的行政执法机关，要根据本意见要求和相关规定制定具体实施办法并抓好落实。

（来源：中国政府网）

【评析】

这是一份提出建议、要求上级机关批转执行的呈转性建议意见，是全国打击侵犯知识产权和制售假冒伪劣商品工作领导小组关于依法公开制售假冒伪劣商品和侵犯知识产权行政处罚案件信息的意见，报呈国务院，由国务院批转，转发至各省、自治区、直辖市人民政府贯彻执行。全文语言得体，条理清楚，主旨明确。

（三）供平级或不相隶属机关参考的意见

主要用于业务部门就自己职权范围内的事项，请平级或不相隶属机关周知或引起注意。这类意见表述内容不属于函的适用范围，因而只能使用“意见”发文。

十、函的类型与写作

“函”是机关之间办理日常公务的交往性公文，函就是书信。在古代，因等级不同，有不同的称谓，包括“移”“关”“咨”“呈”“牒”“简”“书”“函”等。民国时期，取消了封建社会繁杂的名目，规定使用“公函”。1928年以后规定用“函”或“公函”，1951年定名为“公函”和“便函”，1957年以后统一为“函”。

函的类型有商洽函、问复函、请批函和知照函。

（一）商洽函

用于机关之间商洽工作，讨论问题，如商量业务培训、人员调动、信息交流、物资供应等。重在商洽。

【例文1-39】

关于在我校南门及西门口路段增设交通安全标志的函

××市公安局：

我校南门（中山大道西段）的非机动车道，常因主干道塞车，机动车辆转入非机动车道行驶，造成交通拥挤、险象环生，曾因此发生过多起交通事故。师生员工对此违反交通规则的现象和对人身安全的威胁反响强烈。我校西门出五山路路口的人行横道，现仍没有斑马线。这段公路平直，过往车辆多、速度快，过马路的行人很不安全，已多次发生交通事故。××××年××月上旬，我校行政学院两名学生横过马路时，被一辆机动车撞倒，两人均受伤。

鉴于以上情况，请给予在南门路路口适当位置，竖立禁止机动车驶入标志；在西门出五山路路口人行横道画上斑马线。

××大学

××××年××月××日

【评析】

这是一份商洽并带有请求帮助的函。因行文单位与主送机关之间无隶属的关系，所以使用函。由于函的内容不像请示那样严格要求一文一事，所以这份函的正文中列出了彼此相关的两件事。正文中第一段是叙述商洽的原因，包括南门出口机动车辆转入非机动车道行驶，造成交通拥挤，并发生过多起交通事故；没有斑马线的西门出口过往车辆多、速度快，多次发生交通事故，并列举具体的实例，使请求理由更为充分。第二段是根据上面的叙述而得出的商洽事项，分两个方面提出。

（二）问复函

问复函，用于提出问题和答复问题。如疑难询问和答复、调查询问和答复、统计询问和答复。既用于平行机关之间，也用于不相隶属的上下级之间。

【例文 1-40】

××省人民政府法制办公室关于在规定时段切断互联网上网服务营业场所接入服务问题的函

国务院法制办公室：

我省在加强互联网上网服务营业场所管理方面，对涉及电信业务经营者在规定时段切断互联网经营服务场所接入服务问题，电信业务主管部门和文化市场管理部门有不同的意见。电信业务主管部门认为，《电信管理条例》第三十八条第二款规定：“未经批准，电信业务经营者不得擅自中断接入服务。”电信业务主管部门规定要求各电信业务经营者定时切断服务不合法。文化市场管理部门认为，依据《互联网上网服务营业场所管理条例》第二十二条规定：“互联网上网服务营业场所每日营业时间限于8时至24时。”各单位应在每日的0时至上午8时停止对所有互联网上网服务营业场所接入服务。

我们认为，《电信管理条例》第三十八条第二款规定的，“未经批准”应是未经电信业务主管部门批准。《电信管理条例》和《互联网上网服务营业场所管理条例》的规定并不冲突。作为省级电信业务主管部门可以要求全省的电信业务经营者在规定时段切断互联网上网服务场所的接入服务。

特此函询，盼复

二〇〇三年五月九日（印章）

【例文 1-41】

关于××省人民政府法制办在规定时段切断互联网上网服务营业场所接入服务问题的复函

××省人民政府法制办公室：

你办《关于在规定时段切断互联网上网服务营业场所接入服务问题的函》（××府法函〔2003〕54 号）收悉。经研究函复如下：

根据《中华人民共和国电信条例》的规定，电信业务经营者应当保持电信网络畅通，为电信用户提供迅速、准确、安全、方便的电信服务，不得随意切断网络接入服务。《互联网上网服务营业场所管理条例》（以下简称条例）第二十二条对营业时间的强制性要求仅是针对互联网上网服务营业场所经营单位（以下简称网吧），对电信业务经营者并未做出相关规定。且该条例对网吧违反经营时间的行为规定了相应的处罚，有关部门只要依法加强对网吧的监督检查，是能够保证条例第二十二条规定的落实，似不宜采取切断接入服务的办法。

以上意见，供参考。

二〇〇三年七月五日（印章）

【评析】

这是针对同一个问题所形成的致函和复函，二者之间是问与答的关系。

致函是××省人民政府法制办公室关于在规定时段切断互联网上网服务营业场所接入服务问题向国务院法制办的行文。正文有三部分，开头采用概叙和说明的方法表示电信和文化部门对这一问题的不同看法，然后是法制办根据二者的分歧而做出的自己的判断，结尾是请求给予答复的询问。

复函是国务院法制办给予省法制办的行文。正文也有三部分，开头是复函依据，然后用过渡语过渡到答复事项。主体是具体的答复，该答复是对行文的否定性意见，所以在理由的解释上做了详细的介绍，尤其是通过明确《互联网上网服务营业场所管理条例》第二十二条仅是针对网吧这一特殊场所的要求而得出电信部门不宜采取切断接入服务的办法，这样就通过复函解决了原行文单位的认识和做法，而且这种解释符合实际，具有一定的权威性，结尾采用了谦虚的结语，符合函的写作要求。

（三）请批函

用于向没有隶属关系的有关主管部门请求批准，如征用土地向土地部门申请，派团出境向公安部门申请等。

【例文 1-42】

陕西省人民政府关于申请发行 2011 西安世界园艺博览会纪念邮票的函

陕政函〔2010〕102 号

国家邮政局：

经国务院批准，由陕西省人民政府、国家林业局、中国国际贸易促进委员会、中国花卉协会共同主办，西安市人民政府承办的 2011 西安世界园艺博览会将于 2011 年 4 月 28 日至 10 月 22 日在西安浐灞生态区隆重举办，会期 178 天。本届世园会是新中国成立以来在我省乃至西北地区举办的规格最高、规模最大的世界性展会，以“天人长安 · 创意自然——城市与自然和谐共生”为主题，营造以植物为主体的园林建筑景观，彰显富有地域特色和历史文化底蕴的绿色时尚，探索人类与自然、城市与自然和谐共生的发展模式。届时，将有 100 多个国内、外机构参展，预计参观人数超过 1 200 万人次。

为了更好地做好宣传工作，特申请于 2011 年 4 月 28 日西安世园会开幕当日发行一套 2011 西安世界园艺博览会纪念邮票，请予审核批准。同时，为使邮票突显西安世园会特色，恳请贵局派员前来西安世园会会址考察指导。

专此函商。

二〇一〇年七月九日

（来源：陕西省人民政府网站，有改动）

【评析】

该函中所涉及的申请发行纪念邮票的事项属于国家邮政局管理，因此，陕西省这份函就是请求对方予以批准。函的内容单一，叙述上有理有据，提出的理由较为充分，解释得较为清楚。正文五句话，第一句说明世界园艺博览会举办的主办方、时间、地点等基本信息；第二句介绍本次博览会的主题；第三句用数字说明本次博览会的规模；第四句提出了本次申请的事项和理由；第五句用诚恳的态度请对方进行实地考察和指导。

这篇函的可取之处在于在理由的说明上能把握住分寸，没有颐指气使，而是采用协商的语气，这是函在使用中应注意的问题。

（四）知照函

用于把自己管辖范围的事项告知有关单位，平行机关、不相隶属的上下级机关都可以使用。

【例文 1-43】

自然资源部办公厅 住房和城乡建设部办公厅关于福州等 5 个城市利用集体建设用地建设租赁住房试点实施方案意见的函

自然资办函〔2019〕57 号

福建、江西、山东、海南、贵州省自然资源主管部门、住房和城乡建设主管部门：

你们报送的利用集体建设用地建设租赁住房试点实施方案收悉。经审核，意见如下：

一、原则同意福州、南昌、青岛、海口、贵阳等 5 个城市利用集体建设用地建设租赁住房试点实施方案。

二、坚持房子是用来住的、不是用来炒的定位，按照区域协调发展和乡村振兴的要求，促进建立多主体供给，多渠道保障、租购并举的住房制度，实现城乡融合发展、人民住有所居，增加人民群众的获得感。

三、严格落实试点城市人民政府主体责任，统筹推进试点工作，要将项目选址、开工建设、运营管理等各环节监管落到实处。健全合同履约监管机制，保护租赁利益相关方合法权益；建立租金监测监管机制，租赁项目要合理确定租金，建立公开透明的租金变动约束机制，支持长期租赁。

四、试点城市要聚焦市场需求，坚持城乡统筹。项目应与周边区域基础设施、公共服务设施配套工程统一考虑，明确配套设施建设主体与标准，实现与周边地区公共服务均等化。尽量将项目安排在区位条件好、基础设施完备以及人口集中度高、市场需求旺盛的区域。积极学习借鉴先行试点城市实践经验，加强政策宣传和舆论引导，发展规范有序的住房租赁市场，形成可复制、可推广的制度成果。

五、试点城市要规范审批和监管程序，明确集体建设用地建设租赁住房的项目申报主体，完善项目审批程序，户型以90平方米以下中小户型为主，住房建筑质量、装饰装修符合相关标准。鼓励金融机构参与试点建设，依法依规提供金融产品服务，严禁违规提供“租金贷”。强化事中事后监管，确保有序可控。

六、试点城市要积极探索应用现代化信息管理平台和先进科技手段，在试点过程中研究加强公共服务配套，建立承租人基本公共服务保障机制，支持其依法享受教育、医疗卫生以及养老服务等基本公共服务权利，推进集体租赁住房纳入政府主导的住房信息租赁服务与监管平台管理，落实住房租赁企业备案管理，加强土地市场动态监测监管，促进节约集约用地。

七、省级自然资源、住房和城乡建设主管部门要加强对试点实施工作的指导和监督，及时研究解决试点推进过程中存在的突出问题，按时开展试点中期评估和试点总结工作，形成报告报自然资源部和住房和城乡建设部。

八、试点城市要根据上述意见，认真组织实施试点工作，不得随意改变试点实施方案内容。试点中的重大问题，及时向自然资源部、住房和城乡建设部报告。自然资源部、住房和城乡建设部将适时开展调研、督导。

2019年1月11日

（来源：中华人民共和国自然资源部网站）

【评析】

本文的可取之处在于，标题是发出的函，但在标题中又出现了“意见”，这个“意见”的使用有一点好处，即表明是关于某问题的看法、意见，强调了本单位的主观态度。从文种使用看，本文使用“函”更合适一些，因为这样的事项，用函更能体现对对方的尊重。

这篇函的正文主要分为两部分。第一部分先表明之前各省报送的建设用地建设租赁住房试点实施方案已收悉，并用提示语“意见如下”引出正文的第二部分。第二部分是这篇函的主体部分，首先在第一点表明对于实施方案的态度是“原则同意”，其次，从第二点到第七点详述对方案执行过程中的要求，最后，在第八点强调试点城市应根据意见组织实施试点工作并及时反馈问题。

本文层次分明，结构清晰，是一篇比较典型的知照函。

十一、会议纪要的类型与写作

会议纪要为党政机关经常使用的公文，包括决议性纪要、协议性纪要和研讨性纪要三种类型。

（一）决议性纪要

以记载会议的决议为重点，一般只把经会议讨论和协商的共识意见表达出来，不涉及分歧，这种形式是最常见的。

【例文 1–44】

绿色建材评价标识工作会议纪要

住房和城乡建设部、工业和信息化部绿色建材推广和应用协调组办公室（名单附后）于 2016 年 1 月 20 日在北京召开了绿色建材评价标识工作会议。会议听取了绿色建材评价标识工作进展、评价标识管理信息平台建设和试评价等情况汇报，讨论了绿色建材评价标识日常管理机构组成及职责、绿色建材证书以及标识产品质量追溯手段等事宜，研究部署了 2016 年绿色建材评价标识重点工作。住房城乡建设部建筑节能与科技司杨榕司长、韩爱兴副司长，工业和信息化部原材料工业司吕桂新副巡视员出席会议并讲话。现纪要如下：

一、2015 年绿色建材评价标识工作取得阶段性进展

会议总结了 2015 年绿色建材评价标识工作，并给予了充分肯定。

（一）发展绿色建材的政策和技术文件陆续出台

1. 印发了《促进绿色建材生产和应用行动方案》（工信部联原〔2015〕309号）。明确了推广和应用绿色建材的总体要求、行动目标，提出了绿色建材评价标识等十大专项行动，对加快绿色建材生产和应用、促进绿色建材和绿色建筑产业融合发展具有重要意义。

2. 印发了《绿色建材评价标识管理办法实施细则》和《绿色建材评价技术导则（试行）》（建科〔2015〕162号）。规定了评价标识工作的范围、原则和机制、组织管理、专家委员会、评价机构的申请与发布、标识申请、评价及使用、监督管理等内容，构建了评价标识工作的基本组织实施框架；并制定了砌体材料、保温材料、预拌混凝土、建筑节能玻璃、陶瓷砖、卫生陶瓷和预拌砂浆等7类建材产品的评价技术要求，建立了评价指标体系。

（二）评价标识基础性工作取得重要进展和阶段性成效

1. 搭建了全国绿色建材评价标识管理信息平台。借助CA数字认证、电子签章和芯片等信息化技术，构建了信息平台并进行测试，实现了评价标识工作的业务流程管理，界定了各评价主体的权限，建立了标识产品质量追溯体系。

2. 制订了评价技术导则配套的评分方法。根据建材产品特性和技术导则条款内容，设置了绿色建材评价表，统一了评价审查过程证据采集的尺度和标准，保证了评价标识工作的科学和客观性。

3. 制作了绿色建材标志和证书。设计了一、二、三星级绿色建材标志、标识产品证书的式样和格式，标识实现了与绿色建筑的衔接，也反映了建材产品的特征。

4. 编制了绿色建材评价标识工作制度及相关配套文件。根据工作需要，草拟了职责、会议、出差请假、文件审批等工作制度，制订了专家登记表及证书、评价机构备案表、标识申报书等文件。

5. 草拟了专家委员会专家名单。根据绿色建筑的内涵、建筑和建材产品分类体系，综合考虑行业领域、行政区域、单位性质和个人专业技能等，推选了绿色建材专家委员会专家名单（草案）。

（三）绿色建材试点评价工作在部分省市开展

（略）

二、会议明确了绿色建材评价标识日常工作办理机构和工作机制

会议明确了绿色建材评价标识日常工作办理机构为绿色建材评价管理办公室（简称绿材办），依托在住房和城乡建设部科技与产业化发展中心（住房和城乡建设部住宅产业化促进中心），由住房和城乡建设部建筑节能与科技司、工业和信息化部原材料工业司（简称两司）推荐相关单位人员参加。会议推选刘敬疆为绿材办主任，陈智丰为副主任，刘珊珊、周继恒为成员。

按照住房和城乡建设部、工业和信息化部工作要求，受两司委托，绿材办办理绿色建材评价标识的日常事务运转工作。具体职责是：

（一）协助组织编制绿色建材评价技术要求；

（二）建立和维护全国绿色建材评价标识管理信息平台；

（三）受理三星级评价机构的备案申请；

（四）受理评价标识查询、申诉、举报等事务；

（五）承办专家委员会的活动；

（六）其他相关事项。

三、会议进一步明确了2016年绿色建材评价标识重点工作

2016年是全面启动、推进绿色建材评价标识工作的关键年，要切实落实《绿色建筑行动方案》《绿色建材评价标识管理办法》《促进绿色建材生产和应用行动方案》和《绿色建材评价标识管理办法实施细则》有关要求，围绕绿色建筑发展和建材工业转型升级需求，努力实现新发展、新突破。

（一）全面启动绿色建材评价标识工作

1. 建立并规范评价标识工作程序。征集、筛选、公布第一批评价机构名单，根据行业发展情况和准备条件，在全国范围内启动评价工作，理顺评价标识工作机制。

2. 组织召开全国绿色建材工作座谈会议。总结绿色建材评价标识工作的阶段性成果，发布首批绿色建材标识产品，部署和指导地方绿色建材评价标识工作。

（二）完善和深化相关技术研究

1. 建立绿色建材分类及目录框架体系。调研国内外建材产品体系的发展和现状，结合住房城乡建设领域和建材行业发展特点，从绿色建材的内涵出发，梳理、确定我国绿色建材分类及目录框架体系。

2. 启动预制构配件、建筑新风系统等第二批绿色建材产品和设备的评价技术导则编制工作，进一步深入研究和完善第一批部分产品的技术导则。

3. 研究将碳足迹纳入绿色建材评价指标体系的可行性。调研国外建材产品碳足迹评价和管理方法，结合我国建筑和建材领域特点，研究提出绿色建材评分项指标体系中统筹碳足迹的可行量化方法。

4. 完善全国绿色建材评价标识管理信息平台建设。信息平台要在近期上线并试运行，根据评价标识工作实际情况，不断调整和优化业务和管理流程，建立全国统一的信息发布、管理和监督机制。

（三）组织绿色建材发展和推广应用激励政策研究

制定绿色建材推广和应用管理办法，在推进绿色建筑发展和开展绿色建筑评价工作中强化对绿色建材应用的要求，发挥绿色建材与绿色建筑的有机结合和相互促进作用。在住房和城乡建设部、工业和信息化部各类试点示范工程和推广项目中，进一步明确应用绿色建材的规定，鼓励和支持绿色建材推广应用。

（四）加大绿色建材宣传力度

通过杂志、网络、电视等媒体，开展形式多样的绿色建材宣传活动，强化公众绿色生产和消费理念，提高对绿色建材的认知和认可度，强化对绿色建材政策的理解和剖析，动员全社会参与推动和发展绿色建材，使发展和推广绿色建材成为全行业和社会各界的密切关注点。

（五）继续加强绿色建材评价标识日常管理机构自身建设

根据工作情况，适时建立和完善相关规章和制度，规范评价标识工作；储备专业技术知识，强化业务能力，提供技术支持和保障；开展对评价机构和从业人员的教育培训工作，保证评价标识工作的客观和科学性；强化廉洁自律意识，增强服务意识，维护评价标识工作的公开、公平和公正性。

（来源：中华人民共和国住房和城乡建设部网站）

【评析】

这是一篇关于绿色建材评价标识工作的决议性会议纪要。本文开头采用了新闻导语的写作手法，概述了会议的时间、地点、主题、参与单位。本文的主体部分是对会议内容的梳理，所以没有强调领导人的讲话内容、有关部门汇报的情况。分别从三个方面予以说明：首先，总结上一年绿色建材评价标识工作取得的成果。其次，明确绿色建材评价标识日常工作机制。最后，从五个方面明确这一年的重点工作。本文层次分明，详略得当。

这是一篇典型的决议性的会议纪要，重在记录经过会议形成的决议。这种写法对于通过会议达成解决问题的决议有一定的借鉴意义。

（二）协议性纪要

双方就共同关心的问题进行协商，就取得的一致意见进行记录，以约束双方。

【例文 1-45】

合资经营××产品洽谈纪要

甲方：××省国际信托投资公司总经理××、××厂长××

乙方：××国××有限公司经理×××先生

1. 甲乙双方代表于××××年×月×日在××市，经过友好协商对在中国××省××市建立合资经营企业、生产×××产品均感兴趣，现将双方意向纪要如下。

2. 甲乙双方愿意共同投资，在中国××省××市建立合资经营公司，生产×××产品，在中国境内销售。

3. 甲方拟以土地使用权、厂房、辅助设备和人民币作为投资；乙方拟以外汇资金、先进机械设备和技术作为投资。

4. 甲乙双方将进一步做好准备，提出合资经营企业的方案，在×月内寄给对方，进行研究，拟于××××年××月××日甲乙双方派代表在××市进行洽谈，确定合资经营企业的初步方案，为进行可行性研究做好准备。

甲方：××省国际信托投资公司

签字：×××

×××厂

签字：×××

乙方：××国××有限公司

签字：×××

【评析】

这是一则在企业单位经常使用的协商性会议纪要，从理论上说，这类会议纪要具有公文和经济文书双重性质。采用这种形式，能起到记载会议情况的作用，企业可以把它作为正式公文进行存档。从内容上具有经济文书的功用，所以结构上采用了经济文书的形式：开头是协商单位的名称、法定代表；主体是双方经过协商所达成的共识，用分条的形式列出；结尾同开头一样是双方的单位名称和法定代表。

本文不足之处：一是在代表名称后不应使用“先生”一词；二是第一条内容是双方协商的经过，不应单列为第一条，而应单列为前言的说明；三是内容过于简单，不能体现一定的约束性；四是缺少签订纪要的时间。

此外，从该文的内容看，使用会议纪要也不太合适，采用其他的文种形式或许更合适一些。实际上，从签订内容的第一条看，已经使用了“意向”字样，所以用“意向书”这种经济文种是最合适的。

（三）研讨性纪要

又称记言性纪要，即把参加会议的有关人员所发表的主要观点摘录下来，并注明姓名、职务和单位，可以按先后顺序，也可以自定顺序，只起记载的作用。

【例文 1-46】

科学技术史学科与社会发展

——第四届全国高校科学技术史学科点联席会议纪要

吴军明　廖娆娆

2023 年 4 月 1 日和 2 日，第四届全国高校科学技术史学科点联席会议

（以下简称“联席会”）在江西景德镇召开。会议由联席会秘书组（北京大学科学技术与医学史系）主办，景德镇陶瓷大学考古文博学院承办。本届联席会议以“科学技术史学科与社会发展”为主题，共邀请中国科学技术史学会、中国科学院自然科学史研究所、清华大学、北京大学、中国科学技术大学、北京科技大学、中国科学院大学等全国30余家高校和科研机构的科学技术史学科点负责人和专家学者齐聚千年瓷都，共话学科发展。

21世纪以来，社会发展形势的需要催生了更多具有文理综合背景的专业。科学技术史是一门探索人类文明进程中科技创新与社会变革相互作用关系的重要交叉学科，对于培养科学思维、提升创新能力有着积极的作用。为响应国家“双一流”重大战略决策，创建世界一流科学技术史学科的构想，由全国各学科点自愿发起、自由参与组成的全国高校科学技术史学科点联席会于2019年12月21日在北京大学召开首届会议。联席会已经成功举办三次，在促进学科内部交流发展、加强科学技术史学科建构上发挥了重要作用。

暂别两年之后，在联席会秘书组精心指导、景德镇陶瓷大学积极筹备、全国学科点同仁的支持和响应下，第四届全国高校科学技术史学科点联席会议在景德镇陶瓷大学顺利召开。会议期间，各学科点负责人和专家学者分享了各学科点发展的历史、现状和建设经验，并重点就科技史本科建设、学科梯队建设与教师队伍组织和培养、研究生培养制度、科技史从业者的个人修养与社会责任、学科与行业和地方发展等问题展开了充分有效的交流和探讨。此次会议的召开有效促进了科学技术史学科体系建设和完善，增进了各学科点之间的合作共促。

1. 开幕式

开幕式于4月1日上午举行，景德镇陶瓷大学党委副书记、副校长（主持行政工作）吕品昌主持，景德镇陶瓷大学党委书记李良智、景德镇市委副书记吴隽出席开幕式并致辞，中国科学院院士、中国科学技术协会名誉主席韩启德以视频形式线上致辞。韩启德院士回顾了联席会成立的初衷——互通建设经验、共叙袍泽之谊，实现学科共同体多维融合与共同发展；肯定了近年来学科建设取得的重大进展，也提到学科当前面临的一些考验，强调学科体系和师资队伍建设、学术发展与社会服务之间的关系等问题仍是需要广泛关注的问题。他希望这次会议充分交流与讨论，发扬求真务实的精神，开动脑筋、相互启发、群策群力，为全国科学技术史学科点建设提供更多落地的好方案、好办法。

（略）

2. 经验交流

大会的第二项内容是各博硕士学科点就科教工作现状与特色做法等进行经验交流。全国30余家高校和科研机构的科学技术史学科点负责人分别从学科点发展历史与现状、师资队伍、人才培养、课程设置、科研成果、目标规划、社会服务等方面进行汇报。

近年来，清华大学设立了科学技术史本科专业，多所高校与院所设立本科辅修专业，以及大连海事大学新增成为科学技术史硕士学科点，为科学技术史学科的发展注入了新鲜活力。（1）在学科发展上，二级机构发展不断完善，多数学科点开始注重本科建设，清华大学开办辅修专业、北京大学开始打造具有北大特色的科学技术史本科生课程、内蒙古师范大学申请科学教育的本科专业，以及部分学科点设立博士后流动站，逐步形成本科、硕士、博士后流动站完整的教学体系；（2）在科研平台上，部分高校下设研究所、研究与保护中心，实现学科专业化培养，建设传统工艺与科技遗产等实验室，组建文献资料室、陈列室，充实仪器设备与购置图书资料，如中国科学院大学建成人文社科图书馆，内蒙古师范大学落地科学技术史博物馆，加强学科点的实体化建设。高校还通过创办国内国际期刊加强学术交流，获得国家自然与社科基金项目的学科点明显增多；（3）在人才培养上，各高校院系与研究所硕博招生规模有明显扩大，博士招生申请考核制逐渐普及，进一步完善了硕转博机制，部分院校还建立了拓展与帮扶毕业生就业的特色计划，如北京科技大学“访企拓岗计划”实现了毕业生百分之百就业率的可喜成绩；（4）在对外交流上，部分学科点通过建立国际学术组织、设立国家联合培养项目，加强与国外的交流合作，利用学科优势，与相关单位、地方企业开展大量合作；（5）在社会服务上，多个学科点依托学科优势与自身特色，将科学研究与地方服务相结合，如广西民族大学成立广西科普中心，举办广西科普论坛，内蒙古师范大学与景德镇陶瓷大学将学科与非遗结合，助力遗产保护与传统工艺振兴；（6）在师资队伍上，通过高质量人才引入，推动晋升渠道的通畅，发掘现有研究团队的潜力，形成比较合理与专业化的科研队伍。

（略）

3. 圆桌会议讨论

会议的第三项内容主要是围绕“科学技术史本科建设”“学科梯队建设与教师队伍组织、培养”“研究生培养制度”“科学技术史从业者的个人修养与社会责任”“学科与行业、地方发展”五个议题展开圆桌会议讨论。

“科学技术史本科建设”议题围绕本科专业建设面临的机遇与挑战及如何保持人才培养的连续性等提出以下思考。第一，本科的定位问题，本科生的教学课程体系如何设置？学科门类如何划分？杂糅式的培养是否对学生有利？第二，从学生角度考虑本科专业就业、投入产出的比例问题，来确定招生规模，权衡高端人才培养与学科体系完整度的侧重。第三，是否考虑通过设置第二学位或辅修专业，降低成本与难度，吸引优质生源？

在“学科梯队建设与教师队伍组织、培养”与“科学技术史从业者的个人修养与社会责任”议题中谈到，在教师队伍培养上，首先应该人尽其才、才尽其用，做到公平公正；同时应该关注青年教师成长，提升收入水平、给予优惠奖励政策，吸引和留住人才；扩大外围导师队伍，积极利用现有资源和平台，深入挖掘潜在的富矿；在招人难的情况下，做好博士后流动站工作及校内调节工作；积极推动建立人才共享机制，组建教学研讨会。

（略）

4. 闭幕式

在闭幕式环节，孙小淳为会议作总结致辞。孙小淳站在未来科学技术史学科发展的角度，提出了以下四点思考：（1）挖掘科学技术史学科的多重社会角色，更好地利用科学，将其作为文明连接的力量；（2）寻找中国古老文明与现代科学的连接点，彰显历史学科的研究价值；（3）实现科学技术史的动静转换，发挥教学科普在社会文明建设中的作用；（4）包容学科的不同研究视角，同心协力共建学科事业。

（略）

作为全国科学技术史学科承上启下、内部交流、对外传播的重要平台，联席会自首届会议举办以来，内容愈加丰富与深刻，举办规模逐渐扩大，务实精神进一步增强。本届联席会议在推动世界一流科学技术史学科建设，促进中国科学技术史学科在“十四五”期间高质量发展，加强各学科点交流沟通上起着重要作用。第五届全国高校科学技术史学科点联席会议将于2024年在天津师范大学召开。

（来源：《中国科技史杂志》2023年第44卷第2期）

【评析】

这是一则有关学术会议的研讨性纪要，同前面的例文不同的是，本文的主体部分除了记录会议的共识外，还增加了与会者对各自学术领域内研究的主要观点和看法等内容，体现了这类会议纪要的写作特点。

这篇会议纪要先介绍了此次会议召开的时间、地点、主办方、主题和背景，并简要概括了会议的大致内容，便于读者从整体上把握会议的基本情况。之后，本文按照会议的四项主要内容展开说明：第一项是会议的开幕式，相关领导总体介绍会议的开展情况；第二项是会议上开展的经验交流，主要是各科学技术史学科点负责人分别从各个方面进行汇报；第三项是圆桌会议讨论，主要是有关的专家学者围绕“科学技术史本科建设”“学科梯队建设与教师队伍组织、培养”“研究生培养制度”“科学技术史从业者的个人修养与社会责任”“学科与行业、地方发展”五个议题展开学术讨论；第四项是闭幕式，综括了此次会议的议题和所产生的影响和意义。

十二、请示的类型与写作

根据行文的目的和内容的不同，请示通常可分为事项性请示和政策性请示两种。

（一）事项性请示

事项性请示是下级机关请求上级机关审核批准某项工作或者开展某项工作时使用的上行公文。这种请示多用于机构设置、审定编制、人事任免、重要决定、重大决策、大型项目安排等事项。按规定这些事项本级机关无权决定，必须请示上级机关批准。

下级机关在工作中遇到人力、物力、财力等方面难于解决的事项，请求上级机关给予帮助、支持的请示，也属于事项性请示。

【例文 1-47】

四川省人民政府
关于我省遭受特大暴雨洪灾请求解决救灾资金物资的请示

国务院：

6 月 26 日至 27 日和 7 月 3 日至 4 日，受高原切变线和高空冷空气平流的共同影响，我省西南部先后出现区域性降雨天气过程，自贡、内江、乐山、成都、宜宾、德阳、泸州、绵阳、雅安、凉山、阿坝等 11 个市、地、州的 36 个县（市、区）遭受暴雨洪灾和山地灾害的袭击，给工农业生产和人民群众的生命财产带来严重损失。

一、灾情及损失情况

强降雨天气过程主要集中在自贡、德阳北部、成都东部、内江西部，即沱江中上游及其支流釜溪河、岷江中上游。其中：自贡市的自流井、贡井、大安、沿滩 4 个区 15 小时内降雨量达 300 毫米以上，自贡城区过程降雨量达 314. 8 毫米，15 小时降雨量达 301. 1 毫米，最大 6 小时降雨量达 177 毫米；内江市威远县庆卫镇 15 小时内降雨量达 340 毫米，均为当地有文字记载以来最大降雨量。

由于降雨来势猛、强度大，致使沱江、岷江以及沱江支流釜溪河、绵远河、石亭江、湔江和金沙江支流东河、西河等江河水位陡涨。釜溪河及支流威远河、旭水河出现了特大洪水，金沙江支流东河、西河出现了大洪水，绵远河、石亭江、湔江、岷江中游出现了超警戒水位和保证水位的洪水。暴雨造成多处山洪暴发和山地灾害。

特大暴雨洪灾给我省工农业生产和人民群众生命财产造成了严重损失。11 个市（地、州）的 36 个县（市、区）有 223 个乡（镇）、110 余万户、400 多万人受灾。其中：重灾 23 456 户、86 000 人；特重灾 12 317 户、44 341 人；农作物受灾面积 260 余万亩，成灾面积 120 余万亩，绝收面积 22 万多亩，损毁耕地 7 万余亩；损失粮食产量 25 亿公斤；冲走成鱼 482 万公斤，损失鱼苗 1. 4 亿尾；有 8 座小型水库出现险情，多座水库洪水翻坝；冲毁渠道13万处、356公里；冲毁堤防65公里；损坏护堤17.5公里；有36个场镇进水，紧急转移安置2.5万人；倒塌房屋2.4万间，损坏房屋16.3万间，5 000多人无家可归。全省有1 000多家大中小型企业被淹，造成停产或半停产，损失严重。多处公路、桥梁被淹，数百处塌方、滑坡或地基沉陷。洪水冲毁公路路基21 400平方米、85公里，冲毁桥梁13座，塌方4 198万立方米，断线倒杆156公里、4 897根。有10多万户国营、集体、个体商贸企业的库房、门市被淹，大批物资损失严重。城市供水、供电、供气等公用设施损失严重。

教育、卫生系统也不同程度受灾。全省有80多所中小学、24 600多名学生因灾被迫停课，损毁校舍建筑面积达24万多平方米，仅设备损失就达4 000多万元。据统计，暴雨洪涝灾害造成48人死亡，9人失踪，181人受伤，直接经济损失达1.38亿元。

二、抢险救灾工作

灾情发生后，各级党委、政府高度重视。省委、省政府及时向灾区发出慰问电，省委书记谢××、省长宋××、副省长张××等领导自始至终关注灾情，亲自过问、具体指示。副省长邹××、敬××分别率省委、省政府慰问团迅速赶赴重灾区慰问灾民，与当地党政领导共商抗洪救灾对策，指挥抢险救灾。省级有关部门急灾区之所急，派出10多个工作组到灾区，帮助解决具体问题。灾区各级党委、政府紧急行动，把抗洪抢险作为压倒一切的中心工作来抓，及时发布公告，紧急动员干部群众投入抗洪抢险。各级各部门的领导纷纷深入第一线，分片把关，科学指挥；人民解放军指战员、武警官兵、公安干警闻灾而动，不畏艰险，冲锋在前，舍生忘死，抢救被困人员和物资，充分发挥了攻坚作用；广大共产党员、共青团员、机关干部在抗洪抢险救灾中充分发挥了先锋模范作用；防汛、气象、水文、救灾等部门通力协作、密切配合，为领导正确决策、科学指挥起到了关键作用。目前，灾区人心稳定，社会安定，秩序良好，恢复生产和重建家园等救灾工作正在紧张有序地进行。

三、请求解决的问题

我省是一个灾多、灾重的大省，今年以来各种自然灾害已给全省造成几十亿元的直接经济损失，我省已将年初预算的救灾资金全部安排完，连续特大暴雨洪涝灾害又给灾区造成了巨大损失，本来就很薄弱的省财力实难解决灾民的急需。为此，特恳请国务院和国家有关部门安排给我省特大自然灾害救济补助费2 000万元，特大防汛经费2 000万元，农业生产救灾资金600万元，水毁公路抢修资金800万元，教育救灾资金500万元，监狱救灾资金100万元，灾后防病治病资金及消毒灭菌经费500万元，工业生产救灾资金800万元，工业企业恢复生产贷款2亿元，救灾化肥1万标吨，救灾柴油1万吨，以帮助灾区恢复生产、重建家园，夺取抗灾救灾的全面胜利。

特此请示，盼复。

四川省人民政府

××××年×月×日

【评析】

从本请示的写法和结构看，开头部分先概述灾害发生的时间、范围和总的损失情况，为下文的具体表述打下了基础。

主体分三部分，第一部分介绍灾情和所遭受的损失。用因果联系的方法详细说明所受灾情的面积和范围，重点突出灾情的严重性，然后自然谈到所造成的损失。灾害和损失情况，均借助翔实的数据予以说明，或从重到轻，或从轻到重，最后总括出“暴雨洪涝灾害造成48人死亡，9人失踪，181人受伤，直接经济损失1.38亿元”这样的结论。这部分充分体现了请示的理由，为第三部分请求事项的提出奠定了坚实基础。

第二部分表述灾情发生后的抢救工作。从省委、省政府到各级地方政府有领导、有组织，有安排和部署开展救灾，体现对这项工作的高度重视和及时救援。

第三部分是由前两段内容自然得出的要求。先是延伸到该省是一个灾多、灾重的省份，又说明原有的救灾资金已经使用完毕，所以才向国务院提出请求帮助的要求，数字的列出不是一个简单的综合，而是根据受灾情况提出了不同方面的援助请求，这样就体现了请求的援助资金和设备是符合实际的，是应该得到解决的。

为了表明请示的必要性和真实性，需要对所发生的事项进行必要的说明和汇报，只有这样才能使所写的请示具有内容的连续性和可行性。所以在提出请求解决经费之前，先说明灾情、所受损失和抢险救灾工作，这两段内容是不能缺少的，而且采用这种分段形式也有利于对所反映问题的全面认识，符合事件发生的自然规律，在最后提出所需要解决的经费才水到渠成。

【例文 1-48】

松原市生态环境局
关于乾安县省级空气自动监测站（乾采空气站）搬迁的请示

松环发〔2022〕155 号

吉林省生态环境厅：

我市乾安县“乾采空气站”省级空气自动监测站建于 2017 年，位于原乾安采油厂南区丰泽中学东侧，东经 124°02′33″纬度 45°00′20″。环境空气自动监测常规六项指标：PM2.5、PM10、二氧化硫、二氧化氮、一氧化碳、臭氧。

2021 年 11 月，乾安县发展和改革局对乾安县中医医院异地新建项目可行性研究报告做出批复（乾发改审批字〔2021〕56 号），乾采空气站所在地块准备建设乾安县中医医院，目前已经拆迁完毕，已做完环评、规划等相关审批手续，即将进入的施工阶段，所以空气自动站需迁址。乾安县政府初步拟定新址为乾安县丽水文化公园西侧，位于原站点西南方 861 米左右，丽水公园点位如若可以作为城市站点，五年内不再调整。松原市生态环境局乾安县分局根据《环境空气质量监测点位布设技术规范》（试行）（HJ 664-2013）等相关标准，委托第三方机构于 2022 年 06 月 30 日至 2022 年 07 月 14 日对拟定点位开展比对监测。同时乾安分局按照《国家环境空气质量监测网城市站调整工作规程》要求编制了《乾安县环境空气质量自动监测站点位调整选址技术报告》。我局同意该空气自动站搬迁至丽水花园西侧，并按照程序将申请文件和技术报告呈报给省厅。

妥否，请批示。

附件：（略）

松原市生态环境局

2022 年 8 月 1 日

（来源：松原市人民政府网站）

【评析】

该请示首先介绍了“乾采空气站”的基本情况。其次，在正文的第二段主要说明了“乾采空气站”搬迁的原因、拟搬迁的地址、已进行的工作和未来的规划，即充分阐述了请示的事件和请示理由。最后以“妥否，请批示”结尾，结构规整，信息全面。

（二）政策性请示

下级机关在工作中对某一方针、政策不明确、不理解，或者遇到新问题和新情况难以开展工作时，可用请示行文并提出解决的意见，请求上级机关给予明确的解释和指示。

【例文 1-49】

××省物价局关于对××省人民政府
××××年发布的两个《通告》有关问题的请示

省政府：

去年，治理“三乱”期间，省政府分别于20××年×月××日、×月××日在《××日报》上发布了《××省人民政府关于废止部分收费、罚款、集资项目的通告》《××省人民政府关于废止和停止部分收费、罚款项目的通告》。《通告》停止了省交通运输厅×交计字〔1989〕1号文中规定的“双排座小货车载客养路费”（待国家有关规定正式下达后，再按规定审批程序，另行报批），依据《通告》，××市各级物价部门对本市、县公路管理段、站进行检查。发现各段、站对《通告》明令禁止的“双排座小货车载客养路费”一直没有停收。对待检查，被查单位态度消极，拒不承认错误，拒绝签字盖章。对查出的这类问题物价部门进行了处理。但是，各公路管理段、站不服处罚，经复议后，龙口、莱州、牟平、海阳等公路管理段提起诉讼，除××县法院未受理外其余均已受理。××市人民法院并于××××年11月12日公开进行了审理，判决物价检查部门败诉。

法院审理认为：××公路管理站对客货两用汽车（注：物价部门查的是双排座小货车）按核定载重吨位计征养路费的行为，符合20××年国家发布的行政规章所规定的原则，并符合《××省行政事业性收费管理条例》；

××省交通运输厅〔1989〕1号文实属是一个执行性解释，省政府《通告》没有说明从什么时间执行，也未标明不另行文，此《通告》不属于行政性规章。所以认定物价检查部门依据《通告》进行查处法律依据不足，适用法律不当。

我们认为，法院这一判决实际上否定了省政府的两个《通告》，为此，现就有关问题请示如下：

一、两个《通告》是否因没有注明“不另行文”和执行日期，有关部门就可以拒绝执行。如必须执行，应明确执行日期。

二、省交通运输厅×交计字〔1989〕1号文件中规定“双排座小货车载客养路费”被《通告》停止执行，是否具有法规效力？

此请示请早日答复。

××省物价局（印章）

二〇××年×月×日

【评析】

本请示属于政策性请示，发文单位为省物价局。请示理由为：该局依据省政府的相关《通告》规定，“停止了省交通运输厅×交计字〔1989〕1号文中规定的‘双排座小货车载客养路费’”；所属单位按照《通告》内容进行检查时与当地交通管理部门的矛盾纠纷和法院的处理结果。文中重点谈到了法院的判决依据，并由此引出《通告》与交通部门和省政府的以前文件的冲突。理由表述按时间顺序，清晰概述了省政府两个通告发布后的执行困难。因其表达得充分有力，为请示事项的提出做了很好的说明。

请示的两点事项，都是针对《通告》的内容，所以并列提出。这种请示的内容不是要求上级解决具体的困难，而是请求上级给予明确的解释，所以使用了疑问句的形式，这是请示的另一种表现方式，应注意借鉴使用。

十三、命令的类型和写法

命令适用于依照有关法律公布行政法规和规章，宣布施行重大强制性行政措施，嘉奖有关单位及人员。与此相适应，命令分为公布令、行政令、任免令和奖惩令。

（一）公布令

公布令也叫颁布令、发布令，是用于公布重要法规和规章的公文。

【例文 1-50】

中华人民共和国主席令

第十一号

《全国人民代表大会常务委员会关于修改〈中华人民共和国民事诉讼法〉的决定》已由中华人民共和国第十四届全国人民代表大会常务委员会第五次会议于 2023 年 9 月 1 日通过，现予公布，自 2024 年 1 月 1 日起施行。

中华人民共和国主席　习近平

2023 年 9 月 1 日

（来源：中国政府网）

【评析】

这是一篇公布令。公布令以命令为载体发布有关法规。命令与法规合为一体，法规已成为命令内容的组成部分紧随其后。正文之前，标题之下有令号。以领导人个人名义颁布的命令，其令号不按年度编号，而是从发令机关的领导人任职开始编流水号，顺序延至期满为止，下任另行编号。本例文标题醒目，正文采用段篇合一形式，包括公布对象、公布依据、公布决定、实施时间等内容，语言庄重，格式规范。

（二）行政令

该命令适合在宣布采取重大强制性行政措施时使用。

【例文 1-51】

××市人民政府关于切实做好森林防火工作的命令

各自治县、区人民政府，市政府有关委办局、直属机构：

为有效预防和控制森林火灾发生，确保全市森林资源和人民生命财产安全，根据《中华人民共和国森林法》《森林防火条例》等法律法规，市政府现就切实做好森林防火工作命令如下：

1. 明确森林防火期时限。每年10月1日至翌年5月31日为森林防火期。其中：每年4月1日至5月20日、10月1日至11月20日为森林防火戒严期；每年4月1日至4月7日、5月1日至5月10日为森林防火特别戒严期。

2. 落实森林防火各项责任。森林防火工作实行各级政府行政首长责任制。各级政府主要领导为森林防火工作第一负责人，分管领导为主要负责人，林业行政主管部门主要负责人为具体责任人。各级主要负责人要亲自部署森林防火工作。各级政府要明确森林防火工作目标，层层签订责任状，切实将森林防火责任落实到有关部门、单位和个人。（略）

3. 加强对森林防火工作的组织领导。各县（区）必须以对国家和人民生命财产高度负责的态度，从发展经济、稳定社会、保护生态环境的大局出发，高度重视全市的森林防火工作，真正把森林防火工作作为一项重点工作认真抓好抓实。（略）

4. 完善森林防火应急预案和响应机制。各县（区）要尽快制定和完善处置森林火灾应急预案，建立森林火灾分级响应机制。一旦发生森林火灾，要按照预案和响应机制快速反应，在最短时间内做到组织领导到位、技术指导到位、物资保障到位、扑火人员到位。（略）

5. 严格林区野外火源管理。各县（区）要按照国务院《森林防火条例》规定，严格野外用火管理。要组织开展好查处野外违规违法用火专项整治行动。在森林防火期内，因防治病虫鼠害、冻害、计划烧除等特殊情况确需野外用火的，应当经县级政府批准，并按照要求采取防火措施，严防失火。

（略）

××市人民政府

20××年×月××日

【评析】

行政令的正文一般由发布命令的缘由、命令事项两部分组成。缘由部分主要是说明发布此令的原因、目的和依据。本文的开头用简练的语言交代发布命令的缘由是“为有效预防和控制森林火灾发生，确保全市森林资源和人民生命财产安全”，又交代了依据的法律法规是《中华人民共和国森林法》《森林防火条例》，缘由和依据充分，使人信服。

在陈述缘由之后，该文用“命令如下”衔接下文，然后分五个方面来陈述具体事项，内容条理清晰，语气肯定，事项具体明确，便于执行。

（三）任免令

主要用于任免干部事宜。一般厅、局级以上干部才用任免令，地方干部的任免一般不用令，而用通知、决定。

【例文 1-52】

××省政府关于×××等同志任免令

××省人民政府20××年×月××日决定，任免下列工作人员：

任命：

刘××试任××省人民防空办公室副主任职务已于20××年×月期满，同意其按期正式任职；

石××为××省人民政府办公厅巡视员，免去其××省人民政府办公厅助理巡视员职务；

李××为××省科学技术厅助理巡视员；

苏××为××省建设厅总规划师（试用期一年），免去其××省建设厅助理巡视员职务；

刘××、周××为××省信息产业厅助理巡视员；

陈××为××省人民政府国有资产监督管理委员会巡视员，免去其××省人民政府国有资产监督管理委员会副主任职务；

杨××为××省粮食局副局长（试用期一年）；

樊××为××省金融证券工作领导小组办公室副主任（副地厅级，试用期一年）；

冯××为××省人民政府副秘书长、××省档案局（××省档案馆）局长（馆长）；

周××为××省地质矿产勘查开发局助理巡视员。

免去：

刘××的××省档案局（××省档案馆）局长（馆长）职务；

王××的××省发展和改革委员会助理巡视员职务，退休。

××省人民政府

二〇××年××月×日

【评析】

任免令的正文一般由命令根据和命令内容（包括姓名、职务、时间）组成，其结构比较简单。本文先说明命令根据“××省人民政府……决定”，然后说明任命部分干部，最后说明免去部分干部的现职。任职人员的姓名和所担任的职务清楚明白。

（四）奖惩令

包括嘉奖令和惩戒令两类。用于嘉奖有突出成就和重大贡献的单位及人员的称嘉奖令；用于惩戒犯有重大错误的单位及人员的称惩戒令。

【例文 1-53】

丽水市人民政府对丽水电业局的嘉奖令

各县（市、区）人民政府，市政府直属各单位：

今年 1 月中下旬以来，我市出现一场 50 年未遇的冰灾害天气，使我市电网遭受了历史上最为严重的灾害损害。面对严峻的灾情，我市电力部门和电力系统广大干部职工坚决贯彻市委、市政府关于全力做好电力抗灾抢险工作的重要指示，按照市委、市政府的统一部署，组织一切力量，采取有力措施，开展了艰苦卓绝的抗冰抢险保供电工作，充分发扬了电力职工特别能吃苦、特别能战斗、特别能奉献的精神，放弃春节休假，顶风冒雪，不畏艰险，无私奉献，日夜奋战在抗灾抢险第一线，取得了显著成效。截至目前，已先后恢复了全市 130 多个乡镇、2 700 多个行政村、4 500 余个自然村、42 万多用户的供电，切实把电网损失给群众生产生活带来的影响降至最低限度，为维护我市经济社会稳定做出了突出贡献。为表彰先进，激励全市上下全力以赴夺取抗灾救灾的全面胜利，市政府决定对丽水电业局予以嘉奖。

各地、各部门要认真学习丽水电业局及广大电力系统职工在抗灾抢险过程中展现出来的尽忠职守、不怕困难、敢于攻坚、勇于奉献的优良作风，进一步增强服务经济建设和社会发展的大局意识。希望丽水电业局再接再厉，乘势而上，全力以赴打好打赢这场抗灾保电攻坚战，为推进我市经济又好又快发展作出新的更大的贡献。

丽水市人民政府

2008 年 2 月 23 日

（来源：丽水市政府门户网站）

【评析】

嘉奖令一般由嘉奖的原因（包括事实、分析和评价），嘉奖的决定事项和希望、要求等三个部分组成。本例文的第一部分使用夹叙夹议写法介绍并评析“电力部门和电力系统广大干部职工”抗灾抢险的事迹。第一段结尾提出“市政府决定对丽水电业局予以嘉奖”的决定。最后部分，号召受文机关向电业局学习，同时也对电业局提出新的要求和希望。全文语言精练准确，结构完整，嘉奖的理由充分，令人信服。

第二章　规章制度文书写作基础理论与例文评析

第一节　规章制度文书写作的基础理论

建章立制是机关企事业单位实施和规范管理的基本手段。为了适应管理的需要，各级文秘人员必须努力把握规章制度的写作要领。

规章制度作为一种事务文书，具有很强的格式性。表面看，其内容单一，篇幅不长，似乎没有多少文采，不需要什么写作技巧。但要真正写好它，却并非轻而易举之事，它既涉及管理体制及领导者的指导思想问题，又涉及体式结构和文字表述等技术性问题。在规章制度的写作中，必须努力把握其写作特点，讲究内容体式的规范，坚持以下几点。

一、体现制发机关的权威性

规章制度属于机关事务文书，写作上没有法定公文那么严格的要求，执行时不具有法律文书的效力。但是就一个部门、一个单位来说，规章制度具有行政强制性。为了维护发文机关及其制发的规章制度的权威性，在起草时必须做到“三明确”。一要明确领导意图。规章制度是领导者管理思想的体现、管理意图的物化。因此，规章制度的写作不仅要有本部门本单位领导的安排或授权，而且必须深刻理解领导意图和上级或主管部门的意向、目的及要求，从而准确把握规章制度的要点和重点。如是，写出的规章制度才具有权威性和可用性。二要明确行文基调。写作前应深入了解该规章制度所针对的对象的现状，要解决哪些方面的问题，需要限制的范围及程度，需要把握的侧重点或表述尺度，形成一个清晰的写作思路。对于事关全局的规章制度，写作前尤其要做好调查研究，定好写作基调。三要明确制发背景。制度管理是一个连续的、系统的过程，任何部门与单位都不可能仅有一项或一个方面的规章制度。因此，起草前应弄清楚以前是否有过这方面的规定或要求。如果有的话，应分析是否需要修订，弄清是文字提法上的修改，还是内容方面的补充、增删；是基本维持原规定的精神，还是要推翻重写；原来的规章制度有什么优点，有什么不足；等等。有时，一种规章制度中会涉及好几个方面的内容，而对于同一个问题或情况的管理又可能涉及好几种不同的规章制度，这就需要从各方面考虑内容的制约和平衡，用好有关参考资料。这样定出的规章制度才会有连续性和可执行性，以免自相矛盾。

二、重视规章内容的可行性

规章制度的内容必须准确、规范，并具有可行性。

首先，内容要有针对性。内容是规章制度的内核和基础，除了必须真实准确之外，还应有明确的指向性。同样一种规章制度，在不同部门和单位里往往有不同的侧重点和不同的内容要求。如果其内容“千部一腔”，毫无自己的特色，那规章制度就可能成为“样子货”。只有从本单位的实际出发，写出能体现本单位特点、具有针对性的制度和规定，才会言之能行，行之有效。

其次，内容要有依据性。从某种意义上说，规章制度是法律法规和政策条文的下位延展，具有一定的强制性。因此，任何规章制度都必须有法律依据或政策依据，必须符合党和国家的政策、法令，不允许与之相抵触或违背。为了显示内容的严肃性，有的规章制度还应在文中写明批准和公布机关，写明规章制度生效的日期，以及本规章的修改权和解释权。

最后，内容要有协调性。为确保规章制度横向与纵向的可行性，写作时必须十分注意与同类规章制度的联系与协调。纵向关系的协调关键在下级。下级部门和单位制定的规章制度必须与上级部门的有关要求和谐一致。如规章制度从什么时间开始执行，各级有什么权限，衡量的标准是什么，等等。标准要统一，口径要一致，步调要协调，避免出现矛盾或混乱。横向关系指要注意同级部门之间的协调。面对同一个需要解决的问题或需要规范的对象，几个部门从各自不同的角度和需要出发，都制定了规章制度，但由于互不通气，结果出现矛盾，发生制度“打架”、规定“撞车”现象，使人们无所适从，甚至让一些人钻了空子，这样的规章制度不但不能发挥作用，反而制造事端，影响工作正常开展。

三、讲求体式结构的规范性

规章制度属于法规性文书，具有一定的约束力，因而其文字表述必须严谨、周密、规范。既要体现严肃性，又要考虑稳定性。在结构安排上也有自己特定的形式：通常采用分条式叙写的方法，这就要求对条文的先后顺序、内容主次进行精心设计，注意条与条、段与段之间的内在逻辑关系，做到层次分明，布局合理。比如，要起草一个“规定”，先要弄清规定的结构方式和基本写法。规定通常由标题、正文、落款三部分组成。其标题由发文机关、事由、文种组成。如《中共中央国务院关于进一步制止党政机关和党政干部经商办企业的规定》。也有的标题部分简化发文机关，其落款主要写制发规定的机关和制发日期。也有的规定将发文机关的日期写在标题之下，用圆括号括起来。规定的正文结构分三部分。开头部分一般写制发规定的依据和目的，规定的适用范围和主管部门等。主体部分写规定的具体事项。内容较简单的，用分条式写法一一说明；内容较复杂的，可用若干小标题分出大类，小标题下再用序码条目表示。结尾部分意尽而言止，通常只有一句要求性、程式性的话。明确了这些写作要点，就能够写出结构体式比较规范的文稿来。

四、注重定稿过程的完整性

规章制度的写作不同于一些公务文书的写作，它通常都要经过几上几下，多次反复认真的推敲、修改、酌定，或试验、实证。一些重要的规章制度在其形成过程中，往往先要制成讨论稿，发至有关部门、单位及有关同志，经过有关会议或有关部门的认真讨论、逐条审议修改后，方能定稿。有些规章制度即使在反复讨论审定后印发下去，也还须标注“试行”或“暂行”字样，经过一段时间的检验，在实施中不断地完善和修订。对于文秘写作人员来说，规章制度的反复推敲和修改定稿的过程，就是对管理对象和客观事物的认识逐步深化的过程，亦即由感性认识到理性认识，再由理性认识指导实践的一个认识循环过程。在此过程中，写作者要进行多次调查研究，其认识要经历两次“飞跃”。尤其是定稿后的调查研究，既是对文稿的反复推敲过程，也是认识的深化和升华过程。直至修改到不能增减移易一字，才能算是基本上完成了规章制度的写作任务。

第二节　例文评析

一、办法的类型与写作

办法是对某一项行政工作做比较具体的规定，包括实施办法和管理办法两种类型。

（一）实施办法

为实施法规文件而制发的通常叫实施办法。以实施对象作为成文主要依据，具有附属性，是对原件的一种具体化和地方化，或对原件整体上的实施提出措施办法，或对某些条文提出实行意见，或根据法规精神再结合实际提出地方化的措施。具体涉及三个方面的内容：

1. 实施法令，如《中华人民共和国××法实施办法》；

2. 实施条例，如《××省科学技术奖励办法》就是根据《国家科学技术奖励条例》而颁布实施的；

3. 实施规定，如《××省科学技术拨款管理办法》就是为实施《国务院关于科学技术拨款管理的暂行规定》而颁布的地方性规定。

【例文 2-1】

湖北省生产安全事故应急实施办法

第一章　总　则

第一条　为了规范生产安全事故应急工作，保障人民群众生命和财产安全，根据《中华人民共和国安全生产法》《中华人民共和国突发事件应对法》和《生产安全事故应急条例》等法律、法规，结合本省实际，制定本办法。

第二条　本办法适用于本省行政区域内的生产安全事故应急工作。

第三条　县级以上人民政府统一领导本行政区域内的生产安全事故应急工作。生产安全事故应急工作涉及两个以上行政区域的，由有关行政区域共同的上一级人民政府负责，或者由各有关行政区域的上一级人民政府共同负责。

县级以上人民政府应急管理部门和其他对有关行业、领域的安全生产工作实施监督管理的部门（以下统称负有安全生产监督管理职责的部门）在各自职责范围内，做好有关行业、领域的生产安全事故应急工作。

县级以上人民政府应急管理部门指导、协调本级人民政府其他负有安全生产监督管理职责的部门和下级人民政府的生产安全事故应急工作。

乡镇人民政府和街道办事处、开发区（园区、港区）管理机构等人民政府派出机关以及国有农（林）场等功能区，应当明确应急管理工作机构，配备与工作需要相适应的工作人员，协助上级人民政府有关部门依法履行生产安全事故应急工作职责。

村（居）民委员会应当协助乡镇人民政府、街道办事处开展生产安全事故应急宣传教育、信息报告等工作。

第四条　生产经营单位是本单位生产安全事故应急工作的责任主体，应当加强生产安全事故应急工作，建立、健全生产安全事故应急工作责任制。

生产经营单位的主要负责人是本单位生产安全事故应急工作第一责任人，对本单位的生产安全事故应急工作全面负责，履行法律、法规规定的工作职责。

生产经营单位设有安全总监的，安全总监应当协助主要负责人履行应急工作职责。生产经营单位分管应急工作的负责人或者安全管理机构负责人应当按照有关规定履行应急工作职责。

第二章　应急准备

第五条　县级以上人民政府及其负有安全生产监督管理职责的部门，乡镇人民政府和街道办事处、开发区（园区、港区）管理机构等人民政府的派出机关以及国有农（林）场等功能区，应当针对可能发生的生产安全事故的种类、特点和危害程度，进行风险辨识和评估，制定相应的生产安全事故应急救援预案，并依法向社会公布。

第六条　生产经营单位应当针对本单位可能发生的生产安全事故的种类、特点和危害程度，进行风险辨识和评估，制定相应的生产安全事故应急救援预案，并向本单位从业人员公布。

生产经营单位风险种类多、可能发生多种类型事故的，应当按照国家有关规定组织编制综合应急救援预案。

对于某一种或者多种类型的事故风险，生产经营单位可以按照国家有关规定编制相应的专项应急救援预案，或者将专项应急救援预案并入综合应急救援预案。

对于危险性较大的场所、装置或者设施，生产经营单位除编制综合应急救援预案或者专项应急救援预案外，还应当编制现场处置方案。事故风险单一、危险性小的生产经营单位，可以只编制现场处置方案。

第七条　应急救援预案的编制应当符合下列基本要求：

（一）有关法律、法规、规章和标准的规定；

（二）本地区、本部门、本单位的安全生产实际情况；

（三）本地区、本部门、本单位的危险性分析情况；

（四）有明确的应急组织体系、职责分工；

（五）有明确、具体的应急救援程序和处置措施，并与其应急能力相适应；

（六）有明确的应急保障措施，满足本地区、本部门、本单位的应急工作需要；

（七）应急救援预案基本要素齐全、完整，应急救援预案附件提供的信息准确；

（八）应急救援预案内容具有科学性、针对性和可操作性，与相关应急救援预案相互衔接。

应急救援预案出现法律、法规规定的应当修订的情形时，预案制定单位应当及时修订相关预案。

第八条　县级以上人民政府应急管理部门应当组织有关专家对本部门

编制的部门应急预案进行审定；必要时，可以召开听证会，听取社会有关方面的意见。

矿山、金属冶炼单位和易燃易爆物品、危险化学品的生产、经营、储存、运输单位，以及使用危险化学品达到国家规定数量的化工企业、烟花爆竹生产、批发经营企业和中型规模以上的其他生产经营单位，应当对本单位编制的应急救援预案进行评审，并形成书面评审纪要。

前款规定以外的其他生产经营单位可以根据自身需要，对本单位编制的应急救援预案进行论证。

应急救援预案的评审或者论证应当注重基本要素的完整性、组织体系的合理性、应急处置程序和措施的针对性、应急保障措施的可行性、应急预案的衔接性等内容。

第九条　县级以上人民政府应急管理部门应当将其制定的生产安全事故应急救援预案报送本级人民政府备案，同时抄送上一级人民政府应急管理部门，并通过门户网站、公告栏等方式依法向社会公布。

县级以上人民政府其他负有安全生产监督管理职责的部门应当将其制定的生产安全事故应急救援预案报送本级人民政府备案，同时抄送本级人民政府应急管理部门，并通过门户网站、公告栏等方式依法向社会公布。

第十条　易燃易爆物品、危险化学品等危险物品的生产、经营、储存、运输单位，矿山、金属冶炼、城市轨道交通运营、建筑施工单位，以及宾馆、商场、娱乐场所、旅游景区等人员密集场所经营单位，应当自本单位生产安全事故应急预案公布之日起20个工作日内，按照分级属地、行业管理原则报送县级以上人民政府负有安全生产监督管理职责的部门备案，并依法向社会公布。

第十一条　县级以上人民政府以及县级以上人民政府负有安全生产监督管理职责的部门，乡镇人民政府和街道办事处、开发区（园区、港区）管理机构等人民政府派出机关以及国有农（林）场等功能区，应当每年组织一次生产安全事故应急救援预案演练。

第十二条　本办法第十条规定的重点生产经营单位应当根据本单位的事故风险特点，至少每半年组织一次生产安全事故应急救援预案演练，并将演练情况报送所在地县级以上人民政府负有安全生产监督管理职责的部门。

本办法第十条规定以外的其他生产经营单位应当根据本单位的事故风险特点，至少每年组织一次综合应急预案演练或者专项应急预案演练，至少每半年组织一次现场处置方案演练。

县级以上人民政府负有安全生产监督管理职责的部门应当对本办法第十条规定的重点生产经营单位的生产安全事故应急救援预案演练进行抽查；发现演练不符合要求的，应当责令限期改正。

第十三条　县级以上人民政府应当加强对生产安全事故应急救援基地和应急救援队伍建设的统一规划、组织和指导，建立综合性消防救援队伍、专业应急救援队伍、社会应急救援队伍和志愿者参与的生产安全事故应急救援体系和应急协调联动机制，整合各类应急救援力量，实行本行政区域内和相邻地区应急救援资源共享。

县级以上人民政府应急管理部门应当统筹本行政区域内各类应急救援力量建设，指导有关部门、有关单位建立生产安全事故专业应急救援队伍，并对社会应急救援队伍给予业务指导。

第十四条　县级以上人民政府负有安全生产监督管理职责的部门应当根据本行政区域内生产安全事故应急工作需要，在化工、矿山、金属冶炼、交通运输、建筑施工等重点行业、领域单独建立或者依托有条件的生产经营单位、社会组织共同建立应急救援基地或者专业应急救援队伍。

乡镇人民政府和街道办事处、村（居）民委员会可以组织建立由成年志愿者组成的应急救援队伍。

鼓励和支持生产经营单位和其他社会力量建立提供社会化应急救援服务的应急救援队伍。志愿服务机构参与应急救援工作，县级以上人民政府应当给予补助。

第十五条　本办法第十条规定的重点生产经营单位应当按照国家有关规定建立应急救援队伍；其中，小型企业或者微型企业等规模较小的生产经营单位，可以不建立应急救援队伍，但应当指定兼职的应急救援人员，并且可以与邻近的应急救援队伍签订应急救援协议。

开发区（园区、港区）等产业聚集区域内的生产经营单位，可以联合建立应急救援队伍，开展联合培训、联合演练，提高协同应急救援的能力。

第十六条 应急救援队伍建立单位或者兼职应急救援人员所在单位应当组织应急救援人员进行培训，确保其具备本岗位自救互救和应急处置所需的知识和技能。应急救援人员经培训考试合格后，方可参加应急救援工作。

应急救援人员培训应当包括下列内容：

（一）安全生产管理、安全生产技术、安全生产专业等知识；

（二）应急救援预案及自救互救、疏散等应急处置方法；

（三）应急救援装备、个人防护设施和用品的使用和维护；

（四）典型事故和应急救援案例分析；

（五）应急救援模拟演训；

（六）需要培训其他内容。

生产经营单位应当对从业人员进行应急教育和培训，保证从业人员具备必要的应急知识，掌握风险防范技能和事故应急措施。

第十七条 县级以上人民政府及其有关部门、有关单位应当为专业应急救援人员购买人身意外伤害保险，配备必要的应急救援装备和物资，减少应急救援人员的人身风险。

第十八条 县级以上人民政府应急管理部门应当结合本行政区域内生产安全事故的特点，建立覆盖不同行业、领域的应急救援专家库，为生产安全事故施救、调查、评估、咨询等提供社会化服务。

第十九条 县级以上人民政府应当根据本行政区域内可能发生的生产安全事故的种类、特点和危害程度，储备必要的应急救援装备和物资，并及时更新和补充。

县级以上人民政府应急管理部门应当开展应急救援装备和物资的储备需求评估，组织编制应急救援装备和物资的储备规划，明确储备品种目录及标准，并根据应急救援需要统一调度应急救援装备和物资。

本办法第十条规定的重点生产经营单位应当根据本单位可能发生的生产安全事故的特点和危害，配备必要的灭火、排水、通风以及危险物品稀释、掩埋、收集等应急救援器材、设备和物资，并进行经常性维护、保养，保证正常运转。

第二十条　下列单位应当建立应急值班制度，配备应急值班人员：

（一）县级以上人民政府及其负有安全生产监督管理职责的部门；

（二）危险物品的生产、经营、储存、运输单位以及矿山、金属冶炼、城市轨道交通运营、建筑施工单位；

（三）应急救援队伍。

规模较大、危险性较高的易燃易爆物品、危险化学品等危险物品的生产、经营、储存、运输单位应当成立应急处置技术组，由本单位主要负责人、安全总监、分管应急工作的负责人及安全管理机构负责人带班，实行24小时应急值班。

第三章　应急救援

第二十一条　发生生产安全事故后，生产经营单位应当立即启动生产安全事故应急救援预案，按照国家有关规定采取下列一项或者多项应急救援措施：

（一）迅速控制危险源，组织抢救遇险人员；

（二）根据事故危害程度，组织现场人员撤离或者采取可能的应急措施后撤离；

（三）及时通知可能受到事故影响的单位和人员；

（四）采取必要措施，防止事故危害扩大和次生、衍生灾害发生；

（五）根据需要请求邻近的应急救援队伍参加救援，并向参加救援的应急救援队伍提供相关技术资料、信息和处置方法；

（六）维护事故现场秩序，保护事故现场和相关证据；

（七）法律、法规规定的其他应急救援措施。

生产经营单位负责人应当在一小时内向事故发生地的县级以上人民政府负有安全生产监督管理职责的部门报告事故情况。

第二十二条　县级以上人民政府及其有关部门接到生产安全事故报告后，应当按照国家有关规定上报事故情况，启动相应的生产安全事故应急救援预案，并按照应急救援预案的规定采取下列一项或者多项应急救援措施：

（一）组织抢救遇险人员，救治受伤人员，研判事故发展趋势以及可能造成的危害；

（二）通知可能受到事故影响的单位和人员，隔离事故现场，划定警戒区域，疏散受到威胁的人员，实施交通管制；

（三）采取必要措施，防止事故危害扩大和次生、衍生灾害发生，避免或者减少事故对环境造成的危害；

（四）依法发布调用和征用应急资源的决定；

（五）依法向应急救援队伍下达救援命令；

（六）维护事故现场秩序，组织安抚遇险人员和遇险遇难人员亲属；

（七）依法发布有关事故情况和应急救援工作的信息；

（八）法律、法规规定的其他应急救援措施。

有关人民政府不能有效控制生产安全事故的，应当及时向上级人民政府报告，提出应急支援需求。上级人民政府应当及时采取措施，统一指挥应急救援。

第二十三条　县级以上人民政府应急管理部门应当按照应急救援预案或者现场应急救援方案，统一协调指挥各类专业应急救援队伍参与生产安全事故应急救援。必要时，可以组织、协调综合性消防救援队伍或者社会应急救援队伍参与应急救援。

第二十四条　应急救援队伍接到有关人民政府及应急管理等部门的救援命令或者签有应急救援协议的生产经营单位的救援请求后，应当立即参加生产安全事故应急救援。

应急救援队伍根据救援命令参加生产安全事故应急救援所耗费用，由事故责任单位承担；事故责任单位无力承担的，由有关人民政府协调解决。有关单位垫付应急救援所耗费用的，可以依法向事故责任单位追偿。

第二十五条　发生生产安全事故后，有关人民政府认为有必要的，可以设立由本级人民政府及有关部门负责人、应急救援专家、应急救援队伍负责人、事故发生单位负责人及有关技术人员等组成的应急救援现场指挥部，并指定现场指挥部总指挥。

现场指挥部总指挥一般由组织生产安全事故应急救援的有关人民政府负责人或者应急管理部门负责人担任。

第二十六条　现场指挥部代表本级人民政府履行生产安全事故应急预

案处置工作职责，是事故现场应急处置的最高决策指挥机构。现场指挥部实行总指挥负责制，按照本级人民政府的授权组织制定并实施生产安全事故现场应急救援方案，协调、指挥有关单位和个人参加现场应急救援。

现场指挥部组织制定生产安全事故现场应急救援方案时，应当明确现场指挥部总指挥和各成员单位、人员参与救援的具体职责。现场指挥部可以设置相应的应急救援工作小组，并明确各小组的工作任务及主要负责人职责。

参加生产安全事故现场应急救援的单位和个人应当服从现场指挥部的统一指挥。

第二十七条　现场指挥部或者统一指挥应急救援的人民政府及其有关部门应当完整、准确地记录应急救援的重要事项，妥善保存相关原始资料和证据。

应急救援的重要事项主要包括：

（一）事故基本情况；

（二）先期处置情况及事故信息报告、接收、流转情况；

（三）救援命令下达时间、救援队伍到达事故现场时间；

（四）应急救援预案实施情况；

（五）现场应急救援方案制定及执行情况；

（六）应急救援重大决策事项、命令、会议纪要；

（七）应急救援队伍工作和应急物资保障情况；

（八）现场管理和信息发布情况；

（九）防控环境影响措施的执行情况；

（十）救援成效、经验和教训。

第二十八条　现场指挥部或者统一指挥应急救援的人民政府发现可能直接危及应急救援人员生命安全的紧急情况时，应当立即采取相应措施消除隐患，降低或者化解风险，必要时可以暂时撤离应急救援人员；符合继续施救条件时，经研究再行组织应急救援。

生产安全事故的威胁和危害得到控制或者消除后，有关人民政府应当决定停止执行依照法律、法规和本办法采取的全部或者部分应急救援措施。

第二十九条 按照国家有关规定成立的生产安全事故调查组应当对应急救援工作进行评估，并在事故调查报告中作出评估结论。必要时，事故调查组可以单独设立应急处置评估组，专门对事故发生单位和事故发生地人民政府的应急处置工作进行评估，并将应急处置评估内容纳入事故调查报告。

第三十条 对事故发生单位的评估应当包括下列内容：

（略）

第三十一条 对事故发生地人民政府及相关部门的评估应当包括下列内容：

（略）

第四章 法律责任

（略）

第五章 附 则

第三十六条 本办法自2021年2月1日起施行。

（来源：湖北省人民政府网站）

【评析】

该实施办法是结合湖北省实际制定的，本办法第一条就明确提出制定的根据："为了规范生产安全事故应急工作，保障人民群众生命和财产安全，根据《中华人民共和国安全生产法》《中华人民共和国突发事件应对法》和《生产安全事故应急条例》等法律、法规，结合本省实际，制定本办法。"

实施办法往往是对一项政策、法规的具体化、条文化，它介于条例、规定与细则之间，既具有条例、规定的原则性，又具有细则的具体性。如本办法的第十六条："应急救援人员培训应当包括下列内容：（一）安全生产管理、安全生产技术、安全生产专业等知识；（二）应急救援预案及自救互救、疏散等应急处置方法；（三）应急救援装备、个人防护设施和用品的使用和维护；（四）典型事故和应急救援案例分析；（五）应急救援模拟演训；（六）需要培训其他内容。"对应急救援人员的培训内容进行详细的说明，便于今后相关部门开展工作。

本办法的另一个显著特点是内容排列有序，提出的具体措施，由主到次，由直接到间接；语言准确、简洁、规范，通俗易懂，便于人们理解执行。

（二）管理办法

在一些工作管理实践中，尚无正式法规可遵照执行，又需要对现实问题提出解决方法，以适应目前要求时，有些部门或单位就根据管理权限制定出切实可行的办法，如《国家合同订购机电产品管理办法》《缔结条约管理办法》。

与实施办法相比，管理办法的内容一般单独行文，比较全面，就管理范围、管理原则、管理规范、管理责任、实施要求做出规定，而实施办法则着重对原件的诠释、说明，或结合实际进行补充。

【例文 2-2】

养老机构管理办法

第一章　总　则

第一条　为了规范对养老机构的管理，促进养老服务健康发展，根据《中华人民共和国老年人权益保障法》和有关法律、行政法规，制定本办法。

第二条　本办法所称养老机构是指依法办理登记，为老年人提供全日集中住宿和照料护理服务，床位数在10张以上的机构。

养老机构包括营利性养老机构和非营利性养老机构。

第三条　县级以上人民政府民政部门负责养老机构的指导、监督和管理。其他有关部门依照职责分工对养老机构实施监督。

第四条　养老机构应当按照建筑、消防、食品安全、医疗卫生、特种设备等法律、法规和强制性标准开展服务活动。

养老机构及其工作人员应当依法保障收住老年人的人身权、财产权等合法权益。

第五条 入住养老机构的老年人及其代理人应当遵守养老机构的规章制度，维护养老机构正常服务秩序。

第六条 政府投资兴办的养老机构在满足特困人员集中供养需求的前提下，优先保障经济困难的孤寡、失能、高龄、计划生育特殊家庭等老年人的服务需求。

政府投资兴办的养老机构，可以采取委托管理、租赁经营等方式，交由社会力量运营管理。

第七条 民政部门应当会同有关部门采取措施，鼓励、支持企业事业单位、社会组织或者个人兴办、运营养老机构。

鼓励自然人、法人或者其他组织依法为养老机构提供捐赠和志愿服务。

第八条 鼓励养老机构加入养老服务行业组织，加强行业自律和诚信建设，促进行业规范有序发展。

第二章 备案办理

第九条 设立营利性养老机构，应当在市场监督管理部门办理登记。设立非营利性养老机构，应当依法办理相应的登记。

养老机构登记后即可开展服务活动。

第十条 营利性养老机构办理备案，应当在收住老年人后10个工作日以内向服务场所所在地的县级人民政府民政部门提出。非营利性养老机构办理备案，应当在收住老年人后10个工作日以内向登记管理机关同级的人民政府民政部门提出。

第十一条 养老机构办理备案，应当向民政部门提交备案申请书、养老机构登记证书、符合本办法第四条要求的承诺书等材料，并对真实性负责。

备案申请书应当包括下列内容：

（一）养老机构基本情况，包括名称、住所、法定代表人或者主要负责人信息等；

（二）服务场所权属；

（三）养老床位数量；

（四）服务设施面积；

（五）联系人和联系方式。

民政部门应当加强信息化建设，逐步实现网上备案。

第十二条　民政部门收到养老机构备案材料后，对材料齐全的，应当出具备案回执；材料不齐全的，应当指导养老机构补正。

第十三条　已经备案的养老机构变更名称、法定代表人或者主要负责人等登记事项，或者变更服务场所权属、养老床位数量、服务设施面积等事项的，应当及时向原备案民政部门办理变更备案。

养老机构在原备案机关辖区内变更服务场所的，应当及时向原备案民政部门办理变更备案。营利性养老机构跨原备案机关辖区变更服务场所的，应当及时向变更后的服务场所所在地县级人民政府民政部门办理备案。

第十四条　民政部门应当通过政府网站、政务新媒体、办事大厅公示栏、服务窗口等途径向社会公开备案事项及流程、材料清单等信息。

民政部门应当依托全国一体化在线政务服务平台，推进登记管理机关、备案机关信息系统互联互通、数据共享。

第三章　服务规范

第十五条　养老机构应当建立入院评估制度，对老年人的身心状况进行评估，并根据评估结果确定照料护理等级。

老年人身心状况发生变化，需要变更照料护理等级的，养老机构应当重新进行评估。

养老机构确定或者变更老年人照料护理等级，应当经老年人或者其代理人同意。

第十六条　养老机构应当与老年人或者其代理人签订服务协议，明确当事人的权利和义务。

服务协议一般包括下列条款：

（一）养老机构的名称、住所、法定代表人或者主要负责人、联系方式；

（二）老年人或者其代理人和紧急联系人的姓名、住址、身份证明、联系方式；

（三）照料护理等级和服务内容、服务方式；

（四）收费标准和费用支付方式；

（五）服务期限和场所；

（六）协议变更、解除与终止的条件；

（七）暂停或者终止服务时老年人安置方式；

（八）违约责任和争议解决方式；

（九）当事人协商一致的其他内容。

第十七条 养老机构按照服务协议为老年人提供生活照料、康复护理、精神慰藉、文化娱乐等服务。

第十八条 养老机构应当为老年人提供饮食、起居、清洁、卫生等生活照料服务。

养老机构应当提供符合老年人住宿条件的居住用房，并配备适合老年人安全保护要求的设施、设备及用具，定期对老年人的活动场所和物品进行消毒和清洗。

养老机构提供的饮食应当符合食品安全要求、适宜老年人食用、有利于老年人营养平衡、符合民族风俗习惯。

第十九条 养老机构应当为老年人建立健康档案，开展日常保健知识宣传，做好疾病预防工作。养老机构在老年人突发危重疾病时，应当及时转送医疗机构救治并通知其紧急联系人。

养老机构可以通过设立医疗机构或者采取与周边医疗机构合作的方式，为老年人提供医疗服务。养老机构设立医疗机构的，应当按照医疗机构管理相关法律法规进行管理。

第二十条 养老机构发现老年人为传染病病人或者疑似传染病病人的，应当及时向附近的疾病预防控制机构或者医疗机构报告，配合实施卫生处理、隔离等预防控制措施。

养老机构发现老年人为疑似精神障碍患者的，应当依照精神卫生相关法律法规的规定处理。

第二十一条 养老机构应当根据需要为老年人提供情绪疏导、心理咨询、危机干预等精神慰藉服务。

第二十二条　养老机构应当开展适合老年人的文化、教育、体育、娱乐活动，丰富老年人的精神文化生活。

养老机构开展文化、教育、体育、娱乐活动时，应当为老年人提供必要的安全防护措施。

第二十三条　养老机构应当为老年人家庭成员看望或者问候老年人提供便利，为老年人联系家庭成员提供帮助。

第二十四条　鼓励养老机构运营社区养老服务设施，或者上门为居家老年人提供助餐、助浴、助洁等服务。

第四章　运营管理

第二十五条　养老机构应当按照国家有关规定建立健全安全、消防、食品、卫生、财务、档案管理等规章制度，制定服务标准和工作流程，并予以公开。

第二十六条　养老机构应当配备与服务和运营相适应的工作人员，并依法与其签订聘用合同或者劳动合同，定期开展职业道德教育和业务培训。

养老机构中从事医疗、康复、消防等服务的人员，应当具备相应的职业资格。

养老机构应当加强对养老护理人员的职业技能培训，建立健全体现职业技能等级等因素的薪酬制度。

第二十七条　养老机构应当依照其登记类型、经营性质、运营方式、设施设备条件、管理水平、服务质量、照料护理等级等因素合理确定服务项目的收费标准，并遵守国家和地方政府价格管理有关规定。

养老机构应当在醒目位置公示各类服务项目收费标准和收费依据，接受社会监督。

第二十八条　养老机构应当实行24小时值班，做好老年人安全保障工作。

养老机构应当在各出入口、接待大厅、值班室、楼道、食堂等公共场所安装视频监控设施，并妥善保管视频监控记录。

第二十九条　养老机构内设食堂的，应当取得市场监督管理部门颁发的食品经营许可证，严格遵守相关法律、法规和食品安全标准，执行原料控制、餐具饮具清洗消毒、食品留样等制度，并依法开展食堂食品安全自查。

养老机构从供餐单位订餐的，应当从取得食品生产经营许可的供餐单位订购，并按照要求对订购的食品进行查验。

第三十条　养老机构应当依法履行消防安全职责，健全消防安全管理制度，实行消防工作责任制，配置消防设施、器材并定期检测、维修，开展日常防火巡查、检查，定期组织灭火和应急疏散消防安全培训。

养老机构的法定代表人或者主要负责人对本单位消防安全工作全面负责，属于消防安全重点单位的养老机构应当确定消防安全管理人，负责组织实施本单位消防安全管理工作，并报告当地消防救援机构。

第三十一条　养老机构应当依法制定自然灾害、事故灾难、公共卫生事件、社会安全事件等突发事件应急预案，在场所内配备报警装置和必要的应急救援设备、设施，定期开展突发事件应急演练。

突发事件发生后，养老机构应当立即启动应急预案，采取防止危害扩大的必要处置措施，同时根据突发事件应对管理职责分工向有关部门和民政部门报告。

第三十二条　养老机构应当建立老年人信息档案，收集和妥善保管服务协议等相关资料。档案的保管期限不少于服务协议期满后五年。

养老机构及其工作人员应当保护老年人的个人信息和隐私。

第三十三条　养老机构应当按照国家有关规定接受、使用捐赠、资助。

鼓励养老机构为社会工作者、志愿者在机构内开展服务提供便利。

第三十四条　鼓励养老机构投保责任保险，降低机构运营风险。

第三十五条　养老机构因变更或者终止等原因暂停、终止服务的，应当在合理期限内提前书面通知老年人或者其代理人，并书面告知民政部门。

老年人需要安置的，养老机构应当根据服务协议约定与老年人或者其代理人协商确定安置事宜。民政部门应当为养老机构妥善安置老年人提供帮助。

养老机构终止服务后，应当依法清算并办理注销登记。

第五章　监督检查

（略）

第六章　法律责任

（略）

第七章　附　则

第四十八条　国家对农村五保供养服务机构的管理有特别规定的，依照其规定办理。

第四十九条　本办法自2020年11月1日起施行。2013年6月28日民政部发布的《养老机构管理办法》同时废止。

（来源：中华人民共和国民政部网站）

【评析】

本办法是民政部就养老机构的管理工作制定的规范性办法。该办法制定前，已有2013年民政部发布的《养老机构管理办法》，在该办法施行时，2013年发布的《养老机构管理办法》同时废止。

该办法在写作上最大的特点是采用章条式的写法，分七章全面阐述了民政部对该项工作管理的具体要求。在第一章的开头，首先点明该办法制定的目的和法律依据："为了规范对养老机构的管理，促进养老服务健康发展，根据《中华人民共和国老年人权益保障法》和有关法律、行政法规，制定本办法。"其他的六章分别从"备案办理""服务规范""运营管理""监督检查""法律责任""附则"等方面较完整地、详细地提出了养老机构的具体管理方法。条文、内容详细具体，侧重于对有关管理要求、办法的说明解释，对某项工作的做法、措施、步骤、程序、标准一一做出说明，可操作性强。

二、规定的种类与写作

规定兼有法规和规章的双重性质，即有些属于法规，有些属于规章。

判断标准有两个：其一，是否符合立法的程序；其二，制发机关是否具有制发法规的权力。规定的制发灵便，规范对象可大可小，时效可长可短。

规定分为政策性规定和管理性规定两种。

（一）政策性规定

针对比较重大的行政工作制发，具有法律效力，制发程序严格，制发机关受限制，如《国务院关于在线政务服务的若干规定》。

【例文2-3】

企业名称登记管理规定

第一条　为了规范企业名称登记管理，保护企业的合法权益，维护社会经济秩序，优化营商环境，制定本规定。

第二条　县级以上人民政府市场监督管理部门（以下统称企业登记机关）负责中国境内设立企业的企业名称登记管理。

国务院市场监督管理部门主管全国企业名称登记管理工作，负责制定企业名称登记管理的具体规范。

省、自治区、直辖市人民政府市场监督管理部门负责建立本行政区域统一的企业名称申报系统和企业名称数据库，并向社会开放。

第三条　企业登记机关应当不断提升企业名称登记管理规范化、便利化水平，为企业和群众提供高效、便捷的服务。

第四条　企业只能登记一个企业名称，企业名称受法律保护。

第五条　企业名称应当使用规范汉字。民族自治地方的企业名称可以同时使用本民族自治地方通用的民族文字。

第六条　企业名称由行政区划名称、字号、行业或者经营特点、组织形式组成。跨省、自治区、直辖市经营的企业，其名称可以不含行政区划名称；跨行业综合经营的企业，其名称可以不含行业或者经营特点。

第七条　企业名称中的行政区划名称应当是企业所在地的县级以上地方行政区划名称。市辖区名称在企业名称中使用时应当同时冠以其所属的设区的市的行政区划名称。开发区、垦区等区域名称在企业名称中使用时应当与行政区划名称连用，不得单独使用。

第八条　企业名称中的字号应当由两个以上汉字组成。

县级以上地方行政区划名称、行业或者经营特点不得作为字号，另有含义的除外。

第九条　企业名称中的行业或者经营特点应当根据企业的主营业务和国民经济行业分类标准标明。国民经济行业分类标准中没有规定的，可以参照行业习惯或者专业文献等表述。

第十条　企业应当根据其组织结构或者责任形式，依法在企业名称中标明组织形式。

第十一条　企业名称不得有下列情形：

（一）损害国家尊严或者利益；

（二）损害社会公共利益或者妨碍社会公共秩序；

（三）使用或者变相使用政党、党政军机关、群团组织名称及其简称、特定称谓和部队番号；

（四）使用外国国家（地区）、国际组织名称及其通用简称、特定称谓；

（五）含有淫秽、色情、赌博、迷信、恐怖、暴力的内容；

（六）含有民族、种族、宗教、性别歧视的内容；

（七）违背公序良俗或者可能有其他不良影响；

（八）可能使公众受骗或者产生误解；

（九）法律、行政法规以及国家规定禁止的其他情形。

第十二条　企业名称冠以“中国”、“中华”、“中央”、“全国”、“国家”等字词，应当按照有关规定从严审核，并报国务院批准。国务院市场监督管理部门负责制定具体管理办法。

企业名称中间含有“中国”、“中华”、“全国”、“国家”等字词的，该字词应当是行业限定语。

使用外国投资者字号的外商独资或者控股的外商投资企业，企业名称中可以含有“（中国）”字样。

第十三条　企业分支机构名称应当冠以其所从属企业的名称，并缀以“分公司”、“分厂”、“分店”等字词。境外企业分支机构还应当在名称中标明该企业的国籍及责任形式。

第十四条 企业集团名称应当与控股企业名称的行政区划名称、字号、行业或者经营特点一致。控股企业可以在其名称的组织形式之前使用“集团”或者“（集团）”字样。

第十五条 有投资关系或者经过授权的企业，其名称中可以含有另一个企业的名称或者其他法人、非法人组织的名称。

第十六条 企业名称由申请人自主申报。

申请人可以通过企业名称申报系统或者在企业登记机关服务窗口提交有关信息和材料，对拟定的企业名称进行查询、比对和筛选，选取符合本规定要求的企业名称。

申请人提交的信息和材料应当真实、准确、完整，并承诺因其企业名称与他人企业名称近似侵犯他人合法权益的，依法承担法律责任。

第十七条 在同一企业登记机关，申请人拟定的企业名称中的字号不得与下列同行业或者不使用行业、经营特点表述的企业名称中的字号相同：

（一）已经登记或者在保留期内的企业名称，有投资关系的除外；

（二）已经注销或者变更登记未满1年的原企业名称，有投资关系或者受让企业名称的除外；

（三）被撤销设立登记或者被撤销变更登记未满1年的原企业名称，有投资关系的除外。

第十八条 企业登记机关对通过企业名称申报系统提交完成的企业名称予以保留，保留期为2个月。设立企业依法应当报经批准或者企业经营范围中有在登记前须经批准的项目的，保留期为1年。

申请人应当在保留期届满前办理企业登记。

第十九条 企业名称转让或者授权他人使用的，相关企业应当依法通过国家企业信用信息公示系统向社会公示。

第二十条 企业登记机关在办理企业登记时，发现企业名称不符合本规定的，不予登记并书面说明理由。

企业登记机关发现已经登记的企业名称不符合本规定的，应当及时纠正。其他单位或者个人认为已经登记的企业名称不符合本规定的，可以请求企业登记机关予以纠正。

第二十一条　企业认为其他企业名称侵犯本企业名称合法权益的，可以向人民法院起诉或者请求为涉嫌侵权企业办理登记的企业登记机关处理。

企业登记机关受理申请后，可以进行调解；调解不成的，企业登记机关应当自受理之日起3个月内作出行政裁决。

第二十二条　利用企业名称实施不正当竞争等行为的，依照有关法律、行政法规的规定处理。

第二十三条　使用企业名称应当遵守法律法规，诚实守信，不得损害他人合法权益。

人民法院或者企业登记机关依法认定企业名称应当停止使用的，企业应当自收到人民法院生效的法律文书或者企业登记机关的处理决定之日起30日内办理企业名称变更登记。名称变更前，由企业登记机关以统一社会信用代码代替其名称。企业逾期未办理变更登记的，企业登记机关将其列入经营异常名录；完成变更登记后，企业登记机关将其移出经营异常名录。

第二十四条　申请人登记或者使用企业名称违反本规定的，依照企业登记相关法律、行政法规的规定予以处罚。

企业登记机关对不符合本规定的企业名称予以登记，或者对符合本规定的企业名称不予登记的，对直接负责的主管人员和其他直接责任人员，依法给予行政处分。

第二十五条　农民专业合作社和个体工商户的名称登记管理，参照本规定执行。

第二十六条　本规定自2021年3月1日起施行。

（来源：《知识产权法律法规司法解释全编》，人民法院出版社2023年版）

【评析】

该例文属于政策性规定，就企业名称登记管理这一具体工作进行规范。其写作特点首先是内容针对性强，针对现实生活中企业名称登记的实际情况，每一条每一项都有的放矢，清楚明白地说明解决问题的要求和措施。如“第十三条　企业分支机构名称应当冠以其所从属企业的名称，并缀以‘分公司’、‘分厂’、‘分店’等字词。境外企业分支机构还应当在名称中标明该企业的国籍及责任形式”，该条项对企业分支机构、境外企业分支机构的名称形式做出了明确的规定，表述得具体详细，便于执行。

本规定写作的第二个特点是，其条文排序主次分明。本规定先对企业名称登记管理工作的意义、管理单位、管辖范围等进行规定，明确了工作的总体要求，然后就具体的执行与操作进行规定。

第三个特点就是使用说明性语言写作。规定表达的主要内容是人们在某些领域的行为规范，即：应该做什么，不应该做什么，应该怎么办，不应该怎么办等，这些都需要用准确的语言进行说明。如第二十一条规定“企业登记机关受理申请后，可以进行调解；调解不成的，企业登记机关应当自受理之日起 3 个月内作出行政裁决”。这里采用的是说明的表达方式，有较为具体的时间范围和处理方式，明确具体，便于实际工作中执行。

（二）管理性规定

这类规定主要是对某一事项或活动的管理，提出规范性的要求和办法，从而保证有关工作、活动的正常进行，有效开展。如《东莞市外地政府驻莞办事机构管理规定》。

【例文 2-4】

××市公安局电脑使用管理规定

遵照上级指示精神，为加强机关办公设施现代化建设，我局于近期给各科（室）和局领导配备了电脑，并建立了本局网站网页。为加强局机关办公信息系统管理，保证电脑设备安全、快捷、准确运行，以充分发挥其作用和功能，现结合实际，制定本规定：

一、各科室的电脑及附属设备由所在科室负责管理，主要用于科室建立资料档案，查找信息资料，提高办公（事）效率；同时，组织员工学习科技、业务知识，了解和掌握国际、国内时事政策，以不断提高队伍自身素质。

二、科室配备的电脑设备，实行科长负责制。机关工作人员要加强电脑知识的学习，按规范要求正确操作使用，注意电脑设备的保养和维护，严防病毒侵入，保证正常运转；严禁非本局人员擅自使用，人为造成设备损坏，除追究当事人和科室负责人的责任外，其维修费用从科室办公经费中核减。

三、本局网络信息输入操作员，应加强责任心，所有输入信息必须经局领导审核批准后，按有关规定正确操作，信息载体必须安全有效。输入电脑的加密信息和资料，属本局机密，未经批准，本局工作人员不得向任何人提供、泄露。输入信息由办公专人提供操作。各科室日常工作资料应指定专人负责收集、整理，实行微机管理。

四、工作时间不得利用电脑设备玩游戏、看电影、听音乐和浏览与工作无关的网页，更不得浏览黄色网页，一经发现严肃处理。

五、不得将来历不明的软件装入机器运行，防止染上“病毒”。发现机器故障及时报告，不得擅自进行维护，防止造成损失。电脑设备维修应由局办公室组织进行。

六、加强本局电脑设备的集中统一管理。未经办公室同意、局长批准，任何科室不得自行调换、拆卸、处理电脑及附属设备。设备的配备、更新、维修和报废都须按程序报批，办公室按固定资产登记造册。

七、凡违反上述规定，将视情节给予批评教育、警告和扣除个人年终考核奖的处理，情节严重者给予党纪政纪处分。

八、本规定自20××年×月××日起执行。

20××年×月×日

【评析】

本规定针对的对象单一——电脑管理，前言部分说明了发文缘由、背景，意在强调问题的重要性。第一、第二、第三条是受文对象，从三个层面提出总的要求，既是正面的要求，也是原则性要求。第四、第五条是从反面提出的要求，主要体现在使用了“禁止”“不得”等否定性判断词语。第六条是通过强调办公室的职能说明了它对本单位的电脑设备具有统一管理的作用。第七条提出了违反规定的处罚办法，实际上是对上述几个方面在约束上的要求。最后是执行日期。这样的表达顺序符合阅读者思维发展方式，而且语言简洁、通畅、严谨，句式结构一致，条理清晰，是一篇有价值的小短文。

规定中的“规”是对应办事项提出原则要求的条文；“定”是提出体

现原则要求的具体标准或措施的条文。本规定第四条“工作时间不得利用电脑设备玩游戏、看电影、听音乐和浏览与工作无关的网页，更不得浏览黄色网页，一经发现严肃处理”就是“规”，第七条“凡违反上述规定，将视情节给予批评教育、警告和扣除个人年终考核奖的处理，情节严重者给予党纪政纪处分”这部分内容属于“定”的范畴。

三、条例的类型与写作

条例是高层领导机关制发的全面、系统地规范某一方面工作或特定人员行为的法规性公文。

条例的制发权限受到严格限制：在党政机关，只有国家权力机关才可制发条例；在国家行政机关，只有国务院或经国务院批准后国务院主管部门才能发布。国务院各部门和地方人民政府制定的规章不得称“条例”，只能称“规定”“办法”等。

条例与规定、办法都属于法规性文件，但与规定比，条例更为全面、系统，与办法比，条例更为原则、凝练。条例的适用范围广泛、作用时间长久，是同类文件中规格最高、权威性最强的一种。条例的正文有固定的格式，一般采用分条列款的方式组织和表达，通常是篇下分章、章下分条、条下分款，便于查找，便于引用。

条例按内容性质来分，可分为规范性条例和立法性条例两大类型。

（一）规范性条例

该类条例规定机关、单位、团体的组织、职能、工作活动和人员行为，如《总会计师条例》《全民所有制工业企业厂长工作条例》。该类条例是专为某一方面的工作、活动的原则、规定、政策界限而制发的。

【例文 2-5】

教师资格条例

第一章　总　则

第一条　为了提高教师素质，加强教师队伍建设，依据《中华人民共和国教师法》（以下简称教师法），制定本条例。

第二条　中国公民在各级各类学校和其他教育机构中专门从事教育教学工作，应当依法取得教师资格。

第三条　国务院教育行政部门主管全国教师资格工作。

第二章　教师资格分类与适用

第四条　教师资格分为：

（一）幼儿园教师资格；

（二）小学教师资格；

（三）初级中学教师和初级职业学校文化课、专业课教师资格（以下统称初级中学教师资格）；

（四）高级中学教师资格；

（五）中等专业学校、技工学校、职业高级中学文化课、专业课教师资格（以下统称中等职业学校教师资格）；

（六）中等专业学校、技工学校、职业高级中学实习指导教师资格（以下统称中等职业学校实习指导教师资格）；

（七）高等学校教师资格。

成人教育的教师资格，按照成人教育的层次，依照上款规定确定类别。

第五条　取得教师资格的公民，可以在本级及其以下等级的各类学校和其他教育机构担任教师；但是，取得中等职业学校实习指导教师资格的公民只能在中等专业学校、技工学校、职业高级中学或者初级职业学校担任实习指导教师。

高级中学教师资格与中等职业学校教师资格相互通用。

第三章　教师资格条件

第六条　教师资格条件依照教师法第十条第二款的规定执行，其中“有教育教学能力”应当包括符合国家规定的从事教育教学工作的身体条件。

第七条　取得教师资格应当具备的相应学历，依照教师法第十一条的规定执行。

取得中等职业学校实习指导教师资格，应当具备国务院教育行政部门规定的学历，并应当具有相当于助理工程师以上专业技术职务或者中级以上工人技术等级。

第四章　教师资格考试

第八条　不具备教师法规定的教师资格学历的公民，申请获得教师资格，应当通过国家举办的或者认可的教师资格考试。

第九条　教师资格考试科目、标准和考试大纲由国务院教育行政部门审定。

教师资格考试试卷的编制、考务工作和考试成绩证明的发放，属于幼儿园、小学、初级中学、高级中学、中等职业学校教师资格考试和中等职业学校实习指导教师资格考试的，由县级以上人民政府教育行政部门组织实施；属于高等学校教师资格考试的，由国务院教育行政部门或者省、自治区、直辖市人民政府教育行政部门委托的高等学校组织实施。

第十条　幼儿园、小学、初级中学、高级中学、中等职业学校的教师资格考试和中等职业学校实习指导教师资格考试，每年进行一次。

参加前款所列教师资格考试，考试科目全部及格的，发给教师资格考试合格证明；当年考试不及格的科目，可以在下一年度补考；经补考仍有一门或者一门以上科目不及格的，应当重新参加全部考试科目的考试。

第十一条　高等学校教师资格考试根据需要举行。

申请参加高等学校教师资格考试的，应当学有专长，并有两名相关专业的教授或者副教授推荐。

第五章　教师资格认定

第十二条　具备教师法规定的学历或者经教师资格考试合格的公民，可以依照本条例的规定申请认定其教师资格。

第十三条　幼儿园、小学和初级中学教师资格，由申请人户籍所在地或者申请人任教学校所在地的县级人民政府教育行政部门认定。高级中学教师资格，由申请人户籍所在地或者申请人任教学校所在地的县级人民政府教育行政部门审查后，报上一级教育行政部门认定。中等职业学校教师资格和中等职业学校实习指导教师资格，由申请人户籍所在地或者申请人任教学校所在地的县级人民政府教育行政部门审查后，报上一级教育行政部门认定或者组织有关部门认定。

受国务院教育行政部门或者省、自治区、直辖市人民政府教育行政部门委托的高等学校，负责认定在本校任职的人员和拟聘人员的高等学校教师资格。

在未受国务院教育行政部门或者省、自治区、直辖市人民政府教育行政部门委托的高等学校任职的人员和拟聘人员的高等学校教师资格，按照学校行政隶属关系，由国务院教育行政部门认定或者由学校所在地的省、自治区、直辖市人民政府教育行政部门认定。

第十四条　认定教师资格，应当由本人提出申请。

教育行政部门和受委托的高等学校每年春季、秋季各受理一次教师资格认定申请。具体受理期限由教育行政部门或者受委托的高等学校规定，并以适当形式公布。申请人应当在规定的受理期限内提出申请。

第十五条　申请认定教师资格，应当提交教师资格认定申请表和下列证明或者材料：

（一）身份证明；

（二）学历证书或者教师资格考试合格证明；

（三）教育行政部门或者受委托的高等学校指定的医院出具的体格检查证明；

（四）户籍所在地的街道办事处、乡人民政府或者工作单位、所毕业的学校对其思想品德、有无犯罪记录等方面情况的鉴定及证明材料。

申请人提交的证明或者材料不全的，教育行政部门或者受委托的高等学校应当及时通知申请人于受理期限终止前补齐。

教师资格认定申请表由国务院教育行政部门统一格式。

第十六条　教育行政部门或者受委托的高等学校在接到公民的教师资格认定申请后，应当对申请人的条件进行审查；对符合认定条件的，应当在受理期限终止之日起30日内颁发相应的教师资格证书；对不符合认定条件的，应当在受理期限终止之日起30日内将认定结论通知本人。

非师范院校毕业或者教师资格考试合格的公民申请认定幼儿园、小学或者其他教师资格的，应当进行面试和试讲，考察其教育教学能力；根据实际情况和需要，教育行政部门或者受委托的高等学校可以要求申请人补修教育学、心理学等课程。

教师资格证书在全国范围内适用。教师资格证书由国务院教育行政部门统一印制。

第十七条　已取得教师资格的公民拟取得更高等级学校或者其他教育机构教师资格的，应当通过相应的教师资格考试或者取得教师法规定的相应学历，并依照本章规定，经认定合格后，由教育行政部门或者受委托的高等学校颁发相应的教师资格证书。

第六章　罚　则

第十八条　依照教师法第十四条的规定丧失教师资格的，不能重新取得教师资格，其教师资格证书由县级以上人民政府教育行政部门收缴。

第十九条　有下列情形之一的，由县级以上人民政府教育行政部门撤销其教师资格：

（一）弄虚作假、骗取教师资格的；

（二）品行不良、侮辱学生，影响恶劣的。

被撤销教师资格的，自撤销之日起五年内不得重新申请认定教师资格，其教师资格证书由县级以上人民政府教育行政部门收缴。

第二十条　参加教师资格考试有作弊行为的，其考试成绩作废，三年内不得再次参加教师资格考试。

第二十一条　教师资格考试命题人员和其他有关人员违反保密规定，造成试题、参考答案及评分标准泄露的，依法追究法律责任。

第二十二条　在教师资格认定工作中玩忽职守、徇私舞弊，对教师资格认定工作造成损失的，由教育行政部门依法给予行政处分；构成犯罪的，依法追究刑事责任。

第七章　附　则

第二十三条　本条例自发布之日起施行。

（来源：国家法律法规数据库）

【评析】

本条例就从事教师职业的资格要求进行了规范。

总则部分说明制定本条例的目的、依据和适用范围及主管部门，结尾只说明了施行日期。

第二章至第六章为本条例的主体，内容包括教师资格分类与适用、教师资格条件、教师资格考试、教师资格认定和罚则等内容。因为是根据教师法制定的，所以在主体中引用了教师法中的一些条款，但是没有明确提出，因为重点是认定资格。

第二章为教师资格分类，在本章中，将教师分为不同的七类，并对不同的资格适用进行了说明。第三章说明资格认定的条件，部分引用了教师法的条文内容，强化了本条例的权威性。第四章是教师资格考试，这是取得教师资格的唯一途径，与上一章紧密相关。第五章是本文的重点，具体说明通过何种程序和方式来实现教师资格认定。本章内容丰富，表述详细，体现了标题的要求。罚则则进一步补充和完善了违反上述章节规定的行为应受到的处罚。

该文的写作结构属于章条统排法。将正文分为相对独立又密切关联的若干章、条，每章加上标示该章主旨的小标题，显得醒目。这种方法比较常见，适用于内容复杂的条例。

（二）立法性条例

该类条例明确规定国家政治、经济、军事、文化、科技等有关事项办理的原则要求，对某一政策、法律、法规的补充性说明或辅助性规定，是调整国家政治、经济、军事、文化和科技等某一方面的规范和准则的重要手段，是某一政策或法律、法规的具体化、条理化，是规范某些领域内人们工作、生活的准则和指针。

【例文 2-6】

社会保险经办条例

第一章　总　则

第一条　为了规范社会保险经办，优化社会保险服务，保障社会保险基金安全，维护用人单位和个人的合法权益，促进社会公平，根据《中华人民共和国社会保险法》，制定本条例。

第二条　经办基本养老保险、基本医疗保险、工伤保险、失业保险、生育保险等国家规定的社会保险，适用本条例。

第三条　社会保险经办工作坚持中国共产党的领导，坚持以人民为中心，遵循合法、便民、及时、公开、安全的原则。

第四条　国务院人力资源社会保障行政部门主管全国基本养老保险、工伤保险、失业保险等社会保险经办工作。国务院医疗保障行政部门主管全国基本医疗保险、生育保险等社会保险经办工作。

县级以上地方人民政府人力资源社会保障行政部门按照统筹层次主管基本养老保险、工伤保险、失业保险等社会保险经办工作。县级以上地方人民政府医疗保障行政部门按照统筹层次主管基本医疗保险、生育保险等社会保险经办工作。

第五条　国务院人力资源社会保障行政部门、医疗保障行政部门以及其他有关部门按照各自职责，密切配合、相互协作，共同做好社会保险经办工作。

县级以上地方人民政府应当加强对本行政区域社会保险经办工作的领导，加强社会保险经办能力建设，为社会保险经办工作提供保障。

第二章　社会保险登记和关系转移

第六条　用人单位在登记管理机关办理登记时同步办理社会保险登记。

个人申请办理社会保险登记，以公民身份号码作为社会保障号码，取得社会保障卡和医保电子凭证。社会保险经办机构应当自收到申请之日起10个工作日内办理完毕。

第七条　社会保障卡是个人参加基本养老保险、基本医疗保险、工伤保险、失业保险、生育保险等社会保险和享受各项社会保险待遇的凭证，包括实体社会保障卡和电子社会保障卡。

医保电子凭证是个人参加基本医疗保险、生育保险等社会保险和享受基本医疗保险、生育保险等社会保险待遇的凭证。

第八条　登记管理机关应当将用人单位设立、变更、注销登记的信息与社会保险经办机构共享，公安、民政、卫生健康、司法行政等部门应当将个人的出生、死亡以及户口登记、迁移、注销等信息与社会保险经办机构共享。

第九条　用人单位的性质、银行账户、用工等参保信息发生变化，以及个人参保信息发生变化的，用人单位和个人应当及时告知社会保险经办机构。社会保险经办机构应当对用人单位和个人提供的参保信息与共享信息进行比对核实。

第十条　用人单位和个人申请变更、注销社会保险登记，社会保险经办机构应当自收到申请之日起10个工作日内办理完毕。用人单位注销社会保险登记的，应当先结清欠缴的社会保险费、滞纳金、罚款。

第十一条　社会保险经办机构应当及时、完整、准确记录下列信息：

（一）社会保险登记情况；

（二）社会保险费缴纳情况；

（三）社会保险待遇享受情况；

（四）个人账户情况；

（五）与社会保险经办相关的其他情况。

第十二条　参加职工基本养老保险的个人跨统筹地区就业，其职工基本养老保险关系随同转移。

参加职工基本养老保险的个人在机关事业单位与企业等不同性质用人单位之间流动就业，其职工基本养老保险关系随同转移。

参加城乡居民基本养老保险且未享受待遇的个人跨统筹地区迁移户籍，其城乡居民基本养老保险关系可以随同转移。

第十三条　参加职工基本医疗保险的个人跨统筹地区就业，其职工基本医疗保险关系随同转移。

参加城乡居民基本医疗保险的个人跨统筹地区迁移户籍或者变动经常居住地，其城乡居民基本医疗保险关系可以按照规定随同转移。

职工基本医疗保险与城乡居民基本医疗保险之间的关系转移，按照规定执行。

第十四条　参加失业保险的个人跨统筹地区就业，其失业保险关系随同转移。

第十五条 参加工伤保险、生育保险的个人跨统筹地区就业，在新就业地参加工伤保险、生育保险。

第十六条 用人单位和个人办理社会保险关系转移接续手续的，社会保险经办机构应当在规定时限内办理完毕，并将结果告知用人单位和个人，或者提供办理情况查询服务。

第十七条 军事机关和社会保险经办机构，按照各自职责办理军人保险与社会保险关系转移接续手续。

社会保险经办机构应当为军人保险与社会保险关系转移接续手续办理优先提供服务。

第三章 社会保险待遇核定和支付

第十八条 用人单位和个人应当按照国家规定，向社会保险经办机构提出领取基本养老金的申请。社会保险经办机构应当自收到申请之日起20个工作日内办理完毕。

第十九条 参加职工基本养老保险的个人死亡或者失业人员在领取失业保险金期间死亡，其遗属可以依法向社会保险经办机构申领丧葬补助金和抚恤金。社会保险经办机构应当及时核实有关情况，按照规定核定并发放丧葬补助金和抚恤金。

第二十条 个人医疗费用、生育医疗费用中应当由基本医疗保险（含生育保险）基金支付的部分，由社会保险经办机构审核后与医疗机构、药品经营单位直接结算。

因特殊情况个人申请手工报销，应当向社会保险经办机构提供医疗机构、药品经营单位的收费票据、费用清单、诊断证明、病历资料。社会保险经办机构应当对收费票据、费用清单、诊断证明、病历资料进行审核，并自收到申请之日起30个工作日内办理完毕。

参加生育保险的个人申领生育津贴，应当向社会保险经办机构提供病历资料。社会保险经办机构应当对病历资料进行审核，并自收到申请之日起10个工作日内办理完毕。

第二十一条 工伤职工及其用人单位依法申请劳动能力鉴定、辅助器具配置确认、停工留薪期延长确认、工伤旧伤复发确认，应当向社会保险经办机构提供诊断证明、病历资料。

第二十二条　个人治疗工伤的医疗费用、康复费用、安装配置辅助器具费用中应当由工伤保险基金支付的部分，由社会保险经办机构审核后与医疗机构、辅助器具配置机构直接结算。

因特殊情况用人单位或者个人申请手工报销，应当向社会保险经办机构提供医疗机构、辅助器具配置机构的收费票据、费用清单、诊断证明、病历资料。社会保险经办机构应当对收费票据、费用清单、诊断证明、病历资料进行审核，并自收到申请之日起20个工作日内办理完毕。

第二十三条　人力资源社会保障行政部门、医疗保障行政部门应当按照各自职责建立健全异地就医医疗费用结算制度。社会保险经办机构应当做好异地就医医疗费用结算工作。

第二十四条　个人申领失业保险金，社会保险经办机构应当自收到申请之日起10个工作日内办理完毕。

个人在领取失业保险金期间，社会保险经办机构应当从失业保险基金中支付其应当缴纳的基本医疗保险（含生育保险）费。

个人申领职业培训等补贴，应当提供职业资格证书或者职业技能等级证书。社会保险经办机构应当对职业资格证书或者职业技能等级证书进行审核，并自收到申请之日起10个工作日内办理完毕。

第二十五条　个人出现国家规定的停止享受社会保险待遇的情形，用人单位、待遇享受人员或者其亲属应当自相关情形发生之日起20个工作日内告知社会保险经办机构。社会保险经办机构核实后应当停止发放相应的社会保险待遇。

第二十六条　社会保险经办机构应当通过信息比对、自助认证等方式，核验社会保险待遇享受资格。通过信息比对、自助认证等方式无法确认社会保险待遇享受资格的，社会保险经办机构可以委托用人单位或者第三方机构进行核实。

对涉嫌丧失社会保险待遇享受资格后继续享受待遇的，社会保险经办机构应当调查核实。经调查确认不符合社会保险待遇享受资格的，停止发放待遇。

第四章 社会保险经办服务和管理

（略）

第五章 社会保险经办监督

（略）

第六章 法律责任

第五十三条 社会保险经办机构及其工作人员有下列行为之一的，由人力资源社会保障行政部门、医疗保障行政部门按照各自职责责令改正；给社会保险基金、用人单位或者个人造成损失的，依法承担赔偿责任；对负有责任的领导人员和直接责任人员依法给予处分：

（一）未履行社会保险法定职责的；

（二）违反规定要求提供证明材料的；

（三）克扣或者拒不按时支付社会保险待遇的；

（四）丢失或者篡改缴费记录、享受社会保险待遇记录等社会保险数据、个人权益记录的；

（五）违反社会保险经办内部控制制度的。

第五十四条 人力资源社会保障行政部门、医疗保障行政部门、社会保险经办机构及其工作人员泄露用人单位和个人信息的，对负有责任的领导人员和直接责任人员依法给予处分；给用人单位或者个人造成损失的，依法承担赔偿责任。

第五十五条 以欺诈、伪造证明材料或者其他手段骗取社会保险基金支出的，由人力资源社会保障行政部门、医疗保障行政部门按照各自职责责令退回，处骗取金额2倍以上5倍以下的罚款；属于定点医药机构的，责令其暂停相关责任部门6个月以上1年以下涉及社会保险基金使用的社会保险服务，直至由社会保险经办机构解除服务协议；属于其他社会保险服务机构的，由社会保险经办机构解除服务协议。对负有责任的领导人员和直接责任人员，有执业资格的，由有关主管部门依法吊销其执业资格。

第五十六条 隐匿、转移、侵占、挪用社会保险基金或者违规投资运营的，由人力资源社会保障行政部门、医疗保障行政部门、财政部门、审计机关按照各自职责责令追回；有违法所得的，没收违法所得；对负有责任的领导人员和直接责任人员依法给予处分。

第五十七条　社会保险服务机构拒绝人力资源社会保障行政部门、医疗保障行政部门监督检查或者谎报、瞒报有关情况的，由人力资源社会保障行政部门、医疗保障行政部门按照各自职责责令改正，并可以约谈有关负责人；拒不改正的，处1万元以上5万元以下的罚款。

第五十八条　公职人员在社会保险经办工作中滥用职权、玩忽职守、徇私舞弊的，依法给予处分。

第五十九条　违反本条例规定，构成违反治安管理行为的，依法给予治安管理处罚；构成犯罪的，依法追究刑事责任。

第七章　附　则

第六十条　本条例所称社会保险经办机构，是指人力资源社会保障行政部门所属的经办基本养老保险、工伤保险、失业保险等社会保险的机构和医疗保障行政部门所属的经办基本医疗保险、生育保险等社会保险的机构。

第六十一条　本条例所称社会保险服务机构，是指与社会保险经办机构签订服务协议，提供社会保险服务的医疗机构、药品经营单位、辅助器具配置机构、失业保险委托培训机构等机构。

第六十二条　社会保障卡加载金融功能，有条件的地方可以扩大社会保障卡的应用范围，提升民生服务效能。医保电子凭证可以根据需要，加载相关服务功能。

第六十三条　本条例自2023年12月1日起施行。

（来源：中国政府网）

【评析】

本条例的结构安排，充分体现了条例写作的“先原则后措施、先主要后次要、先普遍后特殊、先直接后间接、先正面后反面”的总体要求。总则部分阐明了制定、发布本条例的目的、意义、依据及适用范围。“分则”第二、第三、第四、第五、第六章由并列的若干条款构成，既有原则性的规范和要求，又有具体的约束措施；既有正面的规定条文，又有反面说明的设例。

这里应特别注意的是，条例的写作应包括“条”和“例”两部分。“条”是从正面规定正确的行为规范和禁止的行为规范；“例”是从反面规定如果违反了正面“条”的规定应该如何处理的条文。该条例的第二、第三、第四、第五章是属于“条”的范畴，规定了社会保险经办的具体办法和要求。第六章“法律责任”则明确了对违反相关规定的行为的具体处罚办法。

四、细则的类型和写作

细则也称实施细则，是为有效地实施某项法律、法规和规章，由制定有关法律、法规和规章的行政机关做出的权威性解释、明细的标准和措施。细则多是主体法律、法规、规章的从属性文件。

根据细则的内容，可以分为全面实施细则和部分实施细则两大类。

（一）全面实施细则

全面实施细则对主体法律、法规、规章涉及的基本内容进行解释和说明，弥补法律、法规、规章条文原则性强而操作性弱的不足，便于执行部门贯彻执行。

【例文 2-7】

中华人民共和国计量法实施细则

第一章　总　则

第一条　根据《中华人民共和国计量法》的规定，制定本细则。

第二条　国家实行法定计量单位制度。法定计量单位的名称、符号按照国务院关于在我国统一实行法定计量单位的有关规定执行。

第三条　国家有计划地发展计量事业，用现代计量技术装备各级计量检定机构，为社会主义现代化建设服务，为工农业生产、国防建设、科学实验、国内外贸易以及人民的健康、安全提供计量保证，维护国家和人民的利益。

第二章 计量基准器具和计量标准器具

第四条 计量基准器具（简称计量基准，下同）的使用必须具备下列条件：

（一）经国家鉴定合格；

（二）具有正常工作所需要的环境条件；

（三）具有称职的保存、维护、使用人员；

（四）具有完善的管理制度。

符合上述条件的，经国务院计量行政部门审批并颁发计量基准证书后，方可使用。

第五条 非经国务院计量行政部门批准，任何单位和个人不得拆卸、改装计量基准，或者自行中断其计量检定工作。

第六条 计量基准的量值应当与国际上的量值保持一致。国务院计量行政部门有权废除技术水平落后或者工作状况不适应需要的计量基准。

第七条 计量标准器具（简称计量标准，下同）的使用，必须具备下列条件：

（一）经计量检定合格；

（二）具有正常工作所需要的环境条件；

（三）具有称职的保存、维护、使用人员；

（四）具有完善的管理制度。

第八条 社会公用计量标准对社会上实施计量监督具有公证作用。县级以上地方人民政府计量行政部门建立的本行政区域内最高等级的社会公用计量标准，须向上一级人民政府计量行政部门申请考核；其他等级的，由当地人民政府计量行政部门主持考核。

经考核符合本细则第七条规定条件并取得考核合格证的，由当地县级以上人民政府计量行政部门审批颁发社会公用计量标准证书后，方可使用。

第九条 国务院有关主管部门和省、自治区、直辖市人民政府有关主管部门建立的本部门各项最高计量标准，经同级人民政府计量行政部门考核，符合本细则第七条规定条件并取得考核合格证的，由有关主管部门批准使用。

第十条 企业、事业单位建立本单位各项最高计量标准，须向与其主管部门同级的人民政府计量行政部门申请考核。乡镇企业向当地县级人民政府计量行政部门申请考核。经考核符合本细则第七条规定条件并取得考核合格证的，企业、事业单位方可使用，并向其主管部门备案。

第三章 计量检定

第十一条 使用实行强制检定的计量标准的单位和个人，应当向主持考核该项计量标准的有关人民政府计量行政部门申请周期检定。

使用实行强制检定的工作计量器具的单位和个人，应当向当地县(市)级人民政府计量行政部门指定的计量检定机构申请周期检定。当地不能检定的，向上一级人民政府计量行政部门指定的计量检定机构申请周期检定。

第十二条 企业、事业单位应当配备与生产、科研、经营管理相适应的计量检测设施，制定具体的检定管理办法和规章制度，规定本单位管理的计量器具明细目录及相应的检定周期，保证使用的非强制检定的计量器具定期检定。

第十三条 计量检定工作应当符合经济合理、就地就近的原则，不受行政区划和部门管辖的限制。

第四章 计量器具的制造和修理

第十四条 制造、修理计量器具的企业、事业单位和个体工商户须在固定的场所从事经营，具有符合国家规定的生产设施、检验条件、技术人员等，并满足安全要求。

第十五条 凡制造在全国范围内从未生产过的计量器具新产品，必须经过定型鉴定。定型鉴定合格后，应当履行型式批准手续，颁发证书。在全国范围内已经定型，而本单位未生产过的计量器具新产品，应当进行样机试验。样机试验合格后，发给合格证书。凡未经型式批准或者未取得样机试验合格证书的计量器具，不准生产。

第十六条　计量器具新产品定型鉴定，由国务院计量行政部门授权的技术机构进行；样机试验由所在地方的省级人民政府计量行政部门授权的技术机构进行。

计量器具新产品的型式，由当地省级人民政府计量行政部门批准。省级人民政府计量行政部门批准的型式，经国务院计量行政部门审核同意后，作为全国通用型式。

第十七条　申请计量器具新产品定型鉴定和样机试验的单位，应当提供新产品样机及有关技术文件、资料。

负责计量器具新产品定型鉴定和样机试验的单位，对申请单位提供的样机和技术文件、资料必须保密。

第十八条　对企业、事业单位制造、修理计量器具的质量，各有关主管部门应当加强管理，县级以上人民政府计量行政部门有权进行监督检查，包括抽检和监督试验。凡无产品合格印、证，或者经检定不合格的计量器具，不准出厂。

第五章　计量器具的销售和使用

第十九条　外商在中国销售计量器具，须比照本细则第十五条的规定向国务院计量行政部门申请型式批准。

第二十条　县级以上地方人民政府计量行政部门对当地销售的计量器具实施监督检查。凡没有产品合格印、证标志的计量器具不得销售。

第二十一条　任何单位和个人不得经营销售残次计量器具零配件，不得使用残次零配件组装和修理计量器具。

第二十二条　任何单位和个人不准在工作岗位上使用无检定合格印、证或者超过检定周期以及经检定不合格的计量器具。在教学示范中使用计量器具不受此限。

第六章　计量监督

第二十三条　国务院计量行政部门和县级以上地方人民政府计量行政部门监督和贯彻实施计量法律、法规的职责是：

（一）贯彻执行国家计量工作的方针、政策和规章制度，推行国家法定计量单位；

（二）制定和协调计量事业的发展规划，建立计量基准和社会公用计量标准，组织量值传递；

（三）对制造、修理、销售、使用计量器具实施监督；

（四）进行计量认证，组织仲裁检定，调解计量纠纷；

（五）监督检查计量法律、法规的实施情况，对违反计量法律、法规的行为，按照本细则的有关规定进行处理。

第二十四条　县级以上人民政府计量行政部门的计量管理人员，负责执行计量监督、管理任务；计量监督员负责在规定的区域、场所巡回检查，并可根据不同情况在规定的权限内对违反计量法律、法规的行为，进行现场处理，执行行政处罚。

计量监督员必须经考核合格后，由县级以上人民政府计量行政部门任命并颁发监督员证件。

第二十五条　县级以上人民政府计量行政部门依法设置的计量检定机构，为国家法定计量检定机构。其职责是：负责研究建立计量基准、社会公用计量标准，进行量值传递，执行强制检定和法律规定的其他检定、测试任务，起草技术规范，为实施计量监督提供技术保证，并承办有关计量监督工作。

第二十六条　国家法定计量检定机构的计量检定人员，必须经考核合格。

计量检定人员的技术职务系列，由国务院计量行政部门会同有关主管部门制定。

第二十七条　县级以上人民政府计量行政部门可以根据需要，采取以下形式授权其他单位的计量检定机构和技术机构，在规定的范围内执行强制检定和其他检定、测试任务：

（一）授权专业性或区域性计量检定机构，作为法定计量检定机构；

（二）授权建立社会公用计量标准；

（三）授权某一部门或某一单位的计量检定机构，对其内部使用的强制检定计量器具执行强制检定；

（四）授权有关技术机构，承担法律规定的其他检定、测试任务。

第二十八条　根据本细则第二十七条规定被授权的单位，应当遵守下列规定：

（一）被授权单位执行检定、测试任务的人员，必须经考核合格；

（二）被授权单位的相应计量标准，必须接受计量基准或者社会公用计量标准的检定；

（三）被授权单位承担授权的检定、测试工作，须接受授权单位的监督；

（四）被授权单位成为计量纠纷中当事人一方时，在双方协商不能自行解决的情况下，由县级以上有关人民政府计量行政部门进行调解和仲裁检定。

第七章　产品质量检验机构的计量认证

第二十九条　为社会提供公证数据的产品质量检验机构，必须经省级以上人民政府计量行政部门计量认证。

第三十条　产品质量检验机构计量认证的内容：

（一）计量检定、测试设备的性能；

（二）计量检定、测试设备的工作环境和人员的操作技能；

（三）保证量值统一、准确的措施及检测数据公正可靠的管理制度。

第三十一条　产品质量检验机构提出计量认证申请后，省级以上人民政府计量行政部门应指定所属的计量检定机构或者被授权的技术机构按照本细则第三十条规定的内容进行考核。考核合格后，由接受申请的省级以上人民政府计量行政部门发给计量认证合格证书。产品质量检验机构自愿签署告知承诺书并按要求提交材料的，按照告知承诺相关程序办理。未取得计量认证合格证书的，不得开展产品质量检验工作。

第三十二条　省级以上人民政府计量行政部门有权对计量认证合格的产品质量检验机构，按照本细则第三十条规定的内容进行监督检查。

第三十三条　已经取得计量认证合格证书的产品质量检验机构，需新增检验项目时，应按照本细则有关规定，申请单项计量认证。

第八章　计量调解和仲裁检定

第三十四条　县级以上人民政府计量行政部门负责计量纠纷的调解和

仲裁检定，并可根据司法机关、合同管理机关、涉外仲裁机关或者其他单位的委托，指定有关计量检定机构进行仲裁检定。

第三十五条　在调解、仲裁及案件审理过程中，任何一方当事人均不得改变与计量纠纷有关的计量器具的技术状态。

第三十六条　计量纠纷当事人对仲裁检定不服的，可以在接到仲裁检定通知书之日起15日内向上一级人民政府计量行政部门申诉。上一级人民政府计量行政部门进行的仲裁检定为终局仲裁检定。

第九章　费　用

第三十七条　建立计量标准申请考核，使用计量器具申请检定，制造计量器具新产品申请定型和样机试验，以及申请计量认证和仲裁检定，应当缴纳费用，具体收费办法或收费标准，由国务院计量行政部门会同国家财政、物价部门统一制定。

第三十八条　县级以上人民政府计量行政部门实施监督检查所进行的检定和试验不收费。被检查的单位有提供样机和检定试验条件的义务。

第三十九条　县级以上人民政府计量行政部门所属的计量检定机构，为贯彻计量法律、法规，实施计量监督提供技术保证所需要的经费，按照国家财政管理体制的规定，分别列入各级财政预算。

第十章　法律责任

第四十条　违反本细则第二条规定，使用非法定计量单位的，责令其改正；属出版物的，责令其停止销售，可并处1 000元以下的罚款。

第四十一条　违反《中华人民共和国计量法》第十四条规定，制造、销售和进口非法定计量单位的计量器具的，责令其停止制造、销售和进口，没收计量器具和全部违法所得，可并处相当其违法所得10%至50%的罚款。

第四十二条　部门和企业、事业单位的各项最高计量标准，未经有关人民政府计量行政部门考核合格而开展计量检定的，责令其停止使用，可并处1 000元以下的罚款。

第四十三条　属于强制检定范围的计量器具，未按照规定申请检定和属于非强制检定范围的计量器具未自行定期检定或者送其他计量检定机构定期检定的，以及经检定不合格继续使用的，责令其停止使用，可并处1 000元以下的罚款。

第四十四条　制造、销售未经型式批准或样机试验合格的计量器具新产品的，责令其停止制造、销售，封存该种新产品，没收全部违法所得，可并处3 000元以下的罚款。

第四十五条　制造、修理的计量器具未经出厂检定或者经检定不合格而出厂的，责令其停止出厂，没收全部违法所得；情节严重的，可并处3 000元以下的罚款。

第四十六条　使用不合格计量器具或者破坏计量器具准确度和伪造数据，给国家和消费者造成损失的，责令其赔偿损失，没收计量器具和全部违法所得，可并处2 000元以下的罚款。

第四十七条　经营销售残次计量器具零配件的，责令其停止经营销售，没收残次计量器具零配件和全部违法所得，可并处2 000元以下的罚款；情节严重的，由工商行政管理部门吊销其营业执照。

第四十八条　制造、销售、使用以欺骗消费者为目的的计量器具的单位和个人，没收其计量器具和全部违法所得，可并处2 000元以下的罚款；构成犯罪的，对个人或者单位直接责任人员，依法追究刑事责任。

第四十九条　个体工商户制造、修理国家规定范围以外的计量器具或者不按照规定场所从事经营活动的，责令其停止制造、修理，没收全部违法所得，可并处以500元以下的罚款。

第五十条　未取得计量认证合格证书的产品质量检验机构，为社会提供公证数据的，责令其停止检验，可并处1 000元以下的罚款。

第五十一条　伪造、盗用、倒卖强制检定印、证的，没收其非法检定印、证和全部违法所得，可并处2 000元以下的罚款；构成犯罪的，依法追究刑事责任。

第五十二条　计量监督管理人员违法失职，徇私舞弊，情节轻微的，给予行政处分；构成犯罪的，依法追究刑事责任。

第五十三条　负责计量器具新产品定型鉴定、样机试验的单位，违反本细则第十七条第二款规定的，应当按照国家有关规定，赔偿申请单位的损失，并给予直接责任人员行政处分；构成犯罪的，依法追究刑事责任。

第五十四条　计量检定人员有下列行为之一的，给予行政处分；构成犯罪的，依法追究刑事责任：

（一）伪造检定数据的；

（二）出具错误数据，给送检一方造成损失的；

（三）违反计量检定规程进行计量检定的；

（四）使用未经考核合格的计量标准开展检定的；

（五）未经考核合格执行计量检定的。

第五十五条　本细则规定的行政处罚，由县级以上地方人民政府计量行政部门决定。罚款1万元以上的，应当报省级人民政府计量行政部门决定。没收违法所得及罚款一律上缴国库。

本细则第四十六条规定的行政处罚，也可以由工商行政管理部门决定。

第十一章　附　则

（略）

（来源：国家市场监督管理总局网站）

【评析】

全面性细则对主体法律、法规、规章的全部条文作全方位解释和补充。这篇细则即是对《中华人民共和国计量法》如何实施具体操作而制定的规范。

细则的基本结构分为总则、分则和附则三部分。总则说明制定该细则的目的、根据、适用范围（主要是对有关基本概念进行界定）、执行原则；分则针对法律、法规、规章的有关条款制定出具体的执行标准、实施措施、执行程序和奖惩措施；附则说明解释权和施行时间，或对未尽事宜做出说明。

本细则对主体法律《中华人民共和国计量法》涉及的主要内容进行全面解释，使原法律条文中原则性强而操作性弱的条款更加具体化，便于在实际工作中贯彻执行。《中华人民共和国计量法》有总则，计量基准器具、计量标准器具和计量检定，计量器具管理，计量监督，法律责任，附则六个部分。细则针对其中主要内容，共分为总则、计量基准器具和计量标准器具、计量检定、计量器具的制造和修理、计量器具的销售和使用、计量监督、产品质量检验机构的计量认证、计量调解和仲裁检定、费用、法律责任、附则十一个部分与之对应，对《中华人民共和国计量法》进行全面解释。

撰写细则时，不要求对原文件每一条款都具体化，详而又详，全面铺开，以致无法执行；也不能只是部分重复被补充文件的条款或解释其字面意思。应有重点地解释原法律、法规、规章条款的原则内容，特别对其中的各个实施环节、基本概念，需要做出详尽规定。

（二）部分实施细则

有些实施细则并不对主体法律、法规、规章进行全部解释，而只是对其中操作性比较强的章节条款进行补充说明和解释。

【例文 2-8】

××市人民政府公文制发工作细则（试行）

第一章　总　则

第一条　为规范政府公文制发工作，实现政府公文制发工作的科学化、制度化、规范化，依据《党政机关公文处理工作条例》《××省实施〈国家行政机关公文处理办法〉细则》《××市人民政府工作规则》，制定本细则。

第二条　政府公文是指以市政府名义和市政府办公厅名义制发的公文。

第三条　市政府办公厅是政府公文制发工作的管理机构，负责指导市政府各部门及有关单位代政府拟制公文工作。

市政府各部门及有关单位的办公室（秘书处）负责本部门（单位）代拟政府公文的管理工作。

第四条　公文制发工作是指公文的拟定、会签、审核、审签、签发、印制、分发等工作。

第五条 政府公文制发工作须严格执行国家保密法律法规和其他有关规定，确保国家秘密的安全。

第六条 政府公文制发工作应当坚持实事求是、精简、高效的原则，做到及时、准确、安全。

第七条 市政府各部门及有关单位的负责人应当高度重视政府公文制发工作，模范遵守国家行政机关公文处理有关规定，加强对本机关代拟政府公文工作的领导。

第二章 拟 稿

第八条 政府公文原则上由市政府部门或有关单位拟定初稿，拟稿单位为主办单位。

第九条 每年年末，市政府各部门和有关单位向市政府办公厅报送次年拟以市政府或市政府办公厅名义发文的申请，市政府办公厅汇总并提出年度发文计划，报市政府领导同意后下发执行。

第十条 年度发文计划以外需要制发政府公文的，原则上应事先征得市政府分管领导的同意，但属以下情形可直接代拟政府公文：

（一）市政府全体会议、常务会议、市长办公会议确定制发的公文；

（二）法律、法规规定及上级政府明文要求市政府必须制发的公文；

（三）特别紧急的事项。

第十一条 凡属以下情形之一的，一般不制发政府公文：

（一）属部门和区市政府、单位职权范围内可以办理的事项和可以解决的问题；

（二）只对上级部门下发的公文提出贯彻执行意见的；

（三）对上级政府下发的公文，本级没有具体贯彻意见的；

（四）已在会议上印发的领导同志讲话；

（五）例行性和阶段性的工作部署，工作检查或要求下级上报有关情况、数据等；

（六）同一项工作，市政府或市政府办公厅已发文的；

（七）可通过新闻媒体让社会周知的事项；

（八）其他不需制发政府公文的情形。

第十二条　确定发文后，公文主办单位分管保密工作的负责人应确定公文密级和是否在互联网上发布，并在发文稿纸相应栏内签署姓名。

第十三条　上级机关要求市政府报送的公文有明确时限要求的，主办单位接到拟稿任务后，应在所余报送时限的一半时间内完成代拟稿并报送市政府办公厅。

第十四条　起草公文时，对涉及其他单位职责的事项，主办单位应与相关单位沟通，使公文更具可操作性。拟稿完毕后，拟稿人应在发文稿纸“拟稿”栏内签署姓名和时间，将公文主送机关、抄送机关等填写清楚，并将代拟公文交单位办公室（秘书处）审核。

办公室主任（秘书处处长）审核无误后，在“核稿”栏内签署姓名和时间，交单位主要负责人审核并在“负责人审签”栏内签署姓名和时间。

第三章　会　签

第十五条　代拟公文涉及其他单位职责或涉及需其他单位协助方可完成的工作，应进行会签，会签由主办单位负责，会签单位应当积极配合搞好会签工作。

第十六条　公文会签时，主办单位通过金宏电子政务系统向会签单位发送待会签公文，会签单位应于3个工作日内出具加盖本单位印章的会签意见，并通知主办单位取回。对特别紧急或不适于通过金宏电子政务系统传送的公文，主办单位应当登门会签。

第十七条　会签单位应就公文中涉及本单位职责的内容提出明确意见。如会签单位有不同意见，主办单位的主要领导应出面协调，经协调意见仍不一致的，应提请分管副秘书长（市长助理）协调。

对协商统一后的会签意见，主办单位应将其纳入代拟公文，不得擅自更改。

第十八条　以下公文不需会签：

（一）已经市政府常务会议或市长办公会议研究通过的；

（二）市长明确指示不需会签的；

（三）其他不需会签的公文。

第十九条　主办单位和会签单位负责对公文中涉及本单位职责的有关

政策、规定进行把关，同时负责做好与国家、省、市以往政策的衔接。公文中涉及规范公民、法人和其他组织权利、义务的内容，由市政府法制部门负责把关。

第二十条　会签完毕后，主办单位应在发文稿纸的“会签单位”栏内注明会签单位名称，并将会签单位出具的会签意见附在发文稿纸后一并送审。

第四章　审　核

第二十一条　政府公文均由市政府办公厅审核。主办单位完成公文的拟制和会签后，应将公文送市政府办公厅办理，不得将公文直接呈领导审签或签发。

第二十二条　送市政府办公厅审核的公文应符合以下条件：

（一）文理通顺，使用纸张正确，打印清晰；

（二）发文稿纸各栏内容填写无误；

（三）附有发文依据；

（四）需会签的，主办单位组织了会签；

（五）附件及其他有关材料齐全。

对不符合上述条件之一的公文，市政府办公厅应退回主办单位处理，并说明理由。

第二十三条　代拟公文质量较差、需要作较大改动的，由市政府办公厅提出修改意见，交主办单位修改。

第二十四条　市政府办公厅对受理的文稿，应从以下几个方面把关：

（一）行文关。严格按照本细则第十一条的规定进行把关。

（二）内容关。公文内容要真实有据，情况可靠，数字准确，观点正确，提法妥当，措施要求切实可行。

（三）文字关。公文结构要层次清晰，简洁明快；语言要准确凝练，符合文法，合乎逻辑，标点正确。

（四）体例格式关。公文的文种、行文关系、标题、主抄送单位等应当符合规范。

（五）法律政策会签关。公文中涉及法律、法规和相关政策的内容已经有关部门会签、把关。

第二十五条　对审查无误的公文，市政府办公厅审核、核稿及审修人员应分别在发文稿纸相应位置签署姓名和时间。

第二十六条　市政府办公厅审核公文，自收文之日起，一般应在3个工作日内完成。对紧急的公文，应当指定专人以最快的速度办理完毕。

第五章　送审、签批

第二十七条　政府公文由市政府办公厅统一送签。

第二十八条　政府公文原则上按以下顺序送签：分管市长助理或副秘书长、秘书长、分管副市长、市长。

送签按照以事为主的原则，原则上只呈分管工作的市领导审签（签发）。

第二十九条　以下公文由市长签发：

（一）令；

（二）议案；

（三）请示、报告；

（四）市政府人事任免件；

（五）市政府常务会会议纪要、市长办公会会议纪要以及市长主持召开的专题会会议纪要；

（六）市长直接分管工作范围内的公文；

（七）副市长认为其分管工作范围内需由市长签发的重要公文；

（八）其他须由市长签发的公文。

第三十条　以下政府公文由副市长签发：本细则第二十九条第（一）、（二）、（三）、（五）项所列公文以外属副市长分管工作范围的公文。另外，常务副市长受市长委托主持市政府常务会议、市长办公会议，形成的会议纪要可由常务副市长签发。

以下政府公文由副市长审签：本细则第二十九条第（一）、（二）、（三）、（五）项所列属副市长分管工作范围的公文。

第三十一条　以市政府办公厅名义制发的公文原则上由市政府秘书长签发，或秘书长视情形确定由市长或副市长签发。

第三十二条 对部门报送市政府的请示事项，市政府已有明确意见，需行文批复的，一般由分管工作的秘书长或副秘书长签发。

第三十三条 公文须在领导签发后制发。特殊情况下，经领导授权可先行制发，待领导补签。

第三十四条 市政府领导出市（出访）、休假期间，按照《市政府领导工作补位制度（暂行）》的规定送签公文。

第六章 发送、使用和存档

（略）

第七章 附 则

（略）

【评析】

本细则制作的鲜明特点是：重点突出，操作性强。《××市人民政府工作规则》分为总则、市政府组成人员和工作部门的主要职责权限、会议制度、公文审核签批制度、工作作风纪律制度几个部分。其中，“公文审核签批制度”是工作中操作性最强的，也是最日常的行政工作，因此，该细则专门就这一章的内容进行解释，使规则中所提到的各项内容在实际工作中能得到充分落实。

如《××市人民政府工作规则》第四章“公文审核签批制度”第三十条“对请示政府的事项，在报市长、有关副市长阅示时，先由秘书长、分管市长助理或副秘书长阅研。市政府领导成员阅批公文，对有具体请示事项的，应明确批示意见，并签署姓名和日期。对无请示事项的一般性公文，圈阅表示‘已阅知’”，从上述内容可知，该条款仅就请示政府相关事项的批阅一般性要求进行规范，但《细则》第五章“送审、签批”，在此原则的基础上，按请示内容的种类划分，明确区分哪些直接由市长签阅，哪些由副市长签阅，程序如何安排等细节问题，并进一步明确化，这就体现了细则对原文件内容的诠释性这一写作特点。

附录：

《××市人民政府工作规则》（节选）

第四章　公文审核签批制度

第二十七条　向市政府报送公文，应当符合《党政机关公文处理工作条例》和《××市实施〈党政机关公文处理工作条例〉细则》的规定。市政府办公厅按照规定统一办理各类公文。

第二十八条　为规范行政行为，提高行政效率，对以下请示事项的公文原则上不予受理：按照法律法规，应由市场运作或应由社会中介组织或行业协会解决的问题；已进入司法程序的案件；涉及有关部门职权范围的事项，未经协商的；已列入年度计划开支项目的经费；已列入年度计划的有关事项；其他应由部门和区市自行处理的事项。

第二十九条　市政府组成人员应认真执行公文处理的有关规定，坚决杜绝“倒流件”。凡请示政府的公文，一律由办公厅按有关规定统一处理。

除市政府领导成员直接交办事项和必须直接报送的秘密事项外，上报的公文不得直接报送给个人，更不得多头主送、越级行文。

第三十条　对请示政府的事项，在报市长、有关副市长阅示时，先由秘书长、分管市长助理或副秘书长阅研。市政府领导成员阅批公文，对有具体请示事项的，应明确批示意见，并签署姓名和日期。对无请示事项的一般性公文，圈阅表示“已阅知”。

第三十一条　加快办公自动化进程，提高办文效率。对部门请示政府的事项，一般应在7个工作日内给予答复。确不能按期答复应作说明。需转有关部门办理的复杂性公文，各部门在规定时限内办理完毕后，办公厅应按规定适时答复。

第三十二条　对市政府公文要严格审核把关。部门代拟稿报送市政府后，办公厅按有关规定审核把关，分别由秘书长、分管市长助理或副秘书长审签，由市长或分管副市长签发。已经市政府有关会议研究通过的以市政府或市政府办公厅名义制发的公文，可由秘书长签发。

市政府制发的贯彻实施法律法规和规章的公文，由市政府法制办审核把关后，按上述程序办理。

第三十三条　市政府各部门（包括议事协调机构、临时机构）原则上不得直接对各区市政府行文。如确有必要，经市长或分管副市长同意后，可发政府授权件，文中应注明“经市政府同意”字样。

第三十四条　市政府规章和市政府规范性文件等，除需保密的外，均在《××市人民政府公报》刊登，并及时通过网络传输发布。要加强政府网站建设，及时发布政务信息，便于群众知情、参与和监督。

五、章程的类型与写作

章程是党团组织、企事业单位经特定程序制发的组织规程和行为准则。章程适用范围广泛，在相应的组织内部，它是该组织全体成员的行为准则，对统一组织成员的思想行为，保证组织各项活动的正常开展有重要作用。

章程可以分为组织章程、业务章程两大类型。

（一）组织章程

组织章程又称党政团体章程，侧重党政团体的组织规范，包括组织的性质、宗旨、任务、成员的条件、成员的权利和义务、活动范围和开展活动的方式、组织机构的设置及产生程序、活动经费来源及管理使用。如《中国内部审计学会章程》《××桥牌俱乐部章程》等。

【例文 2-9】

广东省商业联合会章程

第一章　总　则

第一条　本会的名称为“广东省商业联合会”（以下简称广东商会），英文译文是 Guangdong General Chamber of Commerce（缩写 GGCC）。

第二条　本会是由广东省内从事商品生产、流通及相关服务的各种社会组织、各种所有制企事业单位和各种专业人士自愿参加的，以商业服务业为主体，跨地区、跨行业的全省性、联合性、非营利社会团体。

第三条　本会的宗旨：遵守宪法、法律、法规和国家政策，践行社会主义核心价值观，遵守社会道德风尚，弘扬爱国主义精神。坚持“五个服务”（为会员服务、为企业服务、为行业服务、为政府服务、为社会服务）的基本宗旨，坚持“会员为重点，服务为主线，需求为导向，项目为依托，效益为中心”的工作方针，努力促进会员的健康发展，依法维护会员的合法权益，为建设经济强省、法治社会、幸福广东作出贡献。

第四条　本会坚持中国共产党的全面领导，根据中国共产党章程的规定，设立中国共产党的组织，开展党的活动，为党组织的活动提供必要条件。

第五条　本会的登记管理机关是广东省民政厅，本会接受登记管理机关以及行业管理部门和其他部门依法在其职权范围内的监督管理和指导服务。

第六条　本会根据工作需要设立分支机构、代表机构。

第七条　本会的活动地域为广东省。

第八条　本会的住所设在广东省广州市越秀区三育路23号大院广州三寓宾馆骏晖楼16楼。

第二章　业务范围和活动原则

第九条　本会的业务范围：

（一）宣传贯彻国家和省的法律、法规、规章和政策，引导会员和企业依法经营；

（二）总结推广各行业改革开放的成功经验，配合政府培育和发展行业龙头企业；

（三）向政府反映会员和行业的诉求，依法维护会员和行业的合法权益；

（四）主办、承办、协办各种类型的展会，为会员和企业开拓国内外市场提供服务；

（五）主办、承办、协办各种类型的商务考察和经贸洽谈，为会员和企业开展国内外经贸合作提供服务；

（六）组织会员企业开展科技创新活动，为企业转型升级提供服务；

（七）整合社会中介服务资源，为会员和企业的投融资提供服务；

（八）建立全省性商贸信息平台，为会员和企业的信息化建设提供服务；

（九）组织专家开展咨询诊断、专业培训等活动，为会员和企业管理创新提供服务；

（十）配合政府推进行业工作，组织企业开展行业自律；

（十一）组织专家开展专题调研，主动向政府提出政策性建议；

（十二）承接政府的职能转移，完成政府委托的各项购买服务；

（十三）组织会员参与各种社会公益活动，积极支持社会公益事业和慈善事业。

以上业务范围涉及法律法规规章规定须经批准的事项，依法经批准后方可开展。

第十条　本会的活动原则：

（一）社会团体法人治理应当符合国家有关法律法规的规定；

（二）按照登记管理机关核准的章程开展非营利性活动，不从事商品销售，经费用于本章程规定的业务范围，不在会员中和负责人当中分配；

（三）建立决策机构、执行机构及监督机构相互监督机制，实行民主选举、民主决策、民主监督；

（四）开展业务活动时，遵循诚实守信、公正公平原则，不弄虚作假，不损害国家、本会和会员利益；

（五）遵循科学办会原则，不从事封建迷信宣传和活动。

第三章　会　员

第十一条　本会会员由省内团体会员、单位会员和个人会员组成。

（一）团体会员。凡是在广东境内依法登记成立，具有社团法人资格的各类协会、商会、学会、研究会、促进会，经批准均可成为团体会员，团体会员的会员为商会的间接会员。

（二）单位会员。凡是在广东境内依法登记设立，具有独立法人资格的从事商品生产、流通及相关服务的各种所有制企事业单位，经批准均可成为单位会员。

（三）个人会员。凡是从事与商品生产流通有关工作的知名专家、学者、教授、专业人士经批准均可成为个人会员。

第十二条　申请加入本会，应当拥护本会章程，有加入本会意愿。

（一）符合本章程第三章第十一条规定的类别；

（二）没有违法记录和严重的不诚信记录；

（三）生产经营和业务工作处于正常状态；

（四）承认商会章程；

（五）有加入商会的意愿，并正式提出入会申请。

第十三条　会员入会的程序是：

（一）向会员部提交《入会申请书》；

（二）会员部进行初审；

（三）由秘书长办公会议审定批准，经理事会讨论通过；

（四）秘书处发出《入会通知书》；

（五）填报《会员登记表》和缴纳会费；

（六）秘书处代表理事会颁发会员牌匾和会员证书；

（七）载入会员名册，及时在本会网站、通讯刊物等予以公告。

第十四条　本会建立全体会员名册，明确会员、理事、常务理事、监事长、监事以及会长、执行会长、常务副会长、副会长、秘书长等负责人职务，作为证明其资格的充分证据。会员资格发生变化的，及时修改名册并予以公告。

第十五条　会员享有下列权利：

（一）在商会内部的选举权和被选举权；

（二）对商会日常工作的知情权和监督权；

（三）对商会重大问题的建议权和审议权；

（四）对商会各种活动的优先参与权；

（五）对商会提供服务的优先选择权；

（六）对商会拥有资源的优先使用权；

（七）退会的自主权。

第十六条　会员履行下列义务：

（一）遵守商会《章程》；

（二）执行理事会决议；

（三）按规定参加商会召开的会议；

（四）积极参加商会组织的活动；

（五）支持和协助秘书处开展工作；

（六）为商会的建设与发展献计献策；

（七）维护商会的社会声誉和合法权益；

（八）按规定缴纳会费。

第十七条　会员退会

1. 会员如对商会章程有异议或对商会的工作不满意，可自由退会，但必须以书面的形式向秘书处表达退会的意愿，并交回商会颁发的相关牌匾和证书；

2. 一年不缴纳会费或连续两年不参加商会活动的会员，由秘书处发出《内部警示函》；连续两年不缴纳会费或连续三年不参加商会活动的会员，视为自动退会；

3. 会员退会由秘书处负责办理退会手续，会员退会后，其在商会担任的一切职务随之一并取消，并在商会官方网站—商联网和《商联通讯》上予以公告。

第十八条　会员除名

会员有下列情形之一的，其相应会员资格自动丧失：

（一）不符合本会会员条件的；

（二）被行政机关吊销许可证件的；

（三）受到刑事处罚的；

（四）有严重的不诚信行为；

（五）严重损害商会社会声誉和合法权益；

（六）严重违反商会制度并造成恶劣影响。

会员除名由秘书处提出建议，报会长办公会议审核批准，经理事会表决通过。会员被除名后，其在商会担任的一切职务随之一并取消，并在商会官方网站—商联网和微信公众号上予以通报。

第十九条　会员违反法律法规，或严重违反本会章程及有关规定，给本会造成重大名誉损失和经济损失的，经理事会表决通过，给予下列处分：

（一）警告；

（二）通报批评；

（三）暂停行使会员权利。

会员如对本会的处分决定不服，可提出申诉，由理事会经审议后作出答复，必要时提交会员代表大会审议。

第二十条　会员退会、自动丧失会员资格或者被除名后，其在本会相应的职务、权利、义务自行终止。会员资格终止后，本会收回其会员证，并及时修改会员名册，且在本会网站、通讯刊物上更新会员名单。

第四章　组织机构

（略）

第五章　内部管理

（略）

第六章　财产管理和使用

（略）

第七章　信息公开与信用承诺

（略）

第八章　党建工作

（略）

第九章　终止和剩余财产处理

（略）

第十章　附　则

（略）

（来源：广东省商业联合会网站）

【评析】

章程的内容包括总则、分则、附则三个部分。总则是正文的开头部分，说明组织或团体、单位的性质、宗旨、任务、目的及指导思想。如本例文的第一条明确了该组织“广东省商业联合会”的中文名称、简称、英文译文及缩写。第二条与第三条明确了“广东商会”的组织性质、宗旨以及成立的目的等。

分则的内容包括“广东商会”的业务范围、活动原则、组织机构、内部管理、财产管理和使用等。本例文第二章“业务范围和活动原则”用第九条和第十条分别规定了商会的业务范围和活动原则；第三章“会员”规定了会员的性质、资格、入会条件、入会程序、会员权利、会员义务、违规惩处等内容；第四章至第十章的内容分别规定了商会的组织结构、内部管理、财产管理和使用、信息公开与信用承诺、党建工作、终止和剩余财产处理和附则。内容具体，逻辑严密，章程中应有的项目、条款齐全，全文条理清晰，语言庄重、准确、简明。

章程的内容应与党和国家的政策、法律一致，写作时观点必须鲜明，不能含糊。该章程对商会的宗旨作如下说明：“遵守宪法、法律、法规和国家政策，践行社会主义核心价值观，遵守社会道德风尚，弘扬爱国主义精神。坚持‘五个服务’（为会员服务、为企业服务、为行业服务、为政府服务、为社会服务）的基本宗旨，坚持‘会员为重点，服务为主线，需求为导向，项目为依托，效益为中心’的工作方针，努力促进会员的健康发展，依法维护会员的合法权益，为建设经济强省、法治社会、幸福广东作出贡献。”政治态度鲜明、正确。

（二）业务章程

业务章程又称企事业单位章程，主要用于规范企事业单位内部业务。内容一般包括单位性质、宗旨、目的、机构设置与成员构成、业务内容与范围、收入分配等，如《中国农业发展银行章程》。

【例文 2-10】

××实业有限公司章程

第一章　总　则

第一条　为适应建立现代企业制度的需要，规范本公司的组织和行为，保护公司、股东和债权人的合法权益，根据《中华人民共和国公司法》《中华人民共和国市场主体登记管理条例》，制订本章程。

第二条　本公司（以下统称“公司”）依据法律、法规和本章程，在国家宏观政策指导下，依法开展经营活动。

第三条　公司的宗旨和主要任务为发展保定经济，繁荣社会主义市场。通过合理有效地利用股东投入公司的财产，创造出最佳经济效益，为国家提供税利，为股东奉献投资效益。

第四条　公司依法经公司登记机关核准登记，取得法人资格。

第二章　公司名称和住所

第五条　公司名称：××实业有限公司

第六条　公司住所：××市合作路 88 号，邮政编码：××××××

第七条　公司的经营场所：××大厦七楼

第三章　公司经营范围

第八条　公司的经营范围：卫生保洁服务、五金交电、日用百货、日用杂品、农副产品、水产品、建筑材料、水暖件以及化工产品（不含化学危险品）的销售、食品加工等。

第九条　公司的经营范围以服务业为主业。

第十条　公司的经营范围中食品加工是行政法规规定必须报经审批和要领取许可证的，已经有关部门批准，并领取了有关部门的许可证。

第四章　公司注册资本

第十一条　公司股东出资总额为人民币600万元。

第十二条　公司的注册资本为600万元。

第十三条　公司的注册资本全部由股东投资。在注册资本总额中：货币600万元，占注册资本总额的100%；实物折价××万元，占注册资本总额的××%；工业产权、非专利技术折价××万元，占注册资本总额的××%，符合《中华人民共和国公司法》规定的出资比例；土地使用权折价××万元，占注册资本总额的××%。

第十四条　公司注册资本中的工业产权、非专利技术、土地使用权作价，已由具有无形资产评估资格的评估师评估验证。出资比例和评估符合法律、法规。

第五章　股东姓名或者名称

第十五条　公司由以下股东出资设立：股东名称：××单位，住所：××市合作路88号；股东名称：××实业有限公司工会委员会，住所：××市合作路88号。

第十六条　公司的股东人数符合《中华人民共和国公司法》的规定。

第六章　股东的权利和义务

第十七条　公司股东，均依法享有下列权利：

（一）分配红利；

（二）优先购买其他股东转让的出资；

（三）股东会上的表决；

（四）依法及公司章程规定转让其出资；

（五）查阅公司章程、股东大会记录和财务会计账目，监督公司的生产经营和财务管理，并提出建议或质询；

（六）被推选担任董事长、副董事长、董事、监事及高级管理人员（法律、法规另有规定的除外）；

（七）在公司清算时，对剩余财产的分享；

（八）法律、法规和本章程规定享有的其他权利。

第十八条　公司股东承担下列义务：

（一）遵守本章程，执行股东大会决议；

（二）依其所认购出资额和出资方式按期缴纳股金；

（三）法律、法规和本章程规定应承担的其他义务。

第十九条　公司设置股东名册、记载下列事项：

（一）股东的姓名或名称、住所、出资方式、出资金额；

（二）登记为股东的日期；

（三）其他有关事项。

第七章　股东出资方式和出资额

第二十条　公司股东出资方式和出资额（万元）如下：

股东姓名或名称	序号	出资方式	出资额（万元）	占注册资本总额的比例
××单位	1	货币	306	51%
××实业有限公司工会委员会	2	货币	294	49%

第二十一条　公司经公司登记机关注册后，股东不得抽回投资。

第二十二条　公司有下列情形之一的，可以增加注册资本：

（一）股东增加投资；

（二）公司盈利；

（三）其他原因需要增加注册资本。

第二十三条　公司减少注册资本后的注册资本不低于《中华人民共和国公司法》规定的最低限额。

第二十四条　公司减少注册资本，自做出减少注册资本决议之日起十日内通知债权人，并于三十日内在报纸上至少公告三次。债权人自接到通知书之日起三十日内，未接到通知书的自第一次公告之日起九十日内，有权要求公司清偿债务或者提供相应的担保。

第八章　股东转让出资的条件

第二十五条　股东之间可以相互转让其出资。股东向股东以外的人转让其出资时，须经全体股东过半数同意。不同意转让的股东应当购买该股东转让的出资，否则视为同意。

第二十六条 股东依法转让其出资后，公司重新编制新的股东名册。

第九章 公司的机构及其产生办法、职权、议事规则

（略）

第十章 公司的法定代表人

（略）

第十一章 公司利润分配和财务会计

（略）

第十二章 公司的解散事由与清算办法

（略）

第十三章 股东认为需要规定的其他事项

（略）

第十四章 附 则

（略）

【评析】

这是一则企业的章程，较为全面地介绍了某企业的整体情况和具体情况，与上一例文相比复杂得多，这是由该企业的性质决定的。

总则部分说明了企业制定章程的目的、依据、活动原则、宗旨、任务和性质，交代清楚。主体包含十二个方面的内容，即公司名称和住所、经营范围、注册资本、股东姓名和名称、股东权利与义务、股东出资方式和出资额、股东转让出资的条件、公司机构及产生办法、职权、议事规则、公司法定代表人、公司利润分配和财务会计、公司解散事由与清算办法、股东需解决的其他事项等。涵盖了公司的各个方面，成为股东和企业领导

的最高约束性规章。这种体现企业最高准则的章程写法，对于相似性质的企业是有相当借鉴意义的。

组织章程和业务章程在写作内容上有明显区别，主要体现在分则部分。业务章程的“分则”侧重规范业务内容、领导机构、办事程序及收入分配等，涉及相关人员的经济利益。

第三章 事务文书写作基础理论与例文评析

第一节 事务文书写作的基础理论

事务文书是机关、团体、企事业单位为反映事实情况、解决问题、处理日常事务而普遍使用的文书，它具有很强的实用性、事务性和结构上的惯用格式。从广义上说，事务文书也是一种公务文书，目的是处理公务和传递信息，使用“事务文书”这一名称，是相对于正式公文而言的。事务文书在写作上具有以下特点。

一、对象的明确性

事务文书的写作有明确的对象、特定的读者，对于对象有明显的约束力，一般来说对象非看不可。如给上级单位的计划、总结、简报、调查报告等，上级单位或领导必须要看。再如条例、办法、规定、章程等，凡涉及的人都一定要看。

二、内容的实效性

事务文书是直接用来处理事务工作的，要注意实用，讲求效率。为此，事务文书从主旨的确立到材料的使用都必须切合实际，讲求效率；写作形式的运用也要讲求实际和效率，便于文书内容的落实和处理。

三、结构的程式性

事务文书一般都有一定的程式性，有约定俗成的惯用格式。虽然它不像法定公文格式那样要求严格，但在长期的应用中，事务文书的实用性和真实性决定了它逐渐形成了较为稳定的结构层次、习惯用语、处理程序等格式要素。虽然个别文种有一定的灵活性，但总体上是相对固定的。

四、较强的时限性

事务文书是针对工作、生活中的具体事务而撰写的。而工作任务的完成和问题的解决，大都有一定的时间要求，虽然不如法定公文紧迫，但同样也要在限定的时间内完成，否则很难发挥事务文书的作用。

事务文书虽然没有公务文书那样严格的书写格式，但它们各自在内容上、结构上、写法上也都有自己独具的约定俗成的特色，掌握这些特色规律，可以使我们更好地、更顺利地撰写各种事务文书。

第二节　例文评析

一、计划的类型与写作

计划是发文机关为在未来一定时间或一个阶段内完成某项任务而预先做出安排的应用文体。

（一）计划分类

计划的种类很多，按照不同的标准，可以分为不同的种类。

1. 按计划的性质划分，有综合性计划和专题性计划。

综合性计划又称总体计划，是对某一单位或部门在一定时期内的所有工作做出的全面安排和计划。专题性计划又称单项计划，是对某一方面的工作做出安排和计划。

2. 按计划范围划分，有国家计划、地区计划、系统计划、单位计划、个人计划等等。

3. 按计划涉及的时间划分，有长期计划、中期计划、短期计划。

4. 按计划的形式划分，有条文式计划、表格式计划、条文加表格式计划等。

条文式计划，即把计划分为若干条款或部分，通过文字表述。计划涉及的数字指标也都以文字形式表述。这种写作形式，条理分明，层次清晰，说明清楚，能准确地表达计划的内容。这是较为常见的一种写作形式。

表格式计划，即用特制的表格来套装计划内容。表内栏目通常包括任务项目、执行部门、完成时间、执行措施等。这种样式的计划比较醒目、简洁，使人容易理解把握，也便于对照和检查。定期的、以数据为指标的计划，适宜用这种方式。如企业的产销计划、国家经济管理部门下达经济任务的计划，常常是定期制订，以数据为指标的，用表格式较为合适。

条文加表格式计划，即指计划的内容既有条文的表述，又有表格的形式。条文和表格相配合，能把比较复杂的内容用简洁的方式表达出来。

这里重点讲授综合性计划和专题性计划的写作。

（二）综合性计划

综合性计划也叫全面工作计划，是一个单位、部门或个人，对一定期限内所要完成的各项工作进行的总体性的安排，一般只写总的目标、指导思想和原则要求。

【例文 3-1】

××省水利厅 2023 年工作计划

2023 年是全面贯彻落实党的二十大精神的开局之年，是实施“十四五”规划承上启下的关键一年，做好今年的工作意义重大。要坚持以习近平新时代中国特色社会主义思想为指导，深入学习贯彻党的二十大精神，全面落实习近平总书记考察××省重要讲话指示和治水重要论述精神，积极践行“节水优先、空间均衡、系统治理、两手发力”治水思路，按照省委、省政府部署要求，坚持以推动高质量发展为主题，扎实做好 2023 年各项水利工作。

一、做好水旱灾害防御

坚持以防为主、防抗救相结合，树牢超前意识，系统思维、精准研判、有效应对，全力防范可能发生的水旱灾害风险，确保江河安澜、社会安宁、人民安康。

扎实做好汛前准备。及早开展汛前检查，突出险工险段、病险水库、在建“开口子”工程、山洪灾害危险区、小型水库及电站等重点薄弱环节，加强度汛风险隐患排查处置，确保汛前落实度汛措施、处置到位。修订完善长江、淮河、新安江、巢湖等流域防御洪水方案。开展防御洪水推演，熟练掌握应对洪水的具体措施、任务分工、工作流程。完善小型水库及山洪灾害防御机制，及时调整充实水利技术专家力量。开展水旱灾害防御业务培训，提升决策指挥水平和风险防控处置能力。

（略）

二、推进水利工程建设

坚持以推动高质量发展为主题，以“双十双千亿”重点水利工程建设为重点，强化项目谋划和前期工作，持续加快水利基础设施建设。

着力完善水利规划体系。加快修改完善《××省现代水网建设规划》，尽快报省政府批复后实施，完成水网先导区建设实施方案。有序推进市级水网规划和城市防洪规划，配合做好长江、淮河等流域防洪规划修编，加快推进水阳江、青弋江、漳河流域和滁河流域防洪规划修编。完成中小河流治理总体方案及跨市中小河流实施方案，开展城市防洪对策等重大专题研究。

（略）

三、抓好民生水利建设

加快农村供水工程建设和管理，实施大中型灌区续建配套与节水改造，为推进乡村振兴提供有力支撑保障。

持续实施××地区群众喝上引调水工程。细化年度建设目标任务，新开工9处工程，续建33处工程，实行专班推进、逐月调度、重点督办，加快年度工程前期工作，5月底前完成年度工程初设审批、7月底前开工建设，年底前完成年度任务，实现13个县（区）地下水水源替换。

强化农村供水保障。在淮河以南地区持续推进农村供水保障工程建设，建设供水工程178处，提升188万人供水能力。全省农村自来水普及率达89.6%。开展农村供水水质提升专项行动，按实施方案有序推进千人以上供水工程净化消毒设施设备配套。加强农村供水工程维修养护和规范化管理，及时处置、动态清零农村饮水问题，守牢农村饮水安全底线。

完善农田灌排体系。加快××灌区、××灌区工程建设，全面启动××等7

处大型灌区续建配套改造，新开工钓鱼台等24处中型灌区续建配套与节水改造项目建设。编制全省农田灌溉发展规划。加快新建××灌区、××灌区工程前期工作。开展10个大中型灌区、4个泵站标准化创建。配合做好农田水利"最后一米"建设，夯实粮食安全水利基础。

（略）

四、强化水资源刚性约束

落实节水优先方针，强化水资源刚性约束，从严从细管好用好水资源，推进水资源集约节约利用。

严格水资源管理。加强用水总量控制，做好长江干流等4条跨市河流水量分配，实现全省跨行政区域水量分配全覆盖。加强取水许可审批及水资源论证审查。推进水资源管理规范化县区建设，力争今年完成建设比例超过50%。（略）

加强水资源调度管理。贯彻落实水资源调度管理办法，加强列入开展水资源调度名录的8个江河流域、4个调水工程水资源调度，保障供水安全考核指标达标。强化重点河湖生态流量管理，保障河湖基本生态用水。推进调水工程管理规范化建设，制定调水工程达标管理省级评价细则和标准，开展省××引江工程达标建设先行先试。做好××工程水量调度工作。

五、推进水生态治理保护

坚持山水林田湖草沙一体化保护和系统治理，强化水生态治理修复，促进人与自然和谐共生。

（略）

六、加强河湖管理保护

坚持问题导向、目标导向，加大河湖管理保护力度，推动河湖长制有能有效，维护河湖健康生命。

（略）

七、规范水利建设和运行管理

坚持建管并重，强化技术管理，推进水利工程建设和运行管理现代化，保障水利工程安全运行、效益充分发挥。

（略）

八、推进行业能力建设

坚持围绕中心、服务大局，持续加强水利行业能力建设，更好服务保障全省水利高质量发展。

强化水法治建设。开展我省地下水管理立法前期研究，加快修订我省河道采砂管理相关办法。落实行政执法“三项制度”，联合省人民检察院制定“水行政执法+检察公益诉讼”协作机制实施办法，加大对妨碍行洪、破坏水土资源、危害河湖安全等违法行为打击力度。开展实施水利“八五”普法规划中期评估，落实普法责任制，加大以案释法宣传力度。加强合法性审查和行政复议诉讼工作。推进水利行业常态化扫黑除恶斗争。

（略）

做好水利宣传工作。坚持政治引领，始终唱响水利主旋律。加强统筹策划、沟通协调，抢占宣传阵地，提高宣传效果，全力做好水利宣传工作，为推进水利高质量发展提供更加有力的舆论支持。进一步加强水文化工作，形成一批水文化研究和建设成果。

【评析】

计划的写作有三个基本要素：目标、措施、步骤，有人具体解释为“做什么”“怎样做”和“什么时间做”。目标是计划的灵魂，措施是实现计划的保证，步骤是完成任务、落实措施的保证，是实现计划的时间安排。计划的写作应体现出这个写作的层次。

本文是某省水利厅的综合性计划。首先在开头段提出了制订计划的背景、要求和目的。主体部分把工作内容从八个方面予以表述，该计划主次分明、条理清晰、内容完整、表述简洁。

这里要明确的一点是，综合计划应注意如何从宏观角度把握主要工作内容，并将之规划为几个大的方面，而且尽量使每一个方面能概括所属的小问题。条项的安排上应体现工作的轻重缓急和条理，内容要有原则性的要求，有具体的工作布置和落实措施。前后内容不能有重叠和归属不清的现象。本文将该省水利厅的年度工作归纳为八个大的方面，概括性强，涵盖面广，条理明晰。

为收到良好的效果，本计划的整体设计明晰，并将实现目标的途径和办法一条一条地列出来。在内容安排上，分条分项来写，每项工作前设小标题，以示醒目。语言说明准确，叙述平直，使职责明确，便于今后落实和检查。

（三）专题性计划

专题性计划又叫专项计划，是为某项工作或执行某种具体任务而制订的，只涉及某个方面，内容详细、具体、操作性强。

【例文 3-2】

杭州市抗雪防冻应急预案

为切实做好我市抗雪防冻工作，积极有效组织抗雪防冻救灾抢险，最大程度保障人民群众生命财产安全，维护社会正常运行，结合我市实际，特制定本预案。

一、编制依据

《中华人民共和国突发事件应对法》《中华人民共和国气象法》《浙江省突发公共事件总体应急预案》（浙政发〔2005〕12号）、《杭州市人民政府关于印发杭州市突发事件总体应急预案的通知》（杭政函〔2018〕9号）等法律、法规、文件。

二、适用范围

本预案适用于杭州市范围内发生的暴雪和低温、冰冻灾害及其所产生的次生、衍生灾害的预警发布、应急响应及灾后处置。

三、工作原则

（一）以人为本，预防为主。以保障人民群众的生命财产安全为首要任务，全面加强应对暴雪和低温冰冻灾害的能力，最大程度降低灾害损失。

（二）统一指挥，分级负责。根据灾害造成或可能造成的危害和影响，实施暴雪和低温冰冻灾害分级管理。灾害发生地人民政府负责本地区灾害的应急处置工作。

（三）依法规范、协调有序。依照法律法规和相关职责要求，做好暴雪和低温冰冻灾害的防范应对工作。建立协调工作机制，保障灾害应对工作更加规范有序、运转协调，加强各地区、各部门的信息沟通与资源共享。

（四）依靠群众、组织有力。充分发挥社会各界、基层群众组织和广大市民在抗雪防冻中的作用。

四、组织指挥体系及职责

杭州市抗雪防冻组织指挥体系由组织指挥机构、日常办事机构、各区、县（市）指挥机构组成。

（一）组织指挥机构

杭州市防汛防台抗旱指挥部承担全市抗雪防冻指挥职责，负责组织指挥、统筹协调、督查指导全市抗雪防冻和抢险救灾工作。指挥部增设抗雪防冻办公室（以下简称抗雪办），负责全市抗雪防冻日常工作。

1. 市防指组成

总指挥：市政府常务副市长

副指挥：市政府分管副市长

成　员：市应急管理局、市委宣传部（市委网信办）、市直机关工委、市发改委、市经信局、市建委、市教育局、市公安局、市民政局、市财政局、市规划和自然资源局、市住保房管局、市园文局、市交通运输局、市农业农村局、市林水局、市商务局、市文化广电旅游局（略）

2. 市防指职责

组织、指挥、协调杭州市抗雪防冻防范及应急处置工作。完善抗雪防冻工作机制，研究制定防御雨雪冰冻灾害和抢险救灾应急处置方案，指挥抢险救灾和灾后恢复处置，协调抗雪防冻救灾应急工作所需人、财、物的落实；督促、检查各区和成员单位的救灾工作，联络驻杭部队和武警部队参与抗灾救灾工作。

3. 成员单位职责

（1）市应急管理局：组织、协调、监督、指导全市抗雪防冻工作，组织编制市抗雪防冻应急预案并组织实施；组织指导灾情核查、损失评估、救灾捐赠工作，组织协调重要救灾物资的储备、调拨和紧急配送，指导全市应急避难设施的建设与管理；监督、指导工矿商贸生产经营单位和危化品的生产、储存、经营及采矿区、尾矿库加强安全生产管理；承担较大及以上抗雪防冻抢险救灾的现场协调与应急救援工作，负责抗雪防冻抢险专业应急救援力量建设；承担市抗雪防冻办公室的日常工作。

（2）市委宣传部（市委网信办）：负责防御雨雪冰冻灾害和抢险救灾宣传报道的组织协调和监督管理；组织实施抗雪防冻新闻发布；做好网上舆情监控和舆论引导工作；督促、指导市级新闻媒体做好全社会参与抗雪防冻工作的舆论宣传。

（3）市直机关工委：负责宣传、发动机关事业单位党员干部参与道路积雪清理工作。

（4）市发改委：监督、指导各地除雪抗冻设施的规划和建设工作；指导市级以上重点建设工程抗雪防冻工作。

（5）市经信局：指导工业企业做好抗雪防冻工作。负责协调抗雪防冻工业用盐的组织供应。

（6）市建委：负责督促在建房屋建筑工程和市政基础设施工程的责任主体开展抗雪防冻工作，落实建设工地等露天作业场所防雪、防滑、防冻工作措施，及时监督有关单位清除积雪，组织开展建筑工棚的安全巡查，必要时停止建设工地户外和高空施工作业，实施人员转移，确保建设工地工棚内人员的安全，落实抢险应急队伍和物资设备，做好在建工程应急抢险工作。

（7）市教育局：负责建立并完善教育系统抗雪防冻应急预案，开展抗雪防冻救灾工作；督促学校加强对师生应对雨雪冰冻灾害天气的安全教育，增强师生防灾减灾意识和自救能力；加强学校危房等所有设施设备的安全隐患排查工作，完善危房避灾措施；安排好学生的学习和生活，严禁在雨雪冰冻灾害天气组织学生开展各类大规模户外活动；指导督促各地教育部门行政部门，在当地气象台发布暴雪橙色及以上预警信号时，及时视情研究决定全市中小学校停课事宜；做好因雨雪冰冻灾害毁坏校舍的修复重建工作；必要时，协调安排学校作为群众应急避难场所。

（8）市公安局：负责处置现场治安警戒和秩序管理；负责重点地区、重点部位、重要物资设备的治安防控和保护；协助有关部门妥善处理因雨雪冰冻引发的群体性治安事件；协助组织危险地区群众安全撤离或转移，保障社会秩序，确保抗雪防冻抢险应急处置工作有序进行。

（9）市民政局：支持应急救援类社会组织建设，组织、督促各地开展困难群众抗雪防冻安全排查，配合公安、城管等部门劝导流浪乞讨人员进入救助站，实施救助。

(10) 市财政局：负责落实市本级财政承担的抗雪防冻应急抢险和救灾资金的筹集及安排。

（略）

（二）日常办事机构

市抗雪办设在市应急管理局，市抗雪办主任由市应急管理局分管负责人担任，副主任由市气象局、市建委、市城管局、市交通局、市公安交警局、杭州警备区、市城投集团分管领导担任。经市指挥部同意，市抗雪办主任可组织会商部署抗雪防冻工作。

主要职责为：承担市指挥部的日常工作。组织编制抗雪防冻应急预案、工作方案，并组织实施。根据市气象台发布的天气预报，及时启动应急响应，发布雨雪冰冻预防与抢险救灾应急处置指令，指导、协调、督促、检查区级抗雪防冻指挥部和市级相关部门，做好防御冰雪灾害和抢险救灾应急处置工作。负责市级抗雪防冻物资、机具设备的调剂储备，应急抢险队伍的组织、指挥和调度工作。收集整理灾情信息，上报雨雪冰冻灾害应急处置工作和灾情动态。组织抗雪防冻应急处置工作情况的评估以及抗雪防冻应急演练和培训等工作。

（三）各区、县（市）指挥机构

（略）

五、风险评估

暴雪和低温等灾害天气发生时，会对农业、林业、渔业等种植业产生不利影响的；对供水、供电、供气、通信、电力等管道设施带来影响；对交通运输、道路通行造成一定影响。

六、预警分级

（略）

七、应急响应

各级各相关部门根据当地气象部门发布的预警信号，启动相应的应急响应和各自的应急行动方案，履行职责。

（一）Ⅳ级应急响应

当市气象台发布暴雪蓝色预警信号，或实况已经出现小到中雪（含小雪）并发生道路积雪结冰影响交通时，由市抗雪办主任决定启动Ⅳ级应急响应。

1. 市抗雪办组织市气象局、市建委、市城管局、市交通局、市公安交警局等部门会商。

2. 市抗雪办发布防御工作通知。

3. 市抗雪办视情连线有关区、县（市）防指进行动员部署。

4. 市抗雪办值班。

5. 市气象局每日 16 时报告天气预报结果，期间监测分析天气条件有较明显变化时，随时更新预报；市交通局、市交警局、市城管局、中国铁路上海局集团有限公司杭州铁路办事处、杭州萧山国际机场有限公司每日 16 时向市抗雪办报告全市道路、铁路、航空通行运输情况。

6. 市级其他有关成员单位每日 16 时报告工作动态。

7. 雨雪冰冻灾害影响地区的区、县（市）级防指每日 16 时向市抗雪办报告事件进展及工作动态，突发灾情、险情及时报告。

（二）Ⅲ级应急响应

当市气象台发布暴雪黄色预警信号、道路结冰黄色预警、橙色低温预警信号，或实况已经出现中到大雪（含中雪）并发生区域道路积雪结冰影响交通时，由市防指指挥或其授权的市抗雪办主任启动Ⅲ级应急响应。

1. 市防指指挥或其授权的市抗雪办主任组织市气象局、市建委、市城管局、市交通局、市公安交警局等部门会商。

2. 市防指指挥或其授权的市防指办主任组织动员部署，有关成员单位参加，并视情连线有关区、县（市）防指。

3. 市防指主要成员单位值班。

4. 市气象局每日 8 时、16 时报告天气预报结果，期间监测分析天气条件有较明显变化时，随时更新预报；市交通局、市交警局、市城管局、中国铁路上海局集团有限公司杭州铁路办事处、杭州萧山国际机场有限公司每日 8 时、16 时向市抗雪办报告全市道路、铁路、航空通行运输情况。

5. 市级其他有关成员单位每日 8 时、16 时报告工作动态。

6. 市气象、城管、城投、建委、交通运输、公安交警局、消防救援支队等单位的业务处长进驻市防指值班。

7. 雨雪冰冻灾害影响地区的区、县（市）级防指每日8时、16时向市抗雪办报告事件进展及工作动态，突发灾情、险情及时报告。

（三）Ⅱ级应急响应

（略）

（四）Ⅰ级应急响应

（略）

八、应急保障

（一）应急预案

市防指成员单位应制定各部门的专项应急预案及操作手册，针对不同等级的应急响应，做好应急防范和处置工作。

各区、县（市）防指应根据各地实际情况制定相应的应急预案，做好应急防范和处置工作。

（二）应急力量与装备保障

驻杭部队、武警支队、消防救援支队为市级抗雪防冻应急救援主要突击力量，由市防指统一协调、调度、指挥和派遣。必要时，市防指提请市政府组织和动员机关、社会和军队等力量，组建特别应急救援突击队伍支持抗雪防冻救灾工作。市抗雪办负责全市抗雪防冻储备物资的统一调度，必要时向社会公开征集物资机具和设备。

市防指成员单位应组织落实抗雪防冻应急救援突击队伍，并配置工程抢险车辆、发电机、铲车、草包、融雪剂等应急抢险装备和物资并上报市抗雪办。

各区防指应组织落实区级抗雪防冻应急救援突击队伍，并配置工程抢险车辆、应急指挥车、通信设备、发电机、铲车、推雪板、铁锹、麻袋、草包、融雪剂等应急抢险装备和物资并上报市抗雪办。

（三）通信与信息保障

（略）

（四）资金保障

抗雪防冻应急演练、准备、抢险和救援行动所需资金列入本级财政预算，该专项资金用于本行政区域内遭受严重冰雪灾害公共设施的修复以及城市正常生活生产秩序恢复的保障。对应急调用的社会抗雪防冻抢险救灾设备、物资实行有偿使用，造成损坏或无法归还的，要按照国家的有关规定给予适当补偿或作其他处理。财政和审计部门要加强对抗雪防冻财政应急资金的监督管理，保证专款专用，提高资金使用效益。

（五）避灾场所保障

（略）

（六）社会动员保障

（略）

（七）技术保障

（略）

九、信息发布

（略）

十、应急响应变更与结束

（略）

十一、救灾与重建

（略）

十二、培训与演练

（略）

十三、附则

（略）

（来源：杭州市人民政府门户网站）

【评析】

本文属于方案类，是计划的一种。

该计划是针对杭州市抗雪防冻应急工作的开展而制订的，属于专题性计划。开头简要说明了制订该预案的目的和依据，并直接引出了计划的主体部分。

主体的内容篇幅较长，但写作思路清晰。共有十三个部分的内容，第一部分至第三部分说明了该预案的编制依据、适用范围和工作原则。第四部分指出了组织指挥体系及职责，其中详细地说明了成员单位的职责。第五部分和第六部分主要是对暴雪和低温等灾害天气进行风险评估和预警分级。第七部分和第八部分是本文的重点，即一旦发生灾害天气，各机构应如何应对，该部分内容从各级响应对各机构做出了严格且细致的程序性要求，体现了预案的体系性。第九部分至第十三部分包括信息发布、应急响应变更与结束、救灾与重建、培训与演练、附则。

总体上看，这份预案的内容为抗雪防冻在具体的操作层面提供了现实的可能性，值得人们从实践上去真正落实。

二、总结的类型与写作

总结是机关团体、企事业单位及个人对前一阶段的工作、学习、生活等进行总的回顾、研究、分析、评价，用以找出规律、指导未来实践的一种应用文体。

根据不同的分类标准，有不同的总结形式：

1. 按时间分，有年终总结、季度总结、月份总结。

2. 按进程分，有阶段总结和全面总结。

3. 按项目分，有工作总结、生产总结、学习总结、科研总结。

4. 按写作侧重点分，有工作总结和经验总结。工作总结侧重于对基本活动、主要工作做全面的、详尽的介绍和总结，更多的是介绍做法、成绩、不足、努力方向。经验总结侧重于经验教训的介绍，从问题入手，总结典型经验或教训，找出规律，指导工作。

5. 按内容分，有综合性总结和专题性总结。

（一）综合性总结

综合性总结也叫全面总结，主要用于对部门、地区或单位在一定时期内的整体工作进行全面的总结。如年终总结、阶段总结等。这类总结的写作重心在于对完成的工作进行一次总的回顾和检查，从中找出经验和教训，发扬成绩，克服缺点，把下个阶段的工作做得更好。

综合性总结要全面，但这种“全”不是包罗万象、面面俱到，把什么都写进去，而是要点面结合、突出重点。“点”要详，“面”要略，详略得当，主次分明。

【例文 3-3】

20××年××大学工会工作总结

在校党委和上级工会组织的正确领导下，以习近平新时代中国特色社会主义思想和党的二十大精神为指导，围绕学校中心工作开展了一系列富有成效的活动，取得较为突出的成绩。

一、民主管理工作

1. 筹备组织第六届教职工代表大会第一次会议暨第九届工会会员代表大会第一次会议。大会于20××年×月××日至××日胜利召开，来自全校教学、科研、管理、服务等岗位的202名教职工（会员）代表在三天半的会期内，认真审议有关报告、议题和决议，选举产生了教代会常设主席团和各专门工作委员会；选举产生了第九届工会委员会和第九届工会经费审查委员会。我校各民主党派负责人，在全国、省、市人大和政协任职的同志，全体在校的校领导，××省教科文卫工会副主席张×，××市教育工会主席赵××出席了会议。校长王××同志在大会上作了题为《抢抓机遇，开拓创新，求真务实，加快发展，努力实现我校建设国内一流大学的新跨越》的学校工作报告。校工会主席鲁××代表第八届工会委员会作了题为《与时俱进，奋发有为，努力开创新世纪新阶段我校工会工作新局面》的工会工作报告。代表并听取了校财务处处长康××受校长委托所作的《××大学20××年度财务工作报告暨20××—20××年财务工作总结》和人事处处长韩×向大会所作的《校内津贴分配办法调整原则与基本框架的说明》。在这次大会上，我校教代会首次设立了执行委员会。最后，校党委书记左××作了题为《凝心聚力，乘势而上，为实现我校建设与发展的新跨越而努力奋斗》的重要讲话。

2. 二级教代会工作取得新进展。管理学院、教育学院分别召开一届二次和一届三次教代会。20××年4月，政法学院成功召开教代会。自此，我校所有15个二级学院全部建立起教代会制度，并召开了会议，标志着我校的民主管理工作发展到了一个新的阶段。为了进一步推动我校的二级教代会工作，今年11月，校党委副书记带领工会领导同志深入基层，对全校所有基层单位的二级教代会工作进行调研，详细了解基层单位开展二级教代会的基本情况及存在的问题，认真听取基层单位在加强二级教代会建设方面的意见与建议，并与基层单位领导共同研商在新的形势下二级教代会工作创新与发展的有关问题，就召开年度教代会、教代会会议组织以及工会在二级教代会工作中的作用等问题提出明确要求。通过本次调研，掌握了大量的第一手资料，对二级教代会工作的现状有了更为清晰的认识，既督促、检查了基层单位教代会工作，增强了基层单位做好教代会工作的紧迫感，也便于今后更好地指导二级教代会工作。为了进一步规范二级教代会工作，保证二级教代会工作的健康发展，校工会制定《召开二级教职工代表大会的工作程序和内容》，并以××大学工会文件的形式下发各分工会，作为基层单位组织召开二级教代会的参考。

3. 组织与配合提案工作委员会进行了五届四次教代会优秀提案、提案组织先进单位、提案承办先进单位的评选表彰和六届一次教代会的提案办理工作。组成提案工作评议小组，对五届四次教代会提案进行了认真的分析研究、对提案组织情况和承办单位的落实处理情况进行了认真的评议，评选出优秀提案 9 件，提案承办先进单位 3 个，提案组织先进单位 3 个，并与党委办公室联合发文，对优秀提案人和先进单位进行表彰。对六届一次教代会的 120 余件提案及时进行整理分类和审核立案，提交校行政领导处理，同时，对重要提案、重点单位实行重点督办。

4. 教代会执委会正式开展工作。8 月，校长办公会邀请教代会执委会成员列席会议，王××校长就落实校务公开制度和发挥教代会执委会在学校民主决策、民主管理中的作用谈了意见，并表示今后凡学校的重要工作及涉及教职工切身利益的重大事项都要向教代会执委会通报。有关校领导与职能部门的负责同志分别通报了招生、开学报到、开课，以及北院校区的规划设计方案、对部分有经济往来单位的审计等工作情况。12 月 22 日，第六届教职工代表大会第一次执委会会议在主楼 302 会议室召开，校领导左××、王××、李××、万××、孙××、温××以及执委会其他委员参加了会议。会上，左××书记和王××校长分别讲话。常务副校长孙××从方案的修订过程、指导思想和原则、几个突出问题等几个方面就《××大学津贴分配制度改革方案》作了说明。人事处处长韩×对《××大学津贴分配制度改革方案》进行了详细介绍。与会委员对该方案进行了认真讨论和审议。会议以举手表决的方式一致通过《××大学教职工代表大会执行委员会工作规程》(草案)和《××大学津贴分配制度改革方案》(草案)。

5. 在迎接省总工会验收评估组对我校教代会工作考评的活动中做了大量工作。根据省总工会《关于进行省级职代会星级企事业认证评定工作的通知》精神，省总工会派出验收评估组到我校对教代会工作进行考评。验收评估组一行参加了我校教代会工作汇报会，查阅了教代会工作档案资料，在50余名教职工中进行了教代会工作评价问卷调查，巡视了校务公开栏，参观了校史展、建设发展成果展和新校区。校工会根据该项工作的要求，进行了汇报会会务的组织工作，安排了有关单位网页信息发布和校务公开栏的工作，组织了教职工问卷调查工作，准备了教代会工作汇报材料、编印了教代会制度汇编和六届一次教代会暨九届一次工代会文件汇编，进行了近期档案资料的整理工作。校党委书记左××、副校长孙××以及我校有关部门的负责同志出席了汇报会，左××书记致了欢迎词，校工会主席鲁××作了题为《加强教代会建设，发挥民主管理民主监督作用，为学校建设发展提供坚实动力》的汇报，就我校的教代会工作，从党政重视和支持教代会工作、加强教代会的组织和制度建设、积极推进校务公开等三个方面进行了系统的介绍。

二、宣传教育与女工工作

(略)

三、文体、福利及维护工作

(略)

四、组织建设工作

(略)

【评析】

这是一份学校工会部门的年终综合性总结，开头三言两语没有过多的铺陈，直切各项中心内容。

主体的内容较多，分四大块内容表述。第一部分为民主管理工作，重点突出了该组织的主要工作，务虚与务实结合得十分恰当。第二部分为宣传教育与女工工作，在具体事项的表达中突出了特定工作内容。第三部分为文体、福利及维护工作，通过具体活动，突显该组织的服务职能。第四部分为组织建设工作，侧重于对工会自身的考核、换届和建设工作成绩的叙述。从总体看，眉目清楚、条理顺畅、观点突出、事项明确，给人以具体生动而言之有物、言之有序的感觉。

这种综合总结要求，对具体的工作内容和事例进行归类和分析，使工作的职能分工和活动的性质有机地结合，采用有主有次的安排，使整个公文的表达围绕一个明确的主题。

（二）专题性总结

专题性总结，是对某一项或某一方面的问题进行专门的总结。它一般选取工作中的突出成绩、典型经验或者存在的问题进行分析研究，以便指导工作。专题性总结的针对性强，使用广泛，写这类总结要明确总结的重点，不能把面铺得过宽。

【例文 3-4】

2021 年春季交易会
××纺织品交易团调研工作总结

在今年春季交易会上，我纺织品交易团重视调研工作，组成工贸结合的调研组，调研人员通过业务洽谈和召开专题座谈会进行调研，取得了一些成绩。现将工作情况总结如下：

一、本届交易会调研工作取得的成绩

（一）通过调研，基本上弄清了当前纺织品市场情况、供求关系、价格水平，对搞好本届交易会的业务成交起了良好的作用。

（二）通过调研，对于当前和今年下半年纺织品市场供求关系和价格趋势较前有更为明确的认识，有利于完成全年的经营计划，为领导确定经营决策、制定措施提供了参考。

（三）对一些重点市场和重点商品的产、销、存等情况进行了调研，积累了资料，有利于今后进行系统研究。

（四）调查了解国外纺织品和服装的品种、花色、款式、后处理等方面的流行趋势及用户对我厂产品的反映，提供给我厂生产部门以便改进生产，使我厂产品适合国外市场需要，扩大纺织品出口。

二、本届交易会调研工作的经验和体会

（一）领导重视、调动调研员的积极性，是搞好调研工作的保证，还须不断地强调和宣传搞好调研工作的重要性。

（二）本届交易会采用工贸结合的调研组织方式，是可行的较好的方式。只要加强统一领导，互相配合通气，工贸双方既可分头活动，也可合作活动。

（三）调研中要注意不断提高调研工作的质量，不仅要及时反映情况，还要在一定时间内进行分析研究，提出意见看法。调研期间，可分阶段进行，前半段应着重调研当前市场和价格，为本届交易会工作服务；后半段应着重调研趋势，为今后工作服务。

（四）调研会是进行调研的好方法，今后可多搞一些专题性的商人座谈会和业务员座谈会。

三、存在的问题和建议

（一）工作中调查多，分析研究少。在编印的简报中，介绍商人的反映多，而经过分析拿出我们的看法、建议少。调查偏重于商品，对地区市场情况缺乏系统归纳分析，拿不出有价值的意见。

（二）建议今后在交易会前，各有关公司都应提出本公司的调研提纲，以便调研组及时制订反映实际要求的调研方案。

【评析】

这是一则针对2021年××商品春季交易会所形成的专题性总结。

开头段，概要陈述对交易会调研的经过，引出下面的主体部分。

主体分为三部分：取得的成绩、体会和经验以及存在的问题和建议。在写法上符合思考问题的程序，便于阅读者理解。

在写作结构的安排上，首先将参加交易会后得出的条理性的实际收获表述出来，内容具体，表述清晰；然后总结经验和体会，进一步分析和挖掘了所取得的成绩，把取得成绩的结果从更深的角度进行提炼，这部分内容属于精神收获；最后是存在的问题和建议，体现了解决问题的系统性和阶段性，对上述内容予以深化和完善。

三、调查报告的类型与写作

调查报告是通过对某一问题、某一事件、某一经验的深入细致调查，并对调查得来的材料进行认真周密的分析研究，透过现象揭示事物的本质而写成的一种书面报告。

调查报告的角度不同，类型也就不同。一般有以下分类：

1. 按时间分，有历史状况的调查报告和现实状况的调查报告。

2. 按内容分，有综合性调查报告和专题性调查报告。

3. 按作用分，有典型事件调查报告、典型经验调查报告、提供情况的报告、揭露问题的报告、澄清真相的报告。

4. 按表达方式分，有叙述性调查报告、分析性调查报告和政论性调查报告。

这里我们着重讲授综合性调查报告和专题性调查报告的写作。

（一）综合性调查报告

综合性调查报告是对一个地区、一个部门内工作的某一领域、某一中心问题所进行的全面调查。这种调查涉及面广，要获取全面而可靠的材料，写作时间较长。

【例文 3-5】

新就业形态劳动者职业发展状况调查报告

人类历史中每一次技术革命、产业升级都会带来产业组织方式的巨大变革和就业结构的剧烈变迁。人类社会业已经历的几次工业革命都催生了新的就业形态，推动了就业结构的深刻变革。当前，伴随着移动互联网、大数据、云计算等信息技术的广泛运用和平台经济、数字经济的不断发展，以平台化、去雇主化为基本特征的新型灵活就业模式不断涌现，带动新就业形态劳动者群体不断发展壮大。第九次全国职工队伍状况调查显示，当前我国新就业形态劳动者达 8 400 万人，已发展成为我国劳动群体的重要力量。

新就业形态职业包括快递员、网约配送员、网约车司机等数字蓝领职业，以及依托互联网平台进行技术、咨询等方面工作的自由职业者和进行文娱创作、网络直播的“数字灵工”职业。这些职业的“新”既体现在劳动样态的平台化、灵活化，也体现在劳动关系的去雇主化，其从业者劳动样态和职业生涯呈现出不同于传统就业形态劳动者的特征，这也给该群体的高质量就业和职业稳定发展带来了一定的挑战。

为全面了解当前新就业形态劳动者的就业情况及职业发展状况，2023年4月28日—5月6日，人民智库通过互联网和微信公众号，面向新就业形态劳动者开展问卷调查，共回收问卷4 420份，其中男性占75.4%，女性占24.6%；20岁以下的占1.6%，21~25岁的占21.0%，26~30岁的占37.3%，31~35岁的占28.7%，36~40岁的占8.3%，41~50岁的占2.4%，51~60岁的占0.5%，60岁以上的占0.2%。

新就业形态劳动者的群体画像与职业样态

新就业形态是新一轮信息技术革命特别是数字经济和平台经济发展带来的一种就业新模式，是劳动者依托互联网平台获得就业机会，从事劳动工作并取得劳动报酬的就业形态。与传统就业形态相比，新就业形态呈现出劳动关系灵活化、工作内容多样化、工作方式弹性化、工作安排去组织化、创业机会互联网化等突出特征。

在群体画像方面，青年群体和流动人口占比高，劳动者受教育程度普遍较高。从年龄来看，新就业形态就业方式的灵活性、工作内容的多样性、工作安排的自主性与青年群体的就业偏好相契合，青年是新业态从业人员的主力群体，年龄在35岁及以下的受访者人数占比88.6%。从日常居住地来看，新就业形态劳动者主要集中在城市地区，近九成受访者日常居住在城市，37.9%的受访者在地级市，34.4%在县级市和县，14.0%在直辖市。但从户籍分布情况来看，多数为本地农村进城务工人员和外来流动人口，受访者中具有本地城镇户籍的仅为38.5%，有本地农村户籍的占41.9%，外地城镇和外地农村户籍的分别为15.4%和4.2%。此外，新就业形态劳动者群体总体受教育水平较高，受访者中大专学历人数占比为40.9%，本科学历人数占比为29.2%，高中、职高、中专、技校毕业人数占比为24.2%，硕博研究生为3.3%，初中及以下仅为2.4%。

在劳动关系方面，新就业形态的去雇主化特征明显，多数劳动者与用工平台签订的是劳务合同和合作协议。新就业形态劳动者中的部分职业群体工作自主性较高，如从事技术、咨询等工作的自由职业者和部分网络文学写手、职业博主等。同时，还有很大一部分劳动者受平台制约较强，如快递员、网约配送员、网约车司机群体。对于这类群体来说，稳定的劳动关系对其劳动权益保障和职业稳定发展至关重要。从现实情况看，当前大部分新就业形态劳动者与平台签订的是劳务合同或合作协议。调查结果表明，不到三成的受访者与平台或工作单位签订了正式劳动合同（29.2%），34.9%的受访者通过劳务合同或劳务派遣协议的方式与平台企业建立用工关系，26.2%的受访者签订了合作协议，还有一部分受访者没有签约单位或平台，属于自由职业者（9.7%）。分职业来看，快递员群体中签订劳动合同的受访者人数占比最高，达到53.3%，其他职业群体签订劳动合同的受访者比例均在二成左右，其中网约车司机群体人数占比最低，为18.1%。大部分网约配送员、网约车司机与用工平台通过劳务合同或劳动派遣方式建立劳动关系，职业博主、网络主播、网络写手等职业群体则多是以签订合作协议或经纪合同的方式与互联网平台建立劳动关系。

在劳动样态方面，新就业形态具有工作时间灵活、工作场所不固定、劳动强度大等特征。新就业形态的用工模式不同于传统就业的“以岗位为导向”，而多是“以任务为导向”。用工单位通过平台随机向劳动者派发任务，劳动者没有相对固定的工作时间、工作场所以及稳定的业缘关系，劳动样态呈现出较大的流动性和不确定性。调查结果显示，74.7%的受访者认为自身职业“工作时间灵活”，67.1%的受访者认为自身职业“工作场所不固定”。在任务派发的过程中，平台虽然“形式不在场”，但通过数字算法等技术，能够实现对劳动者的“全景式”监督；同时，通过“服务星级”制度、超时罚款、订单数奖励、创作激励计划等复杂的平台规则，驱使劳动者自发性“过劳”，从而实现平台自身利益的最大化。调查结果表明，73.4%的新就业形态劳动者认为自身劳动强度大，70.2%的受访者认为自身工作对平台数字算法依赖度高，67.7%的受访者认为自身工作和生活界限模糊。

新就业形态劳动者的职业待遇与发展前景

近年来，新就业形态在保就业、稳就业中发挥了积极作用，但在劳动者权益保障等方面也暴露出许多问题和短板。

在劳动收入方面，新就业形态劳动者收入较高，但职业内部的收入差距和波动性较大。调查结果显示，38.6%的受访者的税后月收入为5 001~8 000元，人数占比最多；24.4%的受访者税后月收入为8 001~10 000元；月收入在10 001~15 000元、15 001~20 000元、20 000元以上的受访者人数占比分别为10.7%、2.3%和2.1%。总体来看，新就业形态劳动者在同年龄群体中收入水平相对较高，月收入在5 000元以上的达到78.1%，在8 000元以上的达到39.5%。与此同时，其收入也存在两极分化、波动性较大等问题。当被问及自身职业发展存在哪些突出问题和困境时，70.3%的受访者认为职业收入分化严重，53.9%的受访者认为存在“收入不稳定”的问题。分职业看，快递员、网约配送员、网约车司机的职业内部收入差距较小，网络主播、技术咨询方面的自由职业者职业的内部收入差距较大，其中尤以网络主播群体收入的离散度最高。

在社会保障方面，除城乡居民养老保险和工伤保险外，享有其他社会保障的人数占比均未超过五成。2021年7月，人力资源和社会保障部等八部门出台《关于维护新就业形态劳动者劳动保障权益的指导意见》，将新就业群体纳入劳动保障基本公共服务范围。当前，针对新就业形态劳动者群体的劳动保障仍存在不少短板。当被问及享有哪些社会保障时，37.7%的受访者表示自己享有城镇职工养老保险，56.1%的受访者享有城乡居民养老保险，51.2%的受访者享有工伤保险，40.9%的享有失业保险，22.0%的享有生育保险。由此可见，社会保险特别是城镇职工养老保险并未全面覆盖新就业形态劳动者群体，针对新就业形态劳动者的社会保障制度仍有很大提升空间。

在职业流动方面，新就业形态劳动者的职业流动性较高，超七成受访者换过两次以上工作。与传统就业形态相比，新就业形态具有阶段性、灵活性等特征，新就业形态劳动者更换工作的频次更高，工作年限更低。调查显示，仅有3.3%的受访者表示当前工作是自己的第一份工作，换过

1次、2次和3次工作的受访者人数占比分别为26.7%、30.2%和23.4%，16.4%的受访者换过3次以上工作。分职业来看，快递员群体的职业流动性较弱，该群体中37.7%的受访者换过1次及以下工作，68.2%换过2次及以下工作，换过3次以上的人数占比在几个新就业形态职业中最少；职业博主、网约车司机、网络文学写手等劳动者群体职业流动性则较高。新就业形态工作的不确定性较高，工作岗位随新业态的发展而不断变化；同时，新就业形态劳动者对单位组织的依赖性低，没有形成稳定的劳动关系，这些都是影响该群体职业流动频率的因素。

在职业发展前景方面，新就业形态劳动者对职业发展前景的信心有待提振。相较于传统就业形态，部分新就业形态在现阶段难以纳入既有职业体系之中，劳动者缺乏清晰的职业规划和稳定的职业晋升途径。调查显示，新就业形态劳动者对自身职业发展前景的总体评分为6.19分（满分10分）。对职业发展前景赋分为1~3分的人数占比11.5%，4~6分的占比41.9%，7~9分的占比40.9%，10分的占比5.7%。当被问及职业发展存在哪些突出问题和困境时，69.3%的受访者认为职业晋升空间小，65.7%的受访者认为职业失业风险高。同时，高达85.1%的受访者认为向传统就业形态的转型较为困难。从实践层面来看，快递员、网约车司机、网约配送员等群体难以在工作中培养和积累技能，缺少提升自身素质的时间和有效途径；网络主播、职业博主、网络文学写手职业竞争激烈，“过气”的风险高，转向传统形态就业的难度较大，容易陷入“灵活就业锁定陷阱”。党的二十大报告提出：“完善促进创业带动就业的保障制度，支持和规范发展新就业形态。”面对新就业形态发展出现的新情况、新问题，建议政府部门与平台企业、行业协会、志愿服务组织等主体形成合力，共同为其发展壮大保驾护航。

第一，完善新就业形态劳动者权益保障制度。调查表明，新就业形态劳动者对“完善职业群体社会保障制度”的需求最迫切（需求度得分4.10分，满分5分），其次是“健全新就业形态相关劳动法律法规”和“为新就业形态群体提供法律援助服务”（需求度得分均为4.08分）。建议有关部门进一步明确平台用工管理责任边界和保障义务，建立常态化监测机制，强化对大型互联网平台劳动者劳动安全、劳动报酬、社会保障等情况的监管，对平台企业未依法缴纳社保以及算法控制等问题进行有效治理；进一步扩大社会保障覆盖率，积极发挥工会组织、法律援助机构的作用，为新就业形态劳动者提供法律援助。同时，加强对文娱产业、创意产业从业者的著作权保护，维护好视频博主等劳动者的著作所有权和著作收益权。

第二，建立新就业形态职业技能认定和职称评定制度。调查显示，新就业形态劳动者对“强化就业指导和职业培训”以及“完善职业技能认定和职称评定制度”的需求度较高（得分4.03分、3.94分）。建议引导平台用工企业定期为新就业形态劳动者提供职业技能培训，鼓励行业协会、志愿服务组织等主体提供职业培训和职业生涯规划服务，切实提高新就业形态劳动者职业技能水平。健全完善新职业的技能认定和职称评定制度，将新就业形态工种纳入职业技术培训目录，支持平台用工单位自主开展职业技能等级认定，增加新就业形态劳动者职业晋升和享受技能人才相关政策的机会。

第三，健全就业优先政策体系，引导新就业形态劳动者充分就业。新就业形态岗位普遍具有市场需求量大、准入门槛较低的特征，但其就业承载力需与平台经济、数字经济的发展相适应，大量劳动者涌入外卖配送、网络直播等行业，势必会造成新就业形态劳动者的不充分就业。一方面，建议积极出台推动平台经济规范健康持续发展的政策，鼓励平台企业通过科技创新和业态模式革新等方式开拓新市场，加大对平台中小微企业的支持力度，创造更多就业岗位。另一方面，建议在稳定市场主体、扩大内需等方面持续发力，稳住传统就业形态劳动者基本盘，使新就业形态劳动供给保持在合理区间，避免出现“灵活就业挤兑”，推动新就业形态劳动者群体伴随数字经济和平台经济发展而有序、平稳地发展壮大。（执笔：人民智库研究员刘哲）

（来源：《学术前沿》2023年第16期）

【评析】

这是一份有实际意义的综合性调查报告，调查的内容是新就业形态劳动者的职业发展状况。该文的写作符合综合性调查报告的写作要求，虽然反映内容多、结构宏大，但条理清晰、逻辑性强。

开头包括前三段，第一段阐述调查背景，揭示主题，表明我国新就业形态劳动者已发展成为我国劳动群体的重要力量。第二段解释新就业形态职业的概念和特点。第三段说明了该调查报告所采用的科学形式，突出此项调查研究方式的科学性和正确性。

调查报告的主体以小标题的形式强调调查内容和调查结果，分别从“新就业形态劳动者的群体画像与职业样态”“新就业形态劳动者的职业待遇与发展前景”两个较大的方面予以说明。调查的目的是发现问题、分析问题和解决问题，该调查报告同样遵循了这样的写作思维方式。比如，文中先阐述新就业形态在保就业、稳就业中发挥了积极作用，紧接着便指出问题：在劳动者权益保障等方面也暴露出许多问题和短板。之后，本文分别从劳动收入、社会保障、职业流动、职业前景等方面展示调查结果，并在报告的最后给出相应的建议。这样整个调查报告不仅指出了问题、分析了原因，而且理性地提出了合理化建议，是一篇很有实用价值的调查报告。

（二）专题性调查报告

专题性调查报告，即对某一事件进行的专门调查，范围小，针对性强。专题性调查得出的结果深入、细致、系统，可为指导某一具体工作提供依据。

【例文 3-6】

××县牦牛产业发展调查报告

牦牛是青海省的优势畜种和重要资源，是农牧民群众所不可缺少的生产、生活资料。牦牛对高原严酷的自然环境有极强的适应能力，能很好地利用其他畜种所不能利用的高寒草原，生产成本低廉的畜产品，可供役用及挤乳、肉用等各种经济用途，在高寒牧区具有不可替代的生态、社会和经济地位。牦牛生产以天然放牧为主，牦牛提供的原料产品，是真正的绿色产品，具有独特的生物学价值。所以大力发展牦牛产业，对提高绿色优质畜产品供应、增加农牧民收入，改善生态环境、发展畜牧业经济，具有十分重要的意义。××县是青海省省会××市下辖县，祁连山南麓的河湟谷地，全县总面积 3 090 平方千米，草原面积 15.8 万公顷。发展牦牛业有着得天独厚的地理区位优势，牦牛产业是我县农牧民增收致富的支柱产业。

为全面掌握××县牦牛产业现状，加快牦牛产业发展，××县畜牧兽医站于2023年5月组织人员开展了牦牛产业调查。

1 牦牛产业发展现状和优势

1.1 天然草原资源丰富

××县地处青海省东部河湟谷地，祁连山南麓，湟水河上游北川河流域，地形地貌分为河谷阶地（川水）、高原丘陵地（浅山）、中山（脑山）和高山四个地区，海拔2 280米~4 622米。属高原大陆性气候，年均气温5.2℃，最高气温35.6℃，最低气温-33.4℃，年降水量536.2毫米，年日照时数2 522小时。2021年末常住人口40.33万人，耕地4.785万公顷，县域有宝库、山岔、沙岱、达板、瓜啦、娘娘山六大天然草场，草场总面积达15.8万公顷，可利用草场面积14.6万公顷，主要以高寒草甸和高山草甸为优势类型。其草场以莎草科、禾本科为主，具有粗蛋白、粗脂肪、无氮浸出物高，粗纤维低的特点。（略）

1.2 种质资源保存完整

××县牦牛存栏112 165头，从品种分大通牦牛存栏37 996头，阿什旦牦牛存栏3 796头，高原牦牛存栏70 285头，野牦牛存栏88头。有专业牦牛种牛场一家，繁育场一家，其中××种牛场创建于1952年，是全国唯一的以繁育良种牦牛为主的国家级种畜场。××牦牛是世界上第一个用人工培育成的新品种牦牛，其父本是青藏高原上的纯种野牦公牛，母系是××种牛场的适龄家牦母牛经杂交而成的。××牦牛生长发育快，生产性能高，繁育性能好，遗传稳定，外貌体型高度一致。2011年被农业部确定为我国青藏高原及其毗邻高山地区的主导品种。（略）

1.3 养殖规模及区域适合本地地理条件

××县共有9镇、11乡，牦牛现存栏112 165头，其中能繁母牛63 283头，母畜占比为56%；公牛48 882头，其中育肥牛21 157头，占牦牛总量的18.8%；年产犊牛20 379头，母牛繁殖率为41%，多为两年一胎，三年两胎者数量较少。（略）

1.4 产业发展模式多样

1.4.1 国有种牛场模式

目前我县有两家牦牛国有种畜场，分别是××种牛场和××县种畜繁殖场，两场相邻而居，地处××县西北部高山地区，海拔高，气候冷。草原类型主要为高寒草甸，合计存栏牦牛 25 525 头，占全县牦牛总数的 22.7%，××种牛场主要培育××牦牛和阿什旦牦牛，××种畜繁殖场主要培育高原牦牛。国有种牛场有明确的育种计划和育种方向，选种选育目标明确，繁育技术先进。(略)

1.4.2 养殖大户自繁自育模式

××县现有自繁自育户 708 家，牦牛存栏 56 797 头，自繁自育模式主要分布在离天然草场近的宝库、青山、青林、向化、逊让等脑山地区乡镇，多数养殖户夫妻两人参与牦牛养殖，文化程度初中以上者较多。养殖品种为高原牦牛，公牦牛自己选留或从种牛场购进的含野血成分的大通牦牛。(略)

1.4.3 集中育肥模式

(略)

1.5 专业技术力量强，养殖牦牛有技术保障

(略)

2 存在的问题

2.1 技术管理粗放

目前我县除专业牦牛养殖场外，自繁自育户和育肥户饲养管理较为粗放，主要是繁活率低，自繁自育户平均繁活率 30%~45%，养殖水平低，效益低下。

2.2 疫病多发，防控形势严峻

近年来，随着牲畜交易及流通运输增多，部分传统疫病死灰复燃，威胁牦牛产业发展，疫病防控形势严峻。

2.3 环境污染严重

全县集中育肥户有牦牛 21 157 头，按每头 250 千克估算，每百公斤每日产粪量 5.82 千克计算，每天产粪量 307.83 吨，年产粪量 11 235.9 吨，污染较为严重，周围群众深受其害，着手治理，刻不容缓。

(略)

3 促进××县牦牛产业的几点建议

3.1 强化培训，加强技术推广，加大引种力度

继续推广良种良法，引进优良种公牛，改良本地品种，开展本品种选

育，推广早期断奶等新技术，提高养殖效益。一是在技术培训方面着重培训牦牛选育、疫病防治及饲料配合等知识，提高养殖技术，增加养殖效益。二是继续加大引种力度，引进优质牦公牛，改良本地品种。主要是开展本品种选育，提高牦牛生产性能。三是推广应用牦牛早期断奶技术、暖棚饲养技术、冷季补饲圈养技术，提高牦牛繁活率。

3.2 强化疫病防控措施，严防死守，防治疫病

一是做好重大动物疫病防控，做好口蹄疫的强制免疫，防止发生重大疫情。二是做好布病免疫注射，保持免疫密度，专业场按照上级要求，做好免疫净化工作，自繁自育户及育肥户慎重引牛，做好检疫。防治传入疾病，做好畜群监测，按照乡兽医站的免疫程序，开展群体免疫。三是在普通病防治中育肥牛主要治疗消化道疾病和肢体疾病，放牧牛群主要是营养及微量元素缺乏病，保障安全生产。

3.3 注重环境保护，减少环境污染，走可持续发展道路

（略）

3.4 注重肉食品安全，树立品牌意识，杜绝过量添加

（略）

3.5 改善经营管理，发布预警信息，引导适度规模

（略）

3.6 走草畜联动模式

（略）

3.7 充分发挥屠宰企业和交易市场作用

（略）

【评析】

这是一篇比较典型的专题性调查报告，在格式上比较类似于学术类论文。该报告第一段介绍了调查的背景、时间、地点、目的等信息，说明了本调查报告材料与结论的真实性、有效性和科学性。

该调查报告的主体分为三个部分，第一部分是对牦牛产业发展现状和优势的介绍，通过大量的数字展示调查成果，客观真实。第二部分揭示了目前该地区牦牛产业存在的问题，同样是根据调查得出的结论。第三部分则是根据上文中的调查结果提出的建议，实用性强，有针对性。该调查报

告条理清晰，层次分明，具有一定的科学指导性和有效性。

【例文 3-7】

让法治贯穿全过程

——××农贸市场实行“双轨责任制”的调查

××农贸市场实行管理员执法责任制与经营业者守法责任制联为一体的双轨责任制。让法治贯穿市场监督管理和经营活动的全过程，取得了阶段性的成果，从而把依法治场工作引上新的高度。现将其主要经验总结报告如下。

一、寻找执法与守法的结合点

几年来，××农贸市场坚持依法管理市场，使市场日益繁荣。但是，市场内仍然存在一些不尽如人意的地方，缺斤少两、克扣顾客、以次充好、不服管理等违法现象在个别业者身上还不同程度存在。他们经过分析研究市场情况，认真查找原因，感到只有树立管理者与经营者紧密结合，执法与守法同步进行的一体化观念，实行双轨责任制，才能从严格执法和模范守法两个环节，确保工商法规贯彻实施。

“双责制”就是以管理人员为对象，以严格执法为核心的岗位责任制和以经营者为对象，以模范守法为核心的经营责任制，把执法人员、经营者的各项活动纳入法制轨道。他们着力抓了经营者守法责任制的建立。主要包括十个方面内容。一是深入学习各项法律法规，掌握与经营有关的法律、法规条款；二是经营对象合法化，做到亮证经营；三是按执照核准的范围经营，不买卖、出售不准上市的商品；四是严把商品质量关，不掺杂使假、以次充好；五是严格执行计量法、使用法定、准确的计量器具；六是商品明码标价，不哄抬物价；七是按法律法规的规定交纳税金和管理费；八是文明经商、守法经营、礼貌待客；九是认真执行计划生育条例，遵守计划生育政策；十是监督市场管理人员的执法行为。与此同时，管理人员与每个经营业者签订守法经营责任书，并把模范守法经营作为评定先进的根本标准，以此增强经营者自管自治的自觉性。

二、建立约束体系、推进双轨责任制

为确保“双责制”顺利进行，逐步到位。××市场从完善制约机制入手，建立了一个软硬环境并存，交相呼应的内外监督约束系统。

首先，强化外部制约机制。主要是“三项监督、一项评议”。一是群众监督，聘请人大代表、政协委员，各有关部门及消费者为义务监督员，对管理员的执法情况、经营者的守法情况进行监督。二是舆论监督，在市场内设立了有线广播和舆论专刊，对经营者重大违法案件公开曝光，施以重罚。对管理干部的收费、处罚等手段的具体内容公开化，有效地杜绝人情费、人情案的发生。三是经营对象监督。全面公开收费标准与收费情况，在摊位安排上抓阄定位、定期轮换，深得经营者的欢迎和好评。

其次，加强内部制约机制建设。针对容易出现问题的“证、案、费、位”四个关键部位采取了分解权限，实行“四制”的办法，一是在办理执照上实行受理、审理、登记发照三级审核制度；二是在处理案件上实行立案、调查、定性三步分开的独立负责制；三是在管理费收缴上实行登记受理、规费收取、财务结算三权制约机制；四是实行收费、摊位安排、监督管理三权分离责任制，从根本上消除了因权力过分集中而造成的在摊位安排等方面以权谋私行为。同时，还制定管理干部“五不准”、文明管理“五准则”。在经营者当中，制定了文明经商规范，建立了三人监督小组，三名经营者互为监督，对违反守法责任制的经营者实行限期改正、经济处罚、驱逐出市场等办法，加大了“双责制”的力度。

三、“双责制”带来的效果

实行双向责任制以后，市场内发生了很大的变化，突出体现在两个方面：一是全体管理人员岗位执法明显增强，依法管理、文明服务的执法形象得到了广大经营者的公认和赞许。市场许多管理干部满腔热情地为业户服务，认真执法、守法、不徇私情，廉洁勤政。据不完全统计，仅今年以来，市场管理人员就拒贿近 1 000 元，市场行业风气得到了空前净化。二是实行双向责任制，场内经营者克服了不择手段，只顾赚钱的利己主义思想，增强了守法纪、讲信誉、为人民服务意识，违章违法案件大幅度下降，文明经商、守法经营等良好风气在市场已经形成。

【评析】

这是一份专题性调查报告，全文不足 2 000 字，但材料具体、结论明晰、短小精悍。该文分开头和主体两部分。开头直接写出调查的结论，专题性调查报告经常采用这种写法。主体是典型的三部分。第一部分通过对比引出什么是“双责制”，并具体解释了“双责制”的内容。第二部分是说明如何实现推进“双责制”。行文紧扣责任制的双方来写，体现的是“怎样做”。最后是实行“双责制”的效果，也是从责任者双方来写的，回答的是“结果怎样”。这样整篇文章就符合了人们认识事物的逻辑规律。前后联系紧密，层次逐步递进，有因有果，给读者一个清晰的写作脉络。

四、领导讲话稿的类型及写作

领导讲话稿是指领导在各类会议上的讲话文稿，其内容与会议报告协调，紧扣会议主题。具有限定性、指导性、合适性、鲜明性、原则性和鼓动性的特点。

领导讲话稿依据不同的场合、对象和用途，分为会议类讲话稿、宣传类讲话稿、礼仪类讲话稿。

（一）会议类讲话稿

这是领导讲话稿中数量最多、占比重最大的一类，我们平时所说的“领导讲话稿”，主要是指这一类。它是领导在不同会议上讲话使用的稿件。

【例文 3-8】

在全区防汛工作推进会议上的讲话

时隔一个月，今天我们再次召开全区大规模防汛工作会议，这既是一次工作推进会，也是一次攻坚部署会，主要任务是在全面进入主汛期的关键时期，深入贯彻落实城市联合防汛工作推进会精神，进一步提高认识，高度警觉，科学组织，积极应对，强化责任，落实举措，全力保证我区安全度汛。刚才，孙××同志通报了我区河长制和防汛工作落实情况，高××同志通报了防汛抗旱应急救援准备情况，希望各单位针对存在的问题，拿出有针对性的对策措施，确保各项工作落实到位、扎实有效。下面，就具体防汛工作我讲几个方面。

一、防汛目标必须做到不打折扣

在×月××日防汛工作推进大会上，郭××市长要求必须坚定一个目标，不计任何代价坚决保证××的安全度汛。可以看出，今年的防汛工作不同以往，我们面临的形势尤为特殊、比较严峻。一是政治要求高。省、市领导多次做出重要指示，强调要坚持以防为主、防抗救相结合，坚持常态减灾和非常态救灾相统一，全面提升全区抵御自然灾害的综合防范能力。由此可见，做好主汛期防汛工作，已经到了千钧一发、刻不容缓的最关键时期，我们必须提起前所未有的高度重视，采取非同寻常的防汛措施，确保万无一失的工作效果。二是气象条件恶劣。早在今年 4 月份的全国防汛工作会上，中国气象局就对今年的气象年景进行了预测。今年我国气象年景总体偏差，区域性、阶段性旱涝灾害趋势较为明显，极端天气气候事件可能增多。从现在的情况来看，国家预测的形势是准确的，伴随着多轮强对流天气，近期南方多地发生大范围强降雨过程，部分地区遭受洪涝地质灾害，损失较为严重。入汛以来，从 6 月 1 日到今天，全市平均降水量 156 毫米，较去年同期多 120%，较常年同期多 21%。预计今年 7—8 月全市降水量比常年偏多一到三成，其中 7 月份偏多二到四成。持续的降雨，目前土壤趋近饱和，若再遭遇较强降水，防汛工作将面临更大挑战。三是存在麻痹思想。我区常年备而无汛，大家难免在思想上有所懈怠，这也是我最担忧的地方。在人命关天的事上，我们不能有任何的马虎大意。各单位务必强化底线思维和忧患意识，坚持政治站位和人民立场，切实认清当前做好防汛工作的极端重要性，强化责任担当，狠抓工作落实，确保我区安全度汛。

二、隐患排查必须做到不留死角

要针对前期排查中出现的问题，有针对性地做好本轮排查工作，做到既全面覆盖、无缝对接，又抓住重点、有的放矢。一是全域覆盖。坚持条块结合、纵向到边、横向到底，整合农业、应急、民政、教体等部门和各乡、办力量，全方位排查防汛安全隐患，重点做好行洪河道、河道沿线村庄、城市低洼易涝区的排查。哪里有河道淤堵情况，哪里有护坡砌石损毁问题，哪几条路、哪几座桥上经常积水，哪段排水管网、沟渠堵塞，这些问题一旦发现必须第一时间处理。处理不了的，要迅速上报市直相关部门，盯紧市直相关部门抓紧解决。二是全时巡查。针对区域降雨增多、河道水位上涨、土壤水量饱和等实际，全天候强化巡查，加大河道、河堤、学校、医院、养老院等重点区域、重点部位、重点设施的巡查力度。再次强调，要将防汛巡查与河长制落实紧密结合，各级河长要经常深入自己的责任区，徒步巡河查找问题，在汛期内区级河长最少每两周巡河一次、乡级河长每周最少巡河一次、村级河长每天都要巡河，切实加大日常检查力度。三是常态治理。要将常态化、动态化隐患治理贯穿始终，对已发现的隐患点要逐个核实，对可能成灾的隐患点要科学防治，划定危险范围、明确防灾预案、落实治理措施，确保万无一失。

三、防范预警必须做到不留盲点

要按照“及时、准确、可靠”的要求，扎实做好预测、预判、预警工作，下好防汛减灾的“先手棋”。一是预测预报要准。区防汛抗旱指挥部办公室要加强与市水利、气象等部门信息共享和会商研判，密切关注气象、洪涝、地质灾害监测预警，密切监测跟踪雨情、水情、汛情变化，提高预报精准度，制定严密措施，及时发布灾害预警信息，做好防灾救灾准备工作。二是综合研判要准。坚持预报会商、预警联动机制，及时研判天气变化和灾害发展趋势。主汛期间，防指办必须坚持“一日一会商、一日一调度”，确保心中有数、调度及时、应对有方。三是信息传递要准。要健全预警信息发布机制，适时通过短信、广播、电视、网络等多种渠道，扩大预警信息覆盖范围，确保预警信息第一时间到村、到户、到厂、到人，全面清除“最后一公里”。特别要做好外来务工人员、工程施工人员的预警信息传递工作，确保预警信息全覆盖。同时，要做好舆论管控工作，确保社会和谐稳定。

（略）

防汛工作关系人民群众生命财产安全和社会长治久安，做好防汛减灾工作意义深远、责任重大、使命光荣。各级各部门一定要以对党和人民高度负责的态度，以严之又严、细之又细、实之又实的作风，全力打赢防汛减灾攻坚战，确保我区安全度汛，为保障人民群众生命财产安全和经济社会发展做出应有贡献！

【评析】

该讲话稿在写作结构上的最大特点是：围绕主题安排层次，根据层次划分段落，按照联系讲照应，针对轻重定详略。

本讲话稿的开头“时隔一个月，今天我们再次召开全区大规模防汛工作会议，这既是一次工作推进会，也是一次攻坚部署会，主要任务是在全面进入主汛期的关键时期，深入贯彻落实城市联合防汛工作推进会精神，进一步提高认识，高度警觉，科学组织，积极应对，强化责任，落实举措，全力保证我区安全度汛”，简要概括讲话的时间、背景、目的、任务，开门见山，点明会议宗旨，起着引发下文并为全文定调的作用。正文是讲话稿的主体，紧扣会议主题，从三个方面提出明确的意见和有效的措施，领导的要求充实具体、条理清晰。该文的语言简练概括，清楚、晓畅、有力。

讲话稿的结尾响亮有力、干净利索，带有方向性、展示性、结论性、建议性、要求性、鼓励性、希望性的话语。本篇讲话稿另一内容特色是表述具体，言之有物，对主题内容进行展开，对问题及其原因进行具体分析。

（二）宣传类讲话稿

宣传鼓动性的讲话稿多用于誓师会、动员会、庆祝大会、成立大会、运动会开幕式、群众集会等大会。这种讲话稿的内容，侧重思想的宣传和精神的鼓舞，一般不做指示、不部署工作，但可以改变听众的精神面貌，唤起听众投身某项工作或事业的热情。这是以宣传某种主张、某项工作、某件事情为目的的讲话。

【例文3-9】

赓续七秩荣光 奋楫一流梦想

——在中国石油大学建校70周年创新发展大会上的讲话

郝　芳

尊敬的各位领导、各位院士、各位嘉宾，亲爱的各位校友，老师们、同学们：

大家上午好！

金秋岛城，天高海阔。在举国上下喜迎国庆佳节之际，我们相聚在唐岛湾畔的石大校园，共同庆祝中国石油大学建校70周年。在这激动人心的喜庆时刻，我谨代表全校师生员工，向莅临大会的各位领导、各位嘉宾表示热烈欢迎！向长期关心支持学校发展的各级领导和各界朋友表示衷心感谢！向海内外广大校友致以诚挚的问候！

（略）

七秩攀登，石大人始终把论文写在祖国大地上，彰显了服务国家战略和区域发展的“石大担当”。70年来，石大人始终聚焦油气领域不同发展时期的关键难题，在油气富集机理、分布预测、钻测材料与装备、开采技术、油气集输、油气高效利用与转化等方面取得了一系列重大成果，获国家科技奖68项。特别是，石大人用自己的技术建成了现代化工厂并成为国际知名的上市公司，形成了理论创新—技术研发—成果转化的发展之路。根据新时代国家能源战略需求，学校在深层、深水、非常规油气勘探开发和新能源新材料、高端化工、海洋装备等领域，承担了一批国家重大重点任务，建成了一批国家级科研平台。70年的不懈攀登，学校为我国石油科技的进步和发展做出了实质性贡献。学校扎根齐鲁大地办学54年，积极服务山东经济社会发展，10万余名石大毕业生战斗在山东经济社会发展的第一线，为山东培训各类管理和科技人才200多万人次，3 000余项技术为山东企业服务、1 000余项成果在山东落地转化，服务区域覆盖山东省所有地市，为山东经济社会发展做出了重要贡献。

（略）

答好时代答卷，我们必须坚持立德树人、造就强国栋梁。我们将进一步强化思想政治引领，更高质量地探索形成“三全育人”和“五育并举”的“石大经验”；践行新时代教育家精神，造就高水平的师资队伍和高素质的干部队伍；坚持立德树人成效是检验学校一切工作的根本标准，全面提升创新人才自主培养能力，造就可堪大用、能担重任的栋梁之材。

答好时代答卷，我们必须发奋自立自强、打造创新高地。我们将坚持“四个面向”，聚焦科学前沿和重大科技难题，更高质量地建设国家级科研平台，加强有组织的科研，深化政产学研用深度融合和协同创新，集聚战略科技力量开展核心技术攻关，探索教育—科技—人才一体推进、融合发展的“石大之路”，为实现高水平科技自立自强做出更加卓越的贡献。

答好时代答卷，我们必须坚定追求卓越、奋进一流梦想。我们将锚定建校100年奋斗目标，更高质量地建设好新时代人才培养体系、科技创新和科技服务体系、现代大学治理体系和服务保障体系；巩固提升“双一流”学科的优势地位，带动更多学科进入世界一流行列；构建更大范围、更宽领域、更深层次的国内国际合作新格局，努力实现更加平衡、更加高效、更加具有核心竞争力的高质量发展，持续探索扎根中国大地建设世界一流大学的“石大模式”。

老师们、同学们、校友们、朋友们！让我们时刻牢记习近平总书记“能源的饭碗必须端在自己手里”的殷殷嘱托，赓续七秩荣光，奋楫一流梦想，加快推进中国特色能源领域世界一流大学建设，为“双碳”背景下国家能源战略提供更加有力的人才和科技支撑，为山东省经济社会高质量发展提供更高水平的人才和科技服务，全力打造高等教育强国建设的“石大样板”，在民族复兴的伟大征程中再立新功、再创辉煌！

（来源：《中国石油大学学报（社会科学版）》2023年第39卷第6期）

【评析】

这篇讲话稿富有激情，是讲话人在中国石油大学建校70周年创新发展大会上的讲话。全文采用递进式的结构方式，首先表达对参会者的诚挚问候，其次回顾中国石油大学70年来的成就，最后表达对未来的展望。三部分衔接紧密，语言讲求节奏感，如在后面的几段接连使用“答好时代问卷，我们必须……”的句式引出段落内容，增强了语言的表现力和感染力。

（三）礼仪类讲话稿

出于感谢、答谢、慰问、庆贺等目的，在各种非会议仪式、场合的讲话稿。

【例文 3-10】

在新一代××轿车下线仪式上的讲话稿

（2003 年 1 月 15 日）

各位来宾、女士们、先生们：

上午好！广州××汽车公司在去年完成了 5.9 万辆的产销目标，基本建成了年生产能力 12 万辆规模的基础上，今天又迎来了喜事，与世界同步的新一代××轿车在这里顺利下线，我代表广州市委、市政府对新一代××轿车的下线表示热烈的祝贺！对一直以来支持、关心、帮助广州汽车工业发展的国家、广东省的有关部委的领导及社会各界表示衷心的感谢！向为广州轿车发展默默耕耘的全体广州××汽车公司的员工表示亲切的问候。

四年前的这个春天，广州××汽车公司生产的第一辆××轿车在这里诞生，它让广州汽车工业走向一个新的时代，四年后，已经有 13.9 万辆××轿车驰骋在祖国的大江南北，为用户送去了无限的喜悦；这充分说明了××轿车强大的生命力，现在与世界同步全面换型的××轿车，款式更新、技术更先进、性能价格比更好，相信一定会继续给用户带来新的喜悦。

中国经济的持续增长和世界经济一体化，为汽车工业发展提供了机遇和挑战，广州××汽车公司一定要牢固树立危机意识，加强企业管理，练好内功，努力提高产品质量和服务质量，加快 24 万辆生产规模的工厂改造建设，增加车型品种，降低生产成本，完善销售服务网络，以优质高效的工作为用户创造更多的喜悦。

广州××汽车项目优化了广州市、广东省的产业结构，为全省经济的发展发挥了积极的作用，汽车工业是广州市的支柱产业，作为政府部门，我们将一如既往地支持广州轿车项目的发展，发挥政府协调、服务的职能，建设一个良好的外部环境，为包括广州××汽车公司在内的所有企业在广州大展宏图、事业成功提供条件。

中国有句古话叫“一年之计在于春”，春天是播种的季节，所以我很愿意在今天把新一代××轿车的下线看作是广州××汽车公司又一轮的播种，我祝新一代××轿车一路成功。

在新年快到之际，祝各位嘉宾、各位朋友，身体健康、家庭幸福、万事如意！

谢谢大家！

【评析】

这是一篇祝贺性的讲话，其格式和内容很好地体现了祝贺性讲话的结构和内容要求。

讲话人首先对新一代××轿车下线表示祝贺。其次，对厂家的贡献做了恰当的评价。最后，结合当前的形势和任务，发表了有针对性的议论，并对厂家今后的发展做出了指示，提出要求，“广州××汽车公司一定要牢固树立危机意识，加强企业管理，练好内功，努力提高产品质量和服务质量”。

作为祝贺类讲话稿，其行文注意讲究礼仪用语，从开头的称谓到最后的结束语，符合礼仪要求，并带有感情色彩。

五、简报的类型及写作

简报是机关、团体、企事业单位内部，或者是某项中心工作、某次重要会议中用来沟通信息、交流经验、反映情况、汇报工作的期刊式文字载体。其特点是文字简短、内容新颖、反应快捷、形式灵活。

简报以简要明确地表达情况为目的。因此，从内容角度看，怎么能简单明了地说得清楚就应当怎么写。在这方面要允许不同的方法、不同的风格，鼓励发展和创新，不必墨守成规。实际上，写简报也的确没有什么固定的框框可循。不过，从通常接触的大量简报看，也可以摸索出一些规律。

简报可分为三种类型：工作情况简报、经验交流简报、会议简报。

（一）工作情况简报

用以反映各行业工作的过程、方法、经验问题等状况的简报。有反映方针政策执行情况的，有反映工作中的经验、问题的，有表扬的，也有批评的。

【例文 3-11】

吴江区美丽镇村建设工作简报

吴江区住房和城乡建设局编　　　　　　　　　　　　　　2019 年 11 月 22 日

本期要目：

一、全区美丽城镇建设总体进展情况

1. 被撤并镇整治提升进展情况

2. 建制镇建设进展情况

3. 老旧小区综合整治提升进展情况

二、全区美丽乡村建设总体进展情况

三、全区特色田园乡村建设总体进展情况

一、全区美丽城镇建设总体进展情况

2019 年度全区计划实施项目共 187 项，计划完成投资 29.35 亿元。截至 11 月 20 日，已完成项目 69 项，完成投资额 30.76 亿元，占年度计划总投资额 104.8%。

（图表略）

1. 被撤并镇整治提升进展情况

全区 16 个被撤并镇计划实施项目共 94 项，计划投资额 8.43 亿元。截至 11 月 20 日，已完成项目 39 项，完成投资额 8.68 亿元，占年度计划投资额的 103%。

（图表略）

2. 建制镇建设进展情况

（略）

二、全区美丽乡村建设总体进展情况

业务指导　11 月 7 日，区住建局召开美丽镇村建设统计工作会议，进一步明确了统计数据上报标准、信息上报要求，以及下一步工作安排，力求以高质量的数据信息为领导决策提供支撑。

验收动态　11 月 14 日、15 日，区住建局联合资规局、农业农村局，对吴江 2019 年第一批申报区级验收的三星级康居乡村创建村庄进行验收。本次验收共 21 个村庄，17 个村庄通过区级初验，区住建局已提请市美村办验收。区级第二批验收将在 12 月中旬进行。

区镇动态　为加快解决三星级康居乡村整治建设中出现的问题和困难，11 月 4 日上午，八坼街道办副主任朱旭东带领建管办负责人、石铁村村干部深入农户家中进行调研，实地了解民情民意，认真听取村民们的实际想法和需求，对部分项目进行了适度调整，赢得了村民的理解支持。

（略）

三、全区特色田园乡村建设总体进展情况

（略）

（来源：苏州市人民政府网站）

【评析】

这份简报是围绕美丽镇村建设这一中心摘录的相关内容。为了便于阅读，标出了该简报的要目，起到了提示和说明的作用，便于受文者阅读。正文主要介绍了全区美丽城镇建设总体进展情况、全区美丽乡村建设总体进展情况和全区特色田园乡村建设总体进展情况，主要采用数字说明的方法，并使用小标题对内容进行划分。

（二）经验交流简报

经验交流简报是专门用来简要交流工作经验的简报。在实际工作中，每一项工作在进行中采取何种好的做法，走了什么弯路，遇到什么困难，解决了哪些问题，有什么心得体会，随时需要用简报反映。特别是在工作告一段落或月底、季末、年终等等，更需要及时反映和交流情况，除了写较完整的工作总结外，多数情况是用简报来反映的。

【例文 3-12】

锅炉治理简报

2 月 16 日，市局召开锅炉消烟、除尘和安全生产会议。会后组织各系统对大型锅炉设备逐台进行了检查。截至3月1日止，对242个单位的443台锅炉检查的结果是：有消烟除尘措施的303台，占68.4%；尚未治理和正在治理的140台，占31.6%。

在这个基础上，我们又重点抽查了饮食服务系统47个单位的122台锅炉。其中有消烟除尘措施的103台。多数采取的是更换锅炉设备，使用大型煤气发生炉、下饲式锅炉、往复炉排快装炉等。有的在原三回程炉和大型立式炉内码放耐火砖或装配除尘管道，以达到充分利用热能，消烟除尘的目的。

通过检查看到，多数单位把消烟除尘工作作为落实中央书记处对首都建设方针四项指示的一项重要工作来抓，积极更新改造了设备，建立健全了各项规章制度，不断教育司炉人员坚持按操作规程办事，从而取得了明显效果。例如：海淀区的××食堂，使用的是煤气发生炉，烟囱保持冒白烟，不降灰尘，锅炉房内窗明几净。朝阳区××浴池的领导和司炉工经常在一起研究治理烟尘的方法，积极改进炉型，教育司炉人员加强责任心，严格按操作技术规程烧火。他们使用的三台下饲式和一台目式侧装往复炉，一直运转正常，达到了环保部门要求的消烟除尘标准。

同时也发现少数单位领导不够重视，存在着管理混乱、制度不健全、违章操作等问题。如东城区××食堂三台立式炉都改为下饲式炉，烧火方法不改变，除尘设备使用不当，没有达到预期效果。西城区××浴池使用的煤气发生炉，炉门破损严重，也不维修，烟气大量往外喷射，锅炉房内充满烟尘和有害气体，严重地威胁着司炉人员的身体健康。该浴池负责人对此漠不关心，并说："我不管这事"。有些单位锅炉设备不完好，缺少安全阀、压力表等配件。有的安全阀长期不擦、不松动；按规定应安装两个安全阀和压力表，不少锅炉只装一个。还有的单位两台锅炉共用一个压力表，影响安全生产。

以上情况我们正在督促有关部门加紧解决。

【评析】

这是一份工作小结性质的简报。有进展情况，有点有面，有成绩，有问题。对领导机关、领导同志指导工作很有参考价值。

用事实说话，是该简报的主要特征之一，也是我们编写简报应该注意的一个重要问题。这份简报列举了一系列数据用以说明："242 个单位的 443 台锅炉检查的结果""有消烟除尘措施的 303 台，占 68.4%，尚未治理和正在治理的 140 台，占 31.6%"。这些数字，可以提供情况、借鉴经验、吸取教训，这样对工作有指导和推动作用。

（三）会议简报

在一些会议召开期间，为交流代表观点、反映会议动态而编制的简报。它报道会议概况，反映会议交流经验和探讨的问题，传达和贯彻会议精神和决议。会议简报用于大中型会议，在会议期间可视会期长短及规模编发一期或多期。

【例文 3-13】

××集团职工代表大会
简报
（第 1 期）

大会秘书处　　　　　　　　　　　　　　　　2020 年 2 月 20 日

××集团职工代表大会胜利召开

2020 年 2 月 20 日上午 8：30，××集团在集团大礼堂隆重召开职工代表大会，集团张××总经理、李××副总经理、王××副总经理及 255 名职工代表出席了会议，刘××为大会致贺词，张××总经理代表集团作了工作报告，王××副总经理作了财务报告，陆××主持了会议。

刘××代表上级单位对我集团的工作给予了充分的肯定，并对今后的职代会提出了一些建议。

张××总经理的报告分工作总结和工作规划两大部分，回顾了集团成立三年来所取得的成绩，指出了存在的问题，对集团的发展提出了宏伟的蓝图，振奋人心。下午 2：00，分四个小组对张××总经理的工作报告进行了讨论，代表们踊跃发言，畅所欲言。认为报告对过去的工作总结得客观、真实，成绩确实鼓舞人心；对存在的问题分析得透彻、一针见血，指出了面临的机遇和挑战；对未来的发展指明了方向，是一篇实事求是和迎接挑战的时代宣言。

下午4：00，代表们举手表决，一致通过了工作报告、财务报告，最后李××副总经理作了“振奋精神再创辉煌业绩”的闭幕词，大会在欢快的气氛中结束。

抄送：××办公室、××集团各分公司

（共印60份）

【评析】

这是一份有关职工代表大会情况的专题简报，报头带有会议名称。正文是采用按时序展开叙述的方式，比较完整清晰地反映了会议的经过。第一段说明会议召开的时间、地点、参加人员和整个会议的主要议程。第二段描写上级领导讲话的主要内容。第三段是对整个会议的主要部分报告的内容和审议情况进行说明，比较全面地突出了会议的主要议题。最后一段对会议的结果进行了说明，包括报告的审议结果和闭幕式上领导讲话的内容提要。从简报的内容看，主要反映的是整个会议的议程和经过，只要符合会议的实际就可以。

简报的结尾有抄送单位和打印份数，这样符合企业的文件传送与保管要求。

六、大事记的类型和写法

大事记是机关单位、社会团体用概述的方法记载本单位大事要事的一种记事性文体。

大事记的种类按照所反映的客观对象性质的不同，可分为国家大事记、地区大事记、机关大事记、企业大事记和人物大事记；按照大事记记事范围的不同，可分为综合大事记和专题大事记两种；按照大事记正文形式的不同，可分为文字叙述式和表格式两种。这里着重介绍综合性大事记和专题性大事记两种类型。

（一）综合性大事记

综合性大事记把本单位各方面大事要事，按时间顺序进行记录，机关单位大事记均属于这类。

【例文 3-14】

××市 20××年 2 月大事记

1 日　全市经济工作暨对外开放工作会议在中华会堂隆重召开。市委常委、常务副市长张××主持会议。会上总结了 20××年经济工作，安排了新一年经济工作。市委书记孙××作重要讲话，市长唐××部署今年工作。市人大常委会主任王××、市政协主席尚××出席会议。

1 日—3 日　市委书记孙××率××市经贸代表团赴上海市招商引资，推进我市与上海企业在谈的合资合作项目。先后考察了上海××经济园、××国际广场机电产业城、上海××集团、上海××学院，会见了××易发式电器设备有限公司董事长，开展有针对性的招商，取得较好成果。市委常委、太子河区区委书记梅××，市委常委、秘书长方××参加了招商活动。

2 日　市委宣传部在弓长岭区政务中心召开对外宣传工作座谈会。会上，新华社、辽宁日报、辽宁电台等驻辽阳记者站负责同志交流了经验，畅谈了体会，并对我市 20××年如何搞好外宣工作，提出了一些很好的意见和建议。市委常委、宣传部部长王××对各媒体过去一年的工作给予了充分肯定，并对 20××年外宣工作进行了部署。

同日　全市农村工作会议在××宾馆召开。会议总结了 20××年农业和农村工作，全面部署了 20××年全市农业、农村和新农村建设工作。表彰了 20××年农村工作先进单位。市委副书记杨××、市人大常委会副主任××、副市长郝××、市政协副主席朱××出席会议。

同日　我市在××火车站召开 20××年春运工作会议。根据国家的安排，今年春运从 1 月 14 日开始至 2 月 22 日结束，共计 40 天。市政府已启动春运领导小组工作机制，各县（市）区、交通运输管理部门等都提前进入春运状态，制定了具体的春运工作方案和预案。

3 日　由市教育局、文化局主办，市教育电视台、市艺术馆承办的××

首届魅力校园春节晚会在市广电中心演播大厅举行，旨在促进相互学习、加深友谊、增进团结、提高技艺，丰富活跃校园文化生活。

3日—4日　由市总工会倡导，市文教工会、市卫生局工会共同组织的送医送药送健康到社区活动正式拉开序幕。市直14家医疗卫生单位深入社区送医送药送健康服务达1 200余人次，送药品价值11 000余元。

5日　“××杯”我市首届“感动××”杰出（优秀）青年企业家评选揭晓。陈×、吴××、王×等13位青年企业家获此殊荣。市人大常委会副主任吴××、市政协副主席臧××出席仪式并为获奖者颁奖。

同日　××市××镇荣获“全国创建文明村镇工作先进村镇”殊荣，市委常委、宣传部部长王××为该镇授荣誉牌匾。

5日—8日　以市长唐××为团长、副市长陈×为副团长的××市经贸代表团赴河南省汝州市、浙江省温州市和台州市开展招商引资活动，促成了××集团在我市投资兴建2条日产5 000吨新型干法水泥项目的签约，带回了招商引资的丰硕成果。2条日产5 000吨新型干法水泥生产线落户我市，建成后为目前东北地区产量最大水泥企业，签约总投资额10亿元。

6日　××镇××村被省政府评为20××年××省村屯绿化模范村。

同日　省清理拖欠农民工工资专项行动督察组来我市检查清理拖欠农民工工资情况。省督察组领导首先听取了我市清理拖欠农民工工资的情况工作汇报，查看了农民工投诉举报渠道和处理方法等，先后到××圣大建筑集团、××建筑工程公司、××富祥餐饮有限公司实地检查。××的劳动监察工作受到省督察组的认可，堪称全省的一面旗帜。

同日　由市妇联和201医院联合开展的“关爱女性健康工程”正式启动。市妇联和201医院将通过“关爱女性健康工程”教育妇女重视自身健康，维护自身健康权益，实现经济效益与社会效益同步发展，为我市妇女事业和城乡妇女姐妹身体健康营造良好的社会环境。

同日　××市獭兔协会成立大会在××宾馆举行。××市獭兔协会是由环宇公司发起，100多个骨干养殖户参与的獭兔养殖业的行业协会。

6日—12日　市动监局组织3个检查组对全市的动物防疫和动物产品质量安全工作进行检查，共检查存栏生猪1 223头、牛225头、羊356只、家禽37 536只，免疫率、挂标率、免疫卡持证率均达100%。各检查组还检查了肉类等动物产品512吨，均为合格产品。对有些农贸市场的个别经营业户经营的动物产品虽然已经过检疫但持证率不高，个别兽药店购销记录不规范等问题，责令其整改。

7日　我市召开各民主党派、工商联和人民团体工作座谈会。市委书记孙××强调，要深入贯彻落实中发5号、15号文件和全国、全省统战工作会议精神，按照市委工作会议的部署，进一步明确新一年各民主党派、工商联和人民团体的工作任务，不断推动党派、团体工作再上新台阶。市委副书记杨××主持座谈会。市领导张××、方××、常×参加了会议。

同日　市人大常委会召开第六十一次主任会议。市人大常委会主任王××主持会议，副主任李××、吴××、李××、袁××、王××、谢×，秘书长钱××出席会议。会议听取和讨论了市人大常委会20××年工作要点，听取了《关于贯彻监督法修改市人大常委会工作制度有关情况的汇报》，听取和讨论了市人大有关专门委员会关于市十三届人大五次会议主席团交付审议的议案处理意见的报告，并决定将上述报告提交市人大常委会会议审议。

同日　市纪律检查委员会召开第二次全体会议，传达贯彻中纪委七次全会和省纪委二次全会精神，研究落实今年市纪委各项工作任务，讨论市委常委、市纪委书记郑××代表市纪委常委会在全市反腐败工作会议上的工作报告。

同日　由市艺术馆，市青年美术家协会共同举办的“20××年迎新春少年儿童美术作品展览”开展。此次展出的300余幅美术作品，均是我市4岁至18岁青少年儿童创作的。市第九中学师生创作的长12.29米大型剪纸长卷《腾飞九中》，被市艺术馆作为艺术史料永久收藏。市政协副主席王××为展览剪彩。

8日　市质量技术监督局在全市范围内对计量器具进行了检查。检查中共发现243项安全隐患，下发安全监察意见通知书6份，封停了4台锅炉，还查处了2个液化气“倒气”点，查扣1台“倒气车”和20只钢瓶。对烟花爆竹抽样检查的15批次产品单发药量和炸筒冲底等两项主要指标的合格率为73%。

9日　团省委副书记曹××一行在团市委领导陪同下，到宏伟区看望贫困学生，为他们送去了慰问金。团市委领导为他们送去了米、面、油等物品。

同日　市公安局根据公安部部署，从即日起，正式启动为期9天的全市公安机关“警民相约警务室”活动。活动期间，全市各社区和农村243个警务室采取警务室开放、警民座谈等形式，让群众了解警务室工作、支持警务室工作和参与警务室工作。同时征求群众对公安工作的意见和建议，密切警民关系，切实解决人民群众关心的热点难点问题。

10日　省公安厅副厅长闫××等一行5人在副市长、市公安局局长白××陪同下，先后来到文圣区公安分局襄平派出所的安居社区和文圣派出所，参加了“警民相约警务室”活动。闫××在讲话中对襄平派出所安居社区在群众中开展的“邻里守望”活动及派出所创办的《警事生活》刊物等亲民举措得到群众认可，给予肯定和赞扬。

11日　××市南部地区控制性详细规划概念阶段设计方案评审会在××宾馆落幕。经过省、市规划专家的认真评审，××市规划设计研究院、沈阳建筑大学沈阳××规划设计有限公司、××省城乡建设规划设计院的设计方案中标并分获一、二、三等奖。

12日　由民政部社会救助司副司长王××带领的国家大中型水库移民后期扶持政策督导组来我市调研督导工作。督导组听取了市、县、乡镇关于水库移民后期扶持政策落实工作情况汇报，并与寒岭镇库区移民代表进行座谈。督导组对我市库区移民后期扶持政策落实情况给予充分肯定。

同日　我市召开就业和社会保障工作会议，会议全面总结了我市就业和社会保障工作所取得的成绩：20××年我市再就业工作全省排名第一档，连续四年获得省政府城镇就业再就业优胜奖；社保扩面全省第一名；企业工资集体协商工作开全省先河；普惠制培训、高技能人才培训、劳动监察、劳动争议仲裁分别获得全省先进。

会议由市委副书记杨××主持，市委书记孙××、市长唐××、省人力资源和社会保障厅领导出席会议并讲话。副市长陈×代表市政府与各县（市）区领导签订了目标责任状。大会表彰了就业和社会保障工作先进单位和先进个人。市领导王××、尚××、王××、臧××出席了会议。

同日　市委书记孙××，市委常委、常务副市长张××，市委常委、秘书长方××、副市长陈×率慰问团，代表××市委、市政府和××人民，走访慰问了鞍钢集团公司，畅叙友谊合作，共绘发展蓝图。

……

16日　由副市长陈×带队，市政府组织的市安监局、市公安局、市消防局、市质监局、市交通局等部门领导和市总工会的领导到××鸿泰有机化工有限公司、市长途客运车站、××火车站、木鱼石大市场和南庄烟花爆竹销售市场进行安全生产情况大检查。确保市人民过上一个祥和、愉快的春节。

同日　副市长郝××等领导到市铁西粮库检查节日期间安全防火工作。郝××指出，粮库是重点的防火单位，一定要做好节日期间的安全防火工作。铁西粮库一定要按照制订的安全防火方案和措施抓好落实，严防火灾发生，确保国家粮食安全。

……

【评析】

本大事记用简明的文字记录反映了××市20××年2月发生的大事、要事，系统扼要地记录一定事件的历史发展过程，为人们提供了轮廓性的历史状况。

大事记写作要抓住两个重点，一是对大事的界定，二是写作语言的把握。大事记里所记载的内容，应能忠实地反映本地区、本部门的重要工作活动和重大事件。如上级重要来文和本单位重要发文、本单位重大改革和成就、重大事故和损失、重要会议及重要人事变动、重要外事活动。本例文是反映××市一个月内的政府活动，包括了重要会议、主要领导的各项活动、上级领导的来访和对外交流，也有该市取得的重大成就，如××市××镇荣获“全国创建文明村镇工作先进村镇”等。

从写作方式上看，大事记是以概叙的方式扼要记录主要事实，无需详细论述和主观评价。如“副市长郝××等领导到市铁西粮库检查节日期间安全防火工作。郝××指出，粮库是重点的防火单位，一定要做好节日期间的安全防火工作。铁西粮库一定要按照制订的安全防火方案和措施抓好落实，严防火灾发生，确保国家粮食安全”。这段文字简明扼要地介绍了领导视察的时间和地点，及视察内容。

本例文中出现很多重要会议的内容，在记录会议时，大事记不仅要记录会议的时间、地点、名称、主持人及参加者，还应对会议的主要内容进行概要介绍。如：“我市召开就业和社会保障工作会议，会议全面总结了我市就业和社会保障工作所取得的成绩：20××年我市再就业工作全省排名第一档，连续四年获得省政府城镇就业再就业优胜奖；社保扩面全省第一名；企业工资集体协商工作开全省先河；普惠制培训、高技能人才培训、劳动监察、劳动争议仲裁分别获得全省先进。会议由市委副书记杨××主持，市委书记孙××、市长唐××、省人力资源和社会保障厅领导出席会议并讲话。副市长陈×代表市政府与各县（市）区领导签订了目标责任状。大会表彰了就业和社会保障工作先进单位和先进个人。市领导王××、尚××、王××、臧××出席了会议。”

【例文 3-15】

2003 年××县教育局大事记

一月

10 日　全县 23 个改危与布局调整建设项目列入县实事工程。

17 日—24 日　局领导慰问双峰、胡陈、越溪、一市、明港等镇乡全体教师及迪智学校教师。

二月

10 日—11 日　计财科对五中、深圳、西店、岔路等镇结算中心财务运作情况进行了全面调研。

15 日　计财科召开各镇乡结算中心主办会计会议，总结上年工作，布置 2003 年工作。

19 日　县政府对学校交通安全做专项检查。

三月

3 日—11 日　县纠风办、县物价局等部门对一市、强蛟等镇与二职高等学校收费情况检查。

10 日　城建局、质检站召开教育系统在建项目业主负责人、项目经理、监理公司监理人员会议，内容为安全生产与提高工程质量。

21 日　县中小学德育工作会议召开。

24 日　出台了开展学校食堂卫生量化分级监督管理的通知，此项工作的开展是宁海县的一个亮点工作，到目前为止，被评为 A 级幼儿园 3 家，B 级幼儿园 4 家，C 级幼儿园 44 家。

27 日　陈×、董××出席省教育计财工作会议。

3 月—10 月　开展县第二届名教师、学科骨干评选活动，经个人申报、单位推荐、书面考试、名师论坛、综合考评等程序，共评出县第二届名教师 49 人，学科骨干 220 人。

四月

2 日　××教育局同志来××了解我县镇乡教育结算中心情况。

7 日　浙大数控模具培训基地在××职教中心落成。

11 日　计财科召开直属学校总务主任、镇乡教育结算中心主办会计会议，布置校舍房地产调查。

17 日　市局陈××处长来××调研“四中心”建设、公用经费等。

五月

7 日　县人大张××副主任来教育局调研全县中小学发展规划与县城总体规划关系。

10 日　对全县幼儿教育进行专项整治，停办了 35 所不合格幼儿园，为幼儿教育健康发展奠定了良好的基础。

12 日　林县长带队检查教育系统实事工程建设进度。

13 日　县人大施××主任来局对全县中小学布局调整工作进行调研。

15 日　布置全县各校校舍安全大检查。

17 日　县校企联合办学、企业用工急需方案调研会在科技园区举行。

20 日　县人大王××、施××等对明港、前童、岔路、西店、强蛟等镇乡教育资源配置作专项调研。

六月

6月　根据县教育局《关于公开选拔梅林初中校长的通知》(×教〔2003〕136号)，经宣传发动、推荐报名、书面考试、书面答辩等程序，公开选拔出梅林初中校长。

11日—15日　对部分镇乡与直属学校校舍抽查。

13日　市政府教育督导室黄××、丁××两处长到茶院、越溪进行教育强镇预查。

18日　市体艺卫处对我县体艺卫工作专项督查。

26日　全国治理教育乱收费电视会议召开。

30日　规划局全套班子来局讨论研究全县学校布局与发展规划。

七月

2日　××镇中心校迁址设计方案通过会审。

10日　省督学傅××、吴××，市教育局督导处处长黄××和原处长、调研员胡××一行四人，来××指导创建教育强县工作。

14日　物价、财政、县府纠风办等部门来局商办秋季收费工作。

18日　召开全县中小学校、成校、幼教等校长会议，布置秋季调整中小学杂费标准，规范收费工作。

7月24日　教育局、劳动局、团委组织的机械初级工（劳动力转移）第一期培训班在职教中心开班，50名农村富余劳动力参加培训。

7月底　组织新课程改革师资培训，到7月底前完成下半年部分学校起始年级，全县中小学教导主任以上干部、全县初中教师新课程通识培训，受训学员1 950人。

八月

4日—5日　县府办副主任葛××、县教育局局长林×来参加在××县召开的全省创建教育强县工作座谈会。

22日　县人大张××、王××、童××局长等人实地视察规划中的高中各个园区。

23日　召开各镇乡教育结算中心主任与直属学校总务主任创强财务辅导与收费工作会议。

27日　召开普通高中择校生“三限”收费会议。

九月

5日　县政府在职教中心召开迎国家重点职高复验现场会。

5日　在××剧院召开创建省教育强县工作暨庆祝第十九个教师节大会，林××县长做报告，郑××书记、市教育局华××局长做了讲话，县四套班子、各镇乡部门一把手、分管教育镇乡长、全县教育系统干部参加了会议，会上县政府同各部门签订创强责任状，县财政局、劳动局、城关镇、西店镇、教育局做表态发言。

7日　召开全县教育事业年报布置会议。

8日　召开七镇乡一片“两免一补”座谈会。

8日　晚上召开迎接省市县收费检查会议，镇乡干事、直属学校校长、有关民办学校校长参加。

18日　全县“创强”数据汇总，填好工作用表、申报表。县政府向省人民政府提出申请，要求我县进行教育强县验收。××县教育局林××局长、陈×副局长、陈××主任、督导室娄××科长赴省教育厅督导室汇报我县创强工作。

9日—18日　县财政局、物价局、纠风办等部门联合对全县中小学收费进行检查。

20日　全县中小学校长、教育干事收费检查通报会议，县教育局、财政局、物价局、纠风办联合召开。

22日　省教育厅国家级重点职高验收组来我县职教中心验收国家级重点复评，职教中心以96.5分全省最高分通过。

25日　市收费检查组来我县收费检查。

十月

10月　梅林中学、前童小学通过省示范学校市验收。

5日—6日　确定县课程改革实验学校（潘天寿中学、西店中学、大

佳何中学、城关镇小学、前童镇小学）

8日　召开学校布局调整及发展规划会审会议。

9日—10日　××市人民政府教育督导室一行四人，在市政府督学、市政协教文卫体副主任任××的带领下，对我县茶院乡、越溪乡进行“教育强县”认定性评估。

14日　县教育局组织教育系统在城关镇潘天寿中学召开“创强”工作现场会。

27日　县局向县委各位书记汇报学校布局调整及发展规划。

27日—28日　市督导室一行五人，在市督学、原江北区教育局局长宋××的带领下，对××县梅林初中、前童小学进行示范性学校评估验收，通过初查。

十一月

3日　全市食品安全工作会议，地点××中学（各县市区教育局局长、卫生局局长、卫生监督所所长及高校校长参加）。成××市长参加了会议并在大会上做发言，后参观了柔石中学、职教中心、致远外国语学校。

4日—8日　省厅委托市检查组来我县，分别对西店中心幼儿园、桥头胡中心幼儿园、梅林中心幼儿园进行争创省示范幼儿园检查评估工作，重点对实验幼儿园和县中心幼儿园进行省示范性幼儿园复查工作。

5日—7日　梅林、西店、桥头胡等三所幼儿园通过省示范性幼儿园初评，已上报省教育厅。跃龙中学、城关镇中心幼儿园通过市级示范性文明学校验收。

7日—8日　小学生田径运动会。市中学生软式排球比赛。市中学生田径运动会。县综合综治工作会议。

10日　召开各镇乡财政所长、总会计、镇乡结算中心主办会计创强财务辅导会议。

11日　华山小学扩征10亩用地协调会议。

12日　城关镇撤镇后学校财务接收，局管正式运作。

12日　县里对教育系统“巾帼建功示范岗”进行复查和评定。全县52家示范岗中，教育系统有17家被评为“巾帼建功示范岗”。

13 日　县人大常委会领导视察柔石中学危房改造工程。

11 月　根据国务院和省、市有关文件的要求，从 2003 年 11 月份起，全县教职工工资实行县财政统一发放。

11 月　根据《中华人民共和国教育法》《中华人民共和国教师法》和《教师资格条例》及省、市教育行政部门的统一部署，于 2003 年 11 月份我县首次向社会人员开展教师资格认定，认定 358 名，其中获得初级中学教师资格 110 人，小学教师资格 49 人，幼儿园教师资格 199 人。

14 日　全县中小学党建工作会议在知恩中学报告厅召开，各镇乡党群副书记、组织委员，各镇乡教育干事，中小学、直属学校（单位）、有关民办学校党支部书记、组织委员、非支部书记校长等共 200 余人参加了会议。林××局长（书记）主持会议，县委组织部部长谢××做工作报告，××中学等 5 家单位在会上做经验介绍，技工学校等 5 家单位经验材料作书面交流。

14 日　全县成职教工作会议在县府大会议室隆重召开，各镇乡、部门负责人、企业代表，职校校长、教育干事参加会议，林××县长做报告，尤××副县长主持，出台《××县职业成人教育发展若干意见》，成立县职业教育联席会议制度。

21 日　成功举办了首届中小学生“三独”比赛和校园歌曲创作比赛，我县力洋小学、城北小学等学校参加市艺术节比赛获二等奖和三等奖。

25 日　市职业教育德育工作研讨会在我县职教中心召开。全市职成教科科长、职业学校德育负责人参加会议，交流德育工作经验，市局副局长沈××参加会议并讲话。

十二月

9 日　规划局规划科来局专项商量高中布局。

……

31 日　在××剧院举行迎新年少儿音乐会，宣传部、教育局、文广局、妇联联合举办。

【评析】

本例文是××县教育局 2003 年一年工作的综合性大事记，它以年度为记录单位，以月作为小标题，每条标明日期。同前一例文相比，这是一个基层行政部门的大事记，内容较单一，记述简要，多与本部门的业务工作有关。

（二）专题性大事记

按专题内容的不同，分别进行记载，单位可以根据需要，将能反映单位特色的业务活动或一些阶段性重大活动加以记录，因其内容专一，故称专题性大事记。

【例文 3-16】

2019 年中国服装行业大事记（节选）

10 月 30 日，2019 全国服装行业统计工作会议在云南昆明召开，来自全国主要省市行业协会、产业集群、服装企业的统计工作者齐聚一堂，共同总结一年来服装行业统计工作成果，研究新形势下的统计工作方向，部署下一阶段工作任务重点。

11 月 11 日，由中国服装协会、时尚工园、法国 ESMOD 高等服装设计学院（北京）联合打造的设计和制版培训课程首次开班，旨在进一步提高企业的设计和制版水平。

11 月 17—23 日，中国服装企业家代表团“走进广东”活动举办。

11 月 21—23 日，以“高质量发展的科技力量”为主题的第五届中国服装科技发展会议在广东虎门召开，携手服装产业链上下游相关企业协同创新，以科技磅礴之力驱动服装产业高质量发展。

11 月 22 日，2019 中国纺织服装品牌大会在浙江濮院举行，共同探讨数字经济下的品牌建设。

11 月 27—28 日，2019 年全国服装标准化技术委员会年会暨标准审定会在山西大同市召开。

12 月 3 日，由中国纺织工业联合会作为指导单位，中国扶贫基金会联合中国服装协会、纺织之光科技教育基金会、中国家用纺织品行业协会共同主办的 2019 社会力量参与救灾扶贫座谈会暨暖冬行动在京正式启动。

12 月 5—6 日，中国纺织工业联合会第四届第六次常务理事扩大会议、

2019中国纺织创新年会、2019全国纺织产业集群复查工作总结大会、第八届全国纺织行业管理创新成果推广工作会议在北京国家会议中心召开。

12月6日，由中国纺织工业联合会主办，纺织之光科技教育基金会协办的“纺织之光”2019年度中国纺织工业联合会科技教育奖励大会在北京人民大会堂召开，共授技术发明奖6项，科技进步奖77项，特别贡献奖(桑麻学者)4人。

12月9—12日，中国服装协会裤业专业委员会年会暨芒市发展服装产业研讨会在芒市召开，回顾总结了中国服装协会裤业专业委员会一年来的工作情况和取得的成绩，并共同探讨如何培育和打造芒市服装产业、积极营造发展服装产业良好氛围。

(来源：《2019—2020中国服装行业发展报告》，中国纺织出版社有限公司2020年版)

【评析】

这是一篇以服装行业为专题记事的大事记，记录以月、日为条款区划。内容全部围绕2019年与服装行业有关的大事要事来记录，既记录相关的活动，也记录召开的会议。我们可以从例文所记录的事实，全面了解一段时间内服装行业的主要活动和事件。

第四章　财经应用文写作基础理论与例文评析

第一节　财经应用文写作的基础理论

随着我国社会主义市场经济的不断发展，各类财经应用文作为经济活动中最常见的文体越来越受到社会的高度重视，其效能和作用也日益显著，诸如经济决策的确立、合同契据的签订、经济信息的传递、经济管理的实施、经济纠纷的决断等，都离不开财经应用文的写作。近年来，随着经济体制改革的不断深入和对外开放的进一步扩大，商品经济活动中的竞争机制日益激烈，外向型经济活动日见增多，因此撰写高质量的经济类应用文章，已成为从事经济活动人员的必备技能。

写好经济类应用文应该具备以下基本条件。

一、掌握党和国家相关经济政策

经济工作离不开党和国家的经济方针政策的指导，财经写作是为财经工作服务的。财经应用文包括大量的各种类型的应用文，例如财经调查报告、市场预测报告、经济合同、协议书、启事、招标书、投标书、公证书、商洽函件等。它是人们在经济工作乃至日常生活中经常使用的，有特殊的格式和规范要求的，并直接作用于人们工作、生活的文书。与其他实用文体相比，它更具有鲜明的政策性、权威性和科学性。实践证明，只有掌握党和国家相关经济政策，写出的财经应用文才能具有较高的政策水平和理论水平。因此，从事财经应用文写作，应把学习、研究党和国家的经济方针、政策、法规等摆在首要位置，通过全面系统地学习与研究，弄清现行经济方针政策的实质与内在联系，提高自己的政策水平和理论水准，从而用经济理论知识全面、科学地分析经济活动。

二、注重培养逻辑思维能力

财经应用文是人们探讨财经活动规律、反映说明财经活动现象、解决财经具体事务问题而运用的一种书面文体形式。它是客观财经工作实践在撰写者头脑中的反映，是对经济工作现象理性认识的文字表达终端，其连贯起来的思想是建立在辩证思维和抽象思维的基础之上的。比较其他文体，财经应用文对逻辑思维的要求尤其明显。作为科学性的实用文体，财经应用文要运用分析、综合、抽象、概括、演绎、归纳、推理等逻辑思维方法来说明和解决具体财经事务问题，从这一层面讲，财经应用文是人们在财经生产和财经活动中交流思想、互通情况、解决问题、处理事务最为直接有效的工具。因此，要培养提高财经应用文写作能力，就必须注重逻辑思维能力的培养与提高。

三、具有务实求真精神

财经应用文写作必须具备务实求真精神。写作中，不能合理想象，不能虚构，不能夸张、片面；所选材料涉及的时、地、人、事、因、果都必须绝对真实，所用数据都必须绝对精确。只有使用真实的东西，财经应用文才能具有极大的说服力和极强的生命力。真实是财经应用文的生命和价值，一切财经应用文都应以真实为本。具体表现在以下两方面。

（一）内容真实

对财经应用文来说，由于其应用于经济管理这一特殊领域，具有行使管理、上传下达、控制组织、协调指挥和计划决策等多种功用，加上其反映的经济活动的复杂多变性和一旦产生负面影响就直接表现为一种货币计量的经济效益贬损，所以，对财经应用文来讲，保证其写作内容的真实、可靠和典型尤为重要，这也是高质量财经应用文的必然要求。

（二）语言准确

财经应用文写作，在语言表述上要力求真实准确，言语得体，有一说一，有二说二。各类财经应用文，尽管表现手段受到种种限制，但为达到交流应用的目的，其语言表述则要真实、准确、得体，并在此基础上，力求流畅、生动，有较强的可读性。真实、准确和得体是指语言实在，概念准确，判断恰当，推理符合逻辑，不允许使用含糊其词、拖沓冗长、晦涩难懂的语句，不能让人模棱两可、似懂非懂，不过分追求华丽、雕琢和修饰，符合其特定读者的阅读状况和应用实际。唯其如此，才便于读者更好地理解和把握文章的主旨和策见，文章才能更好地服务于应用实践。

四、准确反映客观实际

各类财经应用文多是为解决经济活动中的具体问题而作的。严密的逻辑推理，准确真实的判断，这些在财经应用文写作构思时的逻辑要求，正是实际生活中各种工作能力与各种实践方式的再现。财经应用文与经济利益密切相关，为何用而写，能否切实解决问题，能否立竿见影，产生实效，全靠内容的客观实用与针对性强来实现，所以财经应用文写作，应在内容的客观现实性和针对性上下功夫。

第二节　例文评析

一、合同的类型和写作

合同是当事人之间设立、变更或者终止权利义务的协议，是交易当事人在经济活动中自主自愿的真实表现。市场经济社会，合同无处不在，有谚语说“契约的总和即为市场”。因此，在市场经济活动中，我们不可避免地要与各种合同打交道。一旦发生由合同引起的经济纠纷，其诉讼或仲裁成本甚高，甚至会吞噬交易本身为当事人双方带来的利益。

在可能发生的经济诉讼中，合同中每一句话，每一个词，每一个字，都意味着潜在的输或赢，可谓一字千金。合同文本起草得好，会抑制对方的诉讼冲动，或者令己方在将来的诉讼中抢占先机。因此合同起草人员在合同起草时应把握小心谨慎和深思熟虑的原则，以避免陷入诉讼纠纷。

我国《民法典》的第三编将合同大致分为以下 19 种：买卖合同，供用电、水、气、热力合同，赠与合同，借款合同，保证合同，租赁合同，融资租赁合同，保理合同，承揽合同，建设工程合同，运输合同，技术合同，保管合同，仓储合同，委托合同，物业服务合同，行纪合同，中介合同，合伙合同。这在法学理论上称为“有名合同”。但并不是只有有名合同才是有效的，凡是人们自愿订立的合同，只要不违反国家的法律法规，不违反社会的道德、秩序和习俗，同样受国家法律的保护。

这里着重介绍买卖合同、赠与合同、租赁合同。

（一）买卖合同

买卖合同是出卖人转移标的物的所有权于受买人，买卖人支付价款的合同。其内容包括包装方式、检验标准和方式、结算方式、合同使用的文字及其效力等条款。

【例文 4-1】

监控系统设备买卖合同

甲方：

地址：

法定代表人：

委托代表人：

联系人：

电话：

传真：

开户银行：

乙方：

地址：

法定代表人：

委托代表人：

联系人：

电话：

传真：

开户银行：

根据《中华人民共和国民法典》及相关法律的规定，甲乙双方协商签订如下合同：

第一条　合同标的要求

1. 甲方同意从乙方购买，乙方同意出售附件所列闭路电视监控系统设备。

2. 产地：详见附件。

3. 质量标准：

(1) 按原厂质量标准，即以说明书为准。

(2) 其他：____________________

4. 技术标准：

乙方提供的设备为原厂行货，符合原厂行货的技术标准。

5. 其他要求：

第二条　合同价款及支付方式

1. 本合同所列各项目的总价款为人民币：　　　¥

2. 支付方式：

(1) 双方约定按以下第________种方式支付：

①甲方在货到并安装验收合格后________个工作日内一次性支付所有款项。

②第一期付款：合同签订后________个工作日内支付合同总价款的________%。

第二期付款：货到验收合格后________个工作日内支付合同总价款的________%。

第三期付款：____________________

③其他：____________________

(2) 付款信息

乙方单位名称：惠州市××科技有限公司____________

开户银行：____________________

账　　号：____________________

乙方负责开具相关发票。

第三条 交货时间、地点和包装

1. 交货时间：按以下第________种方式确定交货时间。

(1) 自合同签订之日起________日内。

(2) 于________年________月________日内。

(3) 其他方式：以甲方指定人员签收确认日期为准。

2. 交货地点：乙方负责将货物运至甲方指定的地点并卸货。

甲方指定地点：________________________________

接货人：　　　　　　　电话：

3. 乙方负责包装货物，包装标准：

原厂包装标准并适于运输需要。

其他：

由于包装不良所发生的损失，由于采用不充分或不妥善的防护措施而造成的任何货物锈损或丢失，乙方应负责赔偿由此而产生的一切损失。

4. 设备的运输费、包装费由乙方负责。

第四条 设备的安装与验收

1. 甲方在全部设备签收后________个工作日内验收完毕。甲方在验收中，如果发现产品不合规定，应在________天内向乙方提出书面异议；乙方在接到书面异议后，应在________个工作日内负责处理。

2. 甲乙双方应于到货后在双方有关人员监督下对设备进行验收。如果5个工作日内因甲方原因没有验收，则视为该批设备验收合格。

3. 甲方在开箱清点时，如发现外包装完好无损，但箱内设备发现短缺、损坏或不符合合同规定，乙方应及时补足，由此引起的费用由乙方承担。

4. 验收标准：按原厂质量标准，即以说明书为准。

5. 乙方负责进行设备的安装、调试。

6. 其他：

第五条 保修服务与培训

1. 乙方保证提供给甲方的设备为全新、无损坏的设备，符合本合同、要求适合合同目的的设备。

2. 乙方对销售给甲方的设备在送货之日起________个月内，负责提供设备的发货、安装、调试和维护等方面的支持和服务工作，并提供从验收通过之日起________的设备免费上门保修服务，到场的时间在________小时内（从接听用户报障电话起）。在保修期间若因质量问题造成产品损坏，乙方负责免费更换。

3. 保修期满后，双方可就有关设备的服务另行签订服务协议。

4. 乙方向甲方提供的技术支持热线：

5. 培训条款：

6. 其他：

第六条　违约责任

1. 合同生效后，乙方保证在________日内按合同交货地点交货。逾期一天，乙方按未提供产品总价值的________%交纳违约金，违约金最高不超过合同总金额的20%。违约期计算时应扣除因不可抗力导致的延误时间。

2. 乙方所售产品不符合规定的，如果甲方同意利用，应当按质论价；如果甲方不能利用的，应根据产品的具体情况，由乙方负责包换或包修，并承担修理、调换或退货而支付的实际费用。乙方不能修理或更换的，按不能交货处理。

3. 乙方因产品包装不符合合同规定，必须返修或重新包装的，乙方应负责返修或重新包装，并承担支付的费用。甲方不要求返修或重新包装而要求赔偿损失的，乙方应当偿付甲方该不合格包装物低于合格包装物的价值部分。因包装不符合规定造成货物损坏或灭失的，乙方应当负责赔偿。

4. 因乙方安装不善或不能提供合同规定的维护和保养服务而造成的一切损失或设备质量事故，由乙方承担责任。

5. 如甲方未按合同规定时间准时支付货款，应自款项的最后支付日的七天后的次日起，每日向乙方偿付逾期付款部分总值的________%的利息作为违约金，违约金最高不超过合同金额的20%。

6. 按本合同应支付的违约金、赔偿金，保管保养费和各种经济损失，应当在明确责任后十天内，一次性付清，否则按逾期付款处理。

第七条 不可抗力

1. 合同签订后，签约双方任何一方，由于火灾、旱灾、地震、战争和双方同意的其他不可抗力的事故影响本合同履行时，可延长履行合同的期限；这一期限相当于事故所影响的时间，并可根据情况部分或全部免予承担违约责任。

2. 受事故影响方应尽快将所发生的不可抗力事故情况以书面形式（传真或电报等）通知对方，并在十天内将有关部门出具的证明文件寄交或传达另一方审阅确认。

3. 当不可抗力事故停止或消除后，受事故影响的一方应尽快以书面形式（传真或电报等）通知另一方，如不可抗力事故影响连续 20 天以上，双方应通过友好协商解决本合同的履行问题，并尽快达成协议。

第八条 争议的解决

履行合同过程中发生争议，双方应本着友好协商的态度解决，协商不能解决的，可向甲方所在地人民法院起诉。

第九条 其 他

1. 本合同所涉及的各款项均以________方式结算，本合同所涉及付款日期均以________日期为准。

2. 对本合同条款的任何变更、修改或增减，须经双方授权代表签署书面文件，作为本合同的组成部分，并具有同等法律效力。

3. 本合同所有的日期，除已有明确规定外，凡直接送达的，以收件人签收日期为准；邮件送达的，以邮局邮戳日期为准。

4. 本合同自双方授权代表签字之日起生效，除服务条款外有效期至合同执行完毕。

5. 本合同共有附件 1 份及相关资料，为本合同不可分割的组成部分，与合同正文具有同等效力。

6. 本合同一式四份，甲方二份，乙方二份。

甲方（签章）：	乙方（签章）：
地址：	地址：
法定代表人：	法定代表人：
委托代表人：	委托代表人：
签约日期：	签约日期：

【评析】

这是一份条款式的买卖合同，其内容周全、严密，五大条款规定具体明确，不但写明买卖的标的物及款物支付的时间、方式、地点，结算方式和有关要求，包装方式和包装物处理的要求、标准，双方的违约责任和处罚方式，合同的执存方式，同时，对不可抗力一旦发生的问题的处理也做出明确约定。整个合同平等互利、合理合法，执行起来可以避免不必要的纠纷和损失。

（二）赠与合同

赠与合同是赠与人将自己的财产无偿地给予受赠人，受赠人表示接受赠与的合同。其内容包括给付赠与物的名称，赠与合同约定的期限、地点、方式等条款。

【例文 4-2】

赠与合同

甲方（赠与人）：×××（写明姓名、住址）

乙方（受赠人）：×××（写明姓名、住址）

甲乙双方就赠送×××（赠与的标的物，应写明品名、型号、规格、数量、质地、颜色、制造厂商、出厂地等相关信息。如赠与微机一台，应写明“浪潮386型微机一台”，如其他物品，也应写明该赠与物是什么、在什么位置）事宜达成协议如下：

一、甲方将其所有的×××（标的物）赠送给乙方，其所有权证明为：（写明证明甲方拥有所有权的证据名称，如赠与房屋，就应有房产所有权证，赠与微机应有购买该微机的发票等）。

二、赠与物的交割（写明交割的条件，在什么时间、什么地点交割，办理什么手续等等）。

三、乙方应在×××期限内办理所有权转移的手续，逾期不办的，视为拒绝赠与（也可以约定其他条件）。

四、本合同自××日起生效（可以写自公证之日起生效）。

五、本合同一式两份，双方各执一份。

甲方：×××（签字、盖章）　　　　　乙方：×××（签字、盖章）

××××年×月×日

【评析】

上述例文为赠与合同的格式模本。赠与合同通常是单务合同，即合同生效后，赠与方负有将赠与物交给受赠人的义务而不享有任何权利；受赠方享有领取赠与物的权利而不承担义务。有时，赠与也可以附带一定条件，即赠与一方要求受赠方履行某种义务，受赠方不履行义务赠与方有权撤销赠与。但这种条件一般是与赠与人的利益无关的条件，而不是要求有偿地赠送。如果将某种物送给他人并要求给付一定的金钱就不是赠与关系。因此，附条件的赠与仍然是单务行为。签订赠与合同应当注意的问题：

（1）赠与标的必须为赠与人所有，也可以是赠与人有权处理的财产或者某种权利。赠与人不能把不属于自己或者自己无权处理的财产和权利赠送他人，否则，构成侵害他人权益的行为。赠与标的可以是物，可以是货币（包括外国货币）、有价证券、某种权利。例如专利权人可以将专利权赠与他人，房屋所有人可以将房屋赠与他人等。

（2）权利转移涉及有关部门批准的，应当在赠与合同中表述清楚。例如，赠与房屋合同就需要到房管部门办理房屋所有权转移手续，没有办理手续的，其转让无效。

（3）赠与合同中要写清赠与人有权处理赠与财产的证明文件，确保赠与行为的合法有效。

（三）租赁合同

租赁合同是出租人和承租人之间为租赁物的使用、收益和租金支付而签署的合同。合同条款包括租赁物的名称、数量、用途、租赁期限、租金及其支付期限和方式、租赁物维修等。

【例文 4-3】

深圳市××园艺有限公司花木租摆合同

甲方：

乙方：深圳市××园艺有限公司

为了美化环境，陶冶情操，提高工作效率，经××（以下简称甲方）、深圳市好景园艺有限公司（以下简称乙方）双方友好协商，达成如下协议：

一、品种数量具体如下：

详见附件。

二、乙方负责花卉的日常维护，每周两次到场浇水观察花木生长，如发现花卉残坏及时更换。保持花卉美观、无病虫害、无坏叶、叶面无尘土。

三、乙方工作人员遵守甲方的一切规章制度，不得进入与租摆业务无关的区域，做与租摆无关的事。乙方工作人员在摆放植物及日常维护时应注意保持现场清洁卫生，做到人走净场，且不得损坏甲方设施，否则照价赔偿。

四、甲方应为乙方提供管理上的方便条件，并保证不丢失、不损坏，否则应照价赔偿给乙方，但花卉的自然死亡由乙方承担，甲方不负责任。

五、甲方每月付给乙方花卉租摆管理费用________元（人民币），甲方如果需要增加花卉数量，可随时和乙方协商，乙方按合同指定的租摆价格的单价来计算增加的租摆费用。在花卉摆放好后，立即签订附加合同。

六、花木摆定即收一个月租金，以后每月该日收取租金。

七、租摆时间由________年________月________日至________年________月________日止。合同到期后如甲方需要可续签租摆合同。

八、甲方如果更换或迁移公司地址，必须事先通知乙方，协商解决花卉的租摆问题。

九、违约责任：甲、乙双方如单方面违约提前终止合同，需付对方违约金，违约金为一个月的绿植租金。

十、本合同一式两份，双方各执一份。双方签字、盖章后即生效。

甲方（单位公章）：

代表签字：

乙方（单位公章）：深圳市××园艺有限公司

代表签字：

开户行：××银行深圳××支行

账　号：268194651569××××

户　名：深圳市××园艺有限公司

【评析】

租赁行为是经济生活中较为常见的。这份租赁合同，在内容表述方面很有特点：除具备了合同的主要条款，如租赁的名称、数量、质量、用途、租赁的期限、租金和租金的支付期限、租赁财产的维修保养、出租方与承租人的变更、违约责任以及解决争端的方式等之外，巧妙地将品种数量设为附件，避免了正文的繁复冗长，突出了甲、乙双方的责任条款。考虑严密、言简意赅，便于操作；格式上也比较规范，结构完整。

二、商品说明书的类型与写作

商品说明书是一种以说明为主要表达方式，概括介绍商品用途、性能、特征、作用和保管方法等知识的文章。商品说明书不仅仅指导消费者正确使用商品，还有其法律上的意义。

首先，商品使用说明书是确定生产经营者的质量保证义务的根据。我国有关法律规定，生产者负有保证产品内在质量的义务，包括明示担保义务和默示担保义务。事实上，商品使用说明书便是生产经营者的明示担保义务的具体体现，是商家对消费者的公开承诺。比如，羊毛衫上标明含绒量100%，即俗称“纯羊毛”，或者无绳电话说明书上标明“在正常使用无障碍的情况下，2千米内保持通话”等，尽管含绒量50%的也是羊毛衫，在500米内可通话也属无绳电话，但只要商家做出这种明示，那么也就应当承担所约定的质量义务（必须保证2千米通话）。如果实际上是混纺的羊毛衫、只超过500米便不能正常通话的无绳电话机，消费者可以要求降价、退货等。

其次，消费者如果未按使用说明书使用所购商品，便可能造成使用不当，因此所出现的损失，一般由消费者自负责任。

产品说明书从写作风格上来划分，分为说明型、梗概型、释疑型、描述型。

（一）说明型说明书

根据消费者认识、使用的需要，运用说明的表达方式对产品各方面情况进行分类介绍的文字。

【例文 4-4】

有害气体监控仪使用说明书

用途和性能：

本产品系中华人民共和国专利产品（专利号 CN8620××××），是根据日本高压气体协会关于消费者使用报警产品为依据，由山东省××县××电子仪器厂、宁夏大学技术研究所和宁夏电子产品监督检验所共同研制而成的 QS991-I 有害气体监控仪，符合国家标准，并达到国内外同类产品的先进水平。

本产品能对油烟、一氧化碳、天然气、石油液化气、煤气、酒精、汽车和香烟烟雾长期不断地监视控制，主要适用于煤气管道漏气、煤炭燃烧不完全和燃气热水淋浴器漏气形成的一氧化碳气体。只要浓度达到危及人身安全时，报警器就能发出声光报警信号。该仪器还能自动开启换气设备，更加安全可靠。

主要技术指标：

1. 额定电压频率 220 V，50 Hz~60 Hz。

2. 环境温度 0 ℃~40 ℃。

3. 空气相对湿度 80%（40 ℃）。

4. 大气压力 86. 6 KPa~106. 6 KPa。

5. 监控仪输出口负载能力 AC220 V，2 A。

6. 报警声压在前方距 1 m 处其声压级不小于 90 dB（分贝）。

7. 延时功能 1 min~3 min（分钟）。

8. 灵敏度与动作规范：接通电源灯发光，以丁烷气为例，浓度超过 0.3%红灯发光，当浓度达到 0.75%自动报警。耗电不大于 3 W。

安装使用方法：

1. 在安装前检查性能，将电源插头插入 220 V 电源插座，绿色指示灯亮，发出“嘀”声，表示自检，5 min~10 min 后仪器工作。

2. 如需自动排气，可将风扇或其他排风设备电源插头接在仪器外壳上即可。

3. 本仪器用于办公室、会议室，与换气设备配套使用，当室内香烟烟雾达到一定浓度时，自动启动换气设备向外排烟。对于这一用途，仪器应放在墙壁的适当高度。

4. 本机作为液化气泄漏报警，应安装在靠地面的墙壁上，并保证通气良好，以确保本机性能的全面发挥。

【评析】

本商品说明书是向读者推荐有害气体监控仪，为了便于读者认知和理解，侧重从产品的性能、技术指标、安装使用三个方面详细进行说明，使用了分项说明、数字说明的手法，使消费者清楚明白。本说明书语言通俗、准确。

【例文 4-5】

××剃须刀使用说明书

充电：

将电源插头插入 AC220 V 电源之中，视充电指示灯亮，充电 12 小时~16 小时。注意：充电时间不要过长，以免影响电池寿命。

剃须：

将开关键上推至开启（on）位置，即可剃须。为求最佳之刮须效果，请将皮肤拉紧，使胡子成直立状，然后以逆胡子生长的方向缓慢移动。

修剪刀：

如有修剪刀功能的剃须刀，请在剃须前，先将修剪刀推出，修短胡须后再用网刀剃净。

清洁：

剃须刀要经常清洁。清洁前应先关上开关。旋下网刀，用毛刷将胡须屑刷净。清洁后轻轻放回刀头架，且到位。清洁时应轻拿轻放，避免损坏任何部件。

保修条例：

保修服务只限于一般正常使用下有效。一切人为损坏，例如接入不适当电源，使用不适当配件，不依说明书使用；因运输及其他意外而造成之损坏；非经本公司认可的维修和改造，错误使用或疏忽而造成损坏；不适当之安装等，保修服务立即失效。此保修服务并不包括运输费及维修人员上门服务费。保修期外享受终身维修，维修仅收元器件成本费。剃须刀中内、外刃属消耗品不在保修范围内。

保修期：正常使用六个月。

注意事项：

1. 充电时间 12 小时~16 小时。

2. 换刀网刀头时一定要选用原厂配件。

【评析】

这是一篇剃须刀的使用说明书。该使用说明书还附上了“保修条例”部分，严格来讲，“保修条例”不属于使用范围内的东西，可以略去。但本文将之作为“明示担保义务”列入，反映了对说明书写作内容设计的用心。就其使用说明来讲，该文谈到消费者在使用该产品时顺序发生的三个主要的步骤，首先要充电，其次是剃须，最后应清洁。这类剃须刀属于充电式的，由于新产品尚未充电，故要求先充电。该部分介绍了所接用的充电电压，充电时间及注意事项等。

剃须部分将剃须的具体方法、剃刀走动的方向等都介绍得很清楚。除此而外，还指出有“修剪刀”功能的剃刀可在剃须前先将长须修短，再用剃须刀剃净。

清洁是剃须后必做的工作，本说明书详细地介绍了剃须刀的保养清洁工作。对延长剃须刀的寿命来说是很有必要的。

（二）梗概型说明书

运用极其扼要的文字，说明介绍对象的主要特征或概况，使读者在瞬息之间能了解到被介绍对象的基本情况，便是梗概型的商品说明书。

【例文 4–6】

温暖 2 000 天蚕保暖内衣

温暖 2 000 天蚕保暖内衣主要材料是由诺贝尔化学得奖人 Prof. Guilio Natto 于 1953 年发明的一种超细保暖纤维组成。产品具有极强隔热性、可洗性、可晾干性、轻巧性及独有之防敏感设计。保暖内衣之用，因价格昂贵以至未能普及。近年由于科技的进步及成本的降低，在欧美一带已普及使用。来自意大利的温暖 2 000，带给你轻、薄、温暖的超凡舒适感受。

【评析】

为使读者对说明对象的情况一目了然，从而形成基本印象，本产品说明书只对产品做简要概括，用概述的方法和段篇合一的结构形式给读者留下鲜明、深刻的印象。

（三）描述型说明书

为了吸引读者，招徕顾客，有的商品说明还会寻求形象性的介绍方法。借助优美的笔法，介绍、渲染写作对象的特点和风格，以加强被介绍对象的形象性。有时，作者还运用比喻、拟人的说明手法，用自述的形式介绍，寓知识性于趣味之中，使人在获得产品信息的同时，获得艺术的享受。

【例文 4–7】

××系列茶说明书

××绿茶：

选用来自天然无污染的著名茶产区，精挑细选，手工采摘的茶叶。内衬铝箔包装，锁住茶叶的新鲜，带给您更多的甘醇。××绿茶，像阳光般，焕发您的活力，照亮您生活的每一天。

××茉莉花茶：

××茉莉花茶，选用来自天然无污染的著名茶产区，精挑细选，手工采摘的茶叶。内衬铝箔包装，锁住茶叶的新鲜，带给您更多的甘醇。××茉莉花茶，香而不浮，爽而不浊。

××柠檬茶：

××柠檬茶是上等即溶红茶与天然柠檬口味的美妙结合，兼含柠檬的清新果香和红茶的甘爽口感，清新爽口，解渴怡神。更富含人体每天所需的维生素C，天然健康。××柠檬茶让您在清爽舒畅的感受中焕发神采，振作精神。

××苹果茶：

××苹果茶是上等即溶红茶与天然苹果口味的美妙结合，兼含苹果的清新果香和红茶的甘爽口感，清新爽口，解渴怡神。更富含人体每天所需的维生素C，天然健康。××苹果茶让您在清爽舒畅的感受中焕发神采，振作精神。

××奶茶：

活力、美味、天然，无论何时何地，××奶茶在温和提升您精神的同时，给身体补充营养，让您充满活力，一天开始，唤醒身心，工作间隙，恢复活力，用餐时分，倍添美味。

××清衡茶：

将这些大自然的精华与上等绿茶精心调配，清爽好喝，汲取草本精华的天然力量，让你拥有自然平衡的活力。

××沁醒茶：

精选上等绿茶融入天然柠檬和薄荷，清澈可口，让你神清气爽、拥有自然活力。

××丽颜茶：

百分百保留纯天然花朵精华，芳香甘美，缔造花般娇颜，让你拥有自然活力，散发你的魅力。

××纤扬茶：

精选的荷叶与桑叶更融入天然的新鲜绿茶和桂花。让你在感受悠悠花香的同时，轻松保持体态轻盈，绽放活力姿彩。

【评析】

这组系列产品说明书，最大的特点是运用了形象生动的文学手法，把产品的特点形象化、抒情化，让消费者在了解产品的成分和特点的基础上，对产品的功效有形象直观的体验，如“让你在感受悠悠花香的同时，轻松保持体态轻盈，绽放活力姿彩”，这种文学化的语言，不仅增加了文字的表现力，而且使消费者获得了一种艺术享受，一举两得。

使用这种写法要有度，产品说明书应以介绍产品性能、特点、使用方法为本。文学语言和文学手法是实现目的的手段，如果过分渲染，易使消费者产生一种不信任的感觉。

三、广告文案的类型与写作

广告文案是广告生成的基础。一则出色的广告，如果没有文案，也将是有缺陷的。广告文案是广告传播中不可或缺的因素。现实生活中，很多广告语朗朗上口、广为人知，说明这些品牌已根植大众，获得成功。广告文案艺术的灵魂是产品，它的作用在于形象地刻画产品的个性，感染消费者的情感，增加消费者对产品的亲和力，诱导消费者产生购买行为。如“脚踩加速器，发动机开始引吭高歌；轮胎与大地亲昵，与道路一起舞蹈；你在前进中体验着驾驶的乐趣，没有比这更完美的了……”这是一篇某品牌汽车的平面广告文案，通过拟人手法把人类的灵性注入冰冷的汽车机械，淋漓尽致地勾勒出该品牌的个性。这样的产品让人心动，这样的文案是成功的艺术。

（一）广告文案的写作应注意以下事项

1. 根据诉求主题灵活取舍结构要素

广告文案文本基本结构较为完备：标题、正文、广告语、随文等几项内容构成了一篇广告作品的整体结构。各部分各司其职，层次分明、主次有序，使文案包含完备的信息内容。值得注意的是，广告文案的结构并不拘泥于形式上的完整，应该从广告的传播目的出发，以发展创意、表现诉求主题为根本，有机地安排和取舍。有些成功的广告文案结构并不完整，但却以独特的结构和诉求方式，形成更有效的传达力、说服力。

2. 调用多种表现方式

广告文案的表现手法多种多样，表现方式各异。文案人员应该以一种最吸引人的表现手法将诉求信息传达出来，所以表现方法并无定式。从专家的证言、名人的推荐，到带有亲切感的生活片段，从朴素直白的性能介绍，到出人意料的新颖创意，在其他文体中使用的表现方法在广告文案写作中都能找到。广告文案形成过程中表现手法的选择和运用，应该有助于达成有效传播，提升感染力和销售力，实现广告目的。

3. 语言文字风格多变

在语言文字风格上，广告文案打破了文体间的区隔，论文的严谨、诗歌的优美、散文的随意、新闻的纪实，都可以为文案所用，只要是有助于吸引受众、使广告信息得到有效传播的风格，广告文案都可以吸收和结合。

4. 注重不同受众的心理差异

广告文案要传达有效信息，就必须在文案的写作中注意不同受众的心理差异。广告文案写作的根本任务是如何在传达广告信息的同时说服和劝诱目标受众。

（二）广告文案的类型

根据不同标准可以形成不同的广告文案写作分类，这些标准包括广告目的、广告发布媒介、信息因素、自身结构和诉求方式。如：

1. 按广告的内容分，可分为销售广告文案、服务广告文案、求购广告文案等；

2. 按发布广告的载体不同，可分为报纸广告文案、杂志广告文案、广播广告文案、电视广告文案、车船广告文案等；

3. 按表现形式不同，可分为文字广告文案、画面广告文案和图文并茂的广告文案等；

4. 按广告文案撰写的表达方式不同，可分为感情诉求类广告文案、幽默诙谐类广告文案、哲理类广告文案、以势服人类广告文案等。

（三）广告文案例文分析

1. 感情诉求类广告文案

这类文案强调以情感人，或直接抒情，或含蓄婉转，或朴实自然，或情挚理真。正如美国著名广告人罗宾斯基所说："我坚信一流的感情才能组成一流的广告。所以，我们每次都刻意在广告作品中注入强烈的感情，让消费者看后忘不了、丢不开。"由此可见广告文案中情感的力量。

【例文 4-8】

产品广告文案两则

1. ××酒广告文案："××家酒，叫人想家。"

2. ××汽车广告文案："××汽车，永远向着爸爸的肩膀看齐。"

【评析】

眷恋是一种心态。现代人在"个人世界"中的一个重要的活动就是弥补自己在社会中得不到的情绪释放。情绪释放的一种有效活动是将自己的眷恋情结投射在他物上。这种投射，可以在任何一种对象身上产生，只要这个对象具有某一特征。因此，可以针对人们对传达眷恋情结的对象的寻找，发掘和创造产品的眷恋附加价值。这两则广告就是抓住了亲情这个主题，运用文学艺术手段塑造生动的形象和高妙的意境，渲染情感，使消费者感动，引起他们的共鸣，从而把广告表现的产品记在心里，达到良好的促销效果。

【例文 4-9】

××口红广告语

等待伊人来/心绪何陶然/等待春天来/喜悦上眉尖/心情多闲适/舒畅每一天/那时候/唇上染出了光辉灿烂/染出了高雅的微笑/明朗的色彩/映出心灵的莹润。

【评析】

美，是人们永远的追求。如果能将广告产品赋予目标消费者心目中美的特征，提出符合他们的审美意趣、审美选择的观念并加以形象化，同时将他们在创造产品时内蕴在其中的审美理想表达出来，让目标消费者认可并接受，广告文案就能获得成功。

本则广告文案用抒情诗般的语言，表达了美丽来自于女性对自身身份的感悟，整段文字不断渲染产品给女性带来的美的感受和用过产品后产生的美的效果。

2. 幽默诙谐类广告文案

幽默广告的表现核心要素是借助“笑”来突出诉求中心。幽默广告着重在内容的趣味性和幽默感上下功夫，让消费者在获得审美愉悦的同时，对广告信息留下深刻的印象。幽默的广告文案内容更容易记忆，也更有说服力。

【例文 4-10】

“梁新记” 牙刷广告

20 世纪 30 年代，上海的“梁新记”生产的牙刷，在 100 多家同行业厂家中，开始并无显山露水之处。老板印刷了大量的广告说明书做宣传，仍无起色。后遇一文人赠送四个字，老板茅塞顿开，以之做广告（当然还配有图），从此，“梁新记”声誉鹊起，生意大发，遂成为上海“刷坛”的“霸主”。为“梁新记”翻身的四个字是“一毛不拔”。

【评析】

众所周知，“一毛不拔”是一条贬义成语，用以形容人极端吝啬自私，使用其本义做广告，易产生不良宣传效果，无法达到广告目的。但如果用此成语宣传牙刷时，其创意便令人拍手称绝了。牙刷之所以为牙刷，刷毛是最重要的组成部分。牙刷损坏，除了把柄断裂（这是很少的），多是刷毛脱落。衡量一把牙刷质量的好坏，主要是看刷毛耐用的程度，而“一毛不拔”恰到好处地突显了这一品牌牙刷质量之优。在这里，“一毛不拔”的贬义已经荡然无存，被赋予别出心裁的褒义。这一标新立异的广告、贬义褒用的创意令人称奇。

3. 哲理类广告文案

广告文案中的哲理化倾向，体现在向大众宣传产品信息的同时，传达一种理念，展示一种思考，揭示某个规律，说明某个道理，引起人们的思考和共鸣，从而对人的生活甚至人生观、价值观产生影响。从本质上来说，哲理性的广告仍以宣传产品、树立品牌为根本目的，以广告本身为载体而又超越了广告本身。

【例文 4-11】

××电池电视形象广告《坚持篇》

字幕写道：坚持，就是 2008 北京奥运会；坚持，就是中国人心中永远的世界杯；坚持，就是与世界经济接轨，就是快乐的动力源泉。旁白和字幕：坚持，就是胜利，××电池。

【评析】

该品牌电池在 2001 年的广告宣传中紧紧抓住了当时中国人最为关注的三件大事：北京申奥、世界杯预选赛和中国加入世界贸易组织。这三件大事都深蕴一种哲理精神：坚持就是胜利。中国人不懈努力、坚忍不拔的精神，与××电池“坚持就是胜利”的产品功能和品牌理念诉求相一致，正是通过与这几个事件的有机结合，该品牌电池电力持久的品牌形象得到完美的演绎，极大地提升了品牌美誉度。

【例文 4-12】

××皮鞋广告语

成功自有规则，规则是用来打破的；成功来自梦想，梦想加行动，梦想是走出来的，××皮鞋。

【评析】

规则是现代社会正常运行的基础，守规则是一个社会成熟、文明、公平的标志。然而，生活中突破旧的条框，既是创新的需要，又是前进的动力。该品牌皮鞋的这则广告可以激励人们走自己的路，敢于创新，敢于实现自己的梦想，敢于开创属于自己的天地。

【例文 4-13】

某集团广告语

人生就像一场旅行，不必在乎目的地，在乎的是沿途的风景以及看风景的心情。××——让心灵去旅行。

【评析】

哲理性广告词直接影响的是消费者的心理。从心理学的角度看，消费者的购买行为一方面是为了满足自己的潜意识的本能欲望、释放一种心理压力、获得某种心理的补偿，另一方面也是试图与长期以来的自我认识保持一致。而富含哲理的广告词更能够满足消费者的这种消费欲望。这则广告语抓住当下充满竞争压力的飞速发展的社会这一特点，给予受众一份洒脱、一份平淡，因而充满了心理诱惑力。一种高尚的心灵享受，使消费者感动，又怎能不令人产生记忆和行动呢！

4. 以势服人类广告

该类广告文案充满自信、强劲、雄浑之气，慷慨之语，劲健中有新奇，豪迈处有惊喜，激荡人心。

【例文 4-14】

某品牌广告语

中国××，更佳之途；莽莽乾坤，秀外慧中，唯有××；悠悠岁月，朝夕相伴，唯有××；海角天涯，始终不渝，唯有××；没有最好，只有更好。

【评析】

广告创意的主题如果能从人们的需要出发，寻求明确的诉求，给予实在的承诺则会取得很好的效果。广告文案中所传达的信息必须是消费者所密切关注的内容，比如产品的质量、性能等，这样才能打动消费者、感染消费者、说服消费者。本则文案突出的是该产品的声誉和质量，从外及里，不断渲染产品性能的稳定性和使用范围的广度及时间的长久性。最后用“没有最好，只有更好”这句话来强化产品的生产理念。

【例文 4-15】

"××啤酒" 广播广告文案

在包公的故乡——合肥，有一口古老的井，取名廉泉。相传，清廉之士饮了廉泉之水，甘甜爽口，明目清心。

而今的合肥有一座现代化的啤酒厂。该厂生产的××啤酒，清亮透明，酒香味纯，以其独特的风格深受消费者欢迎。

在上海、在天津，参加 1987 年全国饮料评定，经群众投票打分，专家审查，获得了上海的健乐奖和天津市场畅销啤酒之美称！

××啤酒，不负廉泉盛名。

【评析】

这是一则广播广告文案，由播音员将广告内容直接陈述出来，形式比较单调，但却以新颖的创意和简洁、凝练、响亮的语言取胜。创作者巧妙地把该品牌啤酒与历史名人及古老的传说联系起来，不仅使品牌得到了强化，而且使产品染上了浓郁的历史文化色彩，从而深受听众欢迎。

四、广告策划书类型和写作

广告策划者对广告内容的思考，由最初的构想到逐步完善，由观念性的思想变成具体的策划文字，最终形成广告策划书。广告策划不是无计划的、盲目的行为，作为企业整体营销活动的重要组成部分，它是按照一定的程序和营销目的，有计划、有步骤地进行的。一份成功的广告策划书，要向消费者有效传达清晰鲜明的销售信息，提供利益给消费者，并且满足消费者的潜在需求，以达到最后成交的结果。一个成功的广告策划，都是按照一定程序进行的。

广告策划书可以分为以下几种类型：

1. 按内容的不同，可分为广告调研策划、广告目标策划、广告战略策划、广告创意表现策划、广告媒介策划、广告预算策划、广告实施策略策划和广告效果反馈策划。

2. 按商品类别的不同，可分为工业品广告策划和消费品广告策划。

3. 按广告活动领域的不同，可分为产品策划、促销策划、公共关系策划、庆典策划、新闻传播策划等。

4. 按时间长短的不同，可分为短期广告策划和长期广告策划。

5. 按地区范围的不同，可分为地区性广告策划和全国性广告策划及国际性广告策划。

（一）广告战略策划

该类型策划书是根据产品定位和市场研究结果，阐明广告策略的重点，说明使广告产品在消费者心目中产生深刻印象的具体方法，刺激消费者产生购买兴趣，改变消费者使用习惯的手段，使消费者选购和使用广告产品，扩大广告产品的销售对象范围，使消费者形成新的购买习惯。

【例文 4-16】

××牛奶广告战略策划书

一、市场与消费分析

现今，我国奶业仍然有较大的发展空间。大中城市仍然是商业奶和奶制品的主要消费市场，奶类消费在动物类食品构成中的比重有所提高，奶类消费在居民消费中所占的比重稳步上升，消费面不断扩大。奶类消费方式趋向多元化，一方面讲求营养和口味，另一方面，随着城市生活节奏的加快，方便实用的乳制品消费量仍在大幅上升。

××市的调查表明，目前××市中有30%的家庭每天都喝牛奶，加上平时零买的牛奶，消费量以每年10%左右的速度增长。××市的3家主要乳制品生产企业今年的销售业绩同样说明了这一点，今年，××市各奶业公司鲜奶销量均提高20%左右，日销量在7吨以上。现将市场上的主要奶类竞争品牌和品种以列表的形式比较。（略）

二、广告策略

（一）广告目标

1. 短期目标：在20××年到20××年广告执行的一年时间内，在××省内品牌知名度达到70%，产品得到消费者的普遍认可与好感，进一步扩大产品的市场占有率，成为××省内乳品市场的主导品牌。在广告宣传后期适度结合企业形象推出。以××省为根基，在竞争激烈又极有潜力的牛奶市场站稳脚跟，同时扩大规模，不断地研究消费者需求变化，推出适应新需求的产品，培养较强的市场适应性，为逐步向全国市场进军打下坚实的基础。

2. 中长期目标：从20××年初开始进行华东地区的销售网络覆盖，把广告宣传从××省向邻近地区延伸。实行逐步推进的计划，争取在20××年成为国内乳制品行业的具备较强竞争优势的知名品牌。

（二）广告诉求对象

××省内奶制品市场仍有较大潜力。我们一方面必须和其他品牌争夺原有的消费者，另一方面必须通过宣传争取潜在的消费者群体，这是培养××品牌牛奶消费群体的主要对象，所以把××省的所有可能消费者都列为广告的诉求对象。

主要可以将消费群体细分为以下三类：

1. 学生群体。学生是奶制品的主要消费群体之一，各个教育阶段的学生普遍对奶制品的需求量较大，因此，我们要将“学生奶”作为未来重点开发的市场之一。

2. 牛奶的团体消费日趋增长，所以单位消费者也是奶制品的主要诉求对象。

3. 随着人民生活水平的普遍提高，城乡家庭普遍对饮食营养的要求越来越高，所以应将家庭中主要食品关注者、决策者和购买者列为广告诉求对象。

（三）广告主题

1. 分析：牛奶广告的主题主要集中在牛奶品质和情感诉求两个方面。在消费者心中，内蒙古草原是出产优质牛奶的象征。××品牌牛奶的“父女篇”则选择情感诉求的广告主题。在××省最直接的竞争对手则是以“健康、优质、新鲜”作为诉求重点。

2. 确定：根据以上分析，我们认为，××牛奶应该走一条亲切、朴素的路子。××牛奶相对于其他竞争品牌的优势是亲民的价格和牛奶的新鲜度，这应该成为我们广告宣传的主要诉求点，同时以较高的营养价值作为广告宣传的辅助诉求点。

（四）广告创意

1. 广告口号：

“喝新鲜的××牛奶，开启新鲜的一天”

“每天一杯××牛奶，健康好生活”

2. 印刷媒介标题：

“喝新鲜的××牛奶，开启新鲜的一天”

“不一样的美味，更多的健康选择”

“××牛奶，成长的朋友”

“天天××奶，健康好生活”

3. 电视广告

“天天××奶，健康好生活”

“喝新鲜的××牛奶，开启新鲜的一天”

（五）广告实施阶段

1. 导入期：前期的广告主要改变人们对牛奶的消费观念，宣传牛奶的营养健康，以“新鲜和平民化”为广告宣传的主要诉求点，通过密集的广告投放，力求使品牌在较短时间内获得较高的知名度。

2. 成长期：在导入期宣传的基础上，进一步加深主题，以公共关系活动配合广告宣传，巩固品牌形象。

3. 延续期：分析同类产品的广告宣传策略，以及针对在前两个阶段广告宣传中存在的问题，适当调整广告策略，并结合公司的整体形象进行宣传。

【评析】

该广告策划书主要分为两部分。第一部分是对牛奶市场的现状与消费情况进行分析，为第二部分的广告策略做铺垫。第二部分是本文的主体，主要从广告目标、广告诉求对象、广告主题、广告创意、广告实施阶段五个方面介绍该品牌牛奶的广告战略策划。这则广告战略策划书关注该品牌牛奶这个具体产品的营销理念，目标明确，主要根据产品定位和市场研究来测算目标消费者群体的实际需求和心理特征，从而确定具体的广告策略。

（二）调研性广告策划书

调研性广告策划书以市场调研资料为写作基础，根据广告主的营销计划和广告目标，在市场调查的基础上，制订出一个与市场情况、产品状态、消费者群体相适应的经济有效的广告计划方案，从而为广告主的整体经营提供切实可行的行动方案。

【例文 4-17】

××洗发水广告策划书

一、前言

本公司代理××洗发水产品的全盘广告作业，至今已将近两年，两年来，本公司无时不以兢兢业业的敬业态度，为该系列产品的市场行销及广告策略等做积极的策划，在广告上除了力求表现外，更适时配合蒸蒸日上的业务，促进产品销售。本公司代理洗发水广告，第一年的广告重点是放在××香皂上，对于商品知名度的扩大及印象的加深有不可低估的贡献，该篇广告因而荣获××经济日报主办的广告金桥奖（“最佳创意奖”第二名）。第二年为配合贵公司的经营方针，前半年度以××洗发水为广告之主力的商品，强调头皮屑不可忽视，即采取行动，我们选用的标题是“对付头皮屑要选择好的洗发水”，教育消费者正确选择洗发水观念及方法，这也收到良好的效果，同时亦荣获××生活日报主办的广告最佳创意“优胜奖”。

然而，根据分析，洗发水的市场虽然较大，但因竞争品牌众多，广告投资量大，欲争取较高的市场占有率，殊非易事。本公司建议明年度销售及广告诉求重点，应放在指名购买及衔接20××年及20××年广告投资重点上，并以××洗发水为主。以下即本公司根据市场及消费者心理各项因素所研拟的20××年××洗发水广告企划案，望不吝斧正。

二、广告商品

广东××洗发水公司——××洗发水

三、广告目的

1. 促进指名购买。

2. 强化商品特性。

3. 衔接20××年、20××年广告。

4. 传播影响程度：不知名—知名—了解—信服—行动。

四、广告期间

20××年×月—20××年×月。

五、广告区域

全国各地区（以城市为主）。

六、广告对象

所有居民用户。

七、策划构思

（一）市场变化情况

1. 量的变化——随着人口的自然增减而变化。

2. 质的变化——随着社会形态（如农业进入工业区）、价值观念、文化水准等而变化。

在这两种变化中同类型商品都会受同样的影响，即利害均沾，而且变化多是渐进的，也非单独某一品牌的力量所可左右的。

（二）旧市场占有率的提升（即袭夺其他品牌的市场）

（三）使用及购买频度的增加

就××洗发水而言，因系属化妆生活用品，为个性之商品，与一些会导致冲动购买的商品不同，故“新市场之开发”甚为不易，只得利用旧有市场的互相告知，以增加新市场，而市场本身质与量的变化所扩增的市场也不可能独占。

在使用及购买频度的增加方面，亦因洗发水属日常生活用品，购买率很高，但是各种品牌太多，而无法对整个业绩的增加有所裨益，故真正能让我们加以发挥、努力的只有旧市场占有率的提升一途，以及如何袭夺其他品牌的市场，使其消费者转换品牌，指名购买我品牌。这是我们今后在广告推广方面致力的目标。

此一目标又可区分为：

1. 促使消费者指名购买××洗发水。

2. 促使洗发店老板主动推荐××洗发水。

八、广告策略

针对消费者方面：

1. 针对各阶层消费者，运用不同媒体实践有效的诉求。

2. 制作贴纸张贴于计程车上或公共椅背上，以随时随地地提醒消费者注意，弥补大众传播媒体之不足，并具有公益及PR作用。

3. 制作小型月历卡片，于元旦前散发赠送各界人士利用，譬如置于洗发店、商业区（服务台）供人随意索取，也可夹于杂志页内，赠送读者。

4. 除正式大篇幅的广告外，在杂志、网站平台上另可采用游击式的策略，不定期刊登小广告，一则省钱，二则可弥补大广告出现频次不够多的缺失。小广告只要设计得简明、醒目，仍将有很大的效果。

九、广告主题表现及媒体运用

（一）卡片及广告牌的广告内容

好的头发，选择××洗发水。

、 在广告牌上画一个女孩，重点体现在她的头发上，还有××洗发水。卡片上同样如此。不过还可以附送试用品，让用户感受一下效果，让他们买得更放心。

（二）电视广告策划

在电视台的黄金时间播出：

画面：一个美丽的女孩，一头飘逸的长发，边走边抖动着，街上的人都回头看她，然后她说了一句，想要好的头发吗？学我啊！爱生活，爱××。

（三）广播电台

广播内容就是介绍××洗发水，例如请嘉宾，做一个××洗发水的专访。

【评析】

这篇关于某品牌洗发水广告策划书内容定位准确，表达简洁，结构完整。第一部分到第六部分，用简练的文字将产品的前期广告的效果及本次广告的时间、目的、广告对象做了概括性的说明。第七部分重点论述了本次广告策划的三个思路及每个构思所要达到的目的。在明确思路之后，第八部分顺应提出具体的广告策略，与上一个部分呼应。最后一个部分涉及广告媒体的策划，根据不同媒体的特点，具体提出各具特色的策划方案。

五、市场预测报告的类型及写作

市场预测报告是在市场调查的基础上，综合所得调查材料，通过科学分析研究，预测未来市场的趋势，从而为有关部门和企业提供改善经营管理，促使产销对路，提高经济效益的有效信息。市场预测报告是调查报告的一种特殊形式。

市场预测的报告类型较多，这里主要介绍常见的单项市场预测报告和综合性预测报告两种类型。

（一）单项市场预测报告

单项市场预测报告也称专题预测报告，是对影响经济活动某一因素的预测报告。

【例文 4-18】

20××年家居涂料流行趋势预测报告

在经历了 20××年简约之风洗礼后，我们迎来了更具悬念与期待的 20××年，在新的一年里，在精彩纷呈的家装市场上，什么主题的装饰材料最为流行？什么风格的装饰效果最为时尚？什么新锐的饰家理念最受追捧？相信 20××年的家装市场呈现给我们的将是别样的斑斓与精彩！

据业内人士预测，20××年的家装市场无论装饰材料还是装饰风格，其大体的流行走向将是在秉承 20××年风格、特点的基础上，继续向自然健康迈进。

多元化、人性化将成为 20××年中国装饰装修市场的主旋律！

涂料产品的流行色一直受到人们的关注。市场对涂料色彩个性化、多样化的呼唤，不断推进涂料业从配套色浆到调色系统的一体化，掀起了一次次色彩技术革命的浪潮。

未来，人们对涂料颜色的选择范围及层次越来越广泛与丰富，简单的纯色已经无法满足个性化需求，复合色运用将会越来越普遍，或浅淡，或中性，或自然，或缤纷，朝着多层次、个性化趋势发展。

据××涂料的色彩专家预测，20××年的流行色彩将以简洁、优雅和令人感觉愉悦为主调，整体追求一种轻盈、舒适、休闲的效果，进而表达现代人乐观、向上、健康的生活态度。

趋势一：简单与合理

简单、无装饰性和简约主义，突出的是人性化装饰环境。在居室内采用清淡色系的涂料，能创造出一种休闲风格以及温馨舒适的家居氛围。浅色系的浅草绿、粉蓝色的婴儿房，浅鹅黄的卧房，将打破以往以白色为主的内墙色彩基调，给人贴近自然的全新感受。

代表色彩：含灰度较高的清淡色系——浅灰、冷蓝、浅丁香色、浅黄色。

趋势二：动感与美观

接受变化、调整自己，装饰性色彩将体现观赏性和无穷无尽的创造力。在居室内墙局部运用明丽的颜色，或用效果漆在墙面上创作出粗犷而个性鲜明的立体纹花，已成为许多年轻时尚一族 DIY 的首选。将客厅的一面以效果漆渲染出蓝天白云的背景墙，为待客会友创造出空间开阔的效果；或是将厨房、饭厅的家具刷上明艳的橙色，从视觉上提升美食的诱惑。通过居室内外色彩的巧妙结合，阳台、外廊和储物间等便会成为独特的室内景观。

代表色彩：

象征生命自然的颜色——黄绿、蓝绿、亮黄、泥土般的浅褐色。

象征生命流动的颜色——天蓝、蓝紫、闪亮跳跃的橙色、棕红色。

象征激情和创造性的颜色——以红、紫为主，鲜艳而温暖的颜色。

趋势三：古典与浪漫

用色彩唤起早已淡忘的记忆或情感。如果对优雅神秘的古典欧洲风格情有独钟，那么金属色将是不错的选择。金色的高贵、银色的迷离，它们会让细腻的情感留驻于家居的每一个色块。由欧洲涂料制造商最新推出的金属色彩涂料，将为居室平添一份独特的浪漫情怀。

代表色彩：高贵的暗金色、神秘的哑银色，配以墨绿、棕红、浅紫色。

【评析】

这是一则关于某年度家居涂料色彩年度流行预测的报告，涂料产品涉及工艺、技术、色彩等多项内容，本案关注的是涂料色彩的年度流行趋势。

由于本案是对产品的某一因素进行预测，内容较单一，采用了普通的文章结构，而没有使用标项撮要形式。

第一、二、三段是前言部分，以简短扼要的文字，说明预测的主旨，概括介绍全文的主要内容，同时也将预测的结果提前告诉公众："多元化、人性化将成为20××年中国装饰装修市场的主旋律"，以引起读者的注意。第四、第五段是对涂料色彩现状的分析，为下面的预测提供依据。最后是从三个方面来进行预测。

本案结构简洁，重点突出，预测分析和预测结果互为支撑。

（二）综合性预测报告

综合性预测报告，是对经营活动中某些因素进行的全方位的预测报告。

【例文 4-19】

20××年中国灯具市场分析预测报告

一、市场现状分析

1. 市场规模与增长

20××年，全国灯具市场总收入约为×××亿元，预计到20××年将攀升至×××亿元，年复合增长率为3%。

20××年中国灯具市场容量已达××××亿元，显示出强劲的市场增长势头。

20××年×月至×月，中国灯具品类总出口额达到××××亿元，相比去年同期下降了0.5%。年底由于节日需求的增加，出口量会出现显著增长。

2. 技术发展趋势

(1) LED灯具：LED灯具以其高效节能、长寿命和环保特性，赢得了市场的广泛青睐，成为市场的主流产品。20××年中国LED照明行业产值规模达到××××亿元，预计到20××年将达到××××亿元，同比增长率保持在两位数。

(2) 智能照明：随着智能家居的普及，智能照明产品成为市场的新热点。智能照明系统可以通过手机APP、语音控制等方式实现远程控制、定时开关、场景设置等功能，提高了照明的便捷性和舒适度。

3. 行业应用

(1) 室内外建筑照明：随着城市化建设进程的加快，城市广场、交通道路、新修社区、家庭装饰、商城与写字楼等都需要灯具灯饰的装饰，城市建设对灯饰照明产品的需求将会继续增加。

(2) 道路照明：LED灯具在道路照明中的应用越来越广泛，因其高效节能和长寿命的特性，成为道路照明的首选。

二、未来市场预测

1. 技术发展

(1) LED技术：LED灯具将继续保持强劲的增长势头，其市场份额将进一步扩大。随着技术的不断成熟和成本的降低，LED灯具将在更多领域得到应用。

(2) 智能照明：智能照明产品将进一步普及，成为灯具市场的重要组成部分。预计未来几年，智能照明系统的市场渗透率将显著提高。

2. 市场需求

随着消费结构的不断升级，人们开始重视对家居灯饰的装修，灯具行业的需求空间还将持续扩大。

3. 行业竞争

(1) 国内外品牌竞争：在国内市场中，××、×××等品牌通过技术创新、品牌提升和市场拓展等方式，逐渐占据了较大的市场份额，形成了较为明显的竞争优势。

(2) 线上渠道：线上电商平台成为照明灯具销售的重要渠道，传统的电商平台仍占据主导地位，同时，新兴平台也迅速崛起。线上家居照明市场集中度较低，竞争较为分散，但一些品牌如××等通过建立全屋智能家居产品矩阵，形成全渠道营销模型，在市场中脱颖而出。

三、经济影响

1. 宏观经济影响

灯具行业的发展对宏观经济有积极的推动作用，特别是在城市化进程和消费升级的背景下，灯具市场的增长将带动相关产业的发展，如建筑、家居、电子等。

2. 微观经济影响

对于企业而言，灯具市场的增长提供了更多的商业机会，企业需要不断创新和提升产品质量，以满足市场和消费者的需求。

四、政策支持

1. 政府政策

国家及地方政府出台了一系列相关政策，鼓励使用高效节能灯具，推广绿色照明技术，以减少能源消耗和环境污染。这些政策不仅促进了灯具行业的绿色发展和技术创新，还提升了行业的整体竞争力。

2. 行业标准与规范

政府和行业协会将加强对灯具行业的标准和规范制定，推动行业的健康发展。

五、总结与展望

综上所述，灯具市场在发展现状和未来前景方面都展现出了强大的活力和潜力。从传统照明到智能照明，从国内市场到国际市场，灯具行业正在不断推动着科技进步和社会发展。同时，灯具行业也面临着激烈的市场竞争和技术挑战，需要不断创新和升级以适应市场的变化。

未来，灯具行业将继续保持快速发展的势头，并呈现出以下几个趋势。

1. LED灯具：将继续保持强劲的增长势头，其市场份额将进一步扩大。

2. 智能照明：智能照明产品将进一步普及，成为灯具市场的重要组成部分。

3. 绿色节能：随着环保意识的提高和政策的推动，绿色环保灯具将逐渐受到消费者的青睐。

灯具行业需要不断创新和升级产品，以满足市场和用户的需求，同时加强技术研发和安全管理，保障用户数据的安全和隐私。

【评析】

本文从五个方面对20××年国内灯具市场的发展趋势进行预测。首先对国内灯具市场的现状进行分析，用数据作为预测的依据。预测主体的每部分开头均设有标题，用以提示本部分的预测内容。预测中，作者结合相关的数据和调查结果，采用对比等手法，使预测的内容可信、有说服力。

【例文 4-20】

2021 年湖北省小麦市场分析预测报告

一、生产情况

据相关部门初步调查，今年我省小麦播种面积较去年有所扩大，单产持平或略减，预计总产仍高于去年。目前，我省小麦已进入收获期，据市场反应，近期部分地区早熟新麦恰遇降水天气，加上赤霉病影响，新收小麦水分大、不完善粒超标、呕吐毒素较高，致使小麦质量不佳。随着收割的大面积展开，后期天气情况仍将是决定小麦产情的关键因素。

从全国来看，今年冬小麦播种面积恢复性增加，主产区一、二类苗比例大多超过 90%，比上年同期提高 5~10 个百分点，丰产有较好的基础。新麦收获期只要不出现极端恶劣天气，今年小麦将再获丰收，面积、单产和总产量有望实现“三增”。从我们实地调研走访河南、安徽、江苏、山东四省产情情况来看，产区 3—5 月积温普遍偏低，湿度大，病虫害相对增多，对小麦质量产生不利影响。但总体来看，近三年来，2019 年产量、质量最好，2020 年属于正常丰收年景，2021 年略次于去年。

二、前期市场走势特点分析

(一) 麦价走势先涨后稳。今年来，我省小麦价格持续高位运行。春节前，市场总体表现强势，受玉米价格上涨带动，加之疫情散发使得各流通环节囤积粮源氛围浓厚，小麦需求量增加明显，推动麦价大幅上涨。监测显示，截至 1 月末，国标三等小麦收购均价达 2 539 元/吨，同比上涨 229 元/吨，增幅达 10%。节后，一方面，为稳定市场，国家适时提高交易准入门槛，有效遏制麦价的上涨势头；另一方面，企业库存充裕，而终端需求持续疲软，市场购销清淡，加上玉米行情转淡，饲用替代预期减弱，麦价小幅下跌后持续稳中偏弱运行至 2 485 元/吨附近，上下波动幅度不超过 10 元/吨。

（二）饲用消费激增，供需紧平衡局面加剧。据国家粮油信息中心5月对小麦2020/21年度供需平衡表的预测显示，全国小麦产量为13 425万吨，比2019年增加65.5万吨，增幅0.49%。预计2020/21年度国内小麦消费总量为14 727万吨，比上年度增加2 559万吨，其中：饲料消费及损耗为3 800万吨，比上年度增加2 250万吨，增幅145.2%。年度供需缺口304万吨，比上年度的结余1 607万吨减少1 911万吨。

去年以来，玉米价格上涨迅猛，玉米/小麦价差快速扩大，庞大的政策性小麦有效填补了玉米饲用缺口。这一情况类似玉米临储高企时的2017—2019年，天量的政策性玉米库存补充市场，从而掩盖了市场新增供应与需求间的缺口。临储小麦在经过去年四季度和今年前两个月的规模性成交，结转库存快速下降，托市小麦调节市场的能力明显减弱。据统计，2021年以来，国家临储小麦累计投放6 787.7万吨，实际成交2 756.3万吨，同比增加2 217.9万吨。截至5月中旬，国家临储小麦剩余库存4 900万吨左右，同比下降4 000万吨。考虑到近年来玉米加工业（饲料加工、深加工等）产能的迅速扩张推动玉米价格本年内仍将继续保持强势，使得玉米和小麦价差修复短期内难以完成，预计今年新麦流入饲用领域仍较为可观，2021/22年度我国小麦供需出现缺口情况料将持续。不过受稻谷去库存力度加大，进口玉米及高粱、大麦等玉米替代品供应充足影响，本年度饲料企业使用小麦的数量可能有所减少。

（三）省内加工企业商业库存处于历史高位。受国内玉米供需缺口凸显影响，小麦作为替代性粮食品种价格随之跟涨。在市场普遍看涨后市的强烈预期下，我省多元化市场主体纷纷入市争抢粮源，建库囤粮惜售心理较强，形成了以市场为主导的活跃的购销氛围。在此大背景下，与往年相比，无论是粉企还是小麦市场的新主力军饲料企业，抑或大小贸易商普遍拉长建库周期，加大了原粮库存量。据统计数据显示，截至4月末，我省规模以上加工企业小麦商业库存24.15万吨，较去年同期增加11.5万吨，增幅90.9%。

三、后期市场展望

市场预期已成共识，新麦高开、托市难以启动已无悬念。但后期走势充满变量因素且相互交织影响，使得今夏小麦市场化特征凸显。其中，影响未来麦价走势的主要因素包括北方麦区产情、多元市场主体间博弈、政策调控介入时机及玉米/小麦价差变化。

(一) 北方产情决定了年内小麦供需基本面，进而影响麦价起伏。2021年，国内小麦种植面积的稳中有增使得总产还是有保证的，即使当前南方部分产区小麦受前期雨水影响质量较差，但仍可流入饲用领域，而这本身就是在预期内的，不会对总体格局造成颠覆性影响，仅仅推高了区域内达标粮源采购成本。考虑到去年年末以来，政策性粮源库存向企业商业库存大量转移而非完全消化，供需面并未达到市场分析的紧张程度。若北方小麦产情乐观，当可有效缓解市场情绪，麦价快速上涨的势头或将受到压制。若收获期主产区出现大范围灾害天气，小麦数、质量受到较大影响，市场焦虑情绪蔓延，加之炒作资金推波助澜，麦价将保持当前快速上涨势头。从前期北方产区调研情况看，尽管部分地区存在小麦扬花分蘖期低温寡照、积温不够及病虫害等问题，但在防治工作到位的情况下，整体形势较好，丰年可期。

(二) 多元市场主体间博弈更趋“白热化”，将推动麦价阶段性波动频繁。市场收购主体主要包括各级储备企业、面粉加工企业、饲料加工企业。销售主体则包括贸易商、农户。在麦粉价差收缩至较为极端的状况时，不排除部分粉企业务向贸易端转移。当前，随着北方麦区产情不断涌现，各地收储企业陈粮拍卖高溢价成交及新粮采购竞价不断刷新高点，粉企陈麦收购价格攀升，在市场信息叠加影响下，多元主体对后期麦市走向普遍持乐观态度，追高情绪不断发酵。

储备企业：有刚性的轮换需求，部分地区还有一定量的增储计划，因而对价格上涨的容忍度较高。据了解，为避免出现收粮难的情况发生，部分收储企业已与当地种粮大户签订收购协议，提前锁定粮源。

制粉企业：主要根据自身现有库存状况及麦价走势决定后期收购策略，但对新麦仍存一定程度的刚需。从实地调研情况看，部分规模以上企业已通过在上市前库存建立前置、新麦上市期后置收购需求而规避收购价格峰值。

饲料企业：相对粉企，因其利润空间更大，对麦价上涨接受程度会更高。据调研，资金雄厚的大型饲企前期已建立了3~6个月的库存，后期还将积极通过配资手段委托产区代购代储吸纳粮源。

贸易商：作为整个流通环节中最大的变量，资金、库容均较为充裕，主要以赚取购销差价为目的，对价格上涨接受程度最高。特别是收购许可放开后，对小麦炒作的热情难以估量，容易造成小麦流通的“肠梗阻”，使得阶段性供需趋紧，进而推动麦价非理性上涨，并因此形成越涨越紧、越近越涨的局面。

农户：除少量自留自用外，受收储条件所限，囤粮待涨概率不大，一旦收割将第一时间流入贸易商、经纪人手中。

（三）政策调控料将适时出台，确保麦价在合理区间运行。从去年以来政策面动作看，小麦温和适度上涨符合政府预期。但麦价在囤积居奇、投机炒作的资金操控下大幅背离基本面，扭曲供求关系，不利于市场稳定健康运行，显然违背了政府调控的初衷。在口粮市场，政策面并不缺乏调控筹码。小麦、玉米甚至稻谷可采取多点联动、多措并举的手段：加大储备投放力度，大力打击囤积居奇、哄抬价格的投机行为，从而稳定市场预期，为过热的麦市降温。

（四）玉米小麦价差的变化，直接影响小麦未来价格走势。纵观去年新麦上市至今不难发现，麦价几次上涨至高点的节点也都是玉米暴涨之时。玉米与小麦的高度替代性致使两者的价格联动性极强，价差只有处在一个合理的区间内，才能达到一个相对的平衡。一旦平衡被打破，一方价格会随着另一方价格正向变化。目前，新麦价格表现较为强势，但玉米市场行情正处于弱势下跌，预计将一定程度制约麦价的持续上涨。远期看，我国玉米供需缺口短期内难以弥补和扭转，玉米价格仍将长期高于小麦价格，小麦饲用需求量将很大程度取决于未来我国玉米市场的行情走势并直接影响麦价。

目前，我省部分早熟新季小麦已零星上市，国标三等小麦的开秤价格在1.18元/斤左右，比去年同期大概高0.09元/斤。上市初期，各方主体入市采购意愿普遍较强，加上上量有限、部分基层粮商存在一定的惜售心理，短期内价格料将保持较强走势。受极端雷暴雨天气影响，部分区域新麦质量不容乐观。品质较差而价格不低，性价比总体不高，随着后期新麦上量的不断增加，麦价不排除会出现小幅调整的可能。另外，雨后麦必须经过烘干方能使用，无疑对小麦的品质造成较大影响的同时增加了企业收购的成本。本省小麦进入饲企的数量将较大，尤其不达标无法进入储备企业及粉企的这部分小麦议价能力不高，整体收购价格较低。预计今年我省夏收小麦优质优价的市场效应会充分体现，高质量小麦因其稀缺性而更受市场追捧，品质间价差分化也将更为明显。

（来源：湖北省粮食局网站）

【评析】

报告在介绍2021年湖北省小麦生产情况的基础上，分别从麦价走势、饲用消费、省内加工企业商业库存三方面对湖北省小麦前期市场走势特点进行细致的分析、阐述，并对后期市场展开了有理有据的展望：北方产情决定了年内小麦供需基本面，进而影响麦价起伏；多元市场主体间博弈更趋“白热化”，将推动麦价阶段性波动频繁；政策调控料将适时出台，确保麦价在合理区间运行；玉米小麦价差的变化，直接影响小麦未来价格走势。全文资料充分，论述有力，有较强的说服力，最后得出的结论也令人信服。

第五章　新闻写作基础理论与例文评析

第一节　新闻写作的基础理论

新闻写作是文字写作。新闻写作承担着制作信息和传播产品的任务。它是一种特殊的行为，是新闻报道成品的制作过程。因此，它在写作理念、文本结构、基本技法和语言风格等方面，都应该符合新闻传播学的规律和要求。写新闻报道，与写文件、报告、论文、诗歌、散文、小说等有本质上的区别。按照传播学的原理，新闻写作属于信源编码过程。以传播学的术语描述，新闻信息编码是指“按语法结构、章法结构及写作技巧等规则，将文字编排成表达一定新闻内容的文字序列”。

第一，这个过程的关键在于它要实现将信源发出的信息（即事实）转换为对应的符号（即文字），文字的表述必须与事实相符。因此文字再现事实的能力，即文字再现事实的准确度、清晰度、时效度、可信度等，直接关系到信息的传播效果。

第二，经过新闻写作所传播的信息已不是原始的自然信息，这里已包含着记者的主观能动性，记者的选择、立场、观点、分析能力、表达技巧等，这些综合因素所产生的传播效果都会影响受众认知。

新闻写作基本要求主要有以下几点。

一、新闻要用事实说话

事实构成新闻的主要内容，“用事实说话”是新闻写作的基本方法和要求。事实指的是新闻事实和背景事实，“说话”指的是隐含在事实中的意见、观念，即指导性、导向性。文学写作依靠的是虚构，评论写作依靠的是论理，而新闻写作依靠的是事实。新闻的特殊价值，就在于它能通过报道客观存在的事实，以体现某个道理、观点、思想，从而感染、影响、教育受众。新闻的作用和威力全在事实中。受众喜爱新闻，是因为新闻事实中有他们需要知道的信息和值得信服的道理及思想观点。

怎样用事实说话？

1. **精选典型事实**

这是怎样用事实说话的前提和保证。面对众多事实，不能“捡到碗里都是菜”，也不能不分主次，事无巨细地端出事物活动的全过程，而应当根据新闻主题的需要，在众多事实和事物活动的全过程中，去粗取精，去伪存真，最后精选出最为典型的事例。

2. **叙事论理精巧**

事实选准了，事情可谓是成功了一半，但另一半工作还不能忽略。具体表述时，不仅求平实，还应求新颖、求意境、求立体感，使读者备受感染。有时依靠叙述事实不能充分答意，不能让读者明了事实隐含的意义，这就需要点睛的议论，但这种议论毕竟是从新闻事实中引发出来的，不能离开事实任意发挥。

3. **插叙场景、背景和人物形象**

这种做法，旨在增强新闻的形象性和感染力。新闻的真实性，即所报道的人物风貌和现场情景等，能有合乎事物本来面目的艺术写照，使新闻做到有神有形。应当说，事实不真实，新闻无生命，新闻没有感染力，就不能给人以难忘的印象。

二、新闻要出新求快

新闻这种文体区别于其他文章体裁的显著特点之一，是它对现实的反映必须迅速，要及时报道新近发生的事实，向受众传播最新的信息。要求记者具有对新闻的敏感度，认识事物的客观规律，发现事物变化之中的新特点、新个性、新矛盾，即发现事物所显现出的新闻价值，尽可能地挖掘身边的信息。写作要出新求快，但写作时还要做到有利于社会的正面效应提高，也就是说不能只顾快，还要讲究时宜性。

三、新闻要篇章简短

新闻要出新求快，又要求文章做到篇章简短，两者之间有必然的内在联系。那么主题如何提炼，文字表述是否准确恰当，要视情况而定。

新闻写作怎样才能做到篇章简短？

1. 要认真选择事实、精心提炼主题

作为消息，应该围绕一个主题、一个事件去写作，许多具体事实只能概括性地点到而已；作为通讯，篇章较长只是相对消息而言，它也力求简短，只选择能够突出表现主题的事实或素材写作。

2. 精心安排结构，断裂行文

消息写作中的“倒金字塔”结构，即“把最重要的新闻事实放在导语，重要性决定写作顺序”。“倒金字塔”结构便于写，便于删，便于读。这是人们在长期新闻传播过程中，为适应信息快速交流，为力求简短而创造出的极为有效的一种形式。还有一种“断裂文”的方法，它同样是新闻写作力求简短的有力手段。这种方法要求每一个明确的意思独立成段，每一个成形的事实独立成段，每一个背景独立成段，事实的推进只靠段落之间形成的内在逻辑展开。

3. 精练字句，言简意赅

新闻写作表现为用文字反映事实，文字是表达思维的最有力的工具。字句精练，就能做到文章简短；字句精练，就能做到言简意赅。每一个汉字都是一个内涵丰富的信息块，从古到今，留下了无数有识之士炼字炼句的佳话，这些都值得新闻记者从中汲取营养。

4. 语言规范、准确生动

新闻语言是书面语言，它不同于文学语言、外交语言、科学语言和文书语言，它以新闻报道的特殊要求在遣词造句表情达意上，显示出与众不同的特点。要求遵守汉语言规范，不能随意编词造句，注意修辞和逻辑，也不允许滥用方言土语。新闻作品中，语言的表述应该规范、生动并具有时代气息。

第二节　例文评析

一、消息的类型及写作

以简洁的文字迅速传播新近变动的事实，包括新近发生的事实、某些将要变动的事实。它是目前最广泛、最经常应用的一种报道形式。

消息的类型包括简讯、动态新闻、综合新闻、时事新闻、解释性新闻、述评新闻。

（一）简讯

又称简明新闻，是短讯、快讯、标题新闻、一句话新闻的总称。它是一种内容单一、文字简短的新闻体裁，高度概括地报道事实，不交代背景，不叙述过程，往往只有一个自然段，甚至是一行字、一句话。它也可以做无标题处理，集纳为一个新闻专栏。

【例文 5-1】

淄博举办龙年主题软陶艺术作品展

近日，位于山东省淄博市张店区的淄博陶瓷琉璃博物馆举办龙年主题软陶艺术作品展，展览以“有龙则灵”为主题，共展出原创软陶艺术作品300多件。

（来源：2024年1月6日新华网）

【评析】

这则简讯用标题概括了主要内容，正文仅用一句话便交代了事件，高度概括，语言凝练。

【例文 5-2】

警民合力擒获伤人抢匪

5月26日23时许，在巴南区人民医院右边300米处一巷道内，一持刀抢匪打伤一名20岁的女子，听到受害女子呼救后，4名群众和1名路过的警察对劫匪围追堵截，慌不择路的劫匪当场被擒。

【评析】

这则简讯是一句话简讯，用了几个逗号相隔的分句，把劫匪从抢劫到逃跑再到最后被擒获的完整过程交代得清清楚楚，内容单一，高度概括。

【例文5-3】

中国女网头号组合郑洁和晏紫21日在印第安韦尔斯网球赛半决赛中，以2：1击败美国的马特克和印度的米尔扎，晋级决赛。

【评析】

这是一则无标题的一句话简讯，清楚地交代了事件的时间、地点和结果。

无标题简讯是简讯中的最简短的形式，通常用在一事一报的新闻中，直接说出结果。

（二）动态新闻

它是以迅速简洁地报道新近发生的事物，反映事物发展过程中的新动态、新特征为主的新闻形态。它的内容集中，一事一报，简明扼要，时效性强。

【例文5-4】

荆楚非遗焕新彩

——第二届湖北非遗产品优惠展销季暨湖北嘉年华活动将举办

……

丰富展会凝聚非遗华彩

据悉，本次活动汇集了全省133个非遗项目，322名参展参演人员。按照“省级统筹、市州联动、公众参与”的思路，以“非遗+旅游”“非遗+展演”“非遗+文创”“非遗+研学”等创新活动形式，搭建集成果展示、宣传推广、展示展演、互动体验为一体的非遗展览展示平台。

冬至阳生春又来。12月22日为冬至节气，民间素有“冬至大如年”之说，于该时段举办非遗展，对于弘扬中华优秀传统文化，提升传统节日在年轻人心中的地位和影响具有重要意义。据了解，开幕式拟选五虾闹鲇、郧阳凤凰灯、枝江民间吹打乐等具有浓郁民俗风情的非遗项目，为武汉市民送上一场难得一见的年俗展演，营造欢乐喜庆的节日氛围。现场也将设置“二十四节气”墙，方便市民打卡留念。

活动期间，丰富多元的展会凝聚着荆楚非遗的熠熠华彩。

“荆楚有礼”展将精选65个与年俗节庆相关、地域特色鲜明、市场认可度高的非遗项目及新颖的非遗文创精品，带领游客重温传统年俗。该展区分为“匠心神韵”“国潮新韵”“杏林春韵”“茶香琴韵”“国音楚韵”5个板块，分别集中展示不同品类非遗项目，通过传承人现场技艺展示和产品推介，呈现独特的荆楚文化意蕴。

该展厅中还将设置“乐享非遗”体验课堂，遴选易于互动、趣味性强的非遗项目，分时段进行现场展示、展演和教学。在传承人的带领下，组织中小学生学习传统文化知识，开展非遗体验研学活动。

“荆楚风味”展将全省各地60余个特色美食汇聚一堂，打造热闹的美食市集。该板块设置烹饪区、互动区、品鉴区，让游客尽享家乡年味。

荆楚非遗影像展将精选湖北国家级非遗代表性传承人纪录片、非遗代表性项目宣传片和“文化进万家——视频直播家乡年”优秀影片进行展播，讲述非遗故事，展现荆楚风采。

（来源：2023年12月21日新华网）

【评析】

这是一篇关于展会的动态新闻。该报道抓住了展会最具动态性的几个环节，通过描述动态事件的时间、地点、事件、结果，介绍正在进行的事件，突出了展会中的动态事件。

【例文5-5】

大连住房交易环节取消5项不合理收费

昨天，市发改委、住建局开始对我市住房交易环节收费实施进一步的规范管理，取消了5项不合理收费项目。要求所有涉及住房交易收费的单位，不准超出《辽宁省住房交易收费管理目录》中所规定的10项收费标准。

市发改委、住建局昨天还取消了5项不合理收费项目。其中包括：取消非中介机构收取的贷款代办手续费；产权登记发证中心向购房者收取的商品房合同文本费；房产交易中心收取的公有住房互换手续费；置业担保公司收取的住房公积金贷款资料费；房产部门收取的商品房销售许可证费。同时降低了部分收费标准：查档及出具房地产证明费收费标准，降低为暂按每件不超过50元收取。建立并使用电子档案的地区，收费标准暂按每件不超过100元收取。现行标准低于以上规定收费标准的，仍按现行收费标准执行。房屋抵押登记费收费标准每套80元。

购房者关注的房产测绘收费也得到了规范。房产测绘收费由房产测绘单位向开发企业收取。除购房者对所购房屋面积提出异议，委托房产测绘单位重新测量外，不得在住房交易环节重复收取房产测绘费并作为办理房屋交易手续的前置条件。加强经营服务性收费管理。对住房交易过程中收取的测绘费、评估费、公证费、担保费、中介费等经营服务性收费，必须坚持购房者自愿接受服务的原则（国家有明确规定除外），服务双方须签订委托服务收费协议。未坚持双方自愿的原则，强行服务、强行收费或未签订协议收费及只收费不服务的，一律按违法收费处理。收费单位须将住房交易审批程序、收费项目、收费标准公开、公示，自觉接受群众的监督。

【评析】

在动态新闻中，时效性是体现动态的重要因素，本文发表于相关事件发生的第二天，是报纸新闻的最快捷报道的表现，时效性强。标题是对报道内容的高度概括，简洁明了。开头交代了取消不合理收费的部门和依据，正文详细地列举了取消的5项不合理收费的具体内容，同时也报道了与此相关的其他收费的规范情况。虽然没有结尾，但叙事完整，表达清楚，无须对全文再进行总结。

（三）综合新闻

围绕一个中心，把不同地区、不同领域、不同部门的同类情况，综合起来加以报道。

【例文5-6】

综合消息：“汉语桥”比赛在多国举行

新华社北京6月4日电 综合新华社驻外记者报道：“汉语桥”世界大、

中学生中文比赛日前分别在埃塞俄比亚、马达加斯加、塞尔维亚、白俄罗斯等国举行。

第22届“汉语桥”世界大学生中文比赛、第16届“汉语桥”世界中学生中文比赛埃塞俄比亚赛区决赛3日在首都亚的斯亚贝巴举行，共有16名大学生选手和6名中学生选手参加当天的比赛。

比赛分为“天下一家”主题演讲和中华才艺展示两个环节。经过激烈角逐，来自亚的斯亚贝巴大学和奥罗米亚州寄宿中学的参赛选手分别荣获大学组和中学组第一名，将代表埃塞赛区参加在中国举办的“汉语桥”世界大、中学生中文比赛总决赛。

中国驻埃塞大使赵志远、埃塞教育部国际关系司司长特雷费·贝莱等中埃机构代表参加活动。特雷费·贝莱表示，“汉语桥”比赛为埃塞的大中学生提供宝贵的语言和文化交流机会，有助于推动埃中两国在经贸、教育、文化、旅游、农业等各领域交流合作不断取得新进步。

第22届“汉语桥”世界大学生中文比赛马达加斯加赛区决赛3日在首都塔那那利佛落幕。

当天，来自塔那那利佛大学孔子学院和塔马塔夫大学孔子学院的20位选手参赛。比赛分为主题演讲和中华才艺展示两个环节。最终，来自塔那那利佛大学孔子学院的学生李嘉（中文名）获得冠军。

第16届“汉语桥”世界中学生中文比赛塞尔维亚赛区比赛3日在首都贝尔格莱德落下帷幕，共有15名中学生参赛。

比赛在贝尔格莱德第一高中举行。比赛分为高级组和初级组，包括主题演讲、才艺展示、知识问答和模拟中文面试环节。经过激烈角逐，来自格拉迪什卡高中的埃米莉·约维奇摘得高级组桂冠，将代表塞尔维亚参加在中国举办的总决赛。

第16届“汉语桥”世界中学生中文比赛意大利暨圣马力诺赛区比赛6月1日在意大利南部城市卡塔尼亚举行，米兰国立大学孔子学院选手马欣悦（中文名）获一等奖。她将代表意圣赛区参加第16届“汉语桥”世界中学生中文比赛总决赛。

……

“汉语桥”比赛白俄罗斯赛区颁奖典礼6月1日在白俄罗斯国立技术

大学主楼大礼堂举办，白俄罗斯教育部第一副部长巴哈诺维奇、中国驻白俄罗斯大使谢小用、白俄罗斯部分高校领导以及师生、家长代表参加。其间，白中学生还共同表演了精彩的节目。

巴哈诺维奇指出，白方高度重视并大力支持在白推广中文教学，20 多年来开展了众多教学项目，以满足白国内对中文专业人才的需求。他相信，今天学习中文的同学们将为白中关系富有前景的美好未来打下坚实的基础。

第 22 届“汉语桥”世界大学生中文比赛斯里兰卡赛区决赛于 5 月 31 日和 6 月 1 日在该国凯拉尼亚大学举行。

本次比赛吸引了来自斯多所高校的近 300 名大学生参加，30 人通过选拔参加决赛。决赛分为笔试、演讲和才艺表演三个部分。来自凯拉尼亚大学的萨菲亚赢得冠军，将代表斯里兰卡大学生参加在中国举办的“汉语桥”总决赛。

据中国驻波黑使馆 5 月 29 日消息，第 16 届“汉语桥”世界中学生中文比赛波黑赛区决赛日前成功举行。

本次大赛主题是“追梦中文，不负韶华”。参赛选手在演讲、知识问答、才艺表演三个环节展开角逐。来自巴尼亚卢卡文法学校的学生李如曦（中文名）凭借扎实的中文功底和令人印象深刻的才艺表演摘得桂冠。她说，自己的梦想是赴华学习计算机专业，并亲身体验中国的文化和历史。

（来源：2023 年 6 月 4 日新华网）

【评析】

综合消息的特点就是综合的信息来源广，或者综合的内容丰富，往往是某一事件或某一阶段的全面性报告。本文围绕“汉语桥”比赛这个报道中心，将具有代表性的发言和事件进行概括，点面结合，全面充分，说服力强。

（四）时事新闻

以发言、谈话、公报、声明、宣言等构成的新闻。有关方面负责人、发言人以及国家、政府、政党、团体等针对重大事件、重要事实做出的表态性反应。

【例文 5-7】

"里约三公约"主席国共同发布联合声明

新华社北京 11 月 17 日电　近日，中国作为《生物多样性公约》第十五次缔约方大会（CBD COP15）主席国，与《联合国防治荒漠化公约》第十五次缔约方大会（UNCCD COP15）主席国科特迪瓦、《联合国气候变化框架公约》第二十七次缔约方大会（UNFCCC COP27）主席国埃及共同发布了《〈联合国防治荒漠化公约〉〈生物多样性公约〉〈联合国气候变化框架公约〉缔约方大会主席联合声明》。

这是生态环境部 17 日发布的消息。

生态环境部部长黄润秋作为 CBD COP15 主席签署联合声明并发表视频致辞。黄润秋表示，气候变化、生物多样性丧失、土地退化与荒漠化加剧，给人类生存与发展带来严峻挑战。这些挑战在成因和应对措施上密切关联，需要国际社会协同应对。近年来，"里约三公约"相关缔约方大会先后达成土地退化零增长目标、《巴黎协定》、"昆明—蒙特利尔全球生物多样性框架"等一系列雄心勃勃的里程碑成果，为全球协同应对土地、气候和生物多样性问题提供了契机和平台。全面有效落实这些成果，推动实现联合国 2030 年可持续发展目标，是各缔约方当前的首要任务。

黄润秋呼吁各缔约方根据公约授权和任务规定，努力推进公约在土地、气候和生物多样性等方面的各项目标，共同构建人与自然生命共同体，确保人类和地球的可持续未来。

据了解，《生物多样性公约》和《联合国防治荒漠化公约》《联合国气候变化框架公约》被并称为"里约三公约"，是 30 多年前在巴西召开的联合国环境与发展大会上通过的，为全球生态环境保护奠定了思想和行动基石。

（来源：2023 年 11 月 17 日新华网）

【评析】

这则消息是以声明的形式发表的，声明的内容是就全球生态环境保护问题表明中国政府的态度。这篇新闻的价值在于，它主要表明了中国政府的态度和立场，从媒体的权威性角度向受众传达中国政府的声音。

（五）解释性新闻

侧重于揭示和说明新闻事实的原因和结果，着眼于“新闻背后的新闻”，向受众解释事件的来龙去脉、事件含义与社会影响，也包括对事件发展趋势的展望。

【例文 5-8】

从天而降的“礼品卡”，究竟是何来头？

包装精美、“蟹”礼诱人、客服“亲切”……近期，有网友收到了“匿名朋友”快递上门的“大闸蟹礼品卡”。对“免费”的“大闸蟹”，你会动心吗？

日前，福建厦门公安机关破获一起假借“蟹卡兑换”为名的新型电信网络诈骗案。不法分子究竟如何借“蟹卡”行骗？该如何防范此类新型诈骗？“新华视点”记者就此展开调查。

“免费大闸蟹”的诱惑

今年 10 月 7 日，厦门的一位快递小哥报警称，自己接到一个“大单”——寄件人要求寄出 4 000 张包装精美的“大闸蟹礼品卡”，并提供了一份 4 000 人的姓名、电话、住址等信息。寄件人“指示”快递小哥将“蟹卡”对照名单逐一寄出，并拍摄视频留证。

由于每张“蟹卡”上写着“面值 500 元”，4 000 张“蟹卡”意味着价值 200 万元，再加上寄件人颇为“神秘”，受过反诈宣传教育的快递小哥选择报警。

正是快递小哥的这一决定，让无辜群众避免落入诈骗陷阱。接警后，厦门市公安局思明分局开元派出所民警张洺铨等人立即着手案件侦破工作。

经民警调查发现，“蟹卡”诈骗的玄机主要出在卡面印制的二维码上。据张洺铨介绍，根据“蟹卡”上的提示，受害人只要扫码，就会直接进入“客服聊天”的对话框，在佯装“核实”受害人的身份信息后，“客服”

便会要求受害人参与“刷单返利”任务，并称只要完成相关任务，就能获得“10只大闸蟹”作为奖励。

“一般会有多个‘刷单’任务。为了让受害者尝到‘甜头’，在第一个任务完成后，受害人会收到小额奖励。之后，不法分子会要求其‘加大投入’，以换取‘更高报酬’，最终使受害人落入诈骗陷阱。”张洺铨解释说。

至此，“蟹卡”诈骗套路已经水落石出——不法分子以“蟹卡”为诱饵，让“扫码兑换大闸蟹”这一步骤变成了“刷单得大闸蟹”。一旦有人抱着“不要白不要”的心理接受任务，就会掉入不法分子设好的诈骗圈套。

在厦门破获的这起“蟹卡”诈骗案件中，已有2名犯罪嫌疑人落网，公安机关正根据线索追查其他涉案人员。

“礼品卡”类诈骗缘何频频得手?

近期，除厦门破获的这起“蟹卡”诈骗案外，不少地区均有类似案件发生。

10月上旬，演员孙艺洲就在社交平台上发帖，称遭遇了疑似“蟹卡”诈骗。在小红书、抖音等社交平台上，记者输入“蟹卡”进行检索，发现自今年9月以来，有不少网友都表示收到了类似的精致“蟹卡”。但大部分网友表示，在扫码后“发觉不对劲”，遂拒绝了“免费的大闸蟹”。

上海市公安局闵行公安分局曾于10月5日发布紧急预警称，该辖区居民崔某收到装有印着二维码的“大闸蟹兑换卡”的快递，崔某扫码加入微信群聊，根据客服引导完成“刷单返利”等任务，结果被骗2万元。

“蟹卡”之外，还有其他的“礼品卡”陷阱。10月底，“平安北京”发布信息称，有不法分子冒充某知名品牌向群众发放该品牌的产品“提货卡”；11月初，有网友反映在路上捡拾到某品牌的“电话手表兑换卡”，也高度疑似是电信网络诈骗的新手段……

厦门市公安局思明分局刑侦大队重案中队中队长孙玥晅说，相较于直接让受害人转账，快递上门的“礼品卡”更具迷惑性。

值得注意的是，一些地区未严格落实快递实名登记要求，是造成此类诈骗频频得手的重要原因。孙玥晅说，由于在快递实名制要求不严的地区可以随意发送快递，不法分子乘机隐匿犯罪踪迹作案。

早在2018年，交通运输部就公布实施了《邮件快件实名收寄管理办法》，要求各寄递企业制定本单位实名收寄管理制度和措施，并严格落实执行。物流行业专家杨达卿说，一些地区快递实名制落实不到位，反映出部分快递企业管理不够规范，末端服务网点碎片化，服务标准落实不够。

此外，网络黑市买卖个人信息泛滥，也是此类诈骗犯罪得以实施的重要原因。奇安信集团安全专家王伟峰表示，不法分子通过多种渠道获得公民个人信息，筛选出"易上当人群"，导致一些受害者在不同类型诈骗中多次落入陷阱。

多措并举打击"礼品卡"类诈骗

业内专家建议，有关部门要强化落实快递行业实名制寄递监管，从源头阻断"诈骗礼品卡"寄出。厦门"蟹卡"诈骗案件中，正是由于快递员反复要求寄件人提供本人身份证明，在无果的情况下报案，才有效避免了更多受害人落入电诈陷阱。

杨达卿建议，行业主管部门要按照相关法规及标准要求，督促快递企业落实寄递实名制以及寄递物品验视规定，对未履行实名制要求的企业实行负面清单管理；快递企业要强化自身网络和信息安全保障能力，严格收寄验视，普及应用虚拟安全号码和隐私面单，不能确定寄递物品安全属性的不得收寄。

此外，要积极发挥社交平台的反诈教育功能，提升识别新型诈骗活动的知识普及度。王伟峰建议，社交平台可加强对新型诈骗活动的舆情搜集与分析，为用户做好反诈普法宣传。

民警提醒，在收到此类装有"礼品卡"的快递时，一定要认真核实快递来源，切忌轻易扫描陌生快递中包含的二维码。对于"客服"提出的诸如"刷单返利"或"参与有奖"等要求，坚决抵制，牢记"天上不会掉馅饼"。在遇到疑似诈骗快递时，第一时间拨打110报警电话向公安机关举报。(记者颜之宏)

（来源：2023年11月27日新华网）

【评析】

本文为一起发生在厦门市的以“蟹卡兑换”为名的新型电信网络诈骗案的相关报道，详细介绍了该起诈骗案被快递小哥发现、被公安机关破获的过程，并且对此类诈骗案频发的原因进行深入剖析，阐释该事件的社会影响，以达到警醒读者的作用。很显然，这样的报道要比一般的“消息”来得深入、耐看，因而也就受到读者的欢迎。

（六）述评新闻

述评新闻是一种“关于新闻的述评”。在报道新闻事实的同时，夹叙夹议，进行一些必要的评说。其中重点在“评”，“述”是为“评”服务的。

【例文 5-9】

新华述评：坚持科技创新引领发展

——加快形成新质生产力系列述评之一

新华社记者　戴小河、胡喆、吴慧珺

习近平总书记近日在黑龙江主持召开新时代推动东北全面振兴座谈会时强调，积极培育新能源、新材料、先进制造、电子信息等战略性新兴产业，积极培育未来产业，加快形成新质生产力，增强发展新动能。

加快发展新质生产力，必须坚持科技创新引领，实现人才强、科技强进而促进产业强、经济强，要加快实现高水平科技自立自强，支撑引领高质量发展，为全面建设社会主义现代化国家开辟广阔空间。

以科技创新为主导：为生产力增添科技内涵

中国空间站遨游太空、蛟龙潜水器探秘深海、“中国天眼”FAST 巡天观测、国产大飞机 C919 飞向蓝天……

科技创新，如同撬动新事物的杠杆，总能迸发出令人意想不到的强大力量。

纵观人类发展史，科技创新始终是一个国家、一个民族发展的不竭动力，是社会生产力提升的关键因素。新质生产力是科技创新在其中发挥主导作用的生产力，是以高新技术应用为主要特征、以新产业新业态为主要支撑、正在创造新的社会生产时代的生产力。

踏上新征程，加快构建新发展格局，推动高质量发展，迫切需要科技创新做好动力引擎、当好开路先锋，加快形成更多新质生产力，为建设现代化产业体系注入强大动力。

从时不我待推进科技自立自强、只争朝夕突破“卡脖子”问题，到牢牢扭住自主创新这个“牛鼻子”、发挥科技创新的“增量器”作用，从推动经济发展质量变革、效率变革、动力变革，到深入推进发展方式、发展动力、发展领域、发展质量变革，习近平总书记首次明确提出“加快形成新质生产力”，这为科技创新引领产业全面振兴指明了方向。

抓创新就是抓发展，谋创新就是谋未来。加快形成新质生产力，需要增强创新这个第一动力。

“新质生产力的提出进一步增添了生产力的科技内涵，也让创新这个第一动力的指征更加具体。”中国科学技术发展战略研究院副院长郭戎认为，新质生产力有别于传统生产力，涉及领域新、技术含量高，依靠创新驱动是其中关键，代表着一种生产力的跃迁。

近年来，我国基础研究经费从2012年的499亿元增长到2022年的2 023.5亿元，有力支撑了铁基超导、量子信息、干细胞、合成生物学等领域的重大成果产出。

中国人工智能学会副秘书长余有成表示，新质生产力的提出，意味着党中央将以更大决心推动以科技创新引领产业全面振兴，以产业升级构筑新竞争优势、赢得发展主动权。

以科技成果转化为抓手：让更多科技创新迸发涌流

如果说“从0到1”代表着科技创新的原始突破，那成果转化进入市场就是“从1到无穷”的路径演进。提高科技成果转化水平，是科技创新和产业创新对接的“关口”，也是转化为新质生产力的关键。

“科创+产业”加速融合，战略性新兴产业集群不断向高端化、智能化、绿色化迈进，着力推动我国产业跃升……

这是科技成果转化从“书架”到“货架”的加速度——

短短一年时间，西安砺芯慧感科技有限公司 1 200 多平方米的毛坯房就变成了洁净车间。这家脱胎于西北工业大学的企业主要从事传感器研发制造，在秦创原平台的帮扶支持下一个月内就走完审批、选址、专利评估等流程，大大降低了初创企业的组建难度。

作为科技创新孵化器，陕西秦创原平台经过两年多建设，正加速释放科创潜能，其构建的“产业创新+企业创新”平台体系已建成国家级制造业创新中心 1 家、省级制造业创新中心 19 家，为科技成果转化蹚出一条新路。

这是“放手”发展当下、“放眼”蓄势未来的积极谋划——

安徽合肥，在经济技术开发区内的大众汽车（安徽）有限公司生产基地，数百个机器人有条不紊地运转，庞大的工厂车间只需要不超过百名工人，将于今年底实现首台车型量产。

近年来，安徽不懈推动现代化产业体系建设，加快培育壮大战略性新兴产业，今年更是将汽车产业提升为“首位产业”。今年上半年，安徽新能源汽车产量 34. 2 万辆，同比增长 87. 8%。

“产业体系的质量，奠定了经济发展的质量。”合肥高新区管委会副主任吕长富表示，战略产业、未来产业是“用明天的科技锻造后天的产业”，大数据、云计算、人工智能等新技术深刻演变，只有用硬科技赋能现代产业体系，才能为未来发展蓄力。

这是在更多前沿领域的“换道超车”——

在刚刚闭幕的 2023 年中国国际服务贸易交易会上，一台名为“术锐”的手术机器人剥蛋壳的演示吸引众人驻足观看。剥完后，薄如蝉翼的蛋膜完好无损。这台手术机器人由北京术锐机器人股份有限公司研发，在全球拥有近 600 项知识产权及申请，多项技术达国际先进水平。

当前，我国发展面临的机遇和挑战并存，要办好发展和安全两件大事，必须向科技创新要方法、要答案，以高水平科技自立自强提供“筋骨”支撑。要加强基础研究和原始创新，以“非对称”策略在前沿领域加快“换道超车”。要紧紧围绕产业链供应链关键环节、关键领域、关键产品，布局“补短板”和“锻长板”并重的创新链，全面提升创新链整体效能。

以培育新产业为支撑：加快形成新质生产力

无论是当前提振信心、推动经济回升向好，还是在未来发展和国际竞争中赢得战略主动，都必须加快实现高水平科技自立自强，以科技体制改革为突破，强化企业科技创新主体地位，开辟新赛道、增强新动能、塑造新优势，加快形成新质生产力。

——开辟新赛道。江苏重点布局变革性新材料、类脑智能等前沿方向；围绕工业母机、生物医药等产业链短板实施59项关键核心技术攻关；完善“揭榜挂帅”机制，发布重大任务榜单28个，吸引63个高水平团队参与攻关。

——增强新动能。上半年，全球首座十万吨级1 500米超深水半潜式生产储油平台“深海一号”具备远程遥控生产能力；我国首座深远海浮式风电平台“海油观澜号”在海南文昌海域正式投产；我国自研海底地震勘探采集装备“海脉”实现产业化制造……

——塑造新优势。在湖北武汉东湖高新区的“中国光谷”，多家光电子信息产业领军企业拔节生长，一系列创新成果接连涌现……目前，区内光电子信息产业规模已突破5 000亿元，光电子信息、新能源与智能网联汽车、生命健康、高端装备和北斗产业等五大优势产业正带动湖北制造业迈上新台阶。

纵观近年来全球经济增长的新引擎，无一不是由新技术带来的新产业，进而形成的新质生产力。

展望未来，正如习近平总书记在今年全国两会上指出，在激烈的国际竞争中，我们要开辟发展新领域新赛道、塑造发展新动能新优势，从根本上说，还是要依靠科技创新。

（来源：2023年9月18日新华网）

【评析】

本篇新闻的内容述、评结合，作者在阐明事实的基础上，提出了自己的观点。由于作者的观点建立在新闻事实的基础上，结合紧密，因此具有无可辩驳的说服力。

在提出自己的观点时，作者也间或提及其他专家的观点，让读者根据新闻中的材料做出自己的判断。

【例文 5-10】

春暖花开半城 清明追思英雄

进入四月，天气好得出奇。阳光明媚，时时可见天空中飘舞的风筝引来人们驻足仰望。这个季节，正如唐代诗人韩愈在诗中写到的："天街小雨润如酥，草色遥看近却无。最是一年春好处，绝胜烟柳满皇都。"而此时的乌鲁木齐，因为小气候的原因，正值花开半城，道路两边会时不时地露出几树盛开的桃花，让人惊艳得频频回首。

清明节正值万物复苏、踏青郊游的大好春光。有一首宋诗这样描写清明："梨花风起正清明，游子寻春半出城。日暮笙歌收拾去，万株杨柳属流莺。"在这个让人亲近自然、教人珍爱生命的节日里，让我们一起缅怀英雄：从 2007 年到现在，有不少高大的身影从我们的视线中消失，他们的音容笑貌也凝固成了影像：在乌鲁木齐"1·2 德汇广场火灾"中牺牲的朱晓雷、张宇、高峰三位消防官兵；为拯救落水少年而英勇牺牲的年轻警察屠海力；新疆首位捐献眼角膜的研究生张鹏；反恐战士黄强；给学生上课时倒下的老师依力亚斯·吐尔逊……

今年清明节首次成为法定假日，预计清明节期间 40 多万乌鲁木齐市民将外出扫墓。清明节具有对后代珍惜生命、承担家庭及社会责任的教育功能。清明节带子女扫墓祭祖是一种无形的情感培育，使其对人生意义、社会责任及使命的认识更明确，并能勇于承担，具有现实意义。悠久的中华节日文化，不仅是我们民族精神宝库中永恒的文化积淀，更是我们实现中华民族伟大复兴的重要精神力量。新增假日的意义不止在于改变放假时间，更应让人们深刻感悟节日文化内涵。

为了追思，为了怀念，《春思春颂》2008 清明音乐会也于本周举行。作为首届清明音乐会，音乐会重点是传承中华文明、守望精神家园，让更多青少年得到高雅音乐的熏陶，让观众真切感受到中国传统文化的内涵。

3 月 27 日起，新疆 37 家文博单位免费开放。时逢清明小长假，去博物馆参观的人数将激增，这对前来参观的人们的素质是一个考验。因此，参观者要提高自身的文明素质，严格按博物馆的规定，文明参观。绝不要使博物馆这个原本高雅的环境，变成像集闹市一样，失去了高雅。不文明的行为，对文物是一种不尊重。不尊重文物，观众就无法细细品味所展文物的文化内涵，也享受不到走进博物馆的高雅和乐趣，更得不到真正意义上的思想洗礼和教育。

4月2日，新疆维吾尔自治区人民政府与中国广东核电集团有限公司举行了合作框架协议签约仪式，双方今后将共同开发有关矿产资源，进行电源项目建设。根据合作协议，自治区将与中广核集团在开发风电、水电、太阳能等电源项目建设上广泛开展合作，积极开拓新疆及周边国家市场。

本周有消息报道，新疆纺织行业去年实现利润5亿元以上，其经济发展速度和效益增长均创历史最好水平，焕发出新的发展活力。纺织一直是自治区的传统产业之一，具有先天发展优势和基础条件，去年国务院明确提出“把新疆建成优质棉纱、布生产基地”以及“重点建设棉纺织工业基地，并发展彩棉纺织、麻纺织、毛纺织和丝绸等产业”等战略定位、发展方向及目标，为新疆纺织行业加快发展增添了新动力。依托新疆丰富多样的纺织原料资源和煤电气能源保障及向西开放的桥头堡地缘优势，新疆纺织产业有效承接中东部转移，构建完整产业链，培育壮大了新的经济增长点。

春天是美好的季节，但也是疾病易发的季节。谚语曰：“百草出芽，百病发作。”3月中下旬，新疆科信学院内发现麻疹疫情。主要是该校前期对个案病例管理不善等原因，造成疫情进一步蔓延。目前，乌鲁木齐市卫生部门和学校已采取紧急措施，实施全校封闭隔离。为防止新疆科信学院麻疹疫情扩大，4月1日，我区相关部门对该学院全部学生应急接种疫苗。教育部门、疾控和防疫部门联手对乌鲁木齐市各大中专院校进行检查，发现目标人群立即采集并接种疫苗。

【评析】

这篇新闻评论重点抓住了清明节这个特殊的日子，把在第一个法定清明节假日中，人们不同的活动记述下来，作者采取了文学的手法，用抒情的笔调描述了节日的场景。

作者的眼光没有仅仅局限于此，而是将在同一个时间里同一个区域发生的其他事件，与前面的事情并列在一起，构成了一幅美好的春天画卷。作者没有直接评论，而是在叙述中巧妙地融进了自己的观点。

二、专稿的类型及写作

详尽、生动的新闻报道一般被称为“新闻专稿”（News Feature）或“专稿”，以区别于消息（简体新闻）。

新闻专稿的定义：

综合运用叙述、描写、议论、抒情等多种表现手法，深入报道某一重大新闻事件或某些具有新闻价值又为广大受众所关心的典型人物、经验，以及新出现的社会现象或某一战线、地区新面貌等题材的新闻报道形式。

新闻专稿的取材：

第一，把握“热点”题材

所谓“热点”题材是指国内外在政治、经济、军事、科技、教育、体育、文艺等领域所发生的，对社会发展变化起着重要影响的，或为广大受众所关心的典型事件和典型人物。有重大影响的典型事件包括突发事件、灾难性事件、有特别意义的集会和行动等。为受众所关心的典型人物包括能够体现时代精神的、具有榜样教育作用的新闻人物。

第二，挖掘“冰点”题材

反映平凡的人在平凡生活中实现平凡的梦想，反映平凡的事的本来面貌，从而贴近生活，贴近百姓。人不可能脱离社会而独立存在，无论看起来多么微小的人和事，总是和整个社会的发展有这样或那样的联系。优秀的记者具有独到的目光，能够挖掘生活中看似平凡实际上却蕴含重大意义的人和事。

（一）人物专稿

人物专稿是以生动形象地报道新闻人物事迹，揭示人物思想性格，且具有深远影响的专稿体裁。人物专稿的类型包括以下几种。

传记式：这是一种“编年式”“年谱式”的结构方式。它选择人物有代表性的年代，以代表性的故事为线索，记录人物一生的生活和事迹，展示其思想内涵。

缘事显人式：只写人物的一时一事或某一侧面，通过写人物的所做之事来展示人物的思想追求和人格境界。

群像组合式：在一定的画面下，突破时空限制，用一个个特写镜头再现多位人物，这些人物总是具有一定的共性，同时又各具特色。这种结构可强化主题，生动感人。亦称“主题专稿”。

印象式：通过勾勒人物的一个侧面或再现人物的某种行动和行为，来反映人物的思想风貌。写作上侧重于环境、气氛、心理、对话、举止等的描写，形式灵活，生动多样。由于此类报道迅速及时、文风活泼而深受读者喜爱，是当前报纸上极为常见的写作文体。

人物专稿的写作要求：其一，抓住人物本身特点，提炼主题，选择材料；其二，要在特定环境中表现特定人物，抓住矛盾冲突，表现人物行为。

【例文 5-11】

朱言春：永远做雷锋精神的“追光者”

“我是‘雷锋团’的兵，雷锋精神一直感染着我、激励着我。雷锋精神是一盏不灭的灯，一直照亮我前进的路，我永远是雷锋精神的‘追光者’。”这是朱言春坚守的初心。

从“雷锋团”退役的一等功臣，到垃圾填埋场的“故障克星”，再到把薄弱村变成先进村、文明村的“领路人”，在平凡的工作岗位上，朱言春兢兢业业，任劳任怨，身体力行传播雷锋精神。从一名“追光者”成为一位“发光人”，新时代雷锋精神在朱言春身上绽放更加璀璨的光芒。

爱岗敬业
甘做垃圾填埋“管家公”

作为从“雷锋团”走出来的模范生，朱言春一直把“争做雷锋传人”作为人生信条。

2010 年，原沈阳军区雷锋生前所在团修理连一班班长朱言春从部队退役。获得一等功臣、联合国维和勋章、全国“防汛抗旱模范”、抚顺市

“百姓雷锋”等闪耀荣誉的朱言春，没有向组织伸手讲条件，他服从政府统一安置，转业到灌南县城市管理行政执法局规划建设执法大队。2014年，灌南县花园生活垃圾填埋场投入使用，朱言春第一个报名参加新的岗位。面对最脏、最苦、最累的活，他始终保持雷锋本色，这根一扎下来就是8年。

同事们谈起对朱言春的印象，出场率最高的就是“任劳任怨”这个词，强烈的事业心和责任感是朱言春整天与垃圾打交道必备的“精神制服”。他每天准时来到垃圾场，检查进出的垃圾车辆是否安全、大大小小的垃圾坑面是否填土压实、一体化污水处理设备运行是否正常、蜿蜒密集的排洪渠道是否畅通，逐条逐条查，一遍一遍过。

数不清有多少次在垃圾坑中推车，数不清有多少次用双手清理被垃圾堵塞的污水沟，数不清有多少次站在暴风雨里巡逻值班……无论多恶劣的工作环境，朱言春始终默默无闻地战斗在工作第一线。

有一次，夜里下起了特大暴雨，本来不值班在家休息的朱言春冒着倾盆大雨及时赶回场里。雨水污水湿透了全身，脚底划破也全然不顾，朱言春和值班同事一起，扛起铁锨，齐心协力挖开了被泥沙堵死的排洪沟，确保了调节池安全，保障了垃圾处理场安全运行。

朱言春所在的垃圾填埋场每年收运城乡生活垃圾20多万吨，处理垃圾渗滤液约8万吨，由于他每天都和生活垃圾做伴，身上总是有着散不去的垃圾异味，以至于女儿曾经埋怨他是个臭爸爸。而后来女儿的作文里，她的爸爸是在平凡路上做着不平凡事的伟大爸爸，是她崇拜的英雄，是她和妈妈的骄傲。

“干一行，爱一行，专一行，就是雷锋精神。脏了我一人，洁净千万家，我感觉我是幸福的。”朱言春无悔自己的选择。

由于垃圾填埋场里的各种机械设备使用频率极高，垃圾堆体产生的气味腐蚀性极强，很容易发生故障和火灾。为了减少安全隐患，朱言春埋头学习垃圾压缩和处理设备维修保养技术。全县48个垃圾压缩站点每遇故障，他总是随叫随到，这枚“任劳任怨的螺丝钉”平均每年排除各类故障400余起，节约维修成本100余万元，成为同事眼中的“故障克星”。他还自行研制出机修工具10余项，大大提高了小型机具拆装效率。

冲锋向前

勇当乡村振兴“排头兵”

从农村到军营，从火热的军旅生涯到机关基层，现如今又回到广袤的田野……无论在什么岗位，朱言春的初心一直未变，他始终保持“螺丝钉”精神和吃苦耐劳的优秀品质、雷厉风行的军人作风，成为乡村振兴路上的“排头兵”。

走进灌南县堆沟港镇新北村，干净整洁的道路两旁青草、鲜花的气息扑鼻而来，广场上人们热情洋溢的笑容、优美的舞姿映入眼帘，阵阵歌声、掌声、欢笑声交织成美妙的乐曲，群众的愿景变成了实景。

“原来乱建的厕所、车库和围墙变成了宽阔美丽的广场和楼亭，人们跳舞锻炼的场地由住宅门前搬到了宽阔的大舞台上，现在文化生活丰富多彩。”村民王德芳高兴不已。

2022 年初，朱言春被灌南县委组织部选派到灌南县堆沟港镇新北村任驻村第一书记，从机关又回到农村，他接过乡村振兴“接力棒”。

为尽快适应驻村工作，朱言春积极向有农村工作经验的领导同事“取经”，认真学习各项政策文件，密密麻麻的笔记成为他的“驻村宝典”。为了解社情民意，他进村入户，召开党员干部座谈会，请教村内能人，开启了“白+黑”的工作模式。白天，协助村里开展工作，晚上，挨家挨户进行走访，他走到哪儿记到哪儿，夜里回到住处再慢慢分类整理，对群众反映的问题建立专门的台账，进行跟踪办理，直到问题解决销号。这一系列扎实有序的工作，使他对村里近千户村民有了深入了解，他也成了新北村“行走的数据库”。

一心为民谋福祉，朱言春深入分析新北村经济社会发展的优势与不足，发挥党建对文化队伍建设的引领作用，加强文艺节目特色创作，最大化利用好现有资源，促进村级文化工作迈上新台阶，更好服务于广大村民，推进新时代新农村建设，切实提高村民的幸福感。

在朱言春的带领下，新北村新时代文明实践志愿服务形式多样，特色农业产业、养殖业发展迅猛，庭院经济效益显著，原来的经济薄弱村很快变成了先进村、文明村，到处都是老百姓点赞的声音。

“我虽然脱下了军装，但是没有忘记党的培养和教育，没有忘记军旗下许下的铮铮誓言；尽管追梦路上充满挑战，我将脚踏实地，秉承初心使命，乡村振兴路上再‘冲锋’，让当地百姓生活越来越幸福。”朱言春坦言。

薪火相传

宁为坚韧平凡“螺丝钉”

在干好本职工作的同时，朱言春始终牢记“无论你在哪里，你都不要忘记，你和雷锋的伟大名字连在一起；无论你从事何种职业，你都不要忘记，你是雷锋的传人”。

回到地方后，朱言春组织原沈阳军区“雷锋团”连云港灌南籍退役战友成立了“螺丝钉”志愿服务队。从此，灌南这片土地上，“螺丝钉”志愿者成为老百姓眼里的活雷锋。

2013 年，朱言春牵头成立了“灌南县‘螺丝钉’志愿者服务中心”灌南县雷锋服务中队，骨干成员发展到 50 人。在他的带领下，“螺丝钉”志愿服务中队先后为单亲家庭、孤儿、特殊家庭捐款捐物 20 余万元，见义勇为、拾金不昧等学雷锋做好事 600 多起，帮助下岗职工联系就业、介绍参加技能培训 800 余次。

“人活着，不能光为自己，我做的都是力所能及的小事，帮助别人的同时也给自己带来快乐。”朱言春说。

2019 年 12 月末的一个晚上，天气特别寒冷，朱言春刚出门不远，看到附近公共厕所边有位老人摇摇晃晃，行动非常吃力。朱言春主动上前，一边询问情况，一边扶着老人。当得知老人重病复发的情况后，朱言春立即掏出电话拨打 120。等救护车来了，便把老人抬上车，一直把老人送到医院后，他才默默离开。“当有人问他是不是我的儿子，他回答说是亲戚，其实他根本不认识我，我特别感动，多亏有他。”被救的老人李秀红说。

一个月后，李秀红身体基本康复了，她的儿女也被朱言春的义举打动，四处打听好心人的身份。后来，终于打听到了朱言春的住处，老人全家买了许多礼品登门致谢，但被他婉言谢绝了。

遇到困难搭把手，成了朱言春义不容辞的责任。为没有户口上不了学的孩子补证明上户口、为困难家庭送去节日用品和慰问金……像这样的事情还有很多很多。

朱言春还定期走进各中小学开展雷锋精神宣讲活动，在他的带动下，全县已成立了52个校园“学雷锋中队”，2 800多名青少年成为“学雷锋中队”队员，广泛参与学雷锋活动。

（来源：2023年8月29日《连云港日报》）

【评析】

写人物专稿首先要从人物本身特点出发，提炼主题，选择材料。本文的主题是表现主人公朱言春的雷锋精神。围绕这个主题，作者选择了三个典型的例子，一是他“甘做垃圾填埋‘管家公’”；二是他“勇当乡村振兴‘排头兵’”；三是他“宁为坚韧平凡‘螺丝钉’”。通过这些事例，把朱言春对工作的热情、在工作中的创新意识和他的工作能力充分展现在读者面前。同时，也把他个人丰满的性格凸现出来了。

人物专稿还有一个重要的写作要求，就是要善于抓住细节。其中，在写到朱言春在灌南县堆沟港镇新北村任驻村第一书记时，作者抓住了这样一个细节：“为尽快适应驻村工作，朱言春积极向有农村工作经验的领导同事‘取经’，认真学习各项政策文件，密密麻麻的笔记成为他的‘驻村宝典’。”这个细小的情节，把朱言春的敬业精神充分地表现了出来。

【例文5-12】

一份特殊的遗书

——追记徽县伏家镇伏镇村村主任孔荣勤

在徽县伏家镇伏镇村村委会办公室里，村主任孔荣勤忙碌的身影再也见不到了。在旧木桌上，只留下一页4开方格纸。这是老孔在弥留之际，托人带给村支书杨乾元的遗言：“建议：一召开经济研讨会。二召开全村表彰大会，改选第三次村民议事会，为群众办事。增加一项，和县防疫站联系，把全村所有压井、泉水进行试验检测。三村委主任一职请杨（乾元）书记一肩挑。以上仅供参考。”写这份建议书的时间是今年2月23日，这时的孔荣勤肝癌已到晚期，卧床不起。深感不久于人世的他，一字一句地交代身前的三女婿，把他的话记下来，交给村支书杨乾元。时隔10天之后，3月5日，孔荣勤闭上了他的双眼。

伏镇村地处徽县盆地，本是个交通便利，自然条件好，极具发展潜力的村子。然而，直至20世纪90年代初，全村人还在为温饱发愁。

面对全村群众的期望，共产党员孔荣勤毅然挑起了村委会主任的担子。上任伊始，孔荣勤带领村社干部、能人大户西进秦安、临洮和靖远等地，东上陕西杨凌、山东寿光，参观考察，学习取经，确立了“以商贸城建设为突破口，菜粮牧齐抓，工商兴村”的发展思路。凡是修建日光温室的农户，村上补助500元现金，每建一座塑料大棚，补助100元。

伏镇村二社社员雷杰，家境贫寒。孔荣勤得知情况后，主动找上门，帮他借款5 000元，建起了一座日光温室和两座塑料大棚。不到两年时间，雷杰不仅还清了借款，还添置了新式家具和各种家用电器，日子越过越红火。

两年中，村上累计补助资金3.71万元，伏镇村的日光温室发展到14座，塑料大棚达1 200余座。

如今，全村84.4%的耕地种起了蔬菜瓜果。无籽西瓜、日本西芹等20多个新鲜品种，在伏镇村结出累累硕果；无滴膜、电热温床育苗等30余种新材料、新技术，也成了庄稼汉们的拿手好戏。过去每亩只能打四五百斤麦子的良田，现在成了多千田甚至万元田。

去年，全村人均纯收入1 740元，村级积累105万元，80%的农户住进了砖瓦房，大多数农户有了大彩电，装上了电话。伏镇村成为徽县名副其实的小康村。

老乡们的难缠事就是孔荣勤自个家里的事。伏镇村四社社员赵志强，为了给14岁的儿子治腿病，把家里值钱的东西都变卖了。正当他走投无路的时候，孔荣勤走进家门，领着老实巴交的赵志强一趟一趟跑信用社贷款，最后还把妹妹修房的500元钱借来了。

赵志强儿子的病治得差不多了，但一直没钱还债。

2月4日，赵志强得知孔主任住院，想方设法从邻里亲戚家凑了500元，带到县医院。躺在病床上的孔荣勤说什么也不要这钱。赵志强含着热泪，背过身子，硬是将500块钱塞进孔荣勤女婿裤兜里。

孔荣勤一家6口人，4个女儿，他本来是家里的顶梁柱。“家里的地从来务不到时节上。正在自家地里干活，村上有事情，放下锄头就走了。心诚得很。”只要一提起老孔，妻子的泪水就在眼眶里打转转。

村支书杨乾元说：“村里道路规划、农田基建、邻里纠纷，老孔每天忙得天昏地暗，家里的事根本顾不上。”过去伏镇村穷，属于全县的落后村。根子就在两委班子不团结。杨乾元说，老孔平常爱看书，脑瓜子灵。共事5年，从没红过脸，很团结。这些年伏镇村由穷变富，多亏他这个带头人。伏镇村的乡亲们心里有杆秤，他们说，孔主任为人厚道，最讲公道，很有威望。邻里有个纠纷，婆媳间闹个矛盾，经他出面说合，没有人不服气的。

前年冬季，因为地界纠纷，二社社长白志忠占了杨仲祥的地，杨仲祥又打了白志忠家的人，引起两家争斗。一个是社长，一个是村民，一时间大伙都看着村里能不能一碗水端平。孔主任先让两家有伤的治伤，有病的瞧病。过了几天，等双方的气平了，孔主任先丈量双方的耕地，又算医药费。

谁先打人、谁家有理，一一分辨清楚了，孔荣勤这才走进了两家的门。两家和好如初。

孔荣勤去世时年仅50岁。

伏镇村的乡亲们心里清楚，孔主任为了村里的事，操碎了心。他这是累得病倒了。自打2000年起，孔荣勤感到身体不适。但由于忙村里的事，一直没顾得上看病。今年春节前一天，胃痛得实在不行了，在妻子的劝说下，这才住进了县医院。一检查，肝癌晚期。村民惊呆了！他们不敢相信眼前的事实！

住了10天医院，正月初八，孔主任回到家里静养，村民们三三两两来看望他。虽然躺在病床上，孔荣勤仍然牵挂着村里的事。村民纪爱军做豆腐生意，他拉着纪爱军的手，关切地说：“做豆腐是个传统活，太累人了，看能不能用机器做，这样就能省事些。”他叮嘱从事修理行业的村民容宗义：“你那个行当，技术最重要，服务好了，上门的人才多。”孔荣勤走了，离开了他热爱的田地，离开了他牵挂的乡亲。在他的身后，伏镇村村委会的办公室里，留下了满屋子荣誉证书：全国学习“三个代表”重要思想先进村、全省学习“三个代表”重要思想先进村、全省法律知识进万家活动先进村、全省安全生产先进村、全省“五四”红旗团支部、全区双文明示范村……而最让人起敬，最让人难以忘怀的，还是那份颜色很浅，用方格纸写就的遗书。

【评析】

这篇人物专稿是从一份特殊的遗书入手，让大家一下子就看到了一个公而忘私的基层干部形象。

在塑造这个人物的时候，作者列举了一组组数字，通过这些具体真实的数字，把主人公孔荣勤对集体的贡献充分地表现了出来。其次，作者选取了几个典型事例，表现出孔荣勤的正直、公道和善良，最后一段引用了孔荣勤对别人说的话，朴实无华，却看到他对群众的无微不至的关心，感人至深。

同样，这篇人物专稿也有不少细节，如他妻子说的：“家里的地从来务不到时节上。正在自家地里干活，村上有事情，放下锄头就走了。心诚得很。”使得这个人物形象更加饱满。

要使人物生动感人，必须把人物放到一个具体的环境中，特别是要注意处理好报道对象与周围群众的关系。本篇专稿，作者花了很多笔墨叙述孔荣勤与村民们之间的深厚情感，尽管作者没有用过多的赞美之词称赞他，但是从村民们的口里，我们看到了一个活生生的优秀农村基层干部的形象。

（二）事件专稿

这是一种反映具有典型意义的新闻事件的专稿体裁。它要求记者选择某一典型事件，全面客观地反映其始末，形象、具体地描绘其细节，集中、深刻地揭示其主题，给读者以较强的思想教育与启示。

1. 事件专稿的题材

（1）灾难性事件。

（2）现实生活中为人们瞩目和关心的重大事件。

（3）反映人与人之间友爱互助的感人事件。

（4）引发争议、发人深省的事件。

2. 事件专稿的特点和写作要求

（1）事件专稿所报道的内容，一般在写作之前就已经为读者所关心，有些已通过电台、电视等方式报道，已是人人皆知的新闻。

（2）尽管如此，读者仍然希望通过专稿对该事件的来龙去脉有具体和形象的了解，或通过对该事件的几个片段详尽的阅读，来加大信息量的获得，以满足更多的求知欲望。

（3）对典型情节的细致描绘，可以突出事件的特点，增加可读性，为此应不惜笔墨。

【例文 5-13】

考虑不同群体诉求　确保设施安全运行

坐落于磁湖东畔，环境优美，交通便利，出门就是购物中心、三甲医院……湖北黄石市黄石港区亚光社区宏维湖滨花园小区什么都好，唯独就是没有电梯。为此，92 岁的居民刘逢时和腿脚不便的老伴一度搬去了养老院住。如今，小区具备条件的单元楼全都装上了电梯，老两口又搬了回来。

黄石建市早，城区老旧小区集中。“推进既有住宅加装电梯，是顺应人口老龄化需求，完善既有住宅功能，提高居住品质、方便居民生活的重要举措。”黄石市委书记郄英才说，第二批主题教育开展以来，黄石聚焦居民“出门难”“上下楼难”等急难愁盼，创新工作机制，加快推进老旧小区装电梯。全市已累计审批加装电梯 414 部，竣工 270 部。

深入调查研究，化解矛盾纠纷

在黄石市下陆区石榴园社区丰竹园小区，一部崭新的白色电梯矗立在 5 栋 2 单元楼前。“原来上下楼不方便，退休之后出门少了。现在有了电梯，天天下楼晒太阳，和街坊邻居喝茶聊天，心情开朗很多。”家住 5 楼的 63 岁居民万建华笑着说。

丰竹园小区建于 20 世纪 90 年代，共 8 栋居民楼，大部分都是 7 层楼房，大伙儿加装电梯的愿望迫切。早在 2017 年，黄石市就出台了老旧住宅增设电梯指导意见，同意5层及以上无电梯老旧住宅的业主遵循自愿合规等原则，自行协商确定是否安装电梯。

2019年底，丰竹园小区5栋2单元成立了由万建华等5名热心业主组成的增设电梯自改委，组织居民们商议安装电梯的有关事宜。本以为是件惠民利民的大好事，但让万建华想不到的是，消息一出，就遭到了一些邻居反对。

原来，2楼的住户提出，加装电梯会影响采光，而且低楼层基本用不上；1层车库的业主说，电梯会影响车辆进出。电梯公司的方案是错层入户，业主乘电梯到达相应平台后，还需步行半层楼梯，一些老年居民不同意……一时间，单元楼的电梯加装工作陷入僵局。

第二批主题教育开展以来，黄石市委市政府聚焦群众最关心的民生问题，深入剖析研究，推动从解决单个问题向解决一类问题，再到常态化解决问题转变。2023年9月7日起，该市成立4个加装电梯调研专班，连续5天分赴各城区走访调研。

“我们调研发现，居民意见不统一、资金筹措困难等难题，是工作推进的主要阻碍。”黄石市住建局副局长程超说，该市成立了市委书记、市长任指挥长的市级工作指挥部和加装电梯工作组，建立联席会议制度，市委组织部牵头、市住建局统筹，自然规划、市场监管等多方参与，形成全市一盘棋。

“以往只要一户不同意，加装电梯就会被搁置。”黄石市委组织部组织二科科长谢平说，黄石参照有关法规，明确一户申请，即可启动意愿征询；参与表决的业主住宅总面积大于单元总面积2/3，且3/4以上的业主同意，即可启动加装电梯。各社区组织党员干部、民警、网格员等成立工作专班，讲政策、普法律、摆事实，化解影响采光、楼层差价、施工扰民等易发多发的矛盾纠纷。

充分考虑老年人、低层业主的诉求，丰竹园小区5栋2单元的电梯设计方案由错层改为平层入户，电梯厢两侧各缩短20厘米……工程得以顺利动工。2023年以来，黄石既有住宅加装电梯进度持续提速，已有564个单元成立自改委，314个单元完成意愿征集，198部电梯完成审批手续。

出台配套政策，降低安装成本

走进宏维湖滨花园小区，只见一部部透光的玻璃外墙电梯悬挂在单元楼的外侧，风格齐整。“我家住9楼，以前上楼一趟要走189步，需要五六分钟，要是腿脚不好的人，中途还要歇好几次。多亏了它，现在下楼买菜、遛弯都方便。”74岁的居民万维加指着电梯赞不绝口。

电梯虽好，价格却也不菲。“地基、人工、材料等各项支出加起来要四五十万元。”万维加告诉记者，早在2018年，亚光社区就有一栋楼通过业主自筹加装电梯，其他楼栋的加装进度却停滞不前，主要就是卡在“资金筹措困难”。

黄石不断优化调整政策。2022年5月，黄石市政府出台的指导意见明确，既有住宅增设电梯由业主协商按照一定比例共同出资，政府按照每部10万元标准给予补贴。近期通过的《黄石市既有住宅加装电梯条例》进一步明确，将加装电梯所需财政补贴资金及工作经费纳入本级财政预算，业主出资可以使用住房公积金、住宅专项维修资金。

“我们坚持‘政府引导、社区主导、业主主体、各方支持’，发动辖区党员群众共同商议如何筹资。”亚光社区党委书记胡玲玲说，经过反复讨论，最终按照楼层高低确定业主分摊比例，1、2层不出钱，3层开始按照户型大小出资，往上逐层累加。

担任小区党支部书记的万维加带头出资，一名退休党员帮家庭困难邻居垫付2万元……在他们的带动下，此前还有迟疑的业主也纷纷出资，截至目前，宏维湖滨花园小区已安装8部电梯。相应的补贴资金在电梯竣工之后，由自改委向上级有关部门提出申请，很快发放到位。黄石全市已为244部电梯发放补贴资金1 173万余元。

西塞山区康赛小区的罗婆婆手头不宽裕，业主们同意她分期付款；黄石港区黄电小区加装电梯过程中，施工单位还修缮室外明沟……黄石民政、供电等10多个单位制定了政策支持清单，千方百计降低加装电梯成本。比如市园林部门免费提供树木移栽和后期绿地恢复等服务；市残联为残疾人每户补助6 000元；供电、燃气等单位无偿配合线路迁改施工。

“我们将全市55家电梯公司纳入采购目录，通过集采将平均40万元一部的电梯降至35万元。”程超介绍，下一步，黄石将充分发挥市城发集团的市场化主体作用，为业主提供从项目设计、电梯采购、土建施工到后期维护管理的一站式服务，进一步降低安装成本。

建立长效机制，居民共享成果

电梯不是一装了之，更重要的是后续的维护管理。黄石深入开展美好环境与幸福生活共同缔造活动，运用好党建引领下的社区、业委会和物业企业“三方联动”等工作机制，将装电梯时的自改委就地转化为用电梯时的自治委，协商确定管护机制和管理规约，保证全体业主常态长效共享电梯入户成果。

上午9点，维保人员方利勇背着工具包，来到黄石市下陆区南湖社区锦苑小区，开展半月一次的电梯维护保养作业。检查机房环境、主机有无异常，对电梯部件进行清洁、润滑……完成30多项维保内容，确认电梯功能一切正常后，他在维保记录表上一一打钩确认。

锦苑小区属于单位自建小区，一共有6栋10个单元楼。近几年，陆续有8个单元加装了电梯。电梯的日常维保，曾是摆在小区业委会主任谭章华面前的一道难题。“这么专业的工作，业主自己来不了；请专业公司来做，谁来请、怎么请也是个问题。”经过大家商议，决定委托物业公司来做。

“原来小区物业费每平方米7毛钱，现在加收3毛钱，相当于每户一个月多交42元。这些钱放在独立账户中，用作电梯的维保、卫生费、电费等。”锦苑小区物业经理张美元介绍，物业聘请有资质的维保公司，定期派人检修、维保。如果电梯需要大修，还可以由业委会申请使用政府财政补贴资金。

电梯装好以后，居民出门频次增加、交流增多，更多人参与社区治理。西塞山区大智路社区党委书记邓俊花说，“社区每部建好的电梯都有‘用梯公约’，这些都是居民共同制定出来的，主要是对电梯的日常使用、清洁卫生、维护保养等方面加以约定。”

对于无物业接管的电梯，黄石探索由自改委牵头，全体业主共同商讨制定《电梯使用公约》；以自改委名义与经营主体签订维保合同，每个单元指定一名业主为电梯户主，负责建立资金账户、收取维修资金、公开使用明细。由社区干部、居民代表、网格员等组成评审团，按照“谁损坏谁赔偿”的原则，定期对电梯规范使用等开展监督，让电梯建得好、更用得好。

（来源：2024 年 1 月 9 日《人民日报》）

【评析】

事件专稿以写事为主，写事当然离不开写与事件有关的人，但它不像人物专稿那样着力刻画人物，而是以事件为中心。

这篇事件专稿以宏维湖滨花园小区的电梯安装事件为核心，完整地叙述了整个事件的经过。

【例文 5-14】

风雨同舟战洪魔

——丰城清丰堤溃口抢险救援纪实

谢文凡　邹海斌

5 月 8 日，丰城市丽村镇两名干部在尚山村园里村小组帮受灾户清淤。

5 月 4 日至 6 日，丰城市持续强降雨，清丰山溪上游丰水河水位迅速上涨，导致丽村镇清丰堤下江埠段溃口，洪水涌入尚山村……

紧急关头，党员干部冲锋在一线，转移群众、封堵溃口、泄洪排涝。他们与时间赛跑，展开一场抢险救援。

尚山村的老人和儿童多。丽村镇在抗洪一线成立临时党支部，200 余名党员干部全力抢险救援；应急、公安、消防及乡镇救援队伍紧急集结。

清房子，点人头，安全转移……“我们接到的任务，是不能遗漏一个人。”有着 26 年党龄的丽村镇人武部民兵应急排侦察班班长甘华荣说。

特巡警大队、消防救援大队、森林消防大队、蓝天救援队、曙光救援队等专业救援队携带冲锋舟、救援艇、救生衣等装备驰援尚山村。

村庄内巷道狭小，冲锋舟过不去，只能换上救援艇。因为熟悉本地情况，甘华荣迅速作出分工：1 至 2 名民兵上艇引导和救援，岸上 4 名民兵负责接应，1 人跟车将受灾群众送至临时安置点。

“有人吗?”救援人员乘坐救援艇，在村庄逐户搜寻。“过来帮帮我老伴吧!”一位70多岁的老太太在自家二楼求助，一楼已被洪水淹没。

几名党员把病重的老人从楼上转移到一楼，蹚水接近救援艇，铺好被子让老人躺在上面。老太太感激地说：“幸亏有你们!”

村民黄木新独自在家，一楼的木门受洪水挤压打不开，二楼装有铁艺栏杆，要翻越栏杆才能下来。“我们够不着，只能站在救援艇上，三个人合力才把他接了下来。”甘华荣说。

“这么大的洪水，我们心里也没底。看到村民招手呼救，大家都顾不上那么多，毫不犹豫地往水里跳。”特巡警大队双剑突击队队长龚成说。

城市快警中队、铁骑中队40名民警赶来增援。大家背的背，抱的抱，争分夺秒。在园里、黄东两个村小组，救援艇来回接送，转移21人。

尚山村党支部书记徐俊从早忙到晚，儿子徐广东赶来，跟特警一起下水救人。有些台阶淹没在洪水里，深浅不一；洪水中还有木头、晾衣杆等杂物，很容易擦伤。大家不顾安危，没有停歇，只为让被困群众尽快脱险。

鲜红的党旗在抢险救援一线飘扬!6日16时，经连续奋战，全力救援，200余名被困村民全部安全转移。

救援一刻不停，抢险分秒必争。

国家防办工作组赴当地察看指导抢险救援工作；省、宜春市指导组第一时间赶赴尚山村清丰堤抗洪抢险一线，现场调度指挥抢险救援。

清丰山溪沿线所有电排站开机排涝，水位缓步下降，截至5月6日22时30分较洪峰水位下降约2.95米。

清丰堤尚山段狭窄，只能通行一辆车，易造成拥堵。交警研判决定，采取5辆运输车一组的放行方式，最大限度地保障封堵溃口土石料的运输。

挖掘机、抢险车辆在河堤溃口处紧张作业；电力部门的党员突击队凌晨还在增加抢险照明设施……抢险救援各项工作有序展开，与时间赛跑。

30米、20米、10米、3米……4台挖掘机、1台铲车和40辆自卸车，克服降雨、道路狭窄、洪水冲刷、铁路桥下施工不便等诸多困难，加快溃口封堵进度。

“合龙了!”7日18时05分，经过29小时紧张抢险，清丰堤溃口顺利合龙。

洪水无情人有情。洪水退去，受灾群众离开安置点，回到家中清淤打扫，十余名党员背起喷壶进村开展消杀。

8 日上午，记者再次来到尚山村，只见党员干部们正挨家挨户分发救灾物资，包括日常生活用品、饮用水、方便面等，还有防灾减灾知识宣传页等。

丽村镇副镇长喻援告诉记者，镇里的数十名党员干部上门送完救灾物资，就地转为志愿者，帮助受灾户清淤和清洗家具。

党员干部和群众心连心、肩并肩开展灾后自救，清洗地面，晾晒家具、衣物、农资……“无论是抗洪抢险，还是灾后自救，都有党员干部在身边，我们心里踏实。”村民徐检云感激地说。

（来源：2023 年 5 月 10 日《江西日报》）

【评析】

这是一篇较为典型的事件专稿，全文围绕“抢险救援”这个中心事件，有点有面，重点讲述了救援人员争分夺秒救援被困群众的感人事迹。

这篇专稿的叙述时间顺序基本是按照从清丰堤溃口到抢险救援，再到灾后安置这个过程来写的。作者通过采访，获得了大量的第一手材料。在写作中，作者选取了典型情节，如救援人员合力救出独自在家的村民黄木新。这篇专稿截取了抢险救援中的很多细节，使整个事件得到了形象、生动、立体的体现。

（三）工作专稿

工作专稿是反映贯彻执行党的路线、方针、政策中的成绩，总结实际工作中的经验和教训，或者探讨有争议的、亟待解决的问题的报道。工作专稿侧重于对工作中出现的新情况、新经验、新问题进行探讨和研究。它也要反映新闻事实，往往带有对现场活动的描写，这使它区别于一般总结性文章。它与其他新闻专稿体裁相异之处在于：要将事实做经验性的概括，对问题发表议论，对矛盾提出解决的办法，有一定的评论色彩。

【例文 5-15】

海珠区加强应急值守工作　夯实基层应急管理基础

海珠区是广州市中心城区之一，面积90平方公里，人口约144万。随着城市发展，房地产开发、城中村改造、企业转制、劳资纠纷、社会福利等引发的突发事件时有发生，应急管理工作任务艰巨。2006年12月，海珠区成立区应急管理办公室，加挂区应急指挥中心牌子，同时承担区总值班室功能，作为区应急委员会日常工作机构和区政府办公室内设机构，为副处级单位。区应急办由五名在编人员、三名合同制工作人员分班轮值，实行24小时值班制度，设立专线电话、应急指挥电台，有效保障了应急管理工作的正常、有序开展。

一、建立健全应急值守制度

为确保值守工作信息畅通，制定《海珠区应急管理办公室值班工作规范》，明确值守的轮值时间、交接班程序、值勤记录、呈报规程、报告信息、传达领导指示及协调指挥部门联动等工作要求。同时规范值班人员接听电话用语，做到简洁、清晰、急而不乱，快而准确。各街道、各有关部门和专项应急指挥机构均根据职责和实际需要建立了值班制度。区应急办编制了《海珠区应急管理工作通讯录》，将全区各级领导、专职人员、专门机构、有关部门值班电话、家庭电话和手机号码都一一录入，保证值守时对信息的接收传递畅通无阻，进一步健全了全区的工作联络网。

二、畅通应急值守信息报送渠道

区政府下发《关于加强和改进突发公共事件信息报告和现场处置工作的通知》，明确信息报送和现场处置的工作要求。将突发公共事件信息报告程序分为初次报告、阶段报告和总结报告。初次报告要求“接报即报”，信息报告责任单位无特殊原因，应在获得突发事件发生信息后30分钟内报告区应急办，有关火灾、塌楼、爆炸等紧急情况可以直接向区有关领导汇报后同时报区应急办。最迟不得超过1小时，并说明具体原因。报告内容包括：报告单位、报告人姓名、信息来源、接报时间及突发事件发生的时间、地点、类别和简要情况。区应急办值守人员根据信息内容作出初步判断，根据工作分工向相关区领导报告，再根据区领导指示，指挥协调相关部门采取处置措施。阶段报告要求“及时续报”，信息报告责任单位对性质严重的突发事件的基本情况、应急响应情况等及时报告区应急办。总结报告要求在突发事件处置结束后3日内，对整个事件进行全面总结。加强应急值守，取得既快又全的情报信息，关键是广开信息来源渠道。海珠区突出畅通应急信息渠道，坚持属地管理原则，发挥街道基层工作人员的作用，逐步将社区民警、治安队员、居委干部、出租屋管理员等纳入信息员队伍，多方搜集信息，准确、全面、及时掌握矛盾各方动态，及时、快捷报告情况，使矛盾沿着可控方向发展、缓解。近期，我区借助三防无线同播通信系统构建了应急指挥电台系统。该系统投资约60万元，为区应急工作主要职能单位安装配备了值班对讲机27台、手持对讲机35台、车载对讲机4台，有效提高了我区突发事件处置的快速反应水平。

三、认真做好应急值守信息处理

在接收信息过程中，对来往电话、传真、电台和领导交办事项等，值班人员在《值班日志》上认真记录，记录必须实事求是、简明扼要、重点突出。记录内容包括：来电时间、来电人、来电内容、经办过程、办理结果、领导指示等信息。对涉及普通事项来电、来访，凡属街道和职能部门职责范围内处理的，值班人员用电话直接转告并请相关街道、职能部门予以处理。值班人员对涉及重要事项的电话和领导交办的事项，特别是突发事件的事项，立即报告跟班干部处理。在值守工作中，值班人员须将来电、来文作专门、详细的记录，必要时作录音后再核准来电内容，做到有的放矢。对涉及重要事项的电话和领导交办事项的重要情节应逐字逐句核实，特别是对区领导的批示，必须核实清楚。在实际工作中，各街道、职能单位选派政治素质好、业务水平高、责任心强的干部从事值班工作，把责任落实到岗、落实到人。节假日期间从区政府到各街道、单位均实行领导带班制度。值班领导、工作人员保证通信工具能随时接听，确保政令畅通。应急值守制度的建立，使全区应急工作网络随时处于待命状态。

四、工作体会

通过加强应急值守制度，夯实了应急管理工作基础，区应急管理工作取得明显成绩，逐步实现应急专门管理指挥体系从无到有、应急管理职能从分散到集中、应急工作从重处置到预防与处置并重、应急联动机制从松散到紧密四个转变。先后协调处置突发事件26起，其中小区规划与物业管理纠纷5起（占19.2%），劳资纠纷3起（占11.5%），医患纠纷及公共卫生事件类7起（占26.9%），其他群体性事件11起（占42.3%），取得明显成绩。在实践工作中体会到，加强应急值守工作是夯实基层应急管理工作的基础，也是关键环节。(一) 健全制度是基础。应急值守是整个应急管理工作的基础性工作，建立健全值守制度，关系到应急值守工作的正常开展。(二) 渠道畅通是关键。做好应急值守工作，信息报送渠道必须畅通，信息要有人报、信息报得出、信息有处理、信息有反馈。(三) 人员到位是保障。应急值守工作要靠人来做，应急值守人员的责任心、专业素质，直接影响到信息处理的速度和效果，必须加强工作人员素质的培训。

（来源：2008年1月30日《广州日报》）

【评析】

工作专稿首先反映的是当前实际工作中比较重要的、具有普遍意义的问题。是否具有现实针对性，是工作专稿的关键。这篇专稿就海珠区应急值守工作的经验进行报道，非常详细地把该区的一些具体做法介绍出来。作者在最后部分，对上述工作经验直接发表个人三个方面的意见，有理有据，既介绍了经验，同时也表明了自己的观点和见解。

（四）风貌专稿

又叫概貌专稿，是反映社会变化、建设成就、地方物产、风土人情的一种专稿。风貌专稿题材广泛，有的侧重于写社会风貌，有的侧重于写自然风貌，有的二者兼而有之。其报道对象，既可是一国一省之类的大题材，也可是一村一店之类的小题材。其形式也灵活多样，常见的有“见闻”“巡礼”“纪行”“侧记”等。

【例文5-16】

看准了就抓紧干——2024年首个工作日见闻

2024年是新中国成立75周年，是实现“十四五”规划目标任务的关键一年。1月2日，新年首个工作日，神州大地处处可见奋力攀登的姿态、奋斗拼搏的面貌。

“必须把坚持高质量发展作为新时代的硬道理”。广大干部群众深入贯彻落实中央经济工作会议精神，抓住一切有利时机，利用一切有利条件，看准了就抓紧干，能多干就多干一些，推动发展活力勃发奔涌。

锚定高质量发展

新能源汽车、锂电池、光伏产品，“新三样”的崛起，成为新时代中国经济高质量发展的新动能。

每53秒就有一台新能源汽车“驶”下生产线！

1月2日，记者走进位于广东广州番禺区的广汽埃安智能生态工厂总装车间，只见工业机器人与产业工人协同作业，一派热气腾腾。

“半年多前，下线所需时间是60秒。”总装车间高级经理张自初说，“不要小看减少的这7秒，我们调整优化220个工位、460名工人的工作内容，设计应用实时智能辅助系统，一处一处抠细节，才‘抠’出了效率。”

“国家锚定高质量发展，对我们新能源汽车企业来说，就是要做到生产更加高效、技术持续升级，为中国制造增添新亮色。”张自初说。

埋头做好自己的事

新年首个工作日，各地科技工作者攻难题、攀高峰，助力释放科技创新引领产业创新的澎湃动能。

将制备好的量子点薄膜晶体管芯片放到低温冷阱探针台中，设定好温度、电压等参数，通入二氧化氮气体，一系列有规律的波形数据很快在屏幕上显示……在华中科技大学的量子人工嗅觉学术前沿青年团队实验室，科研人员正在进行各项实验操作和数据记录。

“高性能智能气体传感器可广泛应用于温室气体检测、流程工业安全、智慧医疗等领域，已成为各国科技竞逐的新赛道。”华中科技大学集成电路学院教授刘欢说，“新的一年，团队将围绕智能气体传感器芯片与微系统关键技术持续攻关。我们要沉住气、铆足劲，埋头做好自己的事。”

“千年大计”需要久久为功

习近平主席在2024年新年贺词中指出“雄安新区拔节生长”，这让雄安新区的干部群众倍感振奋。

白雪映照下，占地9 800亩的雄安新区“千年秀林”大清河片林里油松苍翠、榆树挺拔。1月2日早上8点多，记者看到，大清河片林一区20多名护林员穿梭其中。“冬天的护林工作做细致做到位，春天树木的长势才会更好。”雄安集团生态建设投资公司副总经理徐成立说。

高标准高质量推进雄安新区建设，既要保持“千年大计”的定力，又要拿出只争朝夕、稳扎稳打的干劲。

雄安新区设立之初的两年，规划反复打磨，几乎没有动一砖一瓦。有了蓝图之后，新区面貌日新月异，处处能感受到“未来之城”强劲的发展步伐。1月2日，记者看到，被称为“雄安之眼”的雄安城市计算中心拱形东立面与湖景水面中的倒影相互融合；刚刚实现全线通车的京雄高速车流不息；走进北京四中雄安校区、雄安史家胡同小学两所学校，教室里传来琅琅读书声……

倾情解民忧，温暖在心头

“我们的目标很宏伟，也很朴素，归根到底就是让老百姓过上更好的日子。”从乡村到城市，各地着力保障和改善民生，倾情解民忧，温暖在心头。

1月2日一大早，甘肃省临夏州积石山县石塬镇秦阴村驻村第一书记刘永东就忙碌起来。受地震影响，圈舍倒塌，村民们的存栏牛羊急需出售。“天冷牛羊容易掉膘，早一天卖出去，乡亲们就能早一天安心。”

刘永东把采购商迎进村民家中，帮着找销路、谈价格。“现在我们已经帮乡亲们卖出了约300只羊、10多头牛，大伙再加把劲，可不能让村民一年的辛苦付出‘折了价’。”

民生无小事，用心办更要抓紧办。新年上班第一天，上海市中心规模最大的居民小区拆除重建项目——蕃瓜弄小区旧住房改造施工现场机器轰鸣。

这一天，蕃瓜弄小区旧住房改造项目负责人吴超行程满满当当——先去附近协调场地，“把要进场的上百名工人的临时住所搭建好，工期一刻不误”；接着赶往工地南侧的天目西路派出所，“蕃瓜弄小区新建的地下车库入口挨着派出所，扩宽入口需要协商”；再去静安区规划资源局，“静安区开辟了绿色通道，能提速审批配套项目。”

一路走、一路忙，吴超满是干劲，“我们和蕃瓜弄居民约定了三年半工期，必须赶进度、保质量，不能歇脚缓劲。”

接诉即办，件件有回音

新年伊始，各地党员干部转变作风、真抓实干，把好事办好、实事办实、难事办妥，不断增强群众获得感、幸福感、安全感。

1月2日早上8点30分，记者来到北京市海淀区紫竹院街道厂洼街3号院。见到厂洼第二社区党委书记董建平时，他已经和两名维修下水道的工人忙活了好一阵子，“整个元旦假期，一直放心不下这件事。”

“这件事”要追溯到去年12月29日晚上，居民尹凤茹老人家中下水道堵塞。接到老人诉求，董建平当晚就联系了街道城市管理办公室，调来清掏车，连续清了2个多小时，暂时止住了污水回流。但是，“要想彻底解决问题，必须更换老化严重的管线。”

方案敲定，节后开工。切旧管、换新管、试水……临近中午，工程顺利完结，董建平这才稍稍舒了一口气：“件件有回音，事事有着落，老百姓才能满意放心。”

（来源：2024年1月3日《人民日报》）

【评析】

记者在这则专稿中讲述了2024年首个工作日在各地看到的各种见闻，通过描写一个个的片段，讲述普通劳动者在这一天的工作和感受，表达“神州大地处处可见奋力攀登的姿态、奋斗拼搏的面貌”的新闻主旨。

【例文5-17】

四川数字文旅风采巡礼丨数字化推动四川全域旅游“蝶变”

5月18—19日，2023四川数字文旅发展大会将在天府国际会议中心召开。在大会即将召开之际，四川省文旅厅推出《四川数字文旅风采巡礼》系列报道，全方位展示四川数字赋能全域旅游、文博场馆、旅游景区、乡村旅游的新成果，探索数字文旅的新模式、新思路和新应用。

《四川省创建国家全域旅游示范区实施方案》提出，要坚持统筹协调，融合发展，把全域旅游作为推动区域经济社会发展的重要抓手，整合要素资源，统筹推进“产、城、景”融合发展。

四川充分运用5G、大数据、人工智能等现代信息技术，打造全域旅游智慧服务平台，建设智慧景区、智慧文旅、智慧酒店、智慧旅行社等，推进旅游景区数字化改造和智慧化提升，加快建设四川全域旅游大数据中心。

在2022四川省文化和旅游发展大会上，天府旅游名县成员数量增加至39个，打造全域旅游智慧服务平台提速了“天府旅游名县”的创建。在创建过程中，四川各地铆足干劲提升智慧旅游品牌数字化管理和服务能力，夯实智慧基础设施建设，助推当地旅游资产、交易体系的智慧流通，驱动文旅经济朝着智慧化方向转型升级，形成全域旅游高质量发展的新动能。

对于数字化推动四川全域旅游的发展过程，或许你会感到好奇，如何驰骋于“5G山水间”，“云”赏乐山大佛？如何在清幽的雅安碧峰峡，与大熊猫来一场“偶遇”？绵阳研学旅游是如何实施“价值闭环”，蓄能可持续的全产业链资源？且看乐山、雅安、绵阳为我们解题吧。

乐山：立标准，打通旅游大数据共享交换

立足“全域”发展理念，搭建数据共享交换平台。乐山通过整合全域文旅产业1 200多路实时视频监控，构建全域消费画像、游客画像以及舆情监测，实时展示全域文旅态势及各景区预约接待情况等信息，实现乐山市全域智慧文旅各业务管理系统间数据的共享和交换。建立统一信息标准，规范应用系统中数据资源的共享、交换和管理机制，实现异构应用之间的数据动态同步和交换。同时，汇集分散在各个系统的数据资源，为面向游客的综合服务和领导决策支持提供统一的数据共享标准，为乐山市全域文旅决策和指挥调度提供了有力的平台和数据支撑。

积极搭建“文旅行业云”平台，锻造乐山文旅数字经济发展的试金石。该平台由峨眉山旅游股份有限公司与阿里巴巴、川大智胜等企业联合开发，通过全域文旅数据汇聚，实现了多维度产业监测和行业监管。在乐山多个国家4A级以上旅游景区实现了全域票务预约预订一体化，初步实现了市、县、景区三级联动指挥调度中心的智慧化管理和数据化共享，搭建了“一部手机游乐山”的全域文旅大数据公共服务平台。乐山市文旅指挥调度中心可在景区三维数字沙盘、GIS地图等应用上调取景区各景点实时视频监控，可通过变化趋势图等形式展现景区实时票务情况、接待情况等100多项数据内容。该平台案例于2021年、2022年连续两年被文化和旅游部评为全国智慧旅游典型案例和创新实践优秀案例，全面提升了乐山市旅游产业的信息化水平。

“数游峨眉体验中心”涵盖了科技+旅游的数字体验中心，该中心既能弥补游客因为旅行日程、自然气候等原因而错失峨眉美景的遗憾，又能在数字科技沉浸式体验中还原峨眉山地质变迁等奥秘，也实现了体验中心在展、学、研等方面的多用途空间。

雅安：建平台，纵向监管旅游资产流通

雅安市建立了雅安旅游远程应急指挥监控平台，构建全方位一体的旅游行业运行监测与应急指挥体系。该平台主要整合了旅游应急指挥中心、旅游云数据中心、旅游综合监管平台、综合行业管理平台、网络舆情分析平台，同时具备旅游大数据分析和数据挖掘、数据筛选和清理整合功能，实现雅安区域内所有4A景区无缝对接省级平台。该平台可实现景区景点与周边旅游区域的实时监管、联动调度，对于客流量过大区域进行及时分流，避免造成交通拥堵与踩踏事故。同时与应急指挥中心实时联动，第一时间妥善处理旅游突发事件。

智慧旅游作为雅安市数字产业的重要组成部分，在管理方面按照“看得见、联得上、呼得应、调得动”和大数据分析于一体的旅游应急指挥监控中心的方向，开展了以雅安旅游云数据中心为基础，以旅游大数据分析和挖掘、网络舆情分析、旅游综合监管、旅游行业管理四个子平台为核心的旅游信息化建设。特别是精准细分应用产生的数据，助力文旅企业信息化建设；应用产生的数据（特指小数据），提取关键数据信息，关键业务数据，汇聚成大数据，为决策提供支持，实现可持续可复用可循环的文旅数据共享。

雅安围绕“旅游+互联网”发展趋势，不断提升旅游现代信息技术、物联网技术应用水平，构建了生态观光旅游、大熊猫文化旅游、休闲度假康养旅游、乡村旅游为重点的发展格局，为推进全域旅游建设、建成中国大熊猫文化国际旅游目的地奠定了坚实基础。

近日，雅安还在“云上雅安 生态文旅”网络视听赋能雅安文旅产业推介会上打响了“雅云”品牌，通过“5G+智慧文旅”的模式，呈现熊猫基地、牛背山、蒙顶山等9个场景的大熊猫沉浸式交互体验，实虚结合，远近切换，打破时空限制，与国宝大熊猫开展亲密互动。

绵阳：强科技，赋能公众服务提升旅游体验

绵阳市聚焦研学资源数据库打造，推出权威性、集成式、自动化研学解决方案。数据库覆盖对外研学旅行基地大全、研学活动集锦、研学赛事作品展示等详尽信息化资源；还可根据研学热度自动推介研学旅行产品（包含一至多日游、周末亲子游、冬夏令营等），基本实现一键推送研学资源和场景至全国研学机构；将靠谱的研学机构和一流研学人才“投递”至学校和家长；将高品质的研学课程实景还原呈现给孩子们。

将研学旅行与数字化电商平台结合，打造“绵州研学记”云平台，实现研学旅行全要素、全环节配置。平台常态化集成展示绵阳地区研学旅行产品，设置研学基地、研学导师、配套服务三大功能板块，通过云平台靶向解决了产品研学难、基地宣推难、标准品控难、销售推介难四大行业难点，推动研学产业线上线下联动发展。

研学“产品+体验”一键双选，供给端与需求端信息互联提质增速。立足“绵州研学记”平台，注重研学旅游的精细化发展，可一键式实现研学基地选择、研学产品组合以及研学导师、住宿餐饮、交通运输、研学文创等研学周边服务配置，为学校提供研学旅行档案跟踪记录，为基地、机构、导师提供展示窗口，为相关供应商提供推广平台，实施“旅游价值闭环”，蓄能可持续的全产业链资源。

（来源：2023年5月15日新华网）

【评析】

这篇风貌专稿从不同的角度展示了四川数字赋能全域旅游、文博场馆、旅游景区、乡村旅游的新成果。为了让读者能够更多地了解这一主题，作者从乐山、雅安、绵阳这三个城市入手，向读者介绍四川数字文旅的新模式、新思路和新应用。

（五）新闻小故事

新闻小故事是专稿的一种，一般是反映现实生活中的一个片段，通常表现一人一事，线索单一而有故事情节，短小精悍，生动活泼。不能写得人物繁多、场面太大、枝节横生，否则就失去了“小”的特点。

【例文 5-18】

生日鲜花祝福感动征稽职工

沈　琪

1 月 3 日早晨，乌苏交通规费征收稽查处沙湾所职工韩剑生早早就起来了，这天他的心情特别好，因为今天是他 29 岁的生日，虽说要加班，但他还是被生日的喜悦感染着，一路哼着小调来到了办公室。

上午 10 点整，交费大厅来了一名手捧一大束鲜花的邮政礼仪小姐，大家正在纳闷时，礼仪小姐说：“请问哪位是韩剑生先生？”“我是。”韩剑生激动地站起来回答，心里不停地猜测着是谁给我送的鲜花？当礼仪小姐告诉他是乌苏交通规费征收稽查处领导委托邮政礼仪专门给他送的生日贺礼时，他异常激动，只会说谢谢，谢谢！等邮政礼仪小姐走后，在场的同事们也都兴奋地跑过来向他祝贺生日，不知情的同事看到后，无不羡慕地说：“你好幸福啊！是妻子还是家人给送的？”韩剑生笑而不答，捧着鲜花细细地品味着它的芳香，享受着新年里的第一份感动，整个一个上午，他都沉浸在幸福之中。回到家后，他赶忙把这一喜讯告诉了妻子和家人们，妻子也纳闷地问：“处领导怎么知道你的生日？你们领导真是细心啊！”

乌苏交通规费征收稽查处下辖奎屯、乌苏、沙湾和什托洛盖四个征稽所，现有职工 46 人，说起处领导对职工生活的关心，该处的干部职工都深有感触，办公室主任谭爱华说起来更是如数家珍，处里无论哪位职工及家里的亲人生病住院，处领导都会前去慰问。

为了充分体现以人为本，实现人性化管理的理念，乌苏交通规费征收稽查处在近几年从小事抓起，切实解除职工的后顾之忧。2002 年分别在乌苏和沙湾开办了职工食堂，解决了单身职工和家在异地职工的吃饭问题；2004 年为职工购买了人身意外伤害保险；2006 年 12 月处里又专门召开处务会，商量决定：从 2007 年起，在全处每位职工过生日时，都通过邮政礼仪送上一束鲜花祝贺生日，让职工们切切实实感受到“家”的温暖，让这个大家庭处处体现出团结和谐、充满生机和活力的氛围。韩剑生是该处今年第一个过生日的职工，当大家听说了这件事以后，都感到非常兴奋，处领导的关心更进一步地激发起了干部职工的工作热情，大家纷纷表示要加倍努力地工作，以优异的工作成绩来报答处领导的关爱。

【评析】

这篇专稿通过一位职工收到一束生日鲜花的故事，反映当下机关作风的转变，把新闻和小故事结合在一起，有具体的情节，以小见大。最后一段是写作者对这件事的评议，把“小故事”中的小，放大到“大”，把“事”中蕴涵的“理”揭示出来。

【例文 5-19】

电缆搭火点烧断之后

吕吉生

3 月 24 日 14：03，云南电网公司 95598 呼叫中心楚雄分中心供电故障报修电话骤然响起：位于开发区的仁恒化肥公司 10kV 配电室 A 相突然失压，正在为春耕生产复合肥的紧张生产被迫停止，急、急、急……

接到报修电话后，95598 楚雄呼叫分中心迅速对主供线路运行状况进行核实，确定线路运行正常后，遂向供电故障抢修队下达抢修命令，14:15，抢修队员到达现场。经过检查，很快发现了故障点，原来是仁恒化肥公司 10 kV 搭火点的电缆有一相被烧断，断开的线头在春风中不停地摇动，若不及时处理，不仅影响到支农物资的生产，对电网安全运行也带来了威胁。

抢修人员一面在现场制订抢修方案，一面与调度中心联系，申请对所涉及线路采取紧急临时停电措施进行故障抢修。在不到半小时的时间里，相应的审批手续和操作完成，并按要求做好了安全措施，随后，处理断线工作开始。

由于故障点离仁恒化肥公司的生产车间较近，生产中排除的粉尘对线路造成一定污染，加之近期企业一直处于满负荷运行，负载电流非常大，造成了10 kV电缆A相搭火线烧断。污染还锈蚀了搭接点的螺栓，使烧断后的线路残留部分的拆除异常困难，于是，扳手、钢丝钳、锯条、刀片等工具都派上了用场。为了不伤及主线，拆除工作更是得小心翼翼地进行，就这样一点一点地切、削、锯，两名抢修人员在杆上花了近一个小时的时间，费了九牛二虎之力，累出一身大汗才将残留部分拆下。随后，他们来不及休息，又紧接着进行了新接头的搭接。

18:40，在几名抢修队员的通力协作下，抢修工作终告结束，伴随着恢复送电后生产线上隆隆的机器声响起，又一次紧张的抢修任务完成了。

【评析】

这篇故事结构紧凑，从接到抢修电话写起，然后按故事的发展过程，把抢修人员的工作真实地叙述出来，突出了细节，比如“抢修人员对烧断后的线路残留部分的拆除异常困难，于是，扳手、钢丝钳、锯条、刀片等工具都派上了用场，为了不伤及主线，拆除工作更是得小心翼翼地进行，就这样一点一点地切、削、锯，两名抢修人员在杆上花了近一个小时”，语言简练，十分生动。

（六）人物专访

专访是对新闻人物或单位、部门进行专题采访的专稿体裁。一般分为人物专访、事件专访和问题专访。

【例文5-20】

黄梅戏表演艺术家赵媛媛的“二喜”“一忧”

中新社　合肥1月25日电（记者：成展鹏　李君）正在此间出席安徽省十一届人大一次会议的人大代表、国家一级演员、中国戏剧梅花奖获得者、著名黄梅戏表演艺术家赵媛媛在接受本社记者采访时说，她是带着领导的鼓励、同志的信任来的，更是为黄梅戏而来。并总结说自己有“二喜”、“一忧”。

赵媛媛的黄梅戏生涯开始很早，14 岁时就被招入安徽黄梅戏校培训班，正式开始学习黄梅戏。她曾主演的舞台大戏有《杨乃武与小白菜》《包公嫁女》《打金枝》，舞台小戏有《夫妻观灯》《游春》《天花散女》。也曾参加和主演电视剧《公主与皇帝》《西楼会》《桃花女》《琴痴宦娘》《特殊连队》《花田错》《柳暗花明》《山乡情悠悠》。其中多部作品获得“华表奖”和“五个一工程奖”。2004 年凭借创作排演大型古装黄梅戏《孔雀东南飞》获得中国戏剧梅花奖。

一喜：黄梅戏发展有新政

胡锦涛同志在十七大报告中强调：“当今时代，文化越来越成为民族凝聚力和创造力的重要源泉、越来越成为综合国力竞争的重要因素。”

安徽省政府提出，要打好徽字牌，唱好黄梅戏，安徽将用优美的中国乡村音乐“黄梅戏”唱响全世界。

这些新政让文艺战线的工作者尤为兴奋。她说：“无疑是给我们打了一针强心剂。我们有责任多创作群众喜闻乐见的好作品，对繁荣安徽的本土文化作出应尽的贡献，真正做到让黄梅戏香飘海外。”

赵媛媛说，继承并发扬黄梅戏所具有的创新传统，才能使得黄梅戏艺术顺应时代的发展和人们审美习惯的改变，从而适应人们的时代精神需求，再创辉煌。黄梅戏艺术的创新不仅是必要的，更是必须的，是关系到黄梅戏艺术能否传承发展下去，并永葆艺术魅力的大问题。

她说，黄梅戏要创新，首先要求黄梅戏的创作人员要更新观念、具有创新意识。黄梅戏要创新，不仅要在表现内容上有所创新，更要在表现形式上有所创新，有所突破，有所建树。如今黄梅戏已经不是田间小戏，而是走上了世界的大舞台。

二喜：黄梅戏发展有新众

赵媛媛说，她在舞台上表演将近 30 年了，经历了“陋室空堂，当年笏满床；衰草枯杨，曾为歌舞场”的尴尬局面，也赶上了如今“随风潜入夜，润物细无声，春风化雨”的喜人场景。

她说，经过几代人的努力以及政府加大对文化建设的投入，文化的回归使更多的年轻人喜欢上了戏剧，更喜欢上了安徽的黄梅戏，黄梅戏有了更多的听众。

文化的繁荣，催生了黄梅戏的演出市场，现在的演出机会很多，每年都有几百场的演出任务。从田间地头到省内外，乃至世界大舞台。

据了解，她参与创作主演的黄梅戏《孔雀东南飞》目前已经上演近百场，场场爆满。剧场内不再像以前一样都是中老年人，更多的年轻观众逐渐接受并且喜爱上了黄梅戏这种精美的舞台艺术。

如安徽省戏剧家协会举办的“新世纪五朵金花”评选活动；央视和安徽卫视举办的“寻找七仙女”活动等，都是为黄梅戏的发展寻找一个新的契机。推出新人、打磨精品剧目是黄梅戏发展的必然趋势。据统计，此次“寻找七仙女”比赛活动有2.7亿人观看。

一忧：黄梅戏发展有新难

随着互联网的发展，黄梅戏的发展遇到新的难题。她说，一个新生的年轻的戏迷群体的出现，让她欣喜，遍布世界各地的戏痴，让她感动。自发地成立戏迷论坛、聊天室、QQ群，这无疑对黄梅戏的繁荣推广起到了一定的作用。但是黄梅戏在发展过程中，同其他的影视发展等一样，都面临着文化市场侵权的问题。她说，盗版黄梅戏光碟经常可见，网络上黄梅戏唱段视频可以随意上传，下载。黄梅戏侵权现象带来的后果极大地挫伤了黄梅戏创作者的积极性，造成黄梅戏市场份额严重流失。

赵媛媛说，虽然黄梅戏目前发展状况良好，但是各个剧团的经费仍然非常紧张，投资几十万、甚至上百万的剧目仍待字闺中，无缘与广大戏迷见面。在剧场看戏毕竟有一定的局限性，无法满足广大戏迷的渴望。就舞台剧来说：一方面是舞台剧目有个精心打磨的过程，另一方面出版商也不敢重金发行黄梅戏音像制品。

因此赵媛媛呼吁，保护知识产权，重拳打击盗版音像制品，取缔黄梅戏音像制品网络随意下载、上传的状况刻不容缓。作为前沿的戏剧演员、黄梅戏文化的传承人之一，赵媛媛感觉自己肩上的担子很重，同时也为此而自豪。目前，她正在酝酿一部新戏，将在2008年底与广大喜欢她的戏迷见面。

走下舞台、洗尽铅华的赵媛媛是一个肃静的人，话语不多却句句精练，“踏踏实实演戏、真真实实做人”是她对自己的一个归纳，也是一个要求。

【评析】

这篇人物专访的开头简单地介绍了人物的背景，然后把采访的内容按“两喜一忧”分三个部分，这是核心内容，体现了被采访人对艺术的热爱和敬业精神。人物专访很重要的一点就是在写作时忠于被采访人的原话，本文多次间接引用被采访人的话，用“她说”这个词引出被采访人的话，增加了文章的真实性。

记者通过采访，可以发现被采访人的一些性格特征。从本文写被采访人说戏迷们“自发地成立戏迷论坛、聊天室、QQ群”，可以看出被采访人乐于接受新鲜事物的性格。最后被采访人说的“踏踏实实演戏、真真实实做人”这句话，也体现出人物的个性特征。

【例文5-21】

“终生的舞者”——戴爱莲侧记

梁宾宾

那是一个美丽、安详、幽静的院落。鲜花摇曳，树影婆娑，就仿佛一组组美人盘旋起舞在阳光下；鸟儿轻盈地游戏于花前树下，它们生怕惊扰了居住在这里的主人——我悄然走入这神话般的意境：四壁上悬挂有名人字画，大厅里摆放着线条优美、造型独特、花纹细致的钢琴，还有色泽虽已斑驳但质地依旧光润的地板，这都表明着居所主人的不同凡响。不错，这里居住着中国舞蹈的创始人，拉班舞谱的引进与继承者，中国中央芭蕾舞团艺术顾问，中国舞蹈家协会名誉主席戴爱莲先生。

戴爱莲先生虽已88岁高龄，但她的脸上依然洋溢着不倦的神采和发自内心的喜悦。她娇小且轻盈的身材、柳叶般的弯眉和月牙似的笑眼透着仁慈与纯真的魅力，这魅力也为我们的谈话营造出了一个轻松而美好的氛围。

戴爱莲出生于三代华商之家，自幼学习芭蕾舞和钢琴。1931 年随母亲定居伦敦，在著名舞蹈家安东·道林、玛格利特·克拉斯和玛利·兰伯特等名流的指导下学习古典芭蕾舞。1936 年考入莱斯里主办的舞蹈工作室研习现代舞；又系统学习了舞蹈理论家拉班的感情表现方法、舞蹈技术理论和拉班舞谱。

1937 年，戴爱莲参加了英国援华委员会组织的义演，为中国抗日集资。1940 年春天回到了祖国，在抗日战争条件极为艰苦的情况下，她不仅对中国舞蹈进行研究，还教授舞蹈，登台演出。随后又深入少数民族地区，学习了少数民族传统歌舞，成为整理民族民间舞并将其加工为舞台艺术的先驱者。她创作了《思乡曲》《空袭》《游击队的故事》《瑶人之鼓》等舞蹈作品，和她的学生以及少数民族朋友一道在重庆举行了“边疆舞蹈大会”，并在上海举办了“综合舞蹈晚会”，产生了巨大的社会影响。

由于政治运动的干扰和牵连，戴爱莲先生曾一度中断了对舞蹈的研究。1954 年，她被任命为北京舞蹈学校校长，重又继续研究古典芭蕾。在她的倡导下，学校除了对学生们进行芭蕾舞和中国舞蹈的教学外，还创办了传授亚洲舞蹈的东方舞班。她认为，不能光从书本上学习舞蹈理论，艺术还应该从生活中来。艺术是没有第一的，每个人有每个人的路。艺术没有标准，尤其是民族舞蹈，它们都有自己的特点。

戴爱莲先生集众家之所长，善于吸收各艺术门类的优点。她学习安徽花鼓灯，看过梅兰芳所有的演出剧目。在她的家里，展示着著名画家吴作人、黄永玉和叶浅予的美术作品。她的艺术境界里融会着多种艺术形式：古典、现代、东方、西方、高雅、通俗、宫廷、民间……

戴爱莲先生说：“如果音乐没有乐谱，贝多芬、肖邦的音乐就不可能传下来，舞谱的作用也是如此。”她称舞蹈理论之父拉班为外公，因为她是拉班舞谱的第三代传人，并将之引进中国。1959 年，她被任命为中央芭蕾舞团团长后创立了拉班舞谱委员会，利用拉班舞谱记录中国的民族舞蹈，并以拉班理论指导工作。明年，她将被邀请赴伦敦参观皇家芭蕾舞团、参加艺术研讨会。还有一项使命，就是准备出版以拉班舞谱记录的《八个中国民族民间舞蹈精选》一书。

戴爱莲先生在舞蹈界享有很高的威望，经常担任国内和国际性芭蕾舞比赛的评委工作。她的舞蹈作品《春游》《荷花舞》《飞天》先后在国际上获奖。她是新中国成立以后的第一个舞蹈团团长、第一任全国舞协主席、第一任舞蹈学校校长、第一任中国芭蕾舞团团长。1939 年，英国皇家院士威利·苏考普为戴爱莲雕塑的头像，被分别放置在伦敦的英国皇家舞蹈学院大厅和瑞典舞蹈博物馆里。

采访结束后我为她拍照，希望她笑一笑，因为我觉得她笑起来特别迷人。而她却说："不一定要笑，自然也是一种美。"

【评析】

这篇人物专访对人物的形象描写非常成功，"戴爱莲先生虽已 88 岁高龄，但她的脸上依然洋溢着不倦的神采和发自内心的喜悦。她娇小且轻盈的身材、柳叶般的弯眉和月牙似的笑眼透着仁慈与纯真的魅力，这魅力也为我们的谈话营造出了一个轻松而美好的氛围"。它的成功之处是符合戴爱莲的身份，这位舞蹈家到老了还保持如此苗条的身材和良好的精神状态，训练有素是重要原因，这为下面介绍她对中国舞蹈事业的贡献埋下了伏笔。

本文开头的部分着重描写了戴爱莲居室内的布置，从侧面烘托了这位老艺术家具有的高超艺术眼光和艺术修养，增加了报道的感染力和表现力。

（七）特写

所谓特写，即以描写为主要表现手段，对能反映人和事本质、特点的某个细节或片段，做形象化的"放大"和"再现"处理的一种新闻文体。

【例文 5-22】

特写 江苏南通："为了夏日里的一份清凉"

节气已至小暑。7 月 8 日中午，室外气温高达 35 摄氏度，坐标江苏省南通市广州路55 号雷锋爱心垒驰驿站，环卫工倪建宏进来歇脚，这家爱心驿站的负责人何超随即从冰柜里拿出一盒冷饮和一瓶纯净水递了过去。

58 岁的老倪一边道谢，一边笑着接过。这是他连续第三天到爱心驿站里纳凉，约摸十来分钟后准备起身离开。何超开了腔："倪大哥，天气热，要注意防暑，这里就当自己家一样，热了累了就过来。”

“真不知道说啥好咧！”倪建宏不好意思地说，还有同事在户外忙，想给他们也带些冷饮。何超就让他多拿几盒带走。

送出清凉，传递温暖。作为当地一家机动车年检机构的老板，何超热心公益已有多年。“上个月，得知南通市崇德学雷锋公益服务中心正在组织‘城市清凉侠’公益活动，我就报名参与，把一间空调房腾出来作为户外劳动者解暑纳凉的地方。”何超专门准备了一个大冰柜，里面放满了冷饮和纯净水，每天下班后都会及时补货。

记者了解到，这家爱心驿站7月1日对外开放，受助对象主要为周边的环卫工、快递员、外卖小哥、建筑工人、过路司机等户外劳动者。60岁的顾文学是一名邮递员，“每当接过一瓶纯净水，再热的天，心里也不觉得热了。”

“大爷，到屋里喝瓶水。”“阿姨，进来歇歇吧。”“小伙子，吃根冷饮。”……在爱心驿站里，记者见到了不一样的“吆喝”。机动车检测站的工作人员人人乐当志愿者，还走到驿站外面邀请户外劳动的建筑工人过来小憩；看到马路上来往的老人，何超也会主动上前为他们递上冷饮和矿泉水。

“酷暑时节，户外劳动者工作很辛苦，希望我们的爱心驿站可以让他们享受片刻清凉。”何超说。据了解，“城市清凉侠”是一场2018年从省会南京发起，现已覆盖江苏各市的公益活动，旨在为高温下的劳动者免费提供一份“夏日清凉”，今年第五季活动启动后全省站点已拓展至70多个。

（来源：2022年7月10日人民网江苏频道）

【评析】

这篇特写用素描的手法，抓住了几个有特色的人物和事件细节，通过描写在爱心驿站中发生的小故事，展现出了人与人之间的友善和互助，同时也让读者看到了一个和谐友爱的城市形象。

三、新闻评论的类型与写作

新闻评论是一种政论性的文体，是针对新近发生的具有普遍意义的新闻事件和亟待解决的社会问题，发议论、讲道理的文章。

新闻评论按体裁可分为社评、述评、编者按语等。

（一）社评

代表报纸对重大问题发表意见的最重要的评论形式。

【例文 5-23】

社评：用典型案例丰富全民反诈“工具箱”

据 1 月 13 日中国警察网报道，近日，湖北安陆警方打掉一电信网络诈骗引流团伙，查获了 200 多套电子版诈骗引流“剧本”。警方分析这些诈骗话术后发现，诈骗分子在引流阶段，尽量排除诸如不收红包、不会操作、换人接电话等人群，找出更容易行骗的对象。警方提示，想杜绝被骗，就要成为让诈骗分子看不到希望的人。

近年来，公安、网信等部门对电信网络诈骗案件中的典型案例进行梳理总结并及时发布，对提升“技防+人防”效能、增加打击防范诈骗“法宝”等方面，发挥了积极作用。比如，很多人对公安常态化发布的一些典型案例耳熟能详：投资理财类、网上婚恋杀猪盘类、电商退货退款类、刷单返现类等。它们有效引导着公众形成不听、不信、不转账的反诈共识。

摸准典型案例的特征，可以让技防工作更有方向，扩大打击效果。比如，针对投资理财类骗术，分发“钓鱼”信息、资金分流和洗钱等环节需要通信设备和银行卡，各地在落实“两卡”实名制、整治伪基站、实行转账 24 小时延迟制度、打击“卡池”“猫池”等非法设备、标注和拦截可疑来电及短信等方面，积累了不少经验。同时，国家反诈中心，96110 反诈热线、12381 涉诈预警劝阻短信系统等，更让技术防控电信网络诈骗起到事半功倍的效果。数据显示，2023 年，全国公安机关会同相关部门拦截诈骗电话 27.5 亿次、短信 22.8 亿条，处置涉诈域名网址 836.4 万个，紧急拦截涉案资金 3 288 亿元。

复盘典型案例、以案说法，能以更直观的方式提高百姓的警惕性。比如，解剖“婚恋杀猪盘”，可以让人们清晰地看到此类诈骗的常用套路，所谓单身精英的人设等，“条条话术通钱包”。近年来，依托短视频制作，不少反诈民警成了网红达人，以常见典型案例为创作蓝本，让具体生动的故事拉近人们对反诈的认知。此外，走访入户宣传、制作反诈“明白纸”、投放反诈公益广告等多途径宣传，进一步夯实了全民的反诈意识。

某种角度上看，典型案例是一种工作指引和意识指引。在打击治理电信网络诈骗的视野中，汇总和分享典型案例有利于各地公安等部门信息共享，消除信息差、时间差、认知差，让处置规则、技术切磋、治理思路等方面尽可能无缝对接，增强技术攻势。同时，对百姓而言，看到一个典型案例往往是“又学了一招儿”，有助于了解骗术类型、诈骗分子的心理和话术特点，举一反三式防范，降低反诈成本和司法资源消耗。公安部日前召开发布会通报，去年 8 月以来，全国电信网络诈骗案件同比下降 28.6%，打击治理工作取得显著成效。

当然，我们也要清醒地看到，电信网络诈骗仍呈案件多发、案情复杂、涉案人员狡猾的态势，对有关部门和百姓合力筑牢全民反诈防线提出更高要求。比如，不法分子搭新概念便车，利用区块链、虚拟货币等噱头实施诈骗；采用技术手段让骗术升级，人工智能模拟语音或合成视频、爬虫软件窃取个人信息等案件已发生多起；迫于国内打击压力，不法分子将诈骗窝点和相关设备设置在国外，也增加了打击难度。

强化典型案例的引导、警示作用，丰富全民反诈“工具箱”，有着紧迫的现实意义。诸如怎样最大程度发挥典型案例的引导作用、令其成为减少源头被骗的有益力量，如何减少百姓在遭遇诈骗时的侥幸心理、“吃别人的堑长自己的智”等，都值得不断探索。

我们需要把典型案例中的个案悲剧转化成服务于更多人的防骗指南，从中寻找“技防+人防”的切入口，为有关方面的打击行动提供参考，提高全民反诈意识和能力，最终让电信网络诈骗无路可走，提升百姓的安全感。

（来源：2024 年 1 月 17 日《工人日报》）

【评析】

社评是对现实生活中的某些社会现象、社会问题、思想倾向进行评论和议论，写社评首先观点要明确，本文的题目就提出了“用典型案例丰富全民反诈‘工具箱’”这个观点。

本文是关于电信网络诈骗的社评。本文从一个具体的新闻报道引出话题，相继分析了将典型电信诈骗案例转化成防骗指南的作用、必要性和现实意义。在最后强调了本文的核心观点：“我们需要把典型案例中的个案悲剧转化成服务于更多人的防骗指南，从中寻找‘技防+人防’的切入口，为有关方面的打击行动提供参考，提高全民反诈意识和能力，最终让电信网络诈骗无路可走，提升百姓的安全感。”

（二）述评

是一种兼有消息与评论作用的新闻。它在陈述事实的基础上，穿插评论或抒发感慨，从而分析说明所报道事件的本质和意义。

【例文 5-24】

高层国际会议频频在沪召开

蒋心和

刚刚送走参加联合国亚太经社会第 60 届年会的各国代表，世界银行主办的全球扶贫大会本月又将在上海举行。截至昨天，已经排定年内在沪举办的国际性会议超过 100 个，其中不乏高层会议。一些国际组织欲借在沪举行会议扩大影响，而上海则以此作为举办 2010 年世博会的一次次演练。

上海成为世界会议业关注的热点并非偶然。上海经济持续 12 年两位数增长，上海在连接国际国内两大市场中日趋突出的枢纽作用，1999 年财富论坛一炮打响，2001 年 APEC 会议成功举办……都令很多国际会议主办方怦然心动。财富论坛过后，福布斯会议、商业周刊年会接连在沪举办，主办方的目的就是不想在上海这个国际会议业的新兴舞台上输给对手，而刚刚闭幕的亚太经社会特地选择在诞生地上海召开会议，更有“从头开始再铸辉煌”之意。

国际会议频频叩响上海之门，既是对上海地位的肯定，也为申城经济和城市发展带来了难得的机遇。国际会议云集申城之时，上海的宾馆、餐饮、旅游、电信、商业零售、文化娱乐也随之兴旺，而通过中外人士广泛接触带来的投资、贸易、技术合作商机更使上海受益匪浅，会议业已成为本市建设国际大都市和“四个中心”之一的有力抓手。

有关方面也不讳言面临的巨大挑战。就硬件而言，目前上海真正具备国际水准的会场数量不多，更无容纳数万人同时举办多个会议的大型会场，会场功能也不能与国外一些会议业发达的城市相比；软件方面，与会议业相关的人员专业、外语、服务水平，市民的综合素质等，尚有差距。另外，会议业的市场化、产业化程度还比较低。因此，紧紧抓住国际会议业看好上海的有利时机，以各种国际会议特别是国际高层会议作为举办2010年上海世博会的一次次演习，现已成为申城发展会议业的主攻方向。

（来源：2004年5月10日《解放日报》，有改动）

【评析】

乍一看，这似乎是一条动态新闻。但你千万别以为记者只是报道哪些会议在上海召开而已。

记者首先写了最近在上海开了些什么会，开了多少个会。随后记者指出，“在上海举办国际高层会议今年是历史上最多的一年，而且具有层次高、规模大、影响广的特点”。接下去一段写“上海成为世界会议业关注的热点并非偶然”，再接下去是“国际会议频频叩响上海之门，既是对上海地位的肯定，也为申城经济和城市发展带来了难得的机遇”，最后一段则是“有关方面也不讳言面临的巨大挑战”。这样的报道，从动态事件写到评论，叙中有评，大大拓展了新闻的内涵。

新闻述评是新闻写作发展的新趋势。现在在不少新闻中，议论性、评述性语言多起来了。述评新闻的作者首先要站得高，看得远，视野开阔，从全局出发来提出问题和分析问题。如上面的这篇例文，不是就会议谈会议，而是对事物做宏观的分析，把微观和宏观联系起来预示上海将成为国际会展中心这一前景。对于事态的发展、工作的开展、运动的趋势，要以高屋建瓴之势为读者指明方向。

（三）编者按语

编者按语是一种依附于新闻报道或文稿的画龙点睛式的简短的新闻评论。这是一种最简短、最轻便的评论形式，通常只有二三百字，甚至只有一句话。它是报纸、通讯社、广播、电视等新闻媒介的编者对新闻稿件或一般文章所加的评介、批注、建议或说明性文字。

在新闻评论各种体裁中，唯有编者按语不是独立的评论文体。它总是依附报道或有关文字材料，依附报道又不应拘泥于报道，依托个别典型来指导一般。不是就事论事，而应当有的放矢，由此及彼，提出一些发人深省的问题。写法上没有固定的格式，有话则说，无话就不说，要说就要一针见血，画龙点睛，说在点子上。

【例文 5-25】

编者按：又是一年秋风起，不知今年的教师节，我们的传道授业解惑者是否比往年感受到更多的理解、爱护和尊重？在我们这个具有悠久尊师传统的国度里，“教师”这个名字赋予我们的感觉的确太多太多。在尊师重教、科教兴国之声不绝于耳的当代，关于教师这个职业的一些负面新闻，也多得几乎不成为新闻了。而在一些城市，具有较好口碑的名校，“教师”以其收入之高、待遇之优，成为令人羡慕的职业。

另外，我们尤其想听听教师自己的心声和学生对老师的倾诉，相信通过大家对这个专题的关注会促进我们给予教师更多的关注。

【评析】

这是一篇专题新闻报道之前编辑加上的编者按语，又称文前按语，其行文提纲挈领，言简意赅，使用论断性语言直接、鲜明地提出组织专题报道的目的是“通过大家对这个专题的关注会促进我们给予教师更多的关注”，没有展开论证，起到归纳主题的作用，把下面专题报道的内容介绍给读者，不带任何个人色彩。

【例文 5-26】

编后语

给退休员工开个欢送会、写封问候信，这种传统而温馨的方式我们曾经非常熟悉，但现在，却听得越来越少了。

自退休职工被纳入社会保障和社区管理之后，冷落退休职工逐渐成了一些企业的普遍现象：很多干了一辈子的老职工，到了退休这天，却听不到一声问候，一个人悄悄地办完手续后，落寞地离开；有的退休职工偶尔回单位看看，也没人搭理；遇上难事求助，也是音讯杳然……部分企业别说平时不关心，就连退休职工重病甚至死亡，也不派人探望。他们或是觉得退休职工与企业已不存在任何关系，没有关心的必要；或是认为退休职工已经没了作用、没了价值，生怕给企业带来负担和麻烦。

其实，退休职工即便已经离开，依然对工作过的地方有着深厚的情感，他们关心企业的建设，牵挂企业的兴衰，为企业留下了好经验、好传统，仍然是企业不可多得的精神财富。冷落退休职工，不仅会让退休职工感到寒心，也会让在岗职工对自己的未来产生忧虑，这样的企业永远没有凝聚力。

企业要发展，不但要善待在职员工，还应关心退休职工，这也是构建和谐企业的应有之义。红光电器分公司给退休员工开隆重的欢送会、华东送变电工程公司 5 年发出千封书信给退休人员，这些举措虽小却温暖人心，虽简单却意义深远。一声问候，一场欢聚，企业不会花费很多，而得到的却是所有职工深厚的归属感，是一笔宝贵的财富。我们希望，这样的企业、这样的举措能够多些，再多些。

（来源:2008 年 2 月 13 日《劳动报》）

【评析】

这是一篇编后语，是编者对新闻稿件有感而发的一段文字。它依附新闻稿件，旨在深化稿件的主题和思想，在写法上较随意。本文对“红光电器分公司给退休员工开隆重的欢送会、华东送变电工程公司 5 年发出千封书信给退休人员”这两条新闻所体现出的意义加以点评和升华，突出新闻稿件的思想性。同时，提出问题，促使更多的人去思考。

第六章　学术论文写作基础理论与例文评析

第一节　学术论文写作的基础理论

一、学术论文的特点

（一）科学性

学术论文的科学性，要求作者在立论上不得带有个人好恶的偏见，不得主观臆造，必须从客观实际出发，从中引出符合实际的结论。在论据的收集和使用上，应尽可能多地占有资料，使用最充分的、确凿有力的论据。在论证时，必须经过周密的思考，进行严谨的论证。

（二）创造性

创造性是学术论文的生命。学术论文的创造性在于作者要有自己独到的见解，能提出新的观点、新的理论。这是因为科学的本性就是“革命的和非正统的”，“科学方法主要是发现新现象、制定新理论的一种手段……旧的科学理论就必然会不断地为新理论推翻”。（斯蒂芬·梅森）因此，没有创造性，学术论文就没有科学价值。

（三）理论性

学术论文在文体上属于议论文，但它与一般议论文不同，它必须是系统的，不能只是材料的罗列，应对大量的事实、材料进行分析和研究，使感性认识上升到理性认识。一般来说，学术论文较之一般议论文更具有论证色彩，或具有论辩色彩。论文的内容应符合历史唯物主义和唯物辩证法，符合“实事求是”“有的放矢”“既分析又综合”的科学研究方法。

（四）平易性

指的是要用通俗易懂的语言表述科学道理，不仅要做到文通字顺，而且要准确、鲜明、和谐，力求生动。

二、学术论文写作规范

学术论文的写作有严格的学术规范。学术规范内容方面的基本要求是立论要有根据，论据必须是真实而非虚假的，论证要合乎逻辑。学术论文制作形式上的重要规范包括：在撰写论文时要交代学术缘起，要有注释和文献目录等。章培恒在《关于建立学术规范的两点建议》一文中谈到引文制度上的规范值得认真把握，他认为只要不是作者首创的，就必须详细地注明其出处，而在着手研究之前必须对前人已做的相应工作进行广泛调查，获得较深入的理解。葛剑雄在《论学术研究规范与创新》一文中提出“在创新中坚持学术规范”，认为既然学术研究的根本目的是创新，其最基本的规范就应该以保证创新为基础，而创新性与主观随意性有本质上的不同。赵宪章《学术规范、实证精神与数字时代》一文则认为：“学术规范”不只是参考文献和引文注释方面，这只能算作学术研究的“刚性规范”，还有更重要和更深层次的规范，那就是它的学理逻辑。学理层面的逻辑规范是对学术质量产生更大影响的更重要的规范。所谓“言之成理”和“持之有据”，就是学理逻辑规范的通俗表达。

第二节　例文评析

一、学术论文的类型举要及评析

根据不同的标准，可将学术论文分为不同的类别。如按学科领域划分，可分为社会科学论文和自然科学论文；按表达方式划分，可分为考证型学术论文、阅研型学术论文、争辩型学术论文；按学术论文的功用划分，可分为报刊、会议论文和学位论文。

（一）报刊、会议论文

指发表在报纸杂志上或在学术会议上宣读的学术论文。此类论文的写作目的是公布自己的科学研究成果，并与学术界交流科研信息，因而具有较强的学术性、创新性。

【例文 6-1】

对马克思“历史决定论”的一点认识

张宝库

历史决定论是马克思唯物史观的基本内核，正确理解马克思的历史决定论，是把握马克思唯物史观的关键所在。

“决定论”一词，源于古希腊，原意是“制约、限定、规定”，意指肯定事物之间具有因果制约关系，事物发展受必然性限定，引申为肯定物质世界存在着客观普遍性、因果性、规律性、必然性的学说。简言之，历史决定论是指历史进程受历史因果性、历史规律性和历史必然性决定的理论。

马克思主义历史决定论第一次使历史被安置在物质资料生产实践的基础之上，进而把在物质资料生产实践中所形成的生产力和生产关系之间的矛盾，看成引起社会制度、社会结构、意识形态变革的最终根源。这样，历史的真正前提和基础才得以最终确立。

在《神圣家族》一书中，马克思研究了创造历史的“现实的、活生生的人”，阐明了物质生产是历史的发源地。由此，马克思的历史观由关注“真正的人”的异化劳动向关注现实的物质生产活动过渡。在这之后的《关于费尔巴哈的提纲》和《德意志意识形态》这两部著作中，马克思系统地阐述了他的“新唯物主义”历史观。他明确地提出了“实践”的观点，把历史看作社会存在发展的有规律的历史，围绕着作为人的现实生活的本质的物质生产活动展开对历史概念的阐述。按照这个逻辑思路来观察历史，历史既非无主体的社会经济结构的自发运转过程，也不是脱离客体的纯粹精神发展历史，而是融合了作为主体的人的活动和作为客体的物质关系的生产发展的历史。在《德意志意识形态》中，马克思强调物质生产活动中所形成的生产力与生产关系的矛盾是引起社会结构、社会制度和意识形态变革的最终原因，使科学的历史决定论得到了阐发。他认为人类社会是由多种要素组成的，历史规律就是在多要素的冲突和缠绕中为自己开辟道路的。他把生产关系和社会关系看作既受生产力制约、又制约上层建筑各因素的中间环节，使复杂的社会关系找到了最坚实的基础。至此，马克思主义历史决定论的科学内涵得到了系统阐述。在《资本论》创作阶段，马克思结合社会经济现象更为具体地发展了历史决定论，一方面从社会有机体的横向结构上剖析了资本主义社会有机体的不同方面和层次，表明社会是由各要素相互作用、渗透的活的有机体，而经济关系在最终意义上对社会有机体演变的总趋势起决定作用；另一方面从社会有机体的纵向发展上阐述历史过程中主客体交互作用如何推动其从低级向高级形态的更替过程。

由此，马克思主义的历史决定论思想在理论上大致经历了由初创到充实、到逐步完善再到成熟这样四个阶段。马克思主义历史决定论认为，社会历史规律并不具有直接的现实性，任何现实性都是在必然性即客观规律规定的多种可能性的范围内所实现的一种可能性。规律给人的活动提供了一个由多种可能性组成的可能性空间。当人们说到“可能性空间”时，现实性就已蕴含其中，至于可能性空间中哪一种可能状态成为现实，还要依据内部对立倾向之间的斗争和外部诸因素之间的相互作用。历史过程中多种可能性的存在为主体能动的选择和能动的实践提供了广阔的天地。任何事物的发展变化都不是被机械地决定了的。可能性空间把实践的目的性和现实性联系起来，主体在其中获得了一定的自由度，可以在认识和遵循必然性的基础上，自觉选择并有意识地创造条件，促成某种可能性转化为现实性。马克思主义的历史决定论确认了社会历史发展的可能性与现实性的辩证统一。

马克思主义历史决定论认为，社会历史是人的历史，是人通过自己的历史实践活动不断扬弃社会的过去从而得到社会的现在和未来。没有人及人的活动就没有人的社会，就没有人类的历史。社会历史规律不过是人的活动规律，即贯穿于人的活动之中并制约着人的活动的那种客观必然性。因此，人的目的的确立、为实现目的对手段的选择等等价值因素也构成了社会历史因果链条的必然环节。历史发展的总体趋势虽然是由不依人的意志为转移的客观规律所决定的，但实践的人类作为价值主体，其价值选择对于历史的发展仍会发挥不可忽略的作用。因此，客观的历史规律与主体的价值选择在历史的发展中是交相辉映的。马克思的历史决定论体现了社会发展的决定性与选择性的辩证统一。

在马克思主义历史决定论思想中，历史必然性是各种历史事件内在、非线性的一般性、共同性，这种一般性、共同性，在时间轴上表现为历史发展过程的基本趋势的确定性，而在空间轴上则表现为由必然性所决定了的可能性是具有确定的范围的。历史运动过程并不是一条简单的直线，而是由许许多多现实的、个别的历史事件所形成的上下波动的丰富多彩的曲线。所谓历史的基本趋势，就好比是贯穿于这条曲线的中轴线，虽然因相互作用的每个个人具有不同的意志、目的、价值取向造成了许多个别或局部的历史事件，从而使曲线上下波动，但这条中轴线却总是一定的。由此可见，马克思的历史决定论坚持了历史偶然性与必然性的辩证统一。

（来源：2008 年 4 月 29 日《光明日报》）

【评析】

本文属于报刊类学术论文，受篇幅的限制，论文的论点主要集中在对马克思“历史决定论”的认识一个方面。在作者写作之前，对上述论题的论述文章不少，观点也很多，但是作者在这里是根据自己对马克思的原著阅读，结合个人的体会，从一个新的角度阐释“历史决定论”的内涵。

在文章中，作者先是列举了马克思几篇著作中涉及“历史决定论”的原始论述，并找出这些论述之间的内在联系，在此基础上提出自己的论点。有根有据，合情合理，令人信服。

该文结构严谨，短小精悍，逻辑严密，抓住一个问题深入探讨，做出个人判断。限于报纸篇幅和读者的非专业性特点，报纸类论文格式较为简单，没有期刊类论文完整。

【例文 6-2】

戏曲评点与明清文艺思潮

田根胜

摘　要：随着中晚明传奇杂剧创作的繁荣，作为戏剧批评的评点极为兴盛，其中一个重要的影响因素是明清文艺思潮。以李贽和金圣叹为代表的评点文人，一方面破除文体尊卑观念，不遗余力地鼓吹“俗体”，标新立异；另一方面，以戏曲评点为载体，高歌真人、真性、真情。在主情思想引导下，逐渐拓展情感界域，追求文学情感或真性情的表现，反对伪道学。在弄笔评点戏曲的队伍中，一些妇女评本以其独特的视角和细腻的笔触获得广泛的影响。

关键词：戏曲　评点　明清　文艺思潮

戏曲评点是一种包括序跋、凡例、题辞、眉批、夹批、总评、读法、圈点、集评甚至音释、笺注等形式在内的批评样式。随着中晚明传奇杂剧创作的繁荣，戏曲评点也兴盛一时，凡有新的剧本问世，几乎立即就有评家为之评点。这里除了戏曲创作的繁荣必然带来戏曲理论的兴盛、书商借名家点评推销剧作之外，明清文艺思潮的影响该是其中重要因素。本文即试图探讨戏曲评点与明清文艺思潮之间的关系。

一

明末清初，戏曲评点蔚然成风，成为中国戏曲学和文学批评史的一种奇特现象。今从各公私藏家的版本看，标有“李卓吾先生批评”的剧本，就有《西厢记》《荆钗记》《琵琶记》《红拂记》《玉簪记》等十数种，影响甚远，竞相仿效。著名的有王思任《清晖阁批评玉茗堂还魂记》，沈际飞《独深居点次玉茗堂传奇》，冯梦龙评改《新灌园》等为《墨憨斋定本传奇》，陈继儒评点《西厢》《琵琶》《幽闺》《绣襦》《玉簪》《红拂》等六种被刻成《六合同春》。而标明汤显祖“玉茗堂批评”的共有 13 种之多，其中或有书商的伪托，但所批《董西厢》和《王西厢》确有他的亲笔题识。在杂剧方面，有孟称舜评刻的《古今名剧合选》，沈泰刊行《盛明杂剧》特请黄嘉惠、沈士俊、张佩玉诸评家加批。到了清代，戏曲评点仍很盛行，大家辈出。其中最具代表性的当推金圣叹批改《西厢记》为“第六才子书”、毛声山评点《琵琶记》为“第七才子书”、吴吴山批改《长生殿》、吴氏三妇合评《牡丹亭》、程琼评点《才子牡丹亭》等。

在著文褒扬和弄笔评点戏曲的文人中，最值得注意的是李贽和金圣叹。他们的议论不同凡响，表现出强烈的文学意识和革新精神。首先是打破文体尊卑观念。评点家戏曲话语的突破，首先从李贽开始。他不以尊卑论文体，无论小说戏曲，还是传统诗文，一样可以成为天下之“至文”“妙文”：

> 天下之至文，未有不出于童心焉者也。苟童心常存，则道理不行，闻见不立，无时不文，无人不文，无一样创制体格文字而非文者。诗何必古选？文何必先秦？降而为六朝，变而为近体，又变而为传奇，变而为院本，为杂剧，为《西厢记》，为《水浒传》，为今之举子业。皆古今至文，不可得而时势先后论也。故吾因是而有感于童心者之自文也。更说甚么《六经》，更说甚么《语》《孟》乎？（李贽《童心说》，见《焚书》第 99 页，北京：中华书局，1975 年。）

李贽破除文体有尊卑的俗念而自倡新说，影响士林的舆论，一大批文人风随影从，形成了文人提倡、评点、议论俚野稗官的一时风气，其中尤以金圣叹最为突出。在金圣叹看来，应以《西厢》来替代《左传》《庄》《骚》《史》《汉》以及韩、柳、三苏等人的著作而成为后生晚辈的入门课本。他之所以将《西厢》与上述经典相提并论，也是“盖愤天下之小视其道，不知为古今来绝大文章，故作此等惊人语以标期”。（李渔《闲情偶寄》第 87 页，上海古籍出版社，第 2000 年版。）《西厢记》经过金圣叹的精湛评点，传播更加广泛而久远，“一时学者，爱读圣叹书，几于家置一编”。（王应奎《柳南随笔》卷三）至今能见到的《第六才子书》版本还有近 50 种之多，这在整个中国戏曲史上是空前的。

在传统文化中，历来首重经史、次及诗文，戏曲小说不仅是“小道”“末技”，甚至是“邪宗”。顾炎武曾大发感慨：

古有儒释道三教，自明以来又多一教曰小说。小说演义之书，士大夫、农工、商贾无不习闻之，以至儿童、妇女、不识字者亦皆闻而如见之。是其较之儒释道而更广也。释道犹劝人以善，小说（包括戏曲）专导人从恶，奸邪淫盗之事，儒释道书所不忍斥言者，彼必尽相穷形、津津乐道。以杀人为好汉，以渔色为风流，丧心病狂，无所忌惮。子弟之逸居无教者多矣，又有此等书以诱之，曷怪其近于禽兽乎！（黄宗羲《泰州学案一》，见《明儒学案》下册卷三十二，第709页，北京：中华书局，1985年。）

这种以文体定尊卑的思维定势，似乎是难以移易的规律。元朝是我国戏曲史上第一个黄金时代，但《元史》不着曲家只字。明代虽有朱权、朱有燉等人以藩王之尊留意戏曲，但多视为太平盛世之点缀。直到乾隆朝编纂《四库全书》才将词曲殿于集部之末，但又加上“厥品颇卑，作者弗贵”，“其于文苑，同属附庸”的断语，依然留有“小道”“末技”的尾巴。

李贽、金圣叹等人不遗余力地鼓吹“俗体”，并把《西厢》抬到与经典颉颃的地位，标新立异，廓清谬说，与当时学术思想方面吹起的新风——离经叛道的禅儒之风和道学的危机关系密切。在此之前，王阳明以具天地良知之心为万物的本体，万物由心而立，良知由心而证，开辟了一条由内心觉悟而达到作贤成圣的新路，同时也隐含了批除一切外在规范约束的前提。而李贽以无所不至的“童心”为天下至文的源泉，并以之作为标准，破除一切领域的种种“道理闻见”，认为道学家为文无非是“以假人言假言、而事假事、文假文”，“断断乎其不可以语于童心之言明矣”。（李贽《童心说》，见《焚书》第99页，北京：中华书局，1975年。）在当时的社会思潮中，这种倾向具有普遍性。汤显祖所崇拜的老师罗汝芳，即“假圣贤仁义心性之言，倡为见性成佛之教……以传注为支离、以经书为糟粕、以躬行实践为迂腐、以纲纪法度为桎梏。逾闲荡检，反道乱德，莫此为甚”。（《明史》卷二三四《杨时乔传》）他们标榜异端与传统文化抗衡，宣扬与传统文化相悖的平民思想。因此，对戏曲、小说的极力推崇，即是这种思潮影响下的产物。

二

明末清初的人文思潮，其主旋律是高歌真人、真性、真情。在主情思想引导下，逐渐拓展情感界域，追求文学真情感或真性情的表现。王阳明的心学可以说是对程朱理学的反正，罗钦顺认为："先儒以去人欲，遏人欲为言，盖所以防其流者不得不严，但语意似乎偏重。夫欲与喜怒哀乐皆性之所有者，喜怒哀乐又可去乎?"（罗钦顺《因知记》，《四库全书本》）王廷相在承认人的物质追求和生理要求的合理性的基础上，反对把"人心"（人的合理要求）与"道心"（伦道的观念）对立起来，指出"道化既立，我固知民之多夫道心也。人心亦与生而恒存。观夫饮食男女，人所同欲，贫贱夭病，人所同恶，可知矣。谓物欲蔽之，非其本性，然则贫贱夭病，人所愿乎哉?"（《慎言·问成性》《王浚川所著书》，明嘉靖中刊本）王艮则把神圣的"道"平民化、世俗化了，认为"圣人之道无异于百姓日用，凡有异者，皆谓之异端。百姓日用条理处，即是圣人之条理处"。（王艮《心斋语录》）而泰州学派乃至其影响下的李贽，对理学中的"性与情""天理与人欲""义与利""道心与人心"等矛盾对立的命题，不仅作了深入浅出的发挥，而且作了透彻的阐发："穿衣吃饭，即是人伦物理，除却穿衣吃饭，无伦物矣。世间种种皆衣饭类可，故举衣与饭而世间种种自然在其中，非衣饭之外更有所谓种种绝与百姓不相同者也。"（李贽《答邓石阳》，见《续焚书》卷一第 4 页，北京：中华书局，1975 年版。）他把"好货好色"即商贾逐利和男女性爱视为人的自然欲求加以肯定。这种赤裸裸的人性论主张，这种对世俗人情的高度肯定和对感性欲望的极端揄扬，掀起了声势浩大的思想解放思潮。在这股浪潮冲击下，人的观念出现了前所未有的突进：把人从神圣的伦理规范、严密的政治规范和超然的精神氛围中解放出来，置于活生生的世俗生活之中，体察、宣扬、玩味世俗人情的真切含蕴和感性欲望的合理意义，充分肯定和追求世俗生活、自然的情欲、独立自由的个性。而评点学中的"言情"理论便是在这一思潮中产生，并成为这个思潮的重要构成部分。

首先，借评点对伪道学进行猛烈批判。《西厢记》问世以来，广大观众交口赞誉，道学家也从未停止过诋毁，如陶奭龄在《小柴桑喃喃录》中就说："若夫《西厢》《玉簪》等，诸淫媟之戏，亟宜放绝，禁书坊不得鬻、禁优人不得学，违则痛惩之，亦厚风俗、正人心之一助也。"（陶奭龄《小柴桑喃喃录》）对此，程巨源在《〈崔氏春秋〉序》中予以反驳："夫三百篇之中，不废郑卫，桑间濮上，往往而是。”且“阿谷援琴，东山携麈，流映史册，以为美谈”。(《重刻元本题评音释西厢记》，万历八年毗陵徐士范本）对伪道学予以批判，颂扬《西厢记》为“情”之作的合理性。金圣叹接受明中叶以来“尚情”的美学思潮，并进一步作了深入阐发：

> 有人说《西厢记》是淫书，此人日后定堕拔舌地狱。何也？《西厢记》不同小可，乃是天地妙文。自从有此天地，他中间便定然有此妙文。不是何人做得出来，是他天地直会自己劈空结撰而出。若定要说是一个人做出来，圣叹便说此一个人即是天地现身。（金圣叹《贯华堂批第六才子书〈西厢记〉》“读法”第一条。）

“天地妙文”说可以视为李贽“画工”说合乎逻辑的发展，其有两方面的含意：一是《西厢记》所写男女情爱，乃天经地义之事，非人力所能禁；二是《西厢记》的文字，乃天造地设之文，非“画工”所能为。在《酬简》总批云：

> 有人谓《西厢》此篇最鄙秽者，此三家村中冬烘先生之言也……盖事则家家家中之事也，文乃一人手下之文也，借家家家中之事，写吾一人手下之文者，意在于文，意不在于事也。意不在事，故不避鄙秽；意在于文，故吾真曾不见其鄙秽。而彼三家村中烘先生犹呶呶不休，詈之曰鄙秽。此岂非先生不惟不解其文，又独甚解其事故耶？然则天下之鄙秽殆莫过先生，而又何敢呶呶为？（金圣叹《贯华堂批第六才子书〈西厢记〉》《酬简》总批。）

金圣叹这里进一步肯定男女情爱是人之常情，无须掩饰，更不是什么“鄙秽”之事。作家描写男女情爱，是“借家家家中之事，写吾一人手下之文”，即创造出富于美感的文学作品。以《西厢记》而论，以绝代之才子惊见有绝代之佳人，其不辞千死万死而必求一当，此必至之情也。（金圣叹《贯华堂批第六才子书〈西厢记〉》二之四“琴心”总批。）这里，金圣叹既阐明了男女情爱之“事”的合理性，同时又把自然状态的“事”与具有美感的“文”加以区别，进而阐明了文学艺术作品表现男女情爱的合理性。（赵山林《中国戏剧学通论》第 860 页，安徽教育出版社，1995

年版。)

金圣叹评《西厢》,《读法》前六条皆论“淫”字,认为《西厢》是“天地”的作品,并拿来《诗经》作比较,提出“好色即淫”的观点:“人未有不好色者也,人好色未有不淫者也,人淫未有不以好色自解者也。吾得因论《西厢》之次而欲一问之:夫好色与淫相去则真有几何也耶?”他巧妙一转,拈出《国风》来作挡箭牌,“夫《国风》采于初周,则是三代之盛音也,又经先师仲尼之所删改,则是大圣人之文笔也”。“大圣人之文笔”尚且可以写男女情爱,《西厢记》又为什么不可以呢?扩展开来说,“自古至今,有韵之文,吾见大抵十七皆儿女此事。此非以此事真是妙事,故中心爱之。而定欲为文也;亦诚以为文必为妙文,而非此一事,则文不能妙也。夫为文必为妙文,而妙文必借此事,然则此事其真妙事也。何也?事妙故文妙,今文妙必事妙也”。(金圣叹《贯华堂批第六才子书〈西厢记〉》《酬简》总批。)自古及今的文学创作多以男女情爱作为重要题材,甚至连孔老夫子亲手删定的《国风》也是如此,那么道学家手里的“淫书”帽子还能吓倒谁呢?对于假道学的回敬,可谓痛快之极。这其实也是对儒家权威性理论——“乐而不淫”“发乎情止乎礼义”的辛辣批判。

其次,借评点颂扬“真情”“至情”。在《董西厢》和《王西厢》两书的序评中,汤显祖利用评点继续宣扬他的“尚情论”:“万物之情各有其至,董以董之情而索崔张之情于花月徘徊之间,余亦以余之情而索董之情于笔墨烟波之际。”(汤显祖《董解元西厢题辞》,见《汤显祖诗文集》下册第 1502 页,上海古籍出版社,1982 年版。)在《西厢记叙》进一步发挥说:“其描写神情,不露斧斤”,“见精神而不见文字,即所谓千古第一神物”。这里,汤氏强调作家的才情,主张直抒胸臆、驰骋想象,要求真情实感的自然流露。在《焚香记总评》中,汤氏亦云:“作者精神命脉,全在桂英冥诉几折,摹写得九死一生,光景宛转激烈。其填词皆尚真色,所以入人心最深,遂令后世之听者泪、读者颦、无情者心动、有情者肠裂。何物情种,具此伟神乎!”(汤显祖《焚香记总评》,见《汤显祖诗文集》下册第 1486 页,上海古籍出版社,1982 年版。)认为情是作家“体物”之本,是戏剧形象神与形结合的核心和归宿。

沈际飞在阐释汤显祖主情论戏曲的同时,对此有所张扬和发挥,如评

《牡丹亭》“抽尽情丝，织成意锦，从无讨有，从空摭实，使人忽啼忽笑”。(《沈际飞评点牡丹亭还魂记》第二十六出《玩真》眉批，见明刻玉茗堂传奇本。）在沈看来，人的世界本当是情的世界，惟有情到了极纯真的程度（“情至”），才“可以造立世界”；惟有情获得充分自由地施展（“情尽”），方可以无损于天地之道（即“不坏虚空”）。故而指出《南柯记》的现实审美意义在于：“世人觉中假，故不情，淳于梦中真，故钟情。”(沈际飞《题南柯梦》，见《汤显祖诗文集》下册第1541页，上海古籍出版社，1982年版。）陈继儒盛称《西厢》，是因为“一见如许生情，极尽风流雅致”，“看书处摹尽喜忧情，回书处诉尽相思味，一转一折，步步生情”（《陈眉公先生批评西厢记》见万历本《六合同春》）。冯梦龙认为，作家只要循真情的逻辑去构思剧本，那么所虚构的戏剧情节也就必然是真实可信的。《洒雪堂》原作者梅孝已为其剧作序云：“钟情之至，可动天地，精气为物，游魂为变，将何所不至哉。”（梅孝已《洒雪堂序》，见冯梦龙《墨憨斋洒雪堂传奇》。）冯梦龙对此用这样两句诗加以概括：“谁将情咏传情人，情到真时事亦真。”情至，则状物的精气和观物的神思勃发，天地间一切事物便无所不至，正说明了主体的“情”对所描写的客体的“事”有着一种不可规避的使动和规范力量。

与冯梦龙生卒同年的王思任，在《批点玉茗堂牡丹亭序》中认为，汤显祖塑造人物的独创性是对人物内在情感机制深刻而细致的发挥和把握：“其款置数人，笑者真笑，笑即有声；啼者真啼，啼即有泪；叹者真叹，叹即有气。杜丽娘之妖也，柳梦梅之痴也……无不以筋节窍髓，口探其七情生动之微也。”进而进一步分析杜丽娘的性格，“隽过言鸟，触似羚羊，月可沉，天可瘦，泉台可暝，獠牙判发可狎而处，而‘梅’‘柳’两字，一灵咬住，必不肯使劫灰烧失”。（王思任《批点玉茗堂牡丹亭序》，见《汤显祖诗文集》下册第1543页，上海古籍出版社，1982年版。）突出强调了杜丽娘身上的“情”的“生者可以死，死者可以生”的动人心魄的力量。

三

明末清初的戏曲评点，对《西厢记》《牡丹亭》的关注程度是空前的。

这除了在艺术上的特出成就之外，这两部作品所反映的男女婚姻观念的超前性、批判性恐怕也是主要原因，再加上评点家们的精湛评点，更是扩大了影响。特别是《牡丹亭》，“初出时，文人学士，案头无不置一本”，甚至“家传户诵，几令《西厢》减价”。（沈德符《顾曲杂言》，见《中国古典戏曲论著集成》（四）第206页，中国戏剧出版社，1959年版。）尤其妇女们的心灵，更为书中所倡导的爱情观所震撼。所谓“《牡丹亭》唱彻秋闺，惹多少好儿女拼为他伤心致死”。（林以宁《三妇评本牡丹亭》，见致和堂本《笺注绘像第六才子书》。）还有不少妇女，怀着炽热感情，对《牡丹亭》边读边批。有人指出：“自有临川此记，闺人评跋，不知凡几，大都如风花波月，飘泊无存。”又有人说：“临川《牡丹亭》，数得闺阁知音”，“玉缀珠编，不一而足”。（李淑《三妇评本牡丹亭跋》，顾姒《题三妇评本牡丹亭》，见致和堂本《笺注绘像第六才子书》。）其中娄江俞二娘酷爱《牡丹亭》，“密圈旁注，往往自写所见，出人意表”，痛感封建婚姻不自由，年十七，“断肠而死”。汤显祖《哭娄江女子二首》即云：“何自为情死，悲伤必有神，一时文字业，天下有心人。”据说，冯小青亦有《牡丹亭》评、跋。然现今影响最大的妇女评本当是《吴吴山三妇评牡丹亭还魂记》，评者为陈同、谈则、钱宜，其间吴仪一虽也参与其事，但主体部分仍属三妇的劳动成果。这部《牡丹亭》评点本，饱含着这三位女子的感情，浸透了她们的心血，如陈同所评点的《牡丹亭》上卷“密行细字，涂改略多，纸光冏冏，若有泪迹”。谈则“见同所评，爱玩不能释”，她补评下卷，“其杪芒微会，若出一手，弗辨谁同谁则”。（吴人《还魂记序》）

三妇评点的中心，也是强调“情”，特别是“情”之“痴”，并分析“情”“痴”与“梦”“幻”“真”的关系。如《言怀》柳梦梅白批语说：“淡淡数笔述梦，便足与后文丽娘入梦，有详略之妙。柳生此梦，丽娘不知也；后丽娘之梦，各遂得真。”《写真》批语说：“丽娘千言情痴，惟在留真一节，若无此，后无可衍矣。”“游园时，好处恨无人见；写真时，美貌恐有谁知，一种深情。”《玩真》批语说：“人知梦是幻境，不知画境尤幻。梦则无影之形，画则无形之影。丽娘梦里觅欢，春卿画中索配，自是千古一对痴人，然不以为幻，幻便成真。”《幽媾》批语说：“临画更痴，愈痴愈见情至。”《婚走》批语说：“《幽媾》云‘完其前梦’，此云‘梦境重开’，总为一情字不断。凡人日在情中，即日在梦中，二语足尽因缘幻影。”可以看出，这里所强调的“痴”，指的便是杜丽娘、柳梦梅在“情”的驱动下对于“幻”亦即在现实生活中很难实现的爱情理想的坚定而执著的追求。《硬拷》出批语说：“此记奇不在丽娘，反在柳生。天下情痴女子，如丽娘之梦而死者不乏，但不复活耳。若柳生者，卧丽娘于纸上玩之，叫之，拜之；既与情鬼魂交，以为有精血而不疑；又谋诸石姑，开棺负尸而不骇；及走淮、扬道上，苦认妇翁，吃尽痛棒而不悔，斯洵奇也。”这也许是由于评者身为妇女，体察精微，被痴心男子的一往情深所感动，故借汤显祖笔下的柳梦梅形象而三致其意、倾吐心曲。（赵山林《中国戏剧学通论》第 881 页，安徽教育出版社，1995 年版。）

还有较有影响的妇女评本是程琼评点《才子牡丹亭》。《才子牡丹亭》又名《笺注牡丹亭》，是清笠阁渔翁（吴震生）刻《牡丹亭》的评注本。批者署名“阿傍”，一般认为是吴氏之妻程琼参加了笺注和评点，评点内容包罗万象，有 30 余万言，超过正文。在评点方面，此书对该剧主旨“情”的阐发，另辟蹊径，评者不再在道德层面上为情成梦、因梦成戏、自媒自婚乃至还魂的杜丽娘辩解，而是透过人性自然需求的心理层面，反复辨析“情色”难以抹杀之理，并理析“才、色、情”三者之间的错综关系。尤其甚者，《牡丹亭》各出曲文宾白中的许多字词，批者均特意标出，引申意涵“性事”或“男女二根”，且将其置于每出批语的前面，尽管有曲解甚或猥亵之嫌，但对封建传统的思想观念无疑是大胆的冲击。

《西厢记》《牡丹亭》在明清时期引起妇女们如此强烈的反响，这是对妇女思想禁锢的一种反拨。宋元是理学盛行的时代，在婚姻问题上，理学家不但继承了传统的封建教条，如“父母之命”“媒妁之言”“男女授受不亲”等，而且变本加厉地提倡守节、鼓励殉夫等封建道德。明王朝为了加强对妇女的思想禁锢，大力提倡程朱理学，大肆宣扬封建礼教，有关“女教”之书，如《女范》《女训》《女四书》之类，纷纷出笼，妇女的身心受到越来越严酷的钳制。同时，在法律上也对男女婚姻加以种种限制，《大明律》即规定：“嫁娶皆祖父母、父母主婚，祖父母、父母俱无者，从余亲主婚。”否则，“不待父母之命、媒妁之言，则国人父母皆贱之。”

(《牡丹亭》第五十五出《圆驾》）谭友夏《名媛诗归》（钟惺编）批语指出：“古今多少才子佳人，被愚拗父母扳住，不能成对，赍情而死!”三妇评本《牡丹亭》批语亦指出：“今人以选择门第及聘财，嫁妆不备，耽搁良缘者，不知凡几，风移俗易，何时见桃夭之化也。”凡此种种“女教”和陋习，必然要激起当时追求婚姻自由的男女青年和进步思想家的不满和反对。清王朝承袭明王朝的专制衣钵，变本加厉地强化对妇女的统治，自然也就激起正直人们更加猛烈的反对。《西厢记》《牡丹亭》就是盛行在明清这个黑暗的时代中，闪射出它的进步的思想光辉。

（来源：《艺术百家》2004 年第 3 期）

【评析】

本文对明清时期出现的一种文学现象——“戏曲评点”进行了论述，并就其与兴盛的影响因素“明清文艺思潮”的关系进行了深入分析。全文分三个部分，第一部分对“戏曲评点”产生的历史背景进行了介绍；第二部分就“戏曲评点”与“明清文艺思潮”的关系展开了因果关系的分析。“借评点对伪道学进行猛烈批判”，“其次，借评点颂扬‘真情’‘至情’”；第三部分着重就《西厢记》和《牡丹亭》的评点进行深入分析，这是对第二部分的例证和升华。

这里提出一个有关学术论文的注释问题。

注释是对正文局部内容的解释和交代。常见的学术论文的注释方法有三种。

1. 夹注

也叫随文注、段中注，就是在需要注释的地方，直接用括号的方式写明注释的内容。夹注使用较多会影响正文的连续性。

2. 脚注

也叫页下注，就是在需要注释的地方用星标（＊）或（1）、（2）之类的数字序号等标示注码，然后把注释的内容放在本页下端。这种方法让读者一目了然。

3. 篇末注

也叫尾注，就是在需要注释处的后面只标示注码，然后把注释内容放在篇后末尾。这是学术论文多采用的注释方法。

本例文的注释方法属于夹注。

（二）学位论文

学位论文是高校或研究部门在读学生为了取得某级学位而写作的论文。学位论文是作者从事科学研究取得创造性成果或有了新见解，以学术论文形式表现出来，作为提出申请授予相应的学位的依据。学位论文可分为学士论文、硕士论文和博士论文三种。这三种论文有着不同的标准和要求。在此，我们着重介绍学士论文的写作。

学士论文应能表明作者已经较好地掌握了坚实的基础理论、专门知识和基本技能，并具有从事科学研究工作或担负专门学术工作的初步能力。由大学本科生毕业前在限定的时间内完成，篇幅要求达到 6 000 到 10 000 字。论文写好后，作者还要进行论文答辩，由答辩小组评定成绩，写出审核意见。

【例文 6-3】

试论白居易对中晚唐经济制度的批判

——兼论白居易体恤民众的情怀

高耀敏

摘　要：白居易坚持“文章合为时而著，歌诗合为事而作”的创作纲领，以“唯歌生民病，愿得天子知”为己任，写下了许多流传千古的动人篇章。他不仅在诗文中揭露和讽刺了腐败的社会现象，而且对唐代的经济变化也提出了自己的看法，并对当时不合理的经济制度进行抨击，对于压迫和剥削人民的统治阶级进行强烈谴责，充分地体现了他体恤民众的伟大情怀，但由于时代和自身的局限，他的经济主张难免有偏颇之处。

关键词：白居易　两税法　和籴制　体恤民众

白居易是我国古代伟大的现实主义诗人。学术界对白居易的研究著作颇多，从 20 世纪初到目前为止，国内已发表的白居易研究著作四十余部，论文一千余篇。这些论著中对其文学主张和诗文创作的评述较多，但对其经济思想的研究则相对较少。白居易一生创作三千余首诗歌，其讽喻诗尽力为劳动人民呼吁，其文章中如《策林集》等也不乏为民请命的篇章。他不仅在诗文中揭露和讽刺了腐败的社会现象，而且也对中唐以来的经济变化提出了自己的看法，并对当时不合理的经济制度进行抨击，对于压迫和剥削人民的统治阶级进行强烈谴责，充分体现了他体恤民众的伟大情怀。本文试图通过分析他揭露两税法，和籴制等经济制度弊端的诗文，以此揭示白居易的经济主张和他关切农民生活的伟大情怀。

一、反对“两税法”

中唐以后，纷乱的割据形势，加深了唐朝政治经济的危机。北方地区一向是唐朝的统治重心，尤其是河北、河南、山东地区对唐朝具有特殊的意义。而唐朝中后期，河北、河南、山东等地长期被藩镇所据，这一地区的人口和税收，均为军阀节镇霸占，使唐朝财源枯竭，形势严重。在如此严峻的社会形势下，唐政府每年要支付的军费，统治阶级的挥霍享用以及官员行政开支等仍在不断增加。安史之乱后，国库空虚，农村经济凋敝，户口大量流失，均田制随之崩坏，“计丁征纳”的租庸调法再也无法继续施行。为了维持李唐王朝岌岌可危的江山，一场财税制度的改革势在必行。于是唐德宗在建中元年（公元 780 年）采纳宰相杨炎的建议，改行以地税和户税为内容，分夏秋两季征纳谷帛和钱缗的“两税法”，从而使农民的负担稍为合理，以求缓和阶级矛盾，维护唐朝的统治。唐德宗在建中元年（公元 780 年）下诏曰：“自艰难以来，征赋名目颇多，今后除两税外，辄率一钱，以枉法论。”[1]（《旧唐书》卷 12《德宗纪上》，324 页）以求真正做到减轻农民的负担。但“两税法”实行不久就滋生了许多弊端，如统治者随意税外加税，以及变交纳谷帛为交纳现钱，使农民备受盘剥，苦不堪言。因此，“两税法”的实行激起了许多人的反对，统治集团内部的意见也不统一，陆贽、韩愈、白居易等人都是“两税法”的反对者。白居易通过其切身体验，用诗文对“两税法”进行猛烈抨击，揭露其弊端。

唐宪宗元和三年（公元 808 年）五月，白居易做了左拾遗谏官。统治者的骄奢淫逸，横征暴敛，激发了他对劳动人民的同情，以“惟歌生民病，愿得天子知”[2]（《白居易集》卷 1《寄唐生》，15 页）为己任，不留情面地揭露了“两税法”繁重的税额。诗人的名篇《秦中吟·重赋》即是对中唐以后赋税制度的尖锐批评：

> 厚地植桑麻，所要济生民。生民理布帛，所求活一身。身外充征赋，上以奉君亲。国家定两税，本意在忧人。厥初防其淫，明敕内外臣：税外加一物，皆以枉法论。奈何岁月久，贪吏得因循。浚我以求宠，敛索无冬春。织绢未成匹，缫丝未盈斤；里胥迫我纳，不许暂逡巡。岁暮天地闭，阴风生破村；夜深烟火尽，霰雪白纷纷。幼者形不蔽，老者体无温；悲端与寒气，并入鼻中辛。昨日输残税，因窥官库门：缯帛如山积，丝絮如云屯。号为羡余物，随月献至尊。夺我身上暖，买尔眼前恩。进入琼林库，岁久化为尘！[2]
> （《白居易集》卷2《重赋》，31页）

诗人对百姓疾苦的痛切、对贪官污吏的愤慨、对社会现实的忧患，充溢于字里行间。白居易此诗对"两税法"实行后造成的弊端作了生动的描述和精当的剖析。诗人开篇就表达了对人民生活艰辛的哀叹，在田土上农耕"植桑麻"，是老百姓生活所必需的，而老百姓辛勤劳作，"所求"的也不过是"活一身"，连这最起码的要求都不能达到，国家制度自然到了必须改革的时候了。"两税法"改革的初衷不可谓不好："国家定两税，本意在忧人。"唐王朝为维护其严肃性，防止在执行过程中擅自滥增税额，措施不可谓不严："厥初防其淫，明敕内外臣：税外加一物，皆以枉法论。"但是，"奈何岁月久，贪吏得因循"，各种名目的杂派很快又死灰复燃，并且变本加厉，农民遭受的盘剥比"两税法"改革之前更加繁重。按照最初的规定：政府征收两税时"夏税无过六月，秋税无过十一月"[3]（《唐会要》卷83《租税上》，1820页），然而各级官吏们"敛索无冬春"。沉重的苛捐杂税，使劳动人民陷入了"幼者形不蔽，老者体无温"的悲惨境地，而官库中却"缯帛如山积，丝絮如云屯"。最后，这些丝帛被"求宠"，"买恩"的官吏们贡奉给皇帝，进入"琼林库"，"岁久化为尘"了！

在这首诗里，白居易不仅描述了广大农民生活艰辛的现状，而且分析了造成农民贫困的根源，即各级官员为了"求宠"而不断加重农民负担，急征暴敛，从而揭示了两税法实行过程的两个弊端：其一是地方官员在征税时期限过于急促；其二是贪官污吏为了向皇帝"进献"在两税外加税的违法行为。白居易还通过对农民衣食艰辛与国家府库充盈的对比，揭露了统治者的贪婪，抒发了对贫困农民的同情，具有很强的说服力和感染力。

另外，白居易认为“两税法”实行“计地征钱”，即变输纳谷帛为输纳钱缗，致使出现钱重物轻、谷贱伤农的局面，他对此也进行了批驳。

白居易认为“计地征钱”是“赋敛失其本”的做法，会造成“天下钱刀重而谷帛轻”[2]（《白居易集》卷63《息游堕》，1311页）。他说：“夫赋敛之本者，量桑地以出租，计夫家以出庸，租庸者，谷帛而已。”[2]（《白居易集》卷63《息游堕》，1311页）在白居易看来，国家征收赋税，应该根据土地（即“桑地”）和人口（即“夫家”）数量来征收租庸，征收内容以谷帛等实物为限。但是政府却要征收现钱，这与农民的生产物完全脱节。为此他质疑这种征税办法：“钱者，桑地不生铜，私家不敢铸”[2]（《白居易集》卷63《息游堕》，1311页），让农民从哪里去获得现钱来缴纳给那些“游惰”之人呢农民别无他法，只能以低价出售粮食和布匹等实物来换取现钱，以便完成缴税义务。他认为这种征税方式对贫苦农民很不利，他指出：农民们“当丰岁，则贱粜半价，不足以充缗钱；遇凶年，则息利倍称，不足以偿逋债”[2]（《白居易集》卷63《息游堕》，1311页），在此情况下，农民必然大受损失。而且，在变卖实物的过程中，富商大贾乘机对农民进行盘剥，从中渔利，使得农民日益贫困。在这种情况下，许多贫民不堪承受官府和商人的双重剥削，只得舍本逐末，“农夫之心，尽思释耒而倚市；织妇之手，皆欲投杼而刺文”[2]（《白居易集》卷63《息游堕》，1311页）。如此一来，则会动摇封建统治的社会基础。对此现象，白居易在他的《赠友》诗中进行了更为具体的描述：

> 私家无钱炉，平地无铜山；胡为秋夏税，岁岁输铜钱。钱力日已重，农力日已殚。贱粜粟与麦，贱贸丝与绵。岁暮衣食尽，焉得无饥寒。吾闻国之初，有制垂不刊。佣必算丁口，租必计桑田。不求土所无，不强人所难。量入以为出，上足下亦安。兵兴一变法，兵息遂不还。使我农桑人，憔悴畎亩间。谁能革此弊，待君秉利权。复彼租佣法，令如贞观年。[2]（《白居易集》卷2《赠友》，35页）

诗人直陈了“两税法”征收现钱的弊端，主张恢复唐前期曾实行的租庸调制。他建议：“今若量夫家之桑地，计谷帛为租庸。以石斗登降为差，以匹丈多少为等。但书估价，并免税钱。则任土之利载兴，易货之弊自革。"[2]（《白居易集》卷63《息游堕》，1311页）白居易认为，如果恢复实行征收实物的租庸调制，"两税法"的弊端也就自然革除了，如此一来，也能减轻农民的负担。

白居易的主张虽以减轻农民负担为出发点，但也不乏失于偏颇之处。他全面否定了"两税法"，认为"两税法"的实行使得宪宗时出现钱重物轻的局面，若继续实行下去，则会加剧钱重物轻现象。但是，当时钱重物轻的局面也不单单是由"两税法"造成的。"两税法"尽管有许多弊端，但仍不失为中国赋税史上具有划时代意义的一项重大改革。"两税法"作为一种新的财政税收政策，反映了封建国家财政税收政策的成熟。[4]（660页）"两税法"一经产生，不但成为藩镇割据条件下唐政府财政收入的有效保证，强有力地保证了封建国家机器的运转和封建国家职能的正常发挥，并且成为中唐以后财政税收的主流。租庸调制到了开元、天宝之际已不是一项很轻的赋税，如税草、脚钱、仓窖、裹束、加耗等唐代前期的几种主要附加税，就相当于当时租庸调收入的40%。也就是说，如果加上附加税，老百姓等于交纳了一份半租庸调。[5]（62页~71页）

遗憾的是，白居易并未认识到这一点，而只是看到了两税法实行中的一些弊端带给农民的伤害，而没有真正认识到租庸调制已经成为一种过时的赋税制度，也没有看到两税法本身的合理之处。应当说，白居易所指出的两税法的一些弊端的确存在。不过，他要求恢复租庸调法的主张显然是一种违背历史发展趋势的观点，这些是由他的历史局限性所决定的。

二、揭露"和籴"制的弊端

"和籴"思想渊源于春秋战国之际，形成于战国时期的李悝，其制度萌始于西汉，确立于北魏，全面推行于唐代。[6]（71页~75页）所谓"和籴"是由政府出资，于岁丰米价太贱时，加价收购粮食；岁歉米价上涨时，贱价出售粮食，从而"使谷价如一，大丰不为之减，大俭不为之加，虽遇灾荒，人无菜色"[7]（《全唐文》卷54，唐德宗《行常平法敕》，579页）。唐贞观以后实行的"和籴"，本是"官出钱，人出谷，两和商量，然后交易也"[2]（《白居易集》卷58《论和籴状》，1235页），即买卖双方商量成交，绝不能强迫行事。可见，"和籴"本是一项便民利农的措施。杨际平先生认为，这一措施也曾起到过满足兵食，巩固边防，减少转漕飞挽之费，避免谷贱伤农，抑制豪强兼并的作用。[8]（104页~106页）李雪华也认为，唐朝于年丰谷贱之时收籴粮食，既增加了国家的粮食储备，也补充了军粮，收到“足食足兵”之效。[9]（69页~73页）和籴制是封建政府采用的经济手段，即通过交换的方式征集粮食，并且以此调节粮价，保护农民利益，因而这一制度有其可取之处。上述学者的看法也基本符合实际情况。

但是，在这种制度下，政府是买方，百姓是卖方。政府凭借其政治权力处于强势地位，而百姓必然处于弱势地位。这样，百姓的合法权益很难得到保障，特别是在政治腐败的情况下，农民的利益则很容易受到伤害。中唐以后，和籴制度流弊滋生，百姓深受其害。白居易指出，在贞元以后，“比来和籴，事则不然，但令府县散配户人，促立程限，严加催征，苟有稽迟，则被追捉，迫蹙鞭挞，甚于税赋”。[2]（《白居易集》卷58《论和籴状》，1235页）《新唐书·食货志》对此也记载：“宪宗即位之初，有司以岁丰熟，请畿内和籴。当时府、县配户督限，有稽违则迫蹙鞭挞，甚于税赋。号为和籴，其实害民。”[10]（《新唐书》卷58《食货志》，1374页）

可见，在中唐以后，“和籴”制实际上成为政府对农民的摊派强征，并限定日期交纳，否则就对农民施以酷刑，揭示了封建官吏的残暴。

中唐以后，唐政府“和籴”粮食的数量很大。据记载，贞元八年（792年）十月，唐德宗下令：“诸军镇和籴贮备，共三十三万石”[1]（《旧唐书》卷53《食货志下》，2125页）。大和四年（830年）八月，唐宪宗下令：“今年秋稼似熟，宜于关内七州府及凤翔府和籴一百万石”[1]（《旧唐书》卷53《食货下》，2127页）。卢坦《请和籴奏》指出：“今年冬，诸州和籴贮备粟，泽、潞四十万石，郑、滑、易，定一十五万石，河阳一十万石，太原二十万石，灵武七万石，夏州八万石，振武、丰州、盐州各五万石。凡一百六十万石。”[7]（《全唐文》卷544卢坦《请和籴状》，5516页）和籴数量如此之多，官府却对百姓进行“赊欠”，分文不付价值。据《资治通鉴》载：贞元三年（787年）十二月，德宗到农民赵光奇家，问他：老百姓的生活怎么样？赵光奇说不好。德宗认为那年的粮食收成很好，可为什么百姓的生活不好呢？赵光奇说："诏令不信。前云两税之外悉无他徭，今非税而诛求者，殆过于税。后又云和籴，而实强取之，曾不识一钱……愁苦如此，何乐之有！"[11]（《资治通鉴》卷233《德宗贞元三年》，7496页）赵光奇此言应为实际情况。针对"和籴"制的这些弊端，白居易曾尖锐地指出，"和籴"制"号为和籴，其实害人"[2]（《白居易集》卷58《论和籴状》，1235页），"和籴"这一"利农"的政策，反而变成"害人"的政策了。

白居易"曾为和籴之户，亲被迫蹙，实不堪命"[2]（《白居易集》卷58《论和籴状》，1235页），因此他对和籴制的弊端深有体会。在《纳粟》一诗中，白居易向我们描绘了这样一幅官员向农民"和籴"粮食的景象：农民们迫于"有吏夜扣门，高声催纳粟"，于是"家人不待晓，场上张灯烛。扬簸净如珠，一车三十斛。犹忧纳不中，鞭责及僮仆。"[2]（《白居易集》卷1《纳粟》，21页）这首诗生动地揭露了中唐所推行的和籴政策，程限苛急，农民不堪其扰的真实景况。他"近为畿尉，曾领和籴之司，亲自鞭挞，所不忍睹"[2]（《白居易集》卷58《论和籴状》，1235页）。白居易通过自身的经历指出，"和籴"实际上是封建统治阶级对人民变本加厉的剥削。"和籴"在实行过程中，不但未能贯彻"事须两和"给价收购的政策，反而限数强征，追捉鞭挞，不是赋税而"甚于赋税"。[9]（69页~73页）

白居易指出：百姓若以"杂色匹段"交纳税款的话，就必须转卖，然后"将纳税钱"。这样一来，"给付不免侵偷，货易不免折损，所失过本，其弊可知"[2]（《白居易集》卷58《论和籴状》，1235页）。为了消除"和籴"之弊，白居易提出了改革和籴制的意见，他认为："今若有司出钱，开场自籴，比于时价，稍有优饶；利之诱人，人必情愿。且本请和籴，只图利人，人若有利，自然愿来。利害之间，可以此辨，今若除前之弊，行此之便，是真得和籴利人之道也。"[2]（《白居易集》卷58《论和籴状》，1235页）在白居易看来，让农民能看到和籴的好处，就可以变以前的强行征购为农民自愿变卖余粮，使得"和籴"真正成为一项便民利农的政策。应当说，白居易的这一主张正符合"和籴"政策的本意。如从经济理论的角度来看，他的这一意见也有其合理之处。

另外，白居易提出，如果不得已，则可实行“折籴”之法：“折籴者，折青苗税钱，使纳斛斗，免令贱粜，别纳见钱。”[2]（《白居易集》卷58《论和籴状》，1235页）若实行“折籴”之法，使百姓把青苗税钱折收粮食，则可减少农民在转卖及折纳实物过程中遭受的损失。可见，白居易是以减轻下层人民所承受的剥削和痛苦为出发点，请求皇帝改革“和籴”之法，真正做到了“唯歌生民病，愿得天子知”[2]。（《白居易集》卷1《寄唐生》，15页）但是，和籴制弊端的产生是由封建制度本身所决定的，白居易所提出的改革“和籴”制的方法以及“折籴”的方法，并不能从根本上解决上述问题。

三、抨击各种苛捐杂税

唐朝中后期，社会动乱，民不聊生，而统治者却仍然过着极其奢靡的生活。史称：“自天宝以后，中原宿兵，见在军士可使者八十余万，其余浮为商贩，度为僧道，杂入色役不归农桑者，又十有五六。则是天下常以三分劳筋苦骨之人，奉七分坐衣待食之辈。”统治者为了应付严峻局势，就在正税之外又征收各种名目的苛捐杂税，采取许多苛细酷烈的办法，搜括民财。地方官吏私自增收税目，加剧了人民的负担，使得百姓困苦不堪。据德宗时陆贽所说：“富者兼地数万亩，贫者无容足之居。”[12]（《陆宣公集》卷6《均节赋税恤百姓六条》，249页）白居易通过其诗文对统治者的荒奢淫逸进行了深刻的揭露：“一丈毯，千两丝”，用精美绝伦的红线毯织成宽广“十余丈”的披香殿的地毯，以供“美人踏上歌舞来”。如此耗费人力物力财力的奢侈品，只因皇室人员认为“此毯温且柔”，于是派人“年年十月来宣州”，宣城太守为献媚求荣，就“自谓为臣能竭力”，让人“加样织”，使得宣州人民苦不堪言。针对这种掠夺民脂民膏的行为，白居易愤怒地呼喊：“地不知寒人要暖，少夺人衣作地衣!”白居易通过这首诗强烈控诉了宣州太守刘赞为讨取帝王欢心而不惜人力物力财力地精制红线毯的罪行。[2]（《白居易集》卷4《红线毯》，78页）白居易在《缭绫》诗中说：“异彩奇文相隐映，转侧看花花不定”，珍贵的缭绫要织女付出多么高昂的代价：“丝细缫多女手疼，扎扎千声不盈尺”。然而，“昭阳舞人”却把缭绫制成的价值千金的舞衣看得一文不值，“汗粘粉污不再着，曳土踏泥无惜心”。白居易以讽刺的笔锋深刻地揭露了封建社会被剥削者

和剥削者之间尖锐的矛盾。[2]（《白居易集》卷4《缭绫》，79页）

唐后期商税增加，德宗建中二年五月，“增商税为十一”[13]（679页），再过一年，淮南节度使陈少游奏请每千钱增加二百，即增加20%，德宗随即转批全国各地，一律同样增税。致使“水陆关津，四方多请率税，不许，即用度交阙；尽许，则人心无僇”[2]（《白居易集》卷60《论行营状》，1269页）；肃宗时，第五琦整顿盐务，实行榷盐政策。后来刘晏进一步改进盐法，并取得了良好的经济效益和社会效益。但刘晏罢贬之后，盐法渐乱，盐价日增，害民益甚；唐代对铁也实行了专卖，德宗时户部侍郎韩洄建议：“山泽之利宜归于王者”，这被朝廷接受，“自是皆隶盐铁使”。由于盐铁专卖，国家对其监督不力，官员上下其手，中饱私囊或额外征收比较常见，致使“盐铁之利，积于私室，而国用耗屈”[10]（《新唐书》卷54《食货志》，1379页）。德宗贞元九年（公元793年），张滂创立税茶法，凡“郡国有茶山及商贾以茶为利者，委院司分置诸场”[14]（《册府元龟》卷483《邦计部·总序》，5772页），征收茶税，初为什一之税，后不断提高。文宗时，改征税为专卖，实行榷茶之法。榷税之重，人不堪命，一时之间，民怨沸腾。建中三年（公元782年），德宗下诏禁止百姓酤酒，实行官府专卖，以助军费。“置肆酿酒，斛收值三千，米虽贱，不得减一钱，委州县综领。醨薄私酿者，罪有差”。[10]（《新唐书》卷54《食货志》，1381页）两税法规定两税外不许妄征一文，酒榷“斛收直三千”，正属于两税外的额外征收。[15]（511页）并且元和中，京兆府下令：“榷酒钱除出正酒户外，一切随两税，青苗据贯均率。”[1]（《旧唐书》卷53《食货下》，2130页）也就是不管是否酿酒，是否饮酒，一律按正税比例进行摊派。对这些名目繁多的工商税，白居易在《策林二·不夺人之利》中曾告诫统治者应“诚厚敛及杂税”，他说：“地之生财，多少有限；人之食利，众寡有常。若盈于上，则耗于下；利于彼，则害于此。”于是他提出：“是以善为国者，不求非农桑之产，不重非衣食之货……”白居易反对盐铁杂征，他从“利归于人，政之上也；利归于国，政之次也”的原则出发，主张“除关市之征，弃山海之饶，散盐铁之利”[2]（《白居易集》卷63《不夺人之利》，1316页）。另外，他还在《策林二·人之困穷由君之奢欲》中尖锐地指出：“君之躁静，为人劳逸之本；君之奢俭，为人富贫之源”，建议皇帝减少对苛捐杂税的征收，这充分体现了他心系民众疾苦的情怀。[2]（《白居易集》卷63《人之困穷由君之奢欲》，1315页）

四、白居易体恤民众意识的原因

中晚唐时期，出现了很多悯农诗人，如李绅、元稹、白居易、张籍、王建、韦应物、柳宗元、刘禹锡、孟郊、李贺等人，其中白居易的成就最高、影响最大。为什么白居易会写出那么多体恤百姓的诗篇呢？笔者认为，白居易之所以具有极强的体恤民众的意识，主要是因为以下几个方面的原因：

第一，中唐以后特定的社会现实的影响。白居易生活的时代适逢唐王朝由盛转衰的时期，当时的各种社会矛盾日趋尖锐：宦官专权于内，掌握神策军兵权，并由此而干政，史称：“自贞元之后，威权日炽，兰锜将臣，率皆子蓄，藩方戎帅，必以贿成。万机之与夺任情，九重之废立由己。”[1]（《旧唐书》卷134《宦官传》，4754页）宦官扰民亦甚，他们通过卖官鬻爵聚敛财富，兼并土地，广占名园良田；他们主持的宫市强买豪夺，中小商人深受其害。为此白居易曾揭露：“黄衣使者白衫儿：手把文书口称敕，回车叱牛牵向北。一车炭，千余斤，宫使驱将惜不得。半匹红纱一丈绫，系向牛头充炭直。”[2]（《白居易集》卷4《卖炭翁》，79页）五坊小儿捕捉鹰隼，扰民甚剧，百姓十分痛恨。朝廷内部大臣之间的党派争斗日益激烈，牛李两党“更相倾轧，垂四十年”[11]，（《资治通鉴》卷242《穆宗长庆元年》，7800页）致使政局动荡不已。各地的方镇将帅，拥兵自守，独霸一方，“乘机逐利，四出侵暴，屠烧县邑，贼杀不辜，环其地数千里莫不被其毒。洛、汝、襄、荆、许、颍、淮、江为之骚然”。[16]（《韩昌黎集》卷19《与鄂州柳中丞书又一首》，8页）叛乱方镇频举战事，迫使千百万群众妻离子散，家破人亡。“当建中、贞元之际，大军聚于斯，兵残其民，火焚其邑。大田生荆棘，官舍为煨烬”。[2]（《白居易集》卷43《许昌县令新厅壁记》，935页）黎民百姓生活困窘，农村一派荒凉悲惨景象。德宗也承认当时“遂用兴戎，征师四方，转饷千里，赋车籍马，远近骚然；行赍居送，众庶劳止，力役不息，田莱多荒。暴令峻于诛求，疲民空于杼轴，转死沟壑，离去乡里，邑里丘墟，人烟断绝”。[1]（《旧唐书》卷12《德宗上》，339页）在这种社会动乱、经济凋敝、民不聊生的境况下，统治阶级却日趋腐败，加紧对人民的残酷剥削，即所谓“兵兴则户减，户减则地荒，地荒则赋重，赋重则人贪”[17]（《元稹集》卷28《对才识兼茂明于体用科》，333页），使劳苦大众处于“冻馁并至”的悲惨境地，即所谓“是时兵革后，生民正憔悴”。[2]（《白居易集》卷1《伤唐衢二首》，16页）白居易生活在如此动荡多变的历史时期，这是他体恤民众意识产生的社会基础。

第二，传统儒家思想的影响。白居易思想的主流是继承了儒家的“仁政”思想，特别是继承了孟子“贵民”，“保民”的民本思想，这鲜明地表现在其元和前期的文学实践中大量“唯歌生民病”的讽喻诗。[18]（337页）并且白居易以儒家“达则兼济天下，穷则独善其身”为立身处世的指导思想，从他入仕到贬江州司马以前，一直以“兼济”思想为主导，“为民请命”，直言敢谏，这也鲜明地表现在其元和前期的政治实践中。他在《策林一·致和平复雍熙》中提出了“政不念今，则人心不能交感”的论点，谏言“知人安之至难也，则念去烦扰之吏；爱人命之至重也，则念黜苛酷之官；恤人力之易罢也，则念省修葺之劳；忧人财之易匮也，则念减服御之费；惧人之有馁也，则念薄麦禾之税；畏人之有寒也，则念轻布帛之征；虑人之有愁苦也，则念节声乐之娱；恐人之有怨旷也，则念损嫔嫱之数。”[2]（《白居易集》卷62《致和平复雍熙》，1296页）从此文可以看出，诗人是真正的念人及己、为民着想，体现了其民本思想。

第三，白居易的亲身经历对其思想也产生了很大影响。白居易在青少年时期，就饱尝了因藩镇割据战乱而流离失所之苦。他贞元十五年在著名的七言律诗《自河南经乱关内阻饥兄弟离散各在一处因望月有感聊书所怀寄上浮梁大兄於潜七兄乌江十五兄兼示符离及下邽弟妹》中说：“时难年荒世业空，弟兄羁旅各西东。田园寥落干戈后，骨肉流离道路中。吊影分为千里雁，辞根散作九秋蓬。共看明月应垂泪，一夜乡心五处同。”[2]（《白居易集》卷13，267页）诗人从切身感受出发，通过对他自身及其家庭在连年战乱中遭逢的家园毁圮、骨肉流离的深重苦难的形象描述，真实地再现了时难年荒的中唐时代广大人民所受苦难的一幅缩影。白居易在成年后先后做过地方官，如县尉、司马、刺史等，在京城做过翰林学士及谏官，晚年任刑部侍郎。这些经历都使得他有较多的机会接触生活于社会最底层的劳苦大众，并亲眼目睹他们的悲惨遭遇，从而了解了他们生活的困苦，并且他亲眼目睹封建统治集团的贪婪腐朽，于是决心抨击那些盘剥人民、荼毒生灵的寄生虫。

由于受这些因素的影响，使得白居易坚持“文章合为时而著，歌诗合为事而作”的创作纲领，写下了许多“但伤民病痛，不识时忌讳”[2]（《白居易集》卷1《伤唐衢二首》，16页）的动人篇章，体现了他“兼济天下”的积极思想。他的讽喻诗善于抓住封建社会里最典型、最富有代表性的人和事，给以形象的描写，给以入木三分的刻画，扣人心弦，感人肺腑。[19]（87页~90页）其中有的是直接描述农民的困苦，如：《夏旱》诗云：“太阴不离毕，太岁仍在午。旱日与炎风，枯燋我田亩。金石欲销铄，况兹禾与黍。”他沉痛地感叹：“嗷嗷万族中，唯农最辛苦。”[2]（《白居易集》卷1《夏旱》，22页）《村居苦寒》诗云：“八年十二月，五日雪纷纷。竹柏皆冻死，况彼无衣民！回观村闾间，十室八九贫。北风利如剑，布絮不蔽身。唯烧蒿棘火，愁坐夜待晨。乃知大寒岁，农者尤苦辛……”[2]（《白居易集》卷1《村居苦寒》，20页）在这首诗里，白居易用朴素的语言，如实地描述了贫苦农民在天寒地冻之时的苦难生活。有的是揭露统治者繁重的赋税，如《观刈麦》描写了一个“抱子”“秉遗穗”的贫妇人，只因她“家田输税尽”，不得不“拾此充饥肠”。[2]（《白居易集》卷1《观刈麦》，4页）他在《赠友》诗中呼出“私家无钱炉，平地无铜山。胡为夏秋税，岁岁输铜钱”。[2]（《白居易集》卷2《赠友》，35页）有的是揭露唐王朝地方官员中的贪官污吏对农民敲诈勒索、巧取豪夺的卑劣行径。如《宿紫阁山北村》中描写了神策军“夺我席上酒，掣我盘中餐”，并“持斧”断奇树之根的残暴形象，反衬农民不堪其扰的悲惨境地。[2]（《白居易集》卷1《宿紫阁山北村》，10页）有的是揭露当时严重的贫富差距，如他在《采地黄者》中写道，因“麦死春不雨，禾损秋早霜”，不得不“田中采地黄。采之将何用，持以易糇粮……携来朱门家，卖与白面郎。与君啖肥马，可使照地光。愿易马残粟，救此苦饥肠”。[2]（《白居易集》卷1《采地黄者》，19页）诗人愤怒地揭示了人不如马的残酷现实。他还在《买花》一诗中说富人购买“一丛深色花”的价钱，就抵贫家“十户中人赋”。[2]（《白居易集》卷2《买花》，34页）诗人通过强烈的对比来谴责当时严重的贫富不均现象。有的是描述下层妇女的悲惨生活，如《上阳白发人》中写幽闭深宫数十年的宫女的悲惨生活，[2]（《白居易集》卷3《上阳白发人》，59页）表达了对封建帝制迫害妇女的憎恨之情。《母别子》中写妇女被喜新厌旧的将军所抛弃，[2]（《白居易集》卷4《母别子》，80页）概括了历代许多妇女被压迫被蹂躏的种种悲剧。

在封建专制的时代，白居易作为一个封建官吏和封建文人，能够在元和前期的政治实践和文学实践中表现出那种“但歌民病痛，不识时忌讳”[2]（《白居易集》卷1《伤唐衢二首》，16页）的激切态度，及“誓心除国蠹，决死犯天威”[2]（《白居易集》卷2《和〈阳城驿〉》，44页）的大无畏精神，实属难得，我们对其应予以肯定。

结束语

白居易一生创作颇丰，给后世留下了极其宝贵的精神财富，尤其是他的讽喻诗，深受前人称道。陈寅恪先生曾对《新乐府》五十首逐一作了笺证，盛赞白氏《新乐府》“乃一部唐代诗经”，“洵唐代诗中之钜制，吾国文学史上之盛业也”。[20]（121页）这一积极评价，为我国学术界肯定白氏讽喻诗定下了基调。

尽管白居易的经济观念中有不足之处，但他心系民众的情感却是值得肯定的。有的学者认为白居易所写的那些反映农民生活的诗，并非出于关怀农民同情农民的目的，只是“达则兼济天下”的进仕手段[21]（《光明日报》1985-10-22），这对白居易来讲是不公平的。笔者认为，诗人是因其真正有了与民共息的切身体验，用心去关切民众，才能写出反映人民疾苦的动人篇章，描绘出诸如“满面尘灰烟火色，两鬓苍苍十指黑”的老翁[2]（《白居易集》卷4《卖炭翁》，79页），“抱子”“秉遗穗”以“充饥肠”的贫妇人等逼真形象，悲愤地呼喊出“嗷嗷万族中，唯农最辛苦”[2]（《白居易集》卷1《观刈麦》，4页），真正地做到了“文章合为时而著，歌诗合为事而作”[2]（《白居易集》卷45《与元九书》，959页），从而流传千古。

注　释

[1] 刘昫．旧唐书［M］．北京：中华书局，1975.
[2] 白居易．白居易集［M］．北京：中华书局，1979.

[3] 王溥. 唐会要 [M]. 上海：上海古籍出版社，1991.
[4] 宁可. 中国经济通史·隋唐五代经济卷 [M]. 北京：经济日报出版社，2000.
[5] 张剑光，邹国慰. 白居易农业思想试探 [J]. 山西师大学报（社会科学版），1997（7）：62-71.
[6] 赵文润. 唐代和籴制度的渊源 [J]. 陕西师范大学学报，1986（2）：71-75.
[7] 董诰. 全唐文 [M]. 北京：中华书局，1982.
[8] 杨际平. 和籴制度溯源 [J]. 中国社会经济史研究，1984（3）：104-106.
[9] 李雪华. 唐代和籴制度述论 [J]. 贵州大学学报，1985（2）：69-73.
[10] 欧阳修，宋祁. 新唐书 [M]. 北京：中华书局，1975.
[11] 司马光. 资治通鉴 [M]. 北京：中华书局，1982.
[12] 陆贽. 陆宣公集 [M]. 上海：中华书局，1936.
[13] 田昌伍，漆侠. 中国封建社会经济史·第二卷 [M]. 山东：齐鲁书社，文津出版社，1996.
[14] 王钦若. 册府元龟 [M]. 北京：中华书局，1960.
[15] 朱伯康，施正康. 中国经济史 [M]. 上海：复旦大学出版社，2005.
[16] 韩愈. 韩昌黎集 [M]. 上海：商务印书馆，1934.
[17] 元稹. 元稹集 [M]. 北京：中华书局，1982.
[18] 蹇长春. 白居易评传 [M]. 南京：南京大学出版社，2002.
[19] 张田. 白居易讽喻诗的产生和风格 [J]. 河北学刊，1986（2）：87-90.
[20] 陈寅恪. 元白诗笺证稿 [M]. 北京：三联书店，2001.
[21] 王启兴. 简评白居易的新乐府 [N]. 光明日报，1985-10-22.

（陕西师范大学 2006 年学士学位论文，有改动）

【评析】

这篇学士论文最大的特点是选题颇有创意。该文是历史系学生撰写的毕业论文，其研究领域应限制于中外历史的范畴。作者的创新之处是，没有就历史来谈历史，而是变换了一个角度，从研究白居易的诗歌内容出发，结合当时诗人所处的历史背景，重点分析白居易的政治经济思想和由这种政治经济思想所体现出的人文情怀。这种研究方法是将文学和历史学融合在一起，视野更开阔。尽管本文并没有提出太多的有创见性的论点，但是，它为我们研究唐朝的历史提供了另一种思路。

全文分为五个部分，前三部分结合白居易的诗文，从三个方面总结了白居易对晚唐经济制度的批评。第四部分深入分析了白居易这些思想产生的原因，作者引用了白居易自己的诗文原稿中的词语和相关资料，进一步证明了作者观点的真实性。最后部分是对全文的总结。本文结构完整，思路清晰，材料丰富，是一篇优秀的学士论文。

这里提出一个有关学术论文文献资料引用的问题。

通常被引用到学术论文中的文献资料也叫引文。引文的作用是帮助作者论证论点，增加论点的说服力和论文的深度。引文一般有直引、意引、综合引三种。

直引，是直接引入原文，用引号表示出来。

意引，是按原文之意去引用，不用原文字句，只引原文思想。

综合引，是直引和意引的结合。

本例文中注释［4］、［5］、［6］等属于意引。

本例文注释不足之处有三：

一是本例文使用了夹注和篇末注两种注释方法。部分引文页码、部分引文篇名重复出现在了两种注释方法中，显得啰唆，也不规范。页码可放在夹注中交代，重复的篇名可放在篇末注中交代。

二是注释中页码的书写不规范，少写了“第”字，规范的写法为“第×页”。

三是夹注中对古籍图书“卷”数的写法不够规范，不应使用阿拉伯数字，而应使用汉字数字表述，如“卷一”“卷五十八”等。

二、综述的类型及写作

综述是针对社会生活或科研的专项研究搜集大量情报资料后经综合分析而写成的一种学术论文，它是科学文献的一种。文献综述是反映当前某一领域中某分支学科或重要专题的最新进展、学术见解和建议。它往往能反映出有关问题的新动态、新趋势、新水平、新原理和新技术等等。

综述根据写作目的不同和收集到的资料不同，可分为简介式综述、动态性综述、成就性综述、争鸣性综述。

（一）简介式综述

简介式综述按内容特点介绍原文献所论述的事实、数据、论点等，一般不加评述，这种类型的综述适用于某些学术、技术问题的概要介绍，尤其在某些问题刚被发现尚无定论时，较宜使用这一种形式。

【例文 6-4】

第四届全国生态美学学术会议综述

彭修银　张子程

2007 年 11 月 3 日至 5 日，由中南民族大学文学院、山东大学文艺美学研究中心、中华美学学会青年美学学术委员会联合主办的“第四届全国生态美学学术会议”在湖北省武汉市中南民族大学胜利召开。会议有来自北京、上海、山东、武汉等地的专家学者 50 多名。本次会议主要围绕生态多元观及生态美学的学科建构、生态文艺创作及其美学特征等问题进行了讨论。下面就对本次学术会议所探讨的问题作一简要的综述。

一、“生态文明建设”与生态美学学科建构的意义

（略）

中国社会科学院哲学所、中华美学学会副会长聂振斌教授认为，生态美学不是从科学的角度研究生态系统生物机体与周围环境的利害关系，不是研究机体的物质生存条件，而是研究人性、人文与周围环境的精神关系。具体地说，生态美学是从人文学的角度研究人的意志与情感同生态环境的价值关系，也就是研究生态环境的审美价值。生态环境的审美价值是通过生态系统的感性外观即环境体现出来的。生态美学就是要研究这种感性形象如何为人提供审美观照，如何使人产生审美快乐，如何提高人的生活质量。生态美学不同于其他形态的美，它是现代社会出现的新的审美形态。

（略）

二、生态多元观及生态美学的学科建构

“生态美学”这一概念是由我国学者在 1994 年提出的，历经十多年的发展，生态美学已获得了广阔的发展空间，正被越来越多的学者所接受，

并成为我国美学界的热点问题。迄今为止已召开过三次全国性的大型生态美学学术研讨会，本次大会是前三届生态美学学术会议的承继。因此，生态多元观、生态美学的学科建构问题仍成为本次会议的一个不可或缺的重要议题。

（略）

中南大学文学院毛宣国教授认为，生态美学的存在具有合理性，但生态能否成为美学研究的出发点和本体，他表示疑虑，认为生态美学研究的基本出发点是人而非自然，人应该是美学研究的出发点。美学研究是对人自身而言的，没有人，没有人类社会实践和生存的需要，也就无所谓美与不美的问题。美学问题，从根本上讲，不是自然生态环境如何保护的问题，而是人如何更好地生存于他所生活的世界上；与世界和谐共存的问题，也就是人如何在他所生活的世界上实现自身的价值和意义的问题。另外，他还就“自然的复魅”问题，“自然的全美”问题，做了详尽的陈述。湖南师范大学文学院赵炎秋教授提出了大致相同的观点，论述了人在生态活动中的位置。认为，在生态活动中，人始终是生态活动的基础与出发点，自然是对人而言的自然，离开了人自然就不是人的对象。人类保护自然的最终目的仍是为人的。在生态活动中，人不应该以破坏生态环境为代价展开自己的活动，人也不应该把自己的主体地位看得高于其他主体。作为生态的人，我们有必要对人的主体性重新进行建构，改变人的主体性扩展方向。湖北省社会科学院刘玉堂教授把生态美学看成生态学和美学的共鸣点和结合点，认为生态美学是一门成长中的学科，是人类对自身的现实存在、生存经验的反思，属于美学的一个分支学科。人与自然，人与环境由于当代“生态危机”的出现，使得人与自然的和谐关系被打破。生态美学是人类对自身生存境遇的反思。当今人类处于全球化时代，文化转型，美学也要转型。生态美学的产生反映了人类自觉调整人与自然关系的一种努力。所以，我们不能忽视自然美。生态美学是在路上的美学。山东师范大学文学院杨守森教授认为，生态美学应当是关于美的生态的研究，应当成为美学中最具实用性的一个分支学科，其价值在于启悟人们按照美的原则建设现代生态。因此，其研究应当更为切合实际，应当加强对诸如城市、农村、校园、工厂、住宅、水利设施等方面的规划与建设，怎样才合乎生态美的原则，怎样才能有效地体现生态美的原则等具体问题的研究。如果脱离实际，生态美学是不可能有什么发展前景的。浙江师范大学文学院刘彦顺博士就生态美学的学科定位问题提出了自己的看法，认为，如果把生态美学作为一种形而上学的学科来看，如果不能在现有的美学知识体系中得到合乎逻辑的位置，那么就得在确定的业已扩大的研究对象范围基础上，产生新的概念、新的范畴、新的命题，重新构筑美学的知识系统。若想使其在现有的美学知识体系中得到很好的落实，寻找到生态美学的对接处，就只能在自然美之中落脚。如果其与空间艺术设计的研究相联系，就只能在城市、生态学、自然美、与环境景观设计的重合中构成美学研究的新对象。由此，他探讨了生态美学中身体快感的重建问题。中南民族大学文学院胡稼祥教授认为，建构生态美学能否吸纳其他学科的积极成果？如生态经济学、生态伦理学、生态神学等。我们当学习中国古代，如老庄的自然生态哲学思想，把自由精神贯穿于人与自然的关系中。要与其他自然生命“同生”“共生”，当然我们人类更应“爱生”。人处于自然生态链条之中，不能割断与大自然的关系。人类要想持续发展，就要节欲，节制。只有把天地结合起来，人类才能有效地展开自己的审美活动。

上海师范大学文学院杨文虎教授结合上海的经济发展问题具体地分析了生态美学建构的重要意义，认为生态美学应该批判现代人类永无止境的贪欲。人类的欲望不能突破自然的承受能力与边界，人类生产的无限扩张是对自然的无尽榨取。GDP 的增长，政府不能推波助澜，无视自然的完整性和完美性，以损害自然为代价，我们要学会保护人与自然的和谐关系。中南民族大学文学院罗曼教授在发言中指出，当前中国不少地区普遍出现了单纯追求经济发展、不惜破坏生态、污染环境、毁灭景观、祸及子孙的反美学行为，也出现了不少无经济效益的超大校门、超大衙门、超大广场等等。这些不正常的现象持续发生乃至畸形走俏，不但没有受到应有的批评，反倒获得某些缺少美感、丧失正义的文人们的吹捧。面对这些，美学家们有义务发出自己的声音，表明自己的判断。中山大学文学院高小康教授也认为，人类把过多人为的东西强加给了自然，从而引发出自然的生态问题。人类的建设应该是一个生态学意义上的建设，而不是无视自然的，与历史、未来相割裂的。中国人民大学哲学系牛宏宝教授提出“当认识论遭遇生态美学时该是什么”的问题。认为我们对自然的认识毕竟是有限的，但我们与自然的交流是无网限的。老庄的思想是一种农耕时代的生态学思想，是一种乡村版的生态学。而当代的生态学则是都市化、商业化、工业化时代的生态学。自然化物与工业化物是不同的，人与工业化物相遇时，我们该如何认识？我们当建构一个现代版的生态哲学。其应该是适应城市化的生态学，其也是积极的、建构性的生态学。山东大学陈炎教授通过分析目前生态美学研究现状，指出当前生态美学的研究似乎仍未突破以往生态美学研究的问题域，仍需要就具体问题开展更加深入的研究。他认为，我们该如何利用中国审美文化传统资源优势，从美学的视角切入中国传统伦理文化，把握其价值体系，这是一个很重要的问题。首都师范大学王德胜教授则偏重于把生态美学看成是一种新的美学观，认为生态美学到目前为止仍不是一门成熟的、具有学科意味的美学。他希望在生态美学的研究上能够有质的突破，把生态美学的研究深入下去。江汉大学王咏梅副教授认为，广义的生态美学更适合现在生态美学的发展，可以为生态美学的发展提供一个更加广阔的学术空间。

三、生态文学、艺术创作及其美学特征

在本届生态美学学术研讨会上，与会的专家学者就近年来生态美学研究的新内容、新成果等发表了各自的意见和看法。

广西民族大学袁鼎生教授提出了生态美学的三大规律，认为其能解决传统美学所不能解决的问题。其一是艺术审美的生态化；其二是生态审美的艺术化；其三是艺术审美的“天化”。就第一个方面而言，艺术审美的生态化可以从纯审美艺术时空走向雅艺术审美时空，非审美时空走向生态审美时空，艺术审美时空走向科学审美时空，文化审美时空走向实践审美时空，日常生活走向宜态的审美时空等。生态审美的艺术化使审美人生走向艺术人生，从而使生态审美向艺术审美回归。广西师范大学文学院麦永雄教授认为，作为当代西方“一流哲学家”，法国思想家德勒兹的哲学和美学思想对当前方兴未艾的生态美学或绿色文化研究具有重要意义。德勒兹非常重视生态共生、化生等问题，他提倡的生机论和一系列哲学、美学概念启迪人们突破人类中心主义和主客二分的传统模式，把人类与非人类（动植物、无机界）的空间与关系构想成为彼此链接、互动共生的生态圈和生物链。在比较的视野中，德勒兹的生成论和生机论与中国文化艺术的生命美学形成共生对位，两者都强调流变与差异的丰富生命形态，敬畏宇宙大化的力量和公正无私。德勒兹思想中蕴含了比深层生态学更为深刻的生态哲学和美学，德勒兹千高原、块茎、褶子、生成、游牧、辖域化—解辖域化—再辖域化和逃逸线等概念对目前生态美学研究具有思想启迪意义。内蒙古师范大学文学院张子程博士就自然的划界及自然生态美研究的深化进行了探讨，认为在传统美学中，对自然美的研究一直是个难题。问题出在没有对自然进行准确的划界，没有给自然美研究确定一个科学、准确的研究域。由于人类诞生以来，自然界发生了巨大的变化，而把一个笼统的自然作为自然美研究的对象只能造成不确定和含混。当代形态的自然美论，即，自然生态美论对自然的划界及按此对自然生态美三种不同类型的划分使自然美的研究得以进一步深化。因此，如何给自然划界，如何将自然生态美给予合理的分类，就成为进一步研究自然生态美，给自然生态美一个科学合理解释的至为重要的基础和前提。

华中师范大学文学院胡亚敏教授就文学理论中的叙述学与生态学的关系作了很有见地的阐释。她认为，要把生态学引入叙事学，当代西方提出作家要成为“谦恭的证人”，而不是对自然存有一种“君临天下”的态度。作为一个理想的作者，对自然的描写态度应该有所改变，那就是要把过去以冒险家、探险家对自然的态度改变为一个谦恭的自然的证人。首都师范大学文学院潘黎勇博士认为，生态危机部分源于人与自然之间缺乏一种合理的道德价值规范，使人们对自然的开发和索取超过了生态系统所能承受的底线。日本动画电影《幽灵公主》为我们展示了人与自然之间由于缺乏道德制衡以及由此导致生命主体联系的中断而引发生态灾难的悲惨后果，并从中表达了人与自然之间重建道德联系和精神关联，必须立足生态整体来倡导一种非人类中心主义的自然信仰的伦理要求。所以，生态美学所追求的人的审美化生存境界其实质内涵之一是人与自然必须在道德关系上达到一种和谐圆融的状态，生态美学与生态伦理的价值取向在某种层面上是相同的。李雷博士在发言中也提到，中国悠久的传统文化为当代生态美学的生成及其建构提供了丰富的思想资源，陶渊明作为中国传统知识分子的理想人格典范，其人、其诗处处彰显了一种人与自然、人与社会、人与自我的和谐平衡关系，其存在实现了"诗意栖居"。所以，在生态美学的视角下，对陶渊明及其田园诗进行再读有着深远的理论与现实意义。

山东师范大学文学院周均平教授提出了审美文化生态问题，并从此一视角研究了秦汉的审美文化问题，认为审美文化生态是指审美文化赖以生成、发展、变化的环境总和或有机完整系统。它的研究任务是深入把握审美文化与其生存环境本质的、必然的联系，为准确揭示特定时代审美文化的审美理想和基本特征、全面分析审美文化的本体内容提供必要的前提和基础。秦汉审美文化生态的主旋律和大趋势是"大一统"。其主要构成包括自然环境的浸润陶然、科学技术的骄人成就、空前统一的民族国家、多元多重的文化整合、开放进取的精神风貌、阴阳五行的宇宙观和思维模式、一统皇朝天下士的使命和命运等多元因素。

（来源：《江汉大学学报（人文科学版）》2008 年第 27 卷第 1 期）

【评析】

这是一篇学术会议的综述，作者对会议发言的原始记录加以梳理，将相似观点进行归类。全文分为三个部分，每一部分就相关的观点加以整理并简述其观点中的主要内容。在当时，由于"生态美学"是个新型学科，相关理论还处于探索阶段，因此，作者仅就相关观点综合介绍，不加个人的评述，目的是让读者了解该学科最新的学术动态。

本文的写作采用了"横式"结构，就是对各种观点进行客观说明，并列地从不同角度说明同一中心，让读者可以对不同观点进行比较，起到为读者提供借鉴和指导的作用。

（二）动态性综述

动态性综述对某一领域或某一专题的发展变化进程和表现，按照其自身发展的阶段性，由远及近地介绍其主要进展，一直介绍到目前的发展程度。这种类型的综述最适宜介绍学术、技术的进展。

【例文 6-5】

社会史的学术关注与问题意识（研究综述）
——近年来中国社会史研究评析

王先明

“把历史的内容还给历史”，曾是20世纪80年代中国史学界开创社会史研究时形成的共识。此后，社会史研究以其强劲的势头和丰硕的成果，成为新时期中国历史学发展的新趋向。在近年来历史学许多研究热点的兴衰起落之间，社会史研究却始终在不断地进行学术创新和领域扩展中保持着自己独特的发展优势，使历史研究的内容更为丰富。通过对近年来中国社会史研究的回顾，我们可以看到，正是其特有的学术关注和问题意识，使社会史研究产生了长久的学术魅力和学术生命力。

汲取新知：跨学科研究的理论与方法

近年来，学术界提倡进行跨学科研究，学科交叉逐渐成为一种趋势。的确，任何一项研究单靠本学科的理论、方法和知识都难免存在一定的局限性，对于内容丰厚、领域宽广的社会史研究而言更是如此。社会史研究的兴起，最初就是把社会学的理论与方法运用到历史研究之中。在仅仅二十来年的时间里，中国社会史研究就取得了令人注目的成果，这与其一开始便具有的多学科交叉和渗透的特性不无关系。但同时也必须看到，社会史研究虽然拓展了历史研究的内容，也拓宽了史料运用的范围，但从研究手段上讲仍未脱离传统史学研究的窠臼，基本上是以文献材料为主，注重历时性研究。正因为如此，受文献记载等因素的制约，社会史研究也逐渐显露出疲惫之态。

可喜的是，近年来，人类学的理论与方法逐渐被引入到社会史研究之中，成为继社会学之后对社会史研究影响最大的学科，使社会史研究产生了较大变化，并出现了一些新的研究成果。人类学除了在内容上强调注重平民的日常生活世界外，在研究手段上更注重田野、口述，注重共时性研究，它要求历史研究者走出书斋、走向田野，更加贴近社会生活。在此意义上，我们可以将这一取向称为社会史的人类学转向。

面对新的理论与方法的引入和整合问题，学者们相对一致的认识是：还需要从学术史的脉络加以清理，以便从新旧观念错综交织的纷乱中认清方向；还需要对传统史学、对曾与社会史相对立的政治史研究主题进行认真反思，思考其与社会史的关系。西方社会科学理论与方法的“本土化”，以及中国社会史研究中的存在实体与学术研究表达的一致性，也是许多学者非常关注的问题。有学者认为，社会史的学术规范和研究表达不能脱离中国社会历史文化土壤，走上“食洋不化”的道路。这些都是目前社会史研究的理论与方法中需要深入思考和认真对待的问题。

区域取向：区域社会史的繁盛

20 世纪 90 年代以后，区域社会史研究日益繁盛。区域史是史学研究自身发展的必然趋势，也是史学服务于地方社会文化发展的客观要求。区域史研究的兴起，极大地扩展了历史研究的视野和范围，丰富了历史研究的内容。丰富多彩、千姿百态的区域史研究成果，对于史学研究取向的转换、研究问题的深入和研究格局的改变具有显而易见的作用。因而，区域史研究也构成了近年来中国社会史研究的主要方面。

江南区域史仍是学者们关注的热点。有的学者通过回顾以往研究明清江南市镇与农村关系史的主要脉络，对城乡界线及其运作机制等前沿问题作了一些思考；有的学者则在总结 20 世纪华南区域社会经济史研究成果的基础上，寻求区域史研究的新建构。

华北区域史不仅是学术界特别关注的领域之一，并且在研究内容和理念上也进行了一些新的思考。相关研究成果认为，华北以及从广义上说的黄河流域是中华文明的发源地，宋以后经济文化中心南移，其间族群的因素值得探讨。有学者对晚清时期华北的集市和集市圈进行了深入研究，认为华北各州县集市数量参差不一，甚至差距很大，集市数与州县人口数、村庄数及土地面积的关系，亦无有规则的比率。有的研究动态地揭示了华北地区村落密集化发展的历史过程及其动力因素，认为早期的村落主要通过结构型裂变、灾害型裂变、行政型裂变以及村落的次生分化而扩散，使村落数量迅速增长，并逐步完成了空间上的密集化过程。一些研究成果以自己扎实的实证研究与理论分析，对美国学者施坚雅关于中国乡村市场和社会结构的理论、公式提出了疑问。

同时，一些学者也对区域史研究进行了反思，认为由此产生的历史学研究的失范、研究对象的“碎化”问题值得关注。因为这种趋向不仅割裂了历史演进的整体性，也背离了“区域社会史把特定地域视为一个整体，全方位地把握它的总体发展”的要求。

深入剖析：乡村史研究的纵深展开

乡村社会变迁始终是中国历史变迁的主体内容，乡村的生活模式和文化传统从更深层次上代表了中国历史的传统。因此，乡村史也是社会史学界主要关注的课题。一方面，学者们比较集中地对传统中国乡村社会的基层组织、赋税管理、公共资源与乡土权力控制等问题的历史演变作了比较系统的梳理；另一方面，对近代以来传统秩序崩溃和绅权扩张、国家与社会的关系、近代乡村社会分层、近代乡村权力的结构性特征及其构成要素的变动等问题，都有了更为深入的探讨。

一些学者还对近代乡村危机及其与近代中国政治格局演变的关系作了研究。有学者认为，近代乡村危机，实质上是指农民的生存危机，表现为农业生产发展的停滞与农民生活的持久贫困。对于乡村危机，不能机械地理解为近代百年中国农村没有丝毫的发展与进步，事实上，从性质上讲存在着从传统危机向近代危机转变的问题。正是广大农民的生存危机，导致了近代中国农村社会长期动荡，不断爆发农民起义，进而影响和制约着近代中国政治格局的嬗变。虽然乡村危机在近代中国社会的演化中只是众多历史合力中的一个因素，但如果不深入研究乡村，就难以将近代中国历史研究推向更高的层次。

由现代回观历史、从历史审视现代，是史学研究的一个重要任务。在全面建设小康社会最艰巨、最繁重的任务在农村这一背景下，关注历史上的“三农”问题并对其进行学术层面的分析，成为近年来社会史研究中的一个热点。一些学者认为，“三农”问题不仅仅是一个现实问题，从根本上说也是一个历史的产物，“三农”问题有着自身形成、发展和演变的过程；近代中国农村社会的变迁是伴随着工业化、城市化乃至现代化的历史进程而出现的历史主题。许多学者认为，反观历史，将当前的“三农”问题置于近代历史进程中加以审视，有助于厘清其形成和演变的趋向，认清其时代特征。这是时代对史学的要求，也是史学回应并作用于时代的基本功能。

领域扩展：社会生态史和医疗社会史的兴起

多学科的交叉融会使得社会史研究具备了不断扩展研究领域的能力。近年来的社会史研究根据时代的需求，在不断摄取新的学科理念和方法中扩展着自己的研究领域，形成了新的学科丛。

一是社会生态史（或称环境社会史）。随着环境史和社会史研究的深入发展，两者逐渐对接和互渗，中外社会史学者开始将生态环境视为社会历史演变的一个重要变量，注重考察生态环境对社会变迁的历史作用。越来越多的研究者认识到，社会史研究不仅需要考虑各种社会因素的相互作用，而且需要考虑生态环境因素在社会发展变迁中的“角色”和“地位”；不能仅仅将生态环境视为社会发展的一种“背景”，而要将生态因素视为社会运动的重要参与变量，对这些变量对社会历史的实际影响进行具体实证的考察。近年来，中国社会生态史研究成果令人瞩目，预示着一个社会史的崭新分支正在逐步建立之中。

二是医学社会史。这也是“新史学”向纵深发展而产生的一门社会史分支学科。医学社会史是最贴近大众的历史，它不仅关注大众的生命健康，而且关注大众的社会生活。有学者提出，作为跨学科研究，医学社会史应有新的与之相适应的研究方法，主要包括：一是传统史学方法现代化。医学社会史属于社会史的分支学科，社会史又是历史学的分支学科，因此医学社会史相对于传统的史学需要经历两次超越，即作为“新史学”的社会史对传统“精英政治史”的超越；作为专门社会史的医学社会史对一般社会史的超越。二是西方史学方法的本土化。三是其他学科研究方法的史学化。多学科研究方法的运用是社会史的典型特征，也是学科交叉发展的要求。医学社会史是社会史的一个分支，也是一门典型的交叉学科，因此多学科方法的运用是其本质要求。从理论上看，目前还没有形成较为完整的医学社会史理论体系，对于什么是医学社会史、其学科应如何定位等问题，学术界还存在较多的争议。尽管医学社会史还处于社会史的边缘，但基于它的重要地位和潜在价值，越来越多的研究者对其给予了特别的关注。

（来源：2006年2月24日《人民日报》）

【评析】

本篇综述表达的主要内容是学术界对社会史研究成果进行的综合论述。

在综述的主体部分，作者对所搜集到的文献资料进行了归纳、整理以及分析比较，阐明了有关主题的历史背景、现状和发展方向，并对这些问题进行了评述。作者把有关社会史研究的主要成果进行了认真搜集、整理，涉及的内容具有代表性。从研究方法的创新、研究对象的深入和研究的重点三个方面入手，不但客观描述了该学科发展的轨迹和取得的成果，而且做出了自己的思考和评价。

（三）成就性综述

成就性综述是将有关文献汇集分类，把某一方面或某一项目有关研究成果从原始文献中摘出，不管时序先后，分门别类地进行叙述。这种类型的综述适用于介绍新方法、新技术、新论点和新成就。

【例文6-6】

2006年中国现当代戏剧研究综述

田广文

2006年中国现当代戏剧的论文研究成果呈现出如下态势：首先是以作家作品为重心的解读和阐释依然大量涌现，不过水平参差不齐；其次是过渡期戏剧、红色戏剧和探索戏剧的研究是比较集中的三大板块，其中尤以过渡期戏剧的研究最为突出；上述两方面之外，还有一些具有宽广视野的整体观照性论文和对某些戏剧运动、题材和风格等方面进行研究的论文。此外，本年度在戏剧的现代性等方面的研究也值得注意。我们应该看到，本年度的中国现当代戏剧研究既有值得充分肯定的成绩，同时也有不少值得反思的问题。

一

对作家作品的解读和阐释一直都是中国现当代戏剧研究的重要方面。这类研究的焦点一般都集中在曹禺、老舍、田汉、郭沫若、夏衍等少数作家的身上。本年度的研究也大致如此。

曹禺一直是作家作品研究的重镇。林婷的《“蛮性”退化与艺术的改道——论曹禺后期戏剧创作》（《集美大学学报》2006年第2期）认真考察了曹禺新中国成立前后戏剧创作在创作心态、人物塑造等方面的变化，认为新中国成立后曹禺在戏剧创作上滑坡的原因是早期作为创作心理驱动力和人物性格魅力根源的“蛮性”的失落。卢焱的《从“现代”到“传统”——曹禺剧作的审美嬗变》（《郑州大学学报》2006年第3期）注意到了曹禺以《北京人》为界的前后期创作在女性塑造上从“现代”到“传统”的变化，并阐明了造成这一转变的原因在于曹禺对西方戏剧的接受上从易卜生和古希腊戏剧向契诃夫的转变、婚姻生活对作家女性理想和观念的影响及艺术上的不断努力探求。千玲玲的《试论曹禺话剧语言艺术的诗意化与音乐化》（《黔东南民族师专学报》2006年第1期）一文对曹禺语言艺术的音乐性有着较为深入的研究，这对话剧当下的研究有一定的借鉴意义。另外，曹树钧的《曹禺名剧在韩国的演出与研究》（《学习与探索》2006年第4期）在资料性和影响研究的意义上也是值得注意的一篇文章。

在老舍研究上，吴小美、冯欣《老舍的文化理想与〈大地龙蛇〉》（《中国现代文学研究丛刊》2006年第4期）从作家文化思考的寄托这一角度对研究界缺乏关注的《大地龙蛇》进行了多方位的开掘，一定程度上填补了该方面的空白。陈军《论北京人艺对老舍戏剧创作的影响》拓展了戏剧研究的新空间，论文“从一个新的角度（即把文学和剧场“打通”了来研究）考察了北京人艺对老舍戏剧创作的影响”，并以《龙须沟》和《茶馆》为例说明“这种影响主要表现在对作家剧本的选择、分享经验、对剧本的建议和修改等方面，并通过精彩的演出促进了老舍独特的戏剧风格的形成”[1]。论文指出的文学与剧场的双向互动关系对戏剧创作实践很有意义。陈军还在《论老舍“小说体戏剧”的成型》（《上海戏剧学院学报》2006年第6期）和《论老舍戏剧与小说的美学沟通》（《三峡大学学报》2006第4期）中论析了老舍在戏剧创作中受其小说影响而呈现出来的得失之处。马云《老舍的话剧创作与舞台视野》（《文艺研究》2006年第11期）从老舍对舞台实践的不断探索历程的考察中，指出其对涉及话剧综合性因素的多个层面的把握能力呈不断增强的趋势，并从这一角度肯定了老舍“小说式话剧”“散文式话剧”的特色及其意义。杨启平（马来西亚）《老太太构图：老舍剧作中女性意识衍化探微》（《南京师大学报》2006年第1期）从老舍在不同历史时期塑造的冼老太太、王大妈、方大妈的形象特征入手进行解读，虽然在某些细部还有待商榷，但所探究的老舍在塑造这些人物形象过程中潜藏着的个人女性观念和历史意识形态的潜在影响还是有意义的。

在夏衍研究上，李海燕引入美国政治家阿尔德蒙的“政治文化”[2] 概念，并从此角度分析夏衍20世纪30年代剧作，指出是“剧本的‘亚政治文化形态’、剧作家人格的政治化和30年代大众普遍政治文化心理下形成的阅读需求”，导致夏衍剧本中呈现出特别的政治文化意识。王锺陵《夏衍话剧创作中的历史旋转》（《求是学刊》2006年第5期）则考察了夏衍20世纪三四十年代话剧创作的变动轨迹，从中寻绎出了一定的文学史教训。

在其他作家作品的研究上，邱远望认为杨利民的话剧在戏剧冲突、情境营造、表现方法等方面表现出了散文化的审美特色，其意义体现在“某种程度上对中国传统戏曲抒情性的复归”[3]。江月《胡适剧作〈终身大事〉的结构艺术》（《戏剧文学》2006年第9期）对该剧作融入多种戏剧结构方法和二元对立内部结构的分析全面而细致。另外，在作家研究中出现了两篇综述。王凤霞《近二十年来对曹禺戏剧的比较文学研究综述》（《广州大学学报》2006年第6期）中运用的比较研究方法对作为典型舶来品的话剧研究和综述方式都是有典范意义的。邵振玲《丁西林剧作研究述评》（《南京师范大学文学院学报》2006年第2期）则有一定的资料性。

总之，在本年度作家作品的研究上，出现了一些有价值的研究成果，而且有些论文还对今后的研究有一定启发作用。不过，从整体上看，相关研究中也存在着一些问题：第一是还有不少论文缺乏深度，甚至是在重复已有的研究成果；第二是有些论文力图有所突破，但是对新的有力论据的发掘还显得不足；第三是在比较性的研究上，虽也有一些论文出现，但在研究的深度和方法的运用上都存在着问题。

二

过渡期戏剧、红色戏剧和探索戏剧的研究是本年度研究成果比较集中的三大板块。其中过渡期戏剧由于其在话剧发生问题上的众语喧哗成为一大焦点。

在中国话剧的发生研究上，学术界在一些基本问题上尚未达成一致的意见。张军侧重从学生剧的历史特征入手考察话剧萌生的复杂情态。他认为学生剧和大部分文明戏是本土戏曲为了适应社会变革赋予的启蒙重任，在西方戏剧适时的启示下，自身的“话剧因子”释放出来，因此造就了“一种新型、过渡型戏剧的出现，它既不同于传统戏曲，也不同于话剧，这就是通过对海派京剧进一步改造而发展起来的，由学生剧发端，直到王钟声、任天知一派及‘甲寅中兴’时代所搬演的、基本不包括春柳派的那种在戏曲美学原则框范下运作的‘对话剧’，即大部分文明戏”。[4] 所以，他认为一方面从观念萌芽的角度出发将学生剧追认为话剧先驱，另一方面学生剧只是对旧戏曲的改良，而不是革命。这里将春柳派单独划出来，实际上就是确定此外的文明戏和学生剧都是“一种新型、过渡型戏剧”，不属于真正的话剧，其潜台词似乎是春柳派应该属于早期真正的话剧。

不过，该文并没有明晰地指出判断是否真正话剧的具体标准。在黄振林、李小兰的《对话机制的创构与解构——论百年话剧艺术形态的创制与变迁》中认为这个标准应该是“人物对话机制的建立”[5]。该文认为包括春柳社和南开学生演剧的文明戏，多半采用“幕表制”，戏剧语言没有任何锤炼和修饰，故而不能承认是真正话剧。黄振林《从情节设计到对话装置的转换——早期话剧文体成型过程和特点研究》（《浙江艺术职业学院学报》2006 年第 1 期）是一篇话剧文体特征形成的研究文章。文章详细考察了文明戏和爱美剧之间在对话问题上的演变，更明确地指出，由于幕表制、曲折的情节，假定性审美观等使得文明戏对话机制难以生成和延续；到了爱美剧阶段，中国话剧文体才由于对话机制成为主导而基本成型。所以，以文体特征为标准，爱美剧是中国早期真正的话剧。两文把春柳社归入文明戏。黄振林这两篇文章还都用到了“早期话剧”这个概念，其外延包括文明戏和爱美剧。

濑户宏在这一问题上有自己的观点。他认为“学生戏剧在文明戏历史上具有重要意义。文明戏不是从戏曲中分离出来的”（在这一点上与上述张军的观点不一致），“我认为清末学生戏剧是文明戏的重要萌芽时期，是整个文明戏历史的第一阶段”。该文还认为“话剧和文明戏之间既有艺术质量上的飞跃又有舞台演出因素上、人事关系上的直接的继承关系。把文明戏叫做早期话剧是妥当的”[6]。该文又认为，南开新剧也属于早期话剧，比文明戏更接近现代话剧，但还不是真正的现代话剧。从这些观点中可以看到，该文的“早期话剧”概念外延很大，但又不包括爱美剧，它还并不属于真正的现代话剧范畴，也只是一种过渡性话剧（在这一点上与前述论文一致，只是提法上有所不同）。而且，该文也认为春柳社戏剧属于文明戏，不是真正的现代话剧。与濑户宏观点基本一致的是刘方政的《早期话剧：中国戏剧现代转型的序幕》。该文认为，“早期话剧”是中国戏剧由传统向现代转型的序幕或者说是过渡。不过该文对“早期话剧”这个概念的外延和特征有明确的表述：“早期话剧以学生演剧（1899—1906以上海的教会学校演剧为代表）始，又以学生演剧（1916—1918以南开的学校演剧为代表）终，中经春柳社的国外业余演剧和春阳社、进化团的国内业余演剧（1907—1913）、新剧职业化演出的“中兴”与“衰落”（1913—1916），前后经历了整整20年的时间，这20年正是传统戏曲渐趋式微与“五四”话剧创生之前的过渡阶段。”[7]

在相关研究中，还有其他的文章也使用了“早期话剧”的概念，如倪霞的《日本的新派剧及对中国早期话剧的影响》（《宁德师专学报》2006年第3期）将春柳社、春阳社、进化团等都归为早期话剧团体。卢国华的《〈晨报副刊〉与中国早期话剧》（《山东师范大学学报》2006年第2期）则将20世纪20年代初《晨报副刊》的戏剧活动视为早期话剧活动。

从上述有关“早期话剧”的论文来看，其中将学生演剧、文明戏（含春柳社）和南开新剧视为一种尚未达到现代话剧标准的过渡性戏剧的看法基本是一致的，但在“早期话剧”这个概念的外延上却显得非常混乱，其症结应该是在命名的问题上：既然一般不承认它是真正的现代话剧，为何还要以“话剧”来命名？本文采用“过渡期戏剧”概念就是为了避免这一混乱。当然，造成这种混乱的主要原因也在于戏剧本身是一种综合性艺术，在究竟是从戏剧观念、戏剧内容还是艺术特征上去判定是否属于现代话剧的标准上有分歧是很自然的，不过我们还是应该努力去弥合这种分歧。此外，我们或许从袁国兴的看法中能得到产生这种混乱的更深层原因。他认为，“话剧与戏曲属于不同的戏剧类型，有不同的艺术规范”，而“20 世纪初期中国人对西方文学性演剧体式产生的一些误读，与人们意识中戏剧无差别，即中外戏剧都是戏，因而应该有相同的戏剧规范这一思维路径有关”[8]。其实这种误读在今天还存在。

此外，吕双燕的《中国现代话剧演技的初步探索》（《中央戏剧学院学报》2006 年第 3 期）考察了上海戏剧协社的写实演技、田汉领导的南国社的“真情”演技以及辛酉剧社的袁牧之的模拟演技，并指出这类探索在现代话剧的创建过程中的重要意义。田根胜的《新剧实践与新剧批评》（《求是学刊》2006 年第 1 期）一文资料翔实，着重介绍了早期新剧活动中以郑正秋和欧阳予倩等为代表的一批理论家在新剧实践与新剧批评上的论述。

在红色戏剧的研究上，本年度的研究重心主要还是探究意识形态在戏剧改编和创作的多层面参与上。《中国现代文学研究丛刊》在第一期刊登了郭玉琼的《发现秧歌：狂欢与规训——论 20 世纪 40 年代延安新秧歌运动》，该文考察了新秧歌运动中如何将这一民间的戏剧样式改造成民间、官方和知识群体共同达成狂欢和规训合一的过程。该刊第三期刊登的姚丹的《“无产阶级文艺”理论、实践及其成效初析——以样板戏〈智取威虎山〉为中心》和袁盛勇的《集体创作和后期延安文艺戏剧作品的形成——以〈逼上梁山〉和〈三打祝家庄〉的创制为中心》都以个案研究的方法揭示出意识形态的参与对红色戏剧创作的影响。此外，黄科安的《文本、主题与意识形态的诉求——谈歌剧〈白毛女〉如何成为“红色”经典作品》（《文艺研究》2006 年第 9 期）和黄育聪的《断裂与依赖：样板戏对地方戏剧的转换——以芗剧〈碧水赞〉到京剧〈龙江颂〉改编为例》（《福建艺术》2006 年第 6 期）在探究意识形态对戏剧改编的参与的同时，也分别注意到了知识分子精神传统和民间元素在其中的顽强抵抗。总之，关于红色戏剧的研究更多集中在创作上，而在对接受过程、西方戏剧艺术的借鉴和传统戏剧艺术的继承等方面的研究还需要作更多的拓展。

在探索剧的研究上，本年度相关论文更多地以文体和艺术为研究对象。其中袁联波的研究尤其值得注意。他从文体的角度对探索剧进行了整体研究，指出其发展中出现的问题的症结在于“形式和内容广泛不对等……有些表现手法没有被充分地审美艺术化”[9]，而且其三个阶段的划分和对各个阶段特征及其原因的分析都很到位。他还对新的历史文化环境中实验话剧文体的价值追求、文体的品格和文体的特征中蕴含的三对矛盾进行分析，指出“同新异的形式实验相比较，相当多实验话剧的精神内涵是贫弱的”，所以在当下的文化困境中发展实验性话剧，其应对方式是应该找到“商业文化语境下艺术实验和观众接受的平衡支点”[10]。此外，胡星亮《20世纪90年代中国后现代戏剧之批判》深入考察了20世纪90年代中国后现代戏剧发展的脉络和特征，明确指出“后现代戏剧在某些方面丰富了中国戏剧艺术的可能性，然而，它强调剧场性和表演性而排斥文学、忽视人学，演剧流于叙事的表象化，则又突出地体现了它亟须以现代性为根本，从‘人的戏剧’出发去建构其戏剧美学”[11]。

在探索剧的研究中还有一直以来普遍存在的观念评价体系错位的问题。一些论文以传统话剧的标准来评判探索戏剧的思路也体现出当前对探索戏剧的研究中一些基本问题的混乱。

三

除上述着眼于作家作品和时段性的研究论文外，还有一些具有整体视野的研究成果和对某些戏剧运动、戏剧题材、风格、模式等的研究。另外，我们还应该从整体上对某些重要的方面如话剧的现代性与民族化、现当代戏曲和舞台美术等的研究给予必要关注。

首先来看具有整体视野的论文。傅谨的长篇论文《沧海桑田：二十世纪中国戏剧版图巨变》，视野宏阔，考察了包含戏曲和话剧在内的“中国戏剧整体格局在20世纪的演变轨迹”，指出其“呈现出美学上的多元化趋势”及相反的“各剧种中心——边缘二元格局的形成”[12]都有错综复杂的艺术与社会原因。该文还充分重视政治与商业对于20世纪中国戏剧变迁过程以及当下戏剧格局形成的作用。前文已引述过的黄振林、李小兰的《对话机制的创构与解构——论百年话剧艺术形态的创制与变迁》主要以对话机制在话剧中的重要地位为基本立场对中国百年话剧的发展得失做了梳理。黄振林的《当代话剧演艺风格的变迁及动因透视》（《当代戏剧》2006年第4期）则梳理了半个世纪以来中国戏剧舞台艺术上导演、表演和观演关系等方面的探索和变迁。

在戏剧运动研究中，首先来看“国剧运动”的研究。陈建军肯定了余上沅与“国剧运动”在戏剧的“写意化”民族特色的追求上的历史意义，并且以此反思“80年代以来的‘写意戏剧’大都出于形式上的探索，可以说是遗‘国剧’之神而取‘国剧’之貌”[13]。王青的《论梁实秋与国剧运动》（《艺术百家》2006年第7期）则分析了梁实秋戏剧观念与余上沅等人戏剧观念之间的差异，进而探讨了梁实秋戏剧观点与他的文艺批评观的关系。关于左翼戏剧运动的研究，朱卫兵从发生学角度考察了中国左翼戏剧运动兴起的原因及其转向的历史必然性，这一研究有利于“认识其形成过程的曲折性和复杂性”和“全面地把握左翼戏剧的整体特征和动力学根源”[14]。

在戏剧的主题或题材研究上，邱远望的《论新时期政治化的话剧》（《电影文学》2006年第13期）通过对新时期政治化话剧内涵、题材、形式以及观众接受的考察，充分肯定了这类剧作在“人”的关注和现代审美理念的融入等方面的努力。徐健的《都市舞台空间的创造与呈现——20世纪都市话剧创作论》（《齐鲁艺苑》2006年第2期）从都市话剧的界定入手，梳理了都市话剧在20世纪的发展历史，指出90年代以来都市话剧打破传统宏大叙事、关注普通人的生存状态和情感体验的历史意义。潘超青的《在历史转折处艰难重现——试论新时期女性剧作的女性意识》（《戏剧文学》2006年第9期）以80年代女性剧作为例进行女权意识的分析和反思。在戏剧结构模式和艺术风格的研究上，宋林生的《论国统区与解放区的两种话剧模式》（《艺术百家》2006年第3期）指出国统区与解放区的两种话剧模式虽然有所区别，但在民族化的追求上却是一致的，只不过国统区话剧更多的是从中国传统戏曲中汲取营养而解放区话剧更多地以民间戏剧样式进行独特的改造。谷海慧的《京味儿话剧审美要素论析》对京味儿话剧“人物形象与市民精神、礼仪与民俗、智慧化与艺术化的语言表达等几项相对稳定的要素”[15] 的形成和特征作了具体全面的解析。

还需要提及的是胡星亮的《1949—1976 中外戏剧交流概论》，（《文艺争鸣》2006 年第 3 期）该文是一篇材料考证性文章，较为详细地考察了这段历史时期中国戏剧与苏联戏剧的关系及由此形成的特征。

在中国现当代戏剧研究的某些重要方面上，中国戏剧现代性的研究在本年度收获较大。马俊山《论中国话剧现代性的生成机制——以“演剧职业化”运动为支点的考察》（《南京大学学报》2006 年第 1 期）是对中国话剧现代性研究的一篇很有分量的文章。它从作为综合性艺术的话剧的整体性特征和在中国特殊社会人文环境中不断成长的话剧的过程性特征两个方面去解析中国话剧的现代性，并有不少深刻见解，体现了作者对研究对象复杂性的充分省察。另外，论文对“演剧职业化”与剧团社会化在话剧走向现代性过程中的重要意义的肯定也是很有现实启发意义的。余琳的《现代性视域中的戏剧之花——也谈“戏剧精神”的回归与建设》（《戏剧文学》2006 年第 3 期）从文学观念多元化的立场出发，提出了一些如传统戏曲、通俗性戏曲中具有一定的现代性因素和文学应该涵盖雅文学、俗文学（包括民间文学）两个层次等值得注意的观点。杨文华的《西方现代主义戏剧对中国戏剧的深层影响》（《山西师大学报》2006 年第 4 期）考察了西方现代主义戏剧对中国戏剧影响的复杂情态，认为影响的结果一方面是催生了一批带有浓郁现代主义色彩的剧作，另一方面是由于吸收了现代主义戏剧对戏剧传统的反叛精神，中国话剧反而坚定了走民族化道路，如余上沅等人的“国剧”运动和 20 世纪 80 年代开始的探索剧。还有，《上海戏剧学院学报》2006 年第 1 期发表了李伟的《话剧与戏曲比翼，传统共现代齐飞——“中国戏剧：从传统到现代”国际学术研讨会综述》一文，该文对近年少见的一次大戏剧范畴下的学术研讨盛会的相关情况进行了综述，其中提及的中国戏剧的现代性生成和未来走向的有关思考也是应该引起研究界充分关注的。

此外，本年度在现当代戏曲研究、话剧的民族化研究以及舞台美术研究方面皆有所增益。如张炼红的《地方戏的移植改编：从扬剧〈百岁挂帅〉到京剧〈杨门女将〉——二十世纪五六十年代新中国戏曲改革运动个案研究》（《中国现代文学研究丛刊》2006年第1期），但这些方面的研究还有待进一步加强。

综合以上三大方面的概述，从论文成果来看，本年度中国现当代戏剧研究固然有不可否定的成绩，同时也有不少亟待加强的地方。此外，与其他体裁如小说、诗歌的研究状况相比显示出不小的差距，这与当下戏剧活动的边缘化状况密切相关。戏剧艺术自身的独特性使它不可能在未来衰亡，但中国戏剧如今的边缘化与危机却是大家公认的。在《艺术评论》2006年第6期上刊登的宋宝珍的《中国话剧生存的四种危机》和钱华琨的《中国戏剧三症结》两篇文章在指出问题的同时也开出了相应的药方，是为当前戏剧活动的把脉之作。当然，在我们的戏剧研究上也需要自我反思和深化，而本年度蒋星煜的《黄佐临"写意戏剧观"的历史背景》（《杭州师范学院学报》2006年第6期）和田本相的《焦菊隐在中国话剧史的地位和意义》（《中国戏剧》2006年第1期）对导演研究领域的开拓就是这一种努力的展现。

注 释

[1] 陈军. 论北京人艺对老舍戏剧创作的影响［J］. 北京社会科学，2006（3）.
[2] 李海燕. 政治文化意识与夏衍30年代剧本创作［J］. 山东社会科学，2006（6）.
[3] 邱远望. 话剧与散文的合奏——浅析杨利民话剧的散文化特色［J］. 戏剧文学，2006（3）.
[4] 张军. 上海学生剧与"话剧"的浮现［J］. 上海戏剧学院学报，2006（6）.
[5] 黄振林，李小兰. 对话机制的创构与解构——论百年话剧艺术形态的创制与变迁［J］. 艺术百家，2006（5）.
[6] 濑户宏. 试论文明戏历史分期和它在中国戏剧史上的地位［J］. 上海戏剧学院学报，2006（1）.
[7] 刘方政. 早期话剧：中国戏剧现代转型的序幕［J］. 山东大学学报，2006（4）.
[8] 袁国兴. 文类误读与20世纪初期的中国戏剧体式嬗变［J］. 江海学刊，2006（5）.
[9] 袁联波. 新时期实验性话剧的三次文体变革［J］. 学术研究，2006（11）.
[10] 袁联波. 中国实验性话剧文体变革的文化命运［J］. 中国戏剧，2006（10）.
[11] 胡星亮. 20世纪90年代中国后现代戏剧之批判［J］. 学术月刊，2006（8）.
[12] 傅谨. 沧海桑田：二十世纪中国戏剧版图巨变［J］. 文艺研究，2006（9）.

[13] 陈建军. 一个“半”残破的梦——余上沅与“国剧运动”[J]. 戏剧文学，2006 (12).
[14] 朱卫兵. “转向”与左翼“剧联”——中国左翼戏剧的发生学研究[J]. 上海戏剧学院学报，2006 (1).
[15] 谷海慧. 京味儿话剧审美要素论析[J]. 上海戏剧学院学报，2006 (1).

（来源：《现代语文（文学研究版）》2007 年第 8 期）

【评析】

现当代戏剧研究始于现代戏剧出现之日，新中国成立后对该方面的研究力度不断加大，成果众多，成绩斐然。

本文主要是对 2006 年一年间有关现当代戏剧研究的最新成果进行综述，分别从作家研究、过渡期戏剧、红色戏剧和探索戏剧的研究和戏剧运动、戏剧题材、风格、模式研究等方面进行分类整理，将其中的新观点、新思路概括出来。

这篇综述针对某一学科领域在某个时期研究的新成果加以整理，在描述的同时，也加上了作者自己对这些新成果的评价，为读者的研究提供参考。